韩非子选集

[战国] 韩非子 ◎ 著

栗亚强 ◎ 译注

江苏人民出版社

图书在版编目（CIP）数据

韩非子选集 /（战国）韩非子著 ; 栗亚强译注 . —
南京 : 江苏人民出版社 , 2023.5
ISBN 978-7-214-26598-2

Ⅰ . ①韩… Ⅱ . ①韩… ②栗… Ⅲ . ①法家②《韩非
子》– 译文③《韩非子》– 注释 Ⅳ . ①B226.5

中国版本图书馆 CIP 数据核字（2021）第 200726 号

书 名	韩非子选集
著 者	[战国]韩非子
译 注	栗亚强
责 任 编 辑	胡海弘
装 帧 设 计	凤凰含章
出 版 发 行	江苏人民出版社
地 址	南京市湖南路 1 号 A 楼，邮编：210009
印 刷	文畅阁印刷有限公司
开 本	710 mm×1 000 mm 1/16
印 张	23.5
插 页	4
字 数	524 000
版 次	2023 年 5 月第 1 版
印 次	2023 年 5 月第 1 次印刷
标 准 书 号	ISBN 978-7-214-26598-2
定 价	49.80 元

（江苏人民出版社图书凡印装错误可向承印厂调换）

　　韩非，大约生于公元前 280 年，卒于公元前 233 年。战国末期韩国（今河南新郑）人，韩王室诸公子之一，战国法家思想的集大成者。据《史记》记载，韩非"喜刑名法术之学"，与秦相李斯都曾拜儒家大师荀子为师。但他没有继承荀子的儒家思想传统，而是受到法家的影响，继承研究、吸收了法家思想的精华，成为战国末期法家的杰出代表人物。

　　韩非口吃而不善言语，但文章出众，连李斯也自叹不如。青年时期的韩非目睹战国末期的韩国日趋衰弱，多次向韩王提出富国强兵的计策，但都未被接受。韩非认为这是"廉直不容于邪枉之臣"，便退而著书，写出了《孤愤》《五蠹》《内储说》《外储说》《说林》《说难》等著作。

　　公元前 234 年，韩非的著作传到了秦国，秦王嬴政读了赞叹曰："嗟乎，寡人得见此人与之游，死不恨矣！"正好李斯在场，说："这是韩非所著。"秦王立即发兵攻韩，要得到韩非。在秦兵压境之时，他被献给了秦王。秦王得到了韩非，眉开眼笑，但没有信任、重用他。韩非到秦国后，上书秦王要求保存韩国。李斯、姚贾等乘机进谗言陷害他，说他"终为韩，不为秦"，建议秦王"以过法诛之"，于是韩非被打入大牢。公元前 233 年，李斯派人送去毒药，令他自杀。韩非申诉无门，被迫自杀于云阳（今陕西淳化县西北）狱中。

　　《韩非子》是韩非逝世后，后人辑集其生前著述而成的，这部书是我们研究韩非子思想的重要资料。《史记·韩长孺列传》说："尝受《韩子》、杂家说于驹田生所。"这《韩子》或即今所传的《韩非子》，最初叫《韩子》，宋以后的刻本才开始用《韩非子》这一书名。《汉书·艺文志》著录《韩子》五十五篇，《隋书·经籍志》著录二十卷，篇数、卷数都与今本相符，可见今本无残缺。但是这五十五篇到底是不是全部为韩非所作，学术界争议颇多。特别是《初见秦》和《存韩》两篇，更是议论纷纷，刘汝霖、容肇祖、胡适、梁启雄等认为不是韩非所作，陈奇猷、张心徵、高亨、邓思善等认为是韩非所作，尚无定论。胡适和容肇祖认为《韩非子》中韩非真作很少，胡适认为："《韩非子》十分之中仅有一二分可靠，其余都是加入的。可靠的诸篇如下：《显学》《五蠹》《定法》《难势》《诡使》《六反》《问辩》篇。"（《中国哲学史大纲》）容肇祖则认为："确为非所作者，为《五蠹》与《显学》，思想与韩非子合而又有旁证足证为韩非子所作者《难》四篇、《孤愤》，从学说推证为非所作者，为《难势》《问辩》《诡使》《六反》《八说》《忠孝》《心度》《定法》篇。"（《韩非子考证》）梁启雄和陈奇猷则认为《韩非子》各篇大都是真的。梁启雄认为："见诸《史记》的十篇，当属韩非子的真作。《解老》《问田》可能有别人的著作融入。《十过》《用人》《安危》《功名》《忠孝》《大体》《守道》《观行》《制分》等九篇，思想文字都和其他各篇有不同之处，是否伪作难以考证。其余三十四篇，大体都像韩非子本人的作品。"（《韩子浅解》）陈奇猷则以为："除《人主》与《制分》两篇，因文势与各篇不类，谅不出于韩非子之手外，余均与韩非子思想相合。"（《韩非子集释》）

《韩非子》一书的主要内容，大致可以分为五个部分。

第一部分主要体现了"以法为本"的法、术、势论。

韩非的核心思想是法治，韩非吸收了商鞅的法、申不害的术、慎到的势之精髓，认为三者都是君主手中缺一不可的工具，应把它们有机地结合起来，构成君主专制的法治思想体系，为大一统服务。

韩非认为实行法治，必须"以法为本"（《饰邪》）。法体现着国家利益，如果忽视法，国家的利益就要遭到损害，所以他说："法者所以为国也，而轻之，则功不立，名不成。"（《安危》）如果重视法，就能富国强兵，建立"超五帝，侔三王"（《五蠹》）的功业。所以他得出"明法者强，慢法者弱"（《饰邪》）的结论。他又认为要明法，就要树立法令的绝对权威，因为这是判断言行是非和进行赏罚的唯一标准。因此，他反对儒家"仁政""德治"的思想，以其"禁奸于未萌"（《心度》），实现统一思想的目的。

韩非认为要实行法治，就要颁布成文法。它有两个好处，一可以使大家有所遵循，二可以防止官吏专横徇私。颁布法令以后要使其顺利贯彻执行，使用赏罚是唯一有效的办法，因为人性重利，只有严格实行赏罚，才能使之"畏其威而归其利"。而要进行赏罚，就要"审合刑名"，使赏罚符合法令的规定。他还指出，法要不分贵贱，一律遵守。"法不阿贵，绳不挠曲。法之所加，智者弗能辞，勇者弗敢争。刑过不避大臣，赏善不遗匹夫。"（《有度》）以"法治"代替"礼治"的思想，有一定进步意义。

韩非认为，"术"是实现法治的手段。君主要掌握政权，使臣属贯彻法令来实行法治，就必须具备驾驭臣属的"术"。"法""术"对君主来说是"不可一无之具"（《定法》），必须结合起来才能实行法治。因为"徒法而无术"，君主就"无术以知奸"，难以防止臣下篡位夺权、损公肥私和阳奉阴违。反之，如果"徒术而无法"（《定法》），释法而用术，君主就丧失了判断忠奸的标准和赏罚的依据。韩非认为"术"有两方面的作用。一是作为任免和考核臣属的办法，即量才而用，用"循名责实"的办法考核臣下是否忠于职守和遵守法令。奖赏名实相符的，惩罚名实不符的。他认为这是"知奸"和"禁奸"的好办法，不仅能了解臣属是否失职，而且可洞晓臣属是否越权。二是"术"是君主藏在自己心中而不显露出来的、掌控各种事件和驾驭臣属的手段，用来防止臣属篡位夺权和损公肥私，维护君主专制。

韩非认为，君主之所以能立法和行赏罚，前提是掌握权势。他说，势是使人服从的政治资本。君主失去了权势，就要君臣易位，成为臣子了。"主失势而臣得国，主更称蓦臣。"（《孤愤》）所以他特别强调君主必须"擅势"，必须高度集权，绝对不能与臣下"共权"（《外储说右下》）。韩非还强调"法"与"势"结合，不能分离，因为有"势"而无"法"，便不是法治而是人治了。实行人治，中人之君便无法治好天下。反之，实行法治，中人之君只要"抱法处势"也可以治好天下，以此来阐明法治优于人治。

第二部分主要体现了历史进化思想。

韩非的历史进化思想来源于《商君书》，他把人类的历史分为"上古""中古""近古"和"当今"四世。上古之世指传说中有巢氏构木为巢、燧人氏钻木取火的时代。中古之世指鲧、禹治水的时代。近古之世指汤、武征伐的殷、周的时代。当今之世，指他所处的战国时代。韩非认为，人类历史的发展是前进的，一成不变、因循守旧、复古倒退就要闹笑话。他认为，时代变了，治国的方法也要相应地改变，从而适应时代的要求。如果在当今之世，仍"欲以先王之政，治当世之民"，那就是"守株待兔"式的蠢人。因此，他得出结论："圣人不期修古，不法常可，论世之事，固为之备。""故治民无常，唯治为法。法与时转则治，治与世宜则有功。""时移而治不易者乱。"（《心度》）

韩非还对历史进化的原因作了探索。他从物质生产方面来分析历史进化的原因，认为物质生产的发展，促使人们的观念和相互之间的关系发生变化。他说，上古竞于道德，并不是人人都好，而是由于当时人少物多；当今人们互相争夺，不是人的思想退步变坏，而是人多财少导致的。

韩非的历史进化思想和他总结的历史发展的原因，既指出了变化的必然性，又指出了实行法治的必要性，说明在"当今争于气力"的条件下，只有用赏罚的手段进行统治，才能维持社会秩序和富国强兵，才能实现大一统。因此，历史进化思想是他法治主张的理论基础。

第三部分主要体现了人性好利的思想。

韩非的人性论，并非继承荀卿的性恶论，因为荀卿认为人性好利是恶，需要改恶从善，而韩非认为人性好利，无须改变，君主可以通过赏罚的手段来利用它。韩非是继承了慎到和《商君书》的人性好利思想。他认为人的好利的本性首先出于人的本能需要，但他又指出，人性是随着历史发展的变化而变化的。因此，当今之世人人好利，人与人之间存在着各种不同的利害关系。至于君臣关系则更是利害关系了，他在《难一》中更具体地把它看成是一种买卖关系，说："臣尽死力以与君市，君垂爵禄以与臣市，君臣之际，非父子之亲也，计数之所出也。"这就是君臣在进行"死力"与"爵禄"交易。

韩非又指出了君与民的利害矛盾。他认为统治人民要依靠赏罚，不能依靠自愿服从，对人民必须以威力强制，"民固骄于爱，听于威"（《五蠹》），"严家无悍虏而慈母有败子，吾以此知威势之可以禁暴，而德厚之不足以止乱也"（《显学》）。因此，韩非主张用法来镇压人民。

韩非认为人性既是好利的，人与人之间的关系都是利害关系，统治者就可凭借手中的权力，运用赏罚的手段来进行统治。因此，人性好利思想，也是实行"法治"的理论基础。

第四部分主要体现了认识论思想。

韩非认为世界是可以认识的。一是人有认识世界的能力，他说，人依赖天生的眼、耳等感觉器官和思维器官来感觉和思考客观世界。二是天地万物都有所以然之道、所以然之理和事物的性质、形状，可以为人的这些器官所感觉和思考。韩非认为事物的道理是不容易认识的，要深思熟虑，而思考时，又必须完全客观，才能认识规律，得到知识。

韩非还提出了检验认识是否合乎实际的"参验"法。他说，检验一种言论是否正确，要把事物排队，作比较研究，注意到各个方面，包括自然的天、地、物和社会的人等各种因素，只有这些方面都符合的言论才是正确的。他还认为，言论是否正确，要看有没有功用。他说，所有言论如果没有"以功用为之的彀"（《问辩》），就都是无用的。由此可见，认识论和他的法治主张也是有联系的。

第五部分主要体现了自然观的思想。

韩非论述了道、理、德自身及其相互关系。他说，"道"是自然界及其总规律，"理"是区别万物的特殊规律。他还说，各种不同的事物，各有其特殊规律，所有万物的特殊规律的总和，体现出了世界的根本的总规律。韩非认为自然界万物所得于"道"，而成为自己的内在性质的是"德"。"德"是从"道"那里得来的，所以"德"是"道"的体现。

韩非认为，天没有意志。他说："若天若地，孰疏孰亲？"（《扬权》）"非天时，虽十尧不能。冬生一穗。"（《功名》）他发挥了荀子"制天命而用之"的思想，强调人为的必要性和重要性，认为自然物可以被人类运用工具去改造，并以这种看法去论证他的法治主张。他反对对自然和人事任其自然的态度，而赞成积极的自觉活动。这又显示出自然观和他的法治主张也是相通的。

韩非作为法家思想的集大成者，使法家成为与儒家、道家齐名的重要学派。韩非的核心思想就是法治，他的法治思想为封建中央集权制的建立提供了理论依据，两千多年来，他的思想成了统治阶级统治天下的教科书，被长期奉为圭臬，至今还被推崇。韩非的法治思想，对中国社会产生了深远影响。

韩非生活在秦国统一天下的前夕，秦国通过兼并战争，最终取得胜利，建立了君主专制的中央集权大帝国。在中国历史上这是一个划时代的大变革，是中央集权大一统代替群雄割据分裂的大变革。在这个大变革过程中，对秦国起政治指导作用的政论家，继公孙鞅之后就是韩非。虽然韩非没有在秦国掌权，但是秦始皇赞赏他的著作，李斯运用过他的政论，秦二世引述过他的文章。可见，他的政论对秦国影响重大，起过重要的作用。可以说，秦国君主专制的中央集权大帝国的建立是韩非政论的具体表现。因此，在促进历史前进、促使天下统一和制度变革中，韩非做出了卓越的贡献。可是，韩非的政论中过分强调君权，把君权绝对化了，导致了暴政。因此，在"罢黜百家，独尊儒术"之后，韩非君权绝对化的言论对两千年来中国历史的发展起了消极的作用。

《韩非子》堪称一部政治学巨著，在古代文学、哲学史上也有一定地位。它主要论述君主如何驾驭臣民、富国强兵乃至王霸天下，即古人所说的"帝王之学"。当然，书中除了论述法术、权势等主要内容外，也论述了一些君主必备的道德修养、政治策略。同时，书中还有一些韩非对人情世故的剖析与感慨。法家是与儒家、道家齐名的重要思想学派，对中国社会政治和思想学术产生了极大的影响，而《韩非子》则集法家思想之大成。宋朝名相赵普说"半部《论语》治天下"，无独有偶，近代著名学者章太炎称"半部《韩非子》治天下"。两个"半部说"合二为一，彰显了一个时代的精神之魂。

正因为《韩非子》对中国社会政治和思想学术产生了极大的影响，它既是研究韩非及其后学的重要史料，又是现代人学习借鉴的第一手材料，所以今天我们编辑了这部《韩非子选集》。书中选录了《韩非子》中广泛流传的大部分著名篇章，目录仍然采用通行本的编排顺序；每篇文章都按文意分段加以注释，辅以译文，篇首有题解、篇尾有评析，结合当时的历史背景，全面深入地解读了韩非的思想。

本书的编写以实事求是、批判继承为指导思想，以思想性、历史性、文学性、通俗性并重为原则，坚持历史与逻辑的统一、古代思想与现代思想的统一、提高与普及的统一。书中有许多精辟的名言警句、脍炙人口的寓言故事，蕴含着丰富的思想内涵，值得我们学习和借鉴。

目录

初见秦第一

题解

　　《初见秦》，顾名思义是作者第一次觐见秦王的一篇上书，主旨要秦王凭借有利形势成就王霸大业，运用战争手段统一天下。本篇提出的"亡韩"主张与韩非"存韩"的思想并不相符，本篇虽为《韩非子》的首篇，但关于其作者却众说纷纭。有张仪作、范雎作、蔡泽作、荀子作、吕不韦作等多说。

　　臣闻："不知而言，不智；知而不言，不忠。"为人臣，不忠当死，言而不当亦当死。虽然，臣愿悉言所闻，唯大王裁其罪①。

注释

　　①大王：这里指秦昭王（前324—前251）。

译文

我听说："不知道的开口就说，是没有智慧；知道了而不说，就是不忠。"做臣子的，不忠诚于大王应该去死，说得不得当也应该去死。虽然这样，我还是愿意说出自己的全部见闻，希望大王裁决我的罪过。

臣闻：天下阴燕阳魏，连荆固齐，收韩而成从，将西面以与秦强为难①。臣窃笑之。世有三亡，而天下得之，其此之谓乎！臣闻之曰："以乱攻治者亡，以邪攻正者亡，以逆攻顺者亡。"今天下之府库不盈，囷仓空虚，悉其士民，张军数十百万，其顿首戴羽为将军断死于前不至千人，皆以言死②。白刃在前，斧锧在后，而却走不能死也③。非其士民不能死也，上不能故也。言赏则不与，言罚则不行，赏罚不信，故士民不死也。今秦出号令而行赏罚，有功无功相事也④。出其父母怀衽之中，生未尝见寇耳，闻战，顿足徒裼，犯白刃，蹈炉炭，断死于前者皆是也⑤。夫断死与断生者不同，而民为之者，是贵奋死也⑥。夫一人奋死可以对十，十可以对百，百可以对千，千可以对万，万可以克天下矣。今秦地折长补短，方数千里，名师数十百万。秦之号令赏罚，地形利害，天下莫若也。以此与天下，天下不足兼而有也。是故秦战未尝不克，攻未尝不取，所当未尝不破，开地数千里，此其大功也。然而兵甲顿，士民病，蓄积索，田畴荒，囷仓虚，四邻诸侯不服，霸王之名不成⑦。此无异故，其谋臣皆不尽其忠也。

注释

①阴：这里指北面。燕：周代诸侯国名。阳：这里指南面。魏：诸侯国名，战国七雄之一。荆（jīng）：诸侯国名。齐：周代诸侯国名，范围包括今山东省大部分地区，春秋战国时期著名的强国之一。韩：周代诸侯国名，战国七雄之一。从（zòng）：通"纵"，这里用为"合纵"之意。与：这里用为"朋党""同类"之意。秦：春秋战国时期著名的强国之一。②囷（qūn）：圆形的谷仓。张：张设、部署、设置。③锧（zhì）：这里用为"斧"之意。④相（xiāng）：看。⑤裼：古代加在裘上面的无袖衣。徒裼：露出上身，赤膊上阵。⑥贵：崇尚、重视。⑦顿：不锋利。病：忧虑、担心。索：离散。

译文

我听说：天下各国，北至燕，南至魏，联络楚国和齐国，联合韩国而成合纵之势，打算向西来与强秦为敌。我私下嘲笑他们。一个国家有三种灭亡途径，六国都占有了，大概就是说的合纵攻秦这种情况吧。我听说："以混乱的国家去攻击稳定的国家必亡，以邪恶的国家去攻击正义的国家必亡，以倒行逆施的国家去攻击顺应人心的国家必亡。"如今六国的财库不满，粮仓空虚，征发全国百姓，扩军数十百万，其中领命戴羽作为将军并发誓在前线决死战斗的不下千人，都说不怕死。利刃当前，刑具在后，还是退却逃跑不能

拼死。不是这些士兵不能死战，而是六国君主不能使他们死战的缘故。说要赏的却不发放，说要罚的却不执行，赏罚失信，所以士兵不愿死战。如今秦国公布法令而实行赏罚，有功无功分别对待。百姓自从脱离父母怀抱，生平还不曾见过敌人，但一听说打仗，跺脚赤膊，迎着利刃，赴汤蹈火，上前拼死的比比皆是。拼死和贪生不同，而百姓之所以愿意死战，这是因为他们崇尚舍生忘死的精神。假如一个人奋勇死战就可以抵抗十人，十个人就可以抵抗百人，百人就可以抵抗千人，千人就可以抵抗万人，一万人奋勇死战就可以征服天下了。如今秦国土地取长补短，方圆有几千里，有名的部队有数十百万。秦国的法令赏罚分明，加上地形有利，天下各国都不如。凭这些取得天下，天下各国还不够秦国占有。所以秦国作战从没有不攻克的，攻击敌国从没有不取得的，阻挡其锋从没有不失败的，开辟土地数千里，这是秦国的丰功伟绩。然而现在兵甲不锋利了，士民百姓担忧了，府库积蓄离散空了，田野耕地荒芜了，谷仓也空虚了，四面相邻的诸侯国不归服，称王的功名也不能成就。这没有别的原因，是你手下的谋臣不能竭尽忠诚啊！

　　臣敢言之，往者齐南破荆，东破宋，西服秦，北破燕，中使韩、魏，土地广而兵强，战克攻取，诏令天下①。齐之清济浊河，足以为限，长城巨防，足以为塞。齐，五战之国也，一战不克而无齐。由此观之，夫战者，万乘之存亡也。且臣闻之曰，削株无遗根，无与祸邻，祸乃不存。秦与荆人战，大破荆，袭郢，取洞庭、五湖、江南，荆王君臣亡走，东服于陈②。当此时也，随荆以兵，则荆可举；荆可举，则其民足贪也，地足利也，东以弱齐、燕，中以凌三晋③。然则一举而霸王之名可成也，四邻诸侯可朝也，而谋臣不为，引军而退，复以荆人为和。令荆人得收亡国，聚散民，立社稷主，置宗庙，令率天下西面以与秦为难。此固以失霸王之道一矣。天下又比周而军华下，大王以诏破之，兵至梁郭下④。围梁数旬，则梁可拔；拔梁，则魏可举；举魏，则荆、赵之意绝；荆、赵之意绝，则赵危；赵危，而荆狐疑；东以弱齐、燕，中以凌三晋⑤。然则是一举而霸王之名可成也，四邻诸侯可朝也。而谋臣不为，引军而退，复与魏氏为和，令魏氏反收亡国，聚散民，立社稷主，置宗庙，令率天下西面以与秦为难。此固以失霸王之道二矣。前者穰侯之治秦也，用一国之兵而欲以成两国之功，是故兵终身暴露于外，士民疲病于内，霸王之名不成⑥。此固以失霸王之道三矣。

注释

　　①宋：周代诸侯国名。②郢（yǐng）：春秋战国时楚国的都城，在今湖北省江陵县附近。陈：周代诸侯国名，故都在今河南省淮阳县。③贪：贪财，引申为占有、利用。凌：假借为"夌"，这

里用为"侵犯"之意。三晋：春秋时期韩、赵、魏三家瓜分晋国，所以后人称此为三晋。④比：相合、和同。周：周密、周到。华下：华阳为战国时期韩国地名，位于今河南省密县东北。华下，即华阳城下。⑤梁：即魏，魏惠王于公元前362年迁都大梁，故称梁。赵：周代诸侯国之一，战国七雄之一，在今山西北部、河北西部和南部一带。狐疑：狐性多疑，每渡冰河，且听且渡，后用以称遇事犹豫不决。⑥穰（rǎng）侯：人名，即魏冉，原为楚国人，秦昭襄王母宣太后的异父弟，昭襄王时四次任相，因受封于穰地（位于今河南省邓州市），所以称为穰侯。

译文

我斗胆进言，过去齐国南面打败楚军，东面攻破宋国，西面迫使秦国顺服，北面击败燕国，居中役使韩、魏两国，领土广阔而兵力强大，战则胜，攻则取，号令天下。齐国那清澈的济水和混浊的黄河，足够用来当作防线；齐国的长城这样的巨大防御工程足以用来作为要塞。齐国，是五战都取胜的国家，但由于一次战斗失败便几乎灭亡。这样看来，战争是国家存亡的根本。而且我还听说，砍树不留根，就不会与灾祸为邻，灾祸就不会发生。秦国与楚国发生战争，大破楚国，袭击了郢都，夺取了洞庭、五湖、江南一带，楚国君主、臣子都亡命逃跑，归附于陈国。就在这个时候，如果用兵对楚国士兵跟踪追击，那么楚国就可以到手；楚国可以到手，那么楚国的民众就会服从，它的土地就可以充分利用，再向东削弱齐国、燕国，在中部可以侵犯三晋。这就能一举而成就霸王之名，四邻诸侯就可以来朝贺了，但是那些谋臣不这样作为，引军退后，恢复与楚国的和谈。使得楚国人得以收复已经灭亡的国家，聚拢已经四散的民众，树立社稷坛，设置宗庙，率领天下的人向西与秦国为敌。这就失去了称霸天下的一次机会。天下人又进军华阳城下，大王下令把他们打败，秦兵直进到大梁外城下。包围大梁数十天，就可攻克大梁；攻克大梁，就占领魏国；占领魏国，楚、赵联合的意图就无法实现了；楚、赵联合意图无法实现，赵国就危险了；赵国危险，楚国就会犹豫不决。大王向东面可进而削弱齐、燕，在中原可进而侵凌韩、赵、魏。果能如此，那就是一举而可成就霸王之名，可使四邻诸侯都来朝拜。然而谋臣不这样做，却率领军队撤退，重新与魏人讲和，使魏国反收沦陷国土，聚集逃散百姓，重立社稷坛，设置宗庙，让他们统率东方各国向西来与秦国为敌。这的确是秦国第二次失去称霸天下的机会了。先前穰侯治理秦国时，用一国的兵力而想建立两国的功业，因此士兵终生在野外艰苦作战，百姓在国内疲惫不堪，未能成就霸王之名。这的确是秦国第三次失去称霸天下的机会了。

赵氏，中央之国也，杂民所居也，其民轻而难用也，号令不治，赏罚不信，地形不便，下不能尽其民力。彼固亡国之形也，而不忧民萌，悉其士民军于长平之下，以争韩上党①。大王以诏破之，拔武安②。当是时也，赵氏上下不相亲也，贵贱不相信也。然则邯郸不守③。拔邯郸，莞山东河间，引军而去，西攻脩武，逾羊肠，降代、上党④。代三十六县，上党十七县，不用一领甲，不苦一士民，此皆秦有也。代、上党不战而毕为秦矣，

东阳、河外不战而毕反为齐矣，中山、呼沱以北不战而毕为燕矣⑤。然则是赵举，赵举则韩亡，韩亡则荆、魏不能独立，荆、魏不能独立，则是一举而坏韩、蠹魏、挟荆，东以弱齐、燕，决白马之口以沃魏氏，是一举而三晋亡、从者败也⑥。大王垂拱以须之，天下编随而服矣，霸王之名可成⑦。而谋臣不为，引军而退，复与赵氏为和。夫以大王之明，秦兵之强，弃霸王之业，地曾不可得，乃取欺于亡国，是谋臣之拙也。且夫赵当亡而不亡，秦当霸而不霸，天下固以量秦之谋臣一矣⑧。乃复悉士卒以攻邯郸，不能拔也，弃甲兵弩，战竦而却，天下固已量秦力二矣⑨。军乃引而复，并于孚下，大王又并军而至，与战不能克之也，又不能反，军罢而去，天下固以量秦力三矣⑩。内量者吾谋臣，外者极吾兵力。由是观之，臣以为天下之从，几不难矣。内者，吾甲兵顿，士民病，蓄积索，田畴荒，困仓虚；外者，天下皆比意甚固。愿大王有以虑之也。

注释

①萌：通"氓"，民众。长平：地名，赵国的一个城邑。上党：地名，韩国的一个城邑。②武安：地名，赵国的一个城邑。③邯郸：地名，赵国的一个城邑。④莞（guǎn）：通"管"，这里用为"控制"之意。河间：战国时赵国属地，地处黄河与永定河之间，今属河北省。脩武：地名，赵国的一个城邑。羊肠：古代军事要塞名，位于今山西省壶关东南。代：地名，赵国的一个城邑。⑤东阳：地名，赵国的一个城邑，位于今河北省南部，太行山以东。河外：滹沱河以东地区。中山：春秋时期诸侯国名，公元前296年被赵国所灭。呼沱：即滹沱河，在今河北省境内。⑥蠹（dù）：此引申为侵蚀或消耗国家。白马：地名，古代黄河渡口，位于今河南省滑县东北。沃：这里用为"灌水"之意。⑦须：等待。⑧量：审度，引申为评价。⑨战：恐惧，害怕。竦：通"悚"，恐惧。却：后退。⑩孚：同"郛"，城之外墙。

译文

赵国，是地处神州中央的国家，是商工游食之民居住的地方，那里的民众轻狂而难以调用，国家的法令没有得到贯彻，赏罚不讲信用，地形不便于防守，下面的百姓不能尽其力量。它本来就有了亡国的形势，而又不担忧民众的不满情绪，却动员所有士民组成军队驻扎于长平城下，想要争夺韩国的上党郡。大王下令把他们打败，攻克了武安城。在那个时候，赵国君臣之间相互不亲近，贵贱之间相互不信任。这样邯郸就会守不住。秦军攻占邯郸，控制山东河间一带，引军而去，西攻脩武，越过要塞羊肠，征服代郡、上党。代郡三十六县，上党七十县，不用一兵一甲，不劳一个百姓，这些都归秦所占有了。代郡、上党免于战争而全归秦所有，东阳、河外免于战斗而全归齐所有，中山、呼沲以北地区免于战斗而全归燕所有。这样一来赵国就被占领了；赵国被占领，韩国就灭亡了；韩国灭亡，楚、魏就无法独自存在；楚、魏无法独自存在，便可以一举而摧毁韩国、破坏魏国、挟制楚国，向东挺进削弱齐、燕，打开白马渡口，来淹没魏国，这样便一举而消灭韩、赵、魏三国，南北合纵的联盟就失败了。大王只要垂衣拱手来等待，天下诸侯一个个都跟着俯首称臣了，霸王之名也就可以成就了。然而谋臣没有这样做，却率领军队撤离，又与赵国和谈。凭大王的明智，秦国的兵力精锐强大，放弃霸王大业，竟然没得到土地，还被要灭亡的赵国欺诈，这是谋臣的笨拙。再说赵国应该灭亡而不灭亡，秦国应该称霸而不称霸，天下一定凭此评价秦国的谋臣笨拙，这是一。竟然接着调集全国的兵力去进攻邯郸，不但没能攻下，还丢弃盔甲兵器，战栗地后退，天下一定凭此评价秦国的武力不强，这是二。秦军退而再来，汇集在邯郸城下，大王还派来了援军，参与战斗而无法战胜敌人，又不能收兵，军队精疲力竭才收兵撤回，天下一定凭此评价秦国的实力，这是三。对内人家看透了秦国的谋臣，对外人家消耗了秦国的实力。由此看来，我以为天下各国合纵抗秦，并不是什么难事。在国内，我们兵甲钝，士民百姓担忧，积蓄离散空虚，田野耕地荒芜，谷仓空荡；在国外，天下各国团结的意志都很坚固。希望大王对这些情况能有所考虑。

> 且臣闻之曰："战战栗栗，日慎一日，苟慎其道，天下可有①。"何以知其然也？昔者纣为天子，将率天下甲兵百万，左饮于淇溪，右饮于洹溪，淇水竭而洹水不流，以与周武王为难②。武王将素甲三千，战一日，而破纣之国，禽其身，据其地而有其民，天下莫伤③。知伯率三国之众以攻赵襄主于晋阳，决水而灌之三月，城且拔矣，襄主钻龟占兆，以视利害，何国可降④。及使其臣张孟谈。于是乃潜行而出，反知伯之约，得两国之众以攻知伯，禽其身，以复襄主之初。今秦地折长补短，方数千里，名师数十百万。秦国之号令赏罚、地形利害，天下莫如也。以此舆天下，可兼而有也。臣昧死愿望见大王，言所以破天下之从，举赵，亡韩，臣荆、魏，亲齐、燕，以成霸王之名，朝四邻诸侯之道。大王诚听其说，一举而天下之从不破，赵不举，韩不亡，荆、魏不臣，齐、燕不亲，霸王之名不成，四邻诸侯不朝，大王斩臣以徇国，以为王谋不忠者也。

注释

①栗：恐惧。②纣：殷商王朝的最后一个国君，名帝辛。左：东边。饮：饮马。淇溪：今河南省东北部之淇水，流入卫河。右：西边。洹溪：今河南省北部之安阳河，卫水支流之一。周武王：周文王之子，周国的开国君主。③素甲：这里用为"本色的布帛"之意。周武王当时在服丧，故作白甲。禽：这里用为"战胜""克服"之意。④知伯：人名。"知"通"智"，智伯，荀氏，名瑶，私谥智襄子，所以史称"智氏""智伯"，是智文子荀跞的孙子，春秋末期晋国六卿之一，势力最大。赵襄主：即赵襄子，名无恤，春秋末期晋国大夫。晋阳：地名。周代诸侯国名。

译文

　　而且，臣下我听说过这样的话："战战兢兢，一天比一天谨慎，如果慎重对待所走的道路，天下就可以占有。"怎么样知道这个道理呢？从前商纣王为天子，率领天下士兵百万，东边在淇溪喝水，西边在洹溪喝水，使得淇溪水干，洹溪水不流动，他用这样的军队来与周武王为敌。而周武王只有穿丧服的士兵三千人，只战斗一天，就攻破纣王的国家，战胜了商纣王，占据了他的土地并拥有了他的人民，而整个天下没有受到损伤。智伯率领三国大军攻打晋阳的赵襄子，决开晋水河堤往城内灌了三月之久的水，城将要攻破时，襄子通过卜卦来推测吉凶，看看投降哪一国。然后派出他的使者张孟谈，于是张孟谈溜出城，使智伯的三家盟约瓦解，使韩魏两国军队联合起来对抗智伯，擒拿了智伯，恢复了赵襄子当初的地位。如今秦国领土取长补短，方圆数千里，有数十百万的雄师。秦国的法令赏罚严明，地理位置有利，天下的国家都不如它。凭这些征服天下，可以兼并占有天下。我冒死盼望拜见大王，论说用来破坏天下合纵，攻占赵国，消灭韩国，使楚、魏前来称臣，让齐燕前来归附，从而成就霸王的威名，叫四邻诸侯向秦朝朝拜的策略。大王如果真诚地听从我的学说，如果各国合纵联盟不破，赵国拿不下来，韩国不灭亡，荆国、魏国不称臣，齐国、燕国不来亲附，霸王之名没有享誉天下，四方诸侯不来朝拜，大王您就杀死我以告全国，让所有人都知道我不是为大王忠心谋划的臣子。

评析

　　"初见秦"就是指的第一次拜见秦王，并且说服秦王利用战争的手段，实现自己的霸业。但是作者的观点也存在一定的局限性。

　　秦国的赏罚制度是相当严明的，秦国军队之所以所向无敌，最后消灭六国而统一天下，靠的就是赏罚有信。而秦国最终的灭亡也是统治残暴、丧失民心的缘故，而不能归咎于赏罚不明。

　　而对于秦国错失了称霸天下机会的问题，显然也不能做出肯定的答复。纵使依据作者的观点增加了成功的概率，但是，如果民心不能归附的话，也是无法完成统一大业的。

　　总之，文章要表达的中心思想就是要说服秦王抓住时机进军中原地区，因为所谓六国合纵实际上是很脆弱的，再加上当时连年战乱，百姓已苦不堪言。所以他首先列举了周武王制伏商的例子，以及赵襄子誓死抵抗的例子。这都说明民心向背决定着一切，而在百姓都盼望不再有战争的战国末期，如果秦国能答应平定天下，安顿抚慰百姓，就会得到所有百姓的支持。因为百姓都已经厌倦了战争，厌倦了你争我夺。所以作者认为，现在的秦国比起当年的周国，形势更有利，关键就要看秦王如何决策。

初见秦第一

主道第五

题解

"主道"就是为君之道。文章继承黄老思想,批判地改造道家学说,将道家虚静无为的哲学思想运用到政治生活中去。

文章论述"明君守始以知万物之源,治纪以知善败之端",强调"无为而治",君主要以静制动,以不变应万变。而且要严行赏罚。把刑名参验之术的结果落到实处。

韩非子选集

　　道者,万物之始,是非之纪也①。是以明君守始以知万物之源,治纪以知善败之端。故虚静以待,令名自命也,令事自定也②。虚则知实之情,静则知动者正。有言者自为名,有事者自为形;形名参同,君乃无事焉,归之其情。故曰:君无见其所欲,君见其所欲,臣自将雕琢;君无见其意,君见其意,臣将自表异。故曰:去好去恶,臣乃见素;去旧去智,臣乃自备。故有智而不以虑,使万物知其处;有贤而不以行,观臣下之所因;有勇而不以怒,使群臣尽其武③。是故去智而有明,去贤而有功,去勇而有强。群臣守职,百官有常;因能而使之,是谓习常④。故曰:寂乎其无位而

处，漻乎莫得其所⑤。明君无为于上，群臣竦惧乎下。明君之道，使智者尽其虑，而君因以断事，故君不穷于智；贤者敕其材，君因而任之，故君不穷于能；有功则君有其贤，有过则臣任其罪，故君不穷于名⑥。是故不贤而为贤者师，不智而为智者正⑦。臣有其劳，君有其成功，此之谓贤主之经⑧也。

注释

①纪：纲领、头绪、要领。②令：通"聆"，听从。命：教诲。③处：地方，引申为位置。④习：习惯。⑤漻（liáo）：通"寥"，空虚。⑥敕（lài）：通"勑"，勤劳。⑦师：效法、学习。正：通"整"，端正。⑧经：治理，管理。引申为常法。

译文

道，是万物的本源，是非的准则。因此英明的君主把握这个本源来了解万物的由来。所以虚无冷静地对待一切，让名称自然命定，让事情自然确定。保持无成见的虚心，才知道实在的真相；保持宁静，才知道行动的准则。进言者自会形成主张，办事者自会形成效果，效果和主张验证同一，君主就不需行动，而使事物呈现出真相。所以说：君主不要表现他的欲望，君主表现他的欲望，臣下将自我粉饰；君主不要表现他的意图，君主表现他的意图，臣下将自我伪装。所以说：除去爱好，除去厌恶，臣下就表现实情；除去成见，除去智慧，臣下就戒饬自己。所以君主有智慧也不用智慧来思虑，使万物知道它合适的位置；行动就也不表现得贤明，以便察看臣下依据什么；有勇力也不用来逞威风，使臣下充分发挥他们的武力。所以抛弃智巧就会有明智，抛弃贤能就会有功业，抛弃勇敢就会有强大。群臣各司其职，百官行为都有常规；根据才能量才而用，就称作是习惯和常规。所以说，寂静似乎没有什么位置，空虚似乎没有什么所得。明智的君主无所作为于上，群臣就会在下诚惶诚恐地尽职。明智的君主的统治方法，使有智慧的人尽量把他们的思虑讲出来，而君主就根据他们的思虑来判断事情，所以君主在智慧方面不会穷尽；贤能的人发挥他们的才能，而君主就根据他们的才能任职，所以君主在才能方面不会穷尽；有了功劳那么君主也就有了贤名，有了过失那么臣下就承担罪责，所以君主在名声方面不会穷尽。所以不显露贤能的可以成为贤能者的老师，不显露智慧的却是智慧者的指导者。臣下承担其劳苦，君主享受其成功，这就是贤明君主的守常之道。

道在不可见，用在不可知。虚静无事，以暗见疵；见而不见，闻而不闻，知而不知。知其言以往，勿变复更，以参合阅焉。官有一人，勿令通言，则万物皆尽。函掩其迹，匿其端，下不能原①；去其智，绝其能，下不能意②。保吾所以往而稽同之，谨执其柄而固握之③。绝其望，破其意，毋使人欲之。不谨其闭，不固其门，虎乃将存。不慎其事，不掩其情，贼乃将生。弑其主，代其所，人莫不与，故谓之虎；处其主之侧，为奸臣，闻其主之忒，故谓之贼④。散其党，收其余，闭其门，夺其辅，国乃无虎。大不可量，深不可测，同合刑名，审验法式，擅为者诛，国乃无贼。是故人主有五壅：臣闭其主曰壅，臣制财利曰壅，臣擅行令曰壅，臣得行义曰壅，臣得树人曰壅⑤。臣闭其主，则主失位；臣制财利，则主失德；臣擅行令，则主失制；臣得行义，则主失明；臣得树人，则主失党。此人主之所以独擅也，非人臣之所以得操也。

注释

①函：通"含"，包含、容纳。原：根本、本原、根源。②意：料想，猜想。引申为揣测。③稽：考核、核查。④与：听从，引申为归附。忒：差误、差错。⑤壅：蒙蔽。

译文

君主的统治之道在于不可让人看见，其作用在于让人不能知道。君主空虚寂静无事，就可以在暗中观察臣下的过错瑕疵；看见了就好像没看见，听说了就好像没听说，知道了就好像不知道。知道了某人说这话的原因后，不要去改变纠正他，而要用对照验证的方法考察他。每个人担任一个官职，不要使他们串通，那么万物就会暴露无遗。君主掩饰自己的行踪，藏匿起自己的念头，下级就猜测不到自己的真实意图；君主放下智慧，不发挥才能，下级就不能了解自己的真实本领。保持自己的神秘，考察下级的言行是否一致，谨慎地执掌权柄而牢固地控制国家政权。杜绝自己的才能和欲望，破除下级的猜度，不要使人来算计自己。不谨慎关闭门户，不加固自己的房门，虎视眈眈的人就会潜入。不慎重自己的事情，不掩藏自己的情绪，盗贼就会乘虚而入。杀掉自己的君主，取代君主的地位，人们没有不畏惧不跟从的，所以称之为虎；在君主身边做奸臣，知晓君主过失，所以称他为贼子。分裂他的朋党，清除他的余孽，封闭他的门户，扫除他的帮凶，国家就没有老虎了。君主使自己的统治之道大不可量，深不可测，考核刑和名是否相合，审查和检验法规的实施情况，擅自胡作非为的诛杀，国家就没有贼了。因此，君主有五种受蒙蔽的情况：臣下使君主闭塞是蒙蔽，臣下控制财利是蒙蔽，臣下擅自发令是蒙蔽，臣下私自给人好处是蒙蔽，臣下私自豢养党羽是蒙蔽。臣下使君主闭塞，君主就失去统治地位；臣下控制财利，君主就失去恩德；臣下擅自发令，君主就失去控制权；臣下私自给人好处，君主就失去英明；臣下得以扶植党羽，君主就失去依靠的人。这些方面本来是君主独自掌握的，不是臣下所能操纵的。

人主之道，静退以为宝。不自操事而知拙与巧，不自计虑而知福与

咎①。是以不言而善应，不约而善增。言已应，则执其契；事已增，则操其符。符契之所合，赏罚之所生也。故群臣陈其言，君以其言授其事，事以责其功。功当其事，事当其言，则赏；功不当其事，事不当其言，则诛。明君之道，臣不得陈言而不当。是故明君之行赏也，暖乎如时雨，百姓利其泽；其行罚也，畏乎如雷霆，神圣不能解也②。故明君无偷赏，无赦罚。赏偷，则功臣惰其业；赦罚，则奸臣易为非。是故诚有功，则虽疏贱必赏；诚有过，则虽近爱必诛。疏贱必赏，近爱必诛，则疏贱者不怠，而近爱者不骄也。

主道第五

注释

①咎：这里泛指灾祸、凶难、过失、错误。②泽：恩泽、恩惠。

译文

君主的原则，是把虚静和退让当成宝。不亲自操劳事务也会知道笨拙与巧妙，不亲自计划和谋虑也会知道是福还是祸。因此君主不乱说话，臣下才会善于提出自己的主张，君主不约束，臣下才会提高办事功效。臣下提出自己的主张，那么君主就把它当成契约；臣下提高办事功效，那么君主就把它当成信符。契约与信符相合，就是赏罚产生的依据。所以群臣陈说他们的主张，君主依据他们的主张授给他们职位和权力，根据职位和权力责成他们的功效。功效与职位相合，职位与主张相合，就赏；功效与职位不合，职位与主张不相合，就罚。明君的准则就是臣下不能陈述自己的主张而不恰当。因此明君行赏，像及时雨一样温润，百姓都能感受到他的恩泽；君主行罚，像雷霆一样恐怖，就连神明也不能逃脱。所以明君不随便奖赏，不赦免责罚。赏赐随随便便，那么功臣就会懒得去经营事业；赦免惩罚，那么奸臣就容易胡作非为。所以确实有了功劳，那么虽然是疏远卑贱的人也一定给予赏赐；确实有了过错，那么虽然是亲近喜爱的人也一定给予惩罚。疏远和卑贱的必赏，亲近和喜爱的必惩，那么疏远和卑贱的人做事就会兢兢业业，而亲近和喜爱的人做事也就不会骄傲蛮横了。

评析

所谓"主道"，就是做君主的原则，本文提倡"无为"。也就是说，君主不要任意作为，君主是领导人们的、管理人们的。维护人们和谐相处，维护人们不受外来侵犯。所以君主无为，人们才能有为，君主有为，人们就无为了。而君主作为领导人，他的职责就是发现各种不同才能的人，让他们去各司其职，让人们各取所需。

韩非论述当领导人的技巧，做领导的不必每一件事都身体力行，那样会没有精力掌管大局。如果他冷眼观察部下做事，那么他就能看出很多问题，从而能有针对地解决问题。

总之，韩非吸取了道家的虚静无为的哲学思想，运用到政治生活中去，发展成为君主治国用人的根本原则。

有度第六

题解

"有度"指治理国家要有法度。有法度就是以法治国,法度是治国的要领。韩非从他所吸取的历史经验教训中认识到国家有法即君王有术的重要性,于是,他彻底否定了儒家廉、忠、仁、义等道德范畴,倡导臣民都专一于君王的意志;他又从道家无为学说中得到启示,认为君王要做到"法不阿贵,绳不挠曲",保持客观公正。只要"因法数"即"任势"就能实现"上尊而不侵"的目的。至此,其法、术、势学说的全部思想都统一到"尊君"这一主旨上了。

国无常强,无常弱。奉法者强,则国强;奉法者弱,则国弱。荆庄王并国二十六,开地三千里;庄王之泯社稷也,而荆以亡①。齐桓公并国三十,启地三千里;桓公之泯社稷也,而齐以亡②。燕襄王以河为境,以蓟为国,袭涿、方城,残齐,平中山,有燕者重,无燕者轻③;襄王之泯社稷也,而燕以亡。魏安釐王攻赵救燕,取地河东④;攻尽陶、魏之地;加兵于齐,私平陆之都;攻韩拔管,胜于淇下;睢阳之事,荆军老而走;蔡、召陵之事,荆军破;兵四布于天下,威行于冠带之国;安釐王死而魏以亡。故有荆庄、齐桓,则荆、齐可以霸;有燕襄、魏安釐,则燕、魏可以强。今皆亡国者,其群臣官吏皆务所以乱而不务所以治也。其国乱弱矣,又皆释国法而私其外,则是负薪而救火也,乱弱甚矣!

注释

①荆庄王:即楚庄王,春秋时期五霸之一。泯:通"泯",灭,死。社稷:土神和谷神,古代君主都祭祀社稷,后来就用社稷代表国家。②齐桓公:春秋时齐国国君,姓姜,名小白。公元前685年—前643年在位。春秋时期著名的五霸之一。启:打开。③燕襄王:即燕昭王,战国时期燕国君主。蓟(jì):古地名。燕国的都城。在今北京西南部。④魏安釐王:名圉,战国时期魏国君主。

译文

国家没有长久的强，也没有长久的弱。执法者强国家就强，执法者弱国家就弱。楚庄王吞并了二十六个国家，开拓了三千里疆土，楚庄王抛弃国家死亡之后，楚国也就衰弱了。齐桓公吞并了三十个国家，扩展了三千里领土，桓公死后，齐国也就衰弱了。燕襄王以黄河为国境，以蓟为国都，侵袭涿州、方城，攻占了齐国的部分领土，平定了中山国，于是，拥护燕人的国家就受到重视，不拥护燕人的国家就受到轻视；襄王死后，燕国也就衰弱了。魏安釐王攻打赵国救助燕国，夺取了黄河以东的土地，又攻打定陶、卫国之地；又对齐国发兵，把平陆占为己有，攻打韩国占领管地，在淇水边大获全胜；在睢阳发生的魏、楚战事中，楚军疲惫而撤退；在上蔡和召陵战争中，楚军被击败；魏兵遍布天下，在讲究礼仪和礼教的国家显示威风；安釐王去世，魏国就衰弱了。所以有了楚庄王、齐桓公，那么楚国、齐国就可以称霸；有了燕襄王、魏安釐王，那么燕国、魏国就可以强大。这些国家如今都衰弱了，就是因为群臣官吏专干混乱的勾当而不去做治理国家的事。他们的国家衰弱了，他们又不顾国法营私舞弊，这实在是背着干柴去灭火，国家的混乱衰弱就越发严重了。

故当今之时，能去私曲就公法者，民安而国治；能去私行行公法者，则兵强而敌弱。故审得失有法度之制者，加以群臣之上，则主不可欺以诈伪；审得失有权衡之称者，以听远事，则主不可欺以天下之轻重。今若以誉进能，则臣离上而下比周；若以党举官，则民务交而不求用于法①。故官之失能者其国乱。以誉为赏、以毁为罚也，则好赏恶罚之人，释公行，行私术，比周以相为也。忘主外交，以进其与，则其下所以为上者薄矣。交众、与多，外内朋党，虽有大过，其蔽多矣。故忠臣危死于非罪，奸邪之臣安利于无功。忠臣之所以危死而不以其罪，则良臣伏矣。奸邪之臣安利不以功，则奸臣进矣。此亡之本也。若是，则群臣废法而行私重、轻公法矣。数至能人之门，不壹至主之廷；百虑私家之便，不壹图主之国。属数虽多，非所尊君也；百官虽具，非所以任国也。然则主有人主之名，而实托于群臣之家也。故臣曰：亡国之廷无人焉。廷无人者，非朝廷之衰也；家务相益，不务厚国；大臣务相尊，而不务尊君；小臣奉禄养交，不以官为事。此其所以然者，由主之不上断于法，而信下为之也。故明主使法择人，不自举也；使法量功，不自度也。能者不可弊，败者不可饰，誉者不能进，非者弗能退，则君臣之间明辩而易治，故主雠法则可也②。

注释

①比周：结党营私。②弊：通"蔽"，遮盖、遮挡。雠（chóu）：用，运用。

译文

　　所以在当今这个时代，能去除私利而追求公道法则的国家，百姓安定而国家得到治理；能去除私利而推行公道法则的国家，就会兵强而使敌人衰弱。所以审查得失有法度依靠的君主能凌驾在群臣之上，那么君主就不可能被臣下用狡诈虚伪的手段欺骗；审查得失而又以法度作标准的君主听取远方的事情，那么君主就不可能被天下轻重颠倒的事所欺骗了。现在如果根据声誉来提拔人才，那么臣下就会背离君主而在下面紧密勾结；如果以朋党关系来推举官吏，那么臣下就会致力于勾结拉拢而不根据法度求得任用。所以官吏们没有能力国家就会混乱。以赞誉来奖赏，以毁灭来惩罚，那么喜好奖赏厌恶惩罚的人，就会抛弃公正的法度，玩弄阴谋手段，结党营私互相吹捧。他们不顾君主的利益在外私交，培植他们的党羽，那么臣下为君主着想和尽力的地方也就少了。交结广泛、党羽众多，在朝廷内外结成朋党，虽然他们犯了大错，但为他们掩藏罪责的人也多。所以忠臣在无罪的情况下也遭受危难与死亡，而奸臣却在无功的情况下依然得利。忠臣之所以遭受到危难与死亡并不是因为有罪，那么贤良的臣子就会潜伏退隐了；奸邪的臣子得到利益并不是因为有功劳，那么奸臣就会得到提拔。这就是灭亡的根本。像这样下去，群臣就会摒弃法治而重视私利、轻视国法了。他们屡次奔走奸臣门下，一次也不去君主朝廷；想方设法谋私利，一点也不为国家大事着想。属臣数目虽不少，不能用来侍奉君主；百官虽具备，不能用来承担国事。这样，君主就徒有虚名，而实际上是依附于群臣的。所以我说：衰弱国家的朝廷没有可用的人。朝廷里边没有人，不是指朝廷衰弱了，而是指臣下竭力互谋私利，不竭力利国；大臣竭力互相推崇，不竭力尊奉君主；小臣拿俸禄私下交结，不把官职放在心上。导致这种情况的原因，是由于君主在上不依法断事，而听凭臣下胡作非为。所以明君用法选人，不用己意推举；用法定功，不用己意测度。能干的人不可能埋没，败事的人不可能掩饰，徒有声誉的人不可能升官，仅受非议的人不可能辞退，那么君主就能明辨臣下的功过是非，而国家就容易治理了，所以君主依法办事就可以了。

贤者之为人臣，北面委质，无有二心；朝廷不敢辞贱，军旅不敢辞难；顺上之为，从主之法，虚心以待令而无是非也①。故有口不以私言，有目不以私视，而上尽制之。为人臣者，譬之若手，上以脩头，下以脩足；轻暖寒热，不得不救；镆铘傅体，不敢弗搏②。无私贤哲之臣，无私事能之士。故民不越乡而交，无百里之慼③。贵贱不相逾，愚智提衡而立，治之至也。今夫轻爵禄，易去亡，以择其主，臣不谓廉。诈说逆法，倍主强谏，臣不谓忠④。行惠施利，收下为名，臣不谓仁。离俗隐居，而以作非上，臣不谓义。外使诸侯，内耗其国，伺其危险之陂，以恐其主曰："交非我不亲，怨非我不解。"⑤而主乃信之，以国听之，卑主之名以显其身，毁国之厚以利其家，臣不谓智。此数物者，险世之说也，而先王之法所简也⑥。先王之法曰："臣毋或作威，毋或作利，从王之指；无或作恶，从王之路⑦。"古者世治之民，奉公法，废私术，专意一行，具以待任。

注释

①质：抵押品或人质。②镆铘：古代利剑名。傅：靠近、迫近。③慼（qī）：通"戚"。这里用为"亲戚"之意。④倍：后作"背"，背弃、背叛。⑤陂：边际、旁边。⑥简：通"谏"。这里用为"谏诤""直言规劝"之意。⑦或：通"惑"。这里用为"迷惑"之意。路：道路，引申为行动的途径，这里指法度。

译文

贤能的人做臣子，面朝北把自己交给君主，没有二心；在朝廷上不敢推辞低贱之事，在军旅中不敢推辞艰难之事；顺从上级的领导，服从君主的法令，摒除自己的成见来等待上级命令而不作是非判断。所以他有口而不讲私事，有眼而不看私情，而完全接受上级管理。做臣子的，如同双手，上用来理头，下用来理脚；冷暖寒暑，不能不管；刀剑近身，不敢不拼。不因私偏袒贤明臣子，不因私宠爱智能之士。所以百姓不离乡私交，没有百里之外的亲戚。贵贱不逾越，愚智平等地生存，这是治国的最高境界。当今那种轻视爵禄、轻易流亡、去选择其他的主子的，我不认为是廉。谎言抗法、违背君主而强行进谏，我不认为是忠。施行恩惠、收买人心来抬高自己的声望，我不认为是仁。避世隐居，而用谎言非议君主，我不认为是义。出使他国，损害祖国，眼睁睁看着祖国陷入危境，便恐吓君主说："外交没有我就不能友好，外患没有我就不能解除。"而君主也便相信他，把国家托付给他；这样，贬低君主名声来抬高自己，损害国家利益来便利私家，我不认为是智。这几种行为，是乱世君主喜欢的，先王法度反对的。先王法度是这样说的："臣下不要沉迷于作威作福，不要沉迷于利益，要听从君王的指挥；不迷惑于作恶，要顺从君王的道路。"古代太平盛世的百姓，实行公正之法，丢弃私利手段，忠心跟从君王，全部候命待任。

夫为人主而身察百官，则日不足，力不给。且上用目，则下饰观；上用耳，则下饰声；上用虑，则下繁辞。先王以三者为不足，故舍己能而因法数、审赏罚。先王之所守要，故法省而不侵，独制四海之内，聪智不得用其诈，险躁不得关其佞，奸邪无所依①。远在千里外，不敢易其辞；势在郎中，不敢蔽善饰非；朝廷群下，直凑单微，不敢相逾越②。故治不足而日有余，上之任势使然也。

注释

①要：古同"约"，这里用为"约言"之意，以盟誓的方式就某事作出庄严的承诺或表示某种决心，亦指所订立的誓约、盟约。关：（guàn）通"贯"，这里用为"贯通""贯穿"之意。佞（nìng）：这里用为"花言巧语"之意。②郎（láng）中：郎，古"廊"字。原指宫殿廷廊，置侍卫人员所在。官名。战国始置。帝王侍从官侍郎、中郎、郎中等的通称。其职责原为护卫陪同、随时建议、备顾问差遣等侍从之职。郎官一直沿用到清朝。如：郎官（郎中及员外郎的泛称）；郎中（郎官。汉代称中郎、侍郎、郎中为郎官，掌星宿之职）；郎将（官名）；郎署（宿卫官的官署）。

译文

做君主的亲自考察百官，就会时间不够，精力不足。而且君主用眼睛看，臣子就修饰外表；君主用耳朵听，臣子就修饰言辞；君主用脑子想，臣子就夸夸其谈。先王认为这三种器官不够，所以不依赖自己的才能而依赖法术，严明赏罚。先王依照盟约做，所以法律简单而且谁都不敢去侵犯，所以能独自管理天下，再聪明的人也不能欺骗别人，再阴险暴躁的人也不能贯通他们的花言巧语，奸邪之人就没有依靠了。即使远在千里之外，也不敢改变话语；即使有郎中官的权势，也不敢隐藏好事而掩饰坏人；朝廷的群臣百官，都聚集微薄的力量献给君主，不敢互相超越职守。所以君主要处理的事用不了一天时间而且还有空闲，这就是君主运用权势的结果。

夫人臣之侵其主也，如地形焉，即渐以往，使人主失端，东西易面而不自知。故先王立司南以端朝夕。故明主使其群臣不游意于法之外，不为惠于法之内，动无非法①。峻法，所以禁过外私也；严刑，所以遂令惩下也②。威不贰错，制不共门③。威、制共，则众邪彰矣；法不信，则君行危矣；刑不断，则邪不胜矣。故曰：巧匠目意中绳，然必先以规矩为度；上智捷举中事，必以先王之法为比，故绳直而枉木斫，准夷而高科削，权衡县而重益轻，斗石设而多益少④。故以法治国，举措而已矣。法不阿贵，绳不挠曲⑤。法之所加，智者弗能辞，勇者弗敢争。刑过不避大臣，赏善不遗匹夫。故矫上之失，诘下之邪，治乱决缪，绌羡齐非，一民之轨，莫如法⑥。厉官威民，退淫殆，止诈伪，莫如刑⑦。刑重，则不敢以贵易贱；法审，则上尊而不侵⑧。上尊而不侵，则主强而守要，故先王贵之而传之⑨。人主释法用私，则上下不别矣。

注释

①游：放纵。②凌：假借为"夌"。本意为侵犯，这里用为"打击"之意。③威不贰错：威势不能两方面共同树立。贰，指君臣两方面。错通"措"，置，引申为树立。④夷：本意为平和、平易，这里用为"平准"之意。科：通"窠"，坎、坑。县：通"悬"，这里用为"悬挂""倒悬"之意。⑤阿：曲从、迎合。⑥缪（miù）：通"樛"，绞结之意。绌（chù）：通"黜"，这里用为"贬退"之意。羡：贪慕。齐：同等，相等。⑦属：连接。威：这里用为"法则"之意。淫：过度。殆：假借为"怠"，懒惰。⑧易：这里用为"轻视"之意，含有"不以为意"的意思。⑨贵：崇尚、重视。

译文

为人臣子侵害他的君主，就像地形起伏一样，逐渐地变化下去，就会使君主迷失方向，东西方位调了头而自己还不知道。所以先王设置司南之官来端正清晨和傍晚的方向。所以明智的君主使群臣百官不在法律之外打主意，也不在法律之内乱施恩惠，一举一动没有不合法的。法，是用来打击违法和游于法律之外的私行的；严刑，是贯彻法令、惩罚下属的。威势不能君臣两方面同时树立，权力不能君臣共同拥有。威势与权力如果君臣共同拥有，那么众多的邪者就肆无忌惮了；执法不讲信用，那么君主的行为就危险了；刑罚不果断，那么就战胜不了邪恶的势力。所以说，巧匠心目中认为符合墨绳，还是要先以规矩为度量；有上等智慧的人办事，还是先要以先王的方法为根据，所以墨线拉直了斜木材就可以斩直，水平仪放平了凸凹不平的木材就可以削平，秤悬挂起来就可以去重就轻使之平衡，斗与石设置起来就可以减多益少使之平均。所以以法治国，就是为了约束人们的行为。法令不袒护权贵，墨绳不屈从弯木。法令该制裁的，即使智者行为也不能躲避，勇者也不敢抵抗争辩。惩处过失不回避大臣，奖赏善行不漏掉百姓。所以矫正上级的过失，追究下级的不正之风，治理混乱，解决谬误，贬退贪慕，平定是非，统一民众的规范，没有比得上法律的。整治官吏，威慑民众，摒弃淫乱怠惰，制止狡诈虚伪，没有比得上刑罚的。刑罚重了，百官就不敢因高贵而轻视卑微的；法制审明，君主尊贵不受侵害。君主尊贵不受侵害，君主就强劲而遵守约定，所以先王重法并把它传下来。君主丢弃法而用私，上下级之间就没有差别了。

评析

"有度"，就是有法度。韩非通过举例说明，谁掌握住法度，谁就能强大。韩非把"依法治理"看得很高，认为只有以法治国，用法来规范人们的社会行为，国家才能变得强盛。

同时，在选拔任用人才的问题上也需要运用一定的法度。依据法度来衡量人才，才能真正做到公平。公平地选拔任用人才，才能使各级官员各司其职，忠心报国。选用贤臣也是有标准的。韩非认为，贤臣的标准就是忠心不二地服务君主，当好君主的得力助手。

韩非在文章的第四段提及了诚信问题，谁是贤臣？谁是佞臣？的确很难辨别！所以古代君王就运用盟约、誓约的方法，好的就赏赐，坏的就处罚。所以，领导人不必去操心谁是贤臣，谁是佞臣，谁是小人，只要能干事，就是能臣。这就是现代所说的量才适用。

文章的最后一节则转而谈到凡事要有准则。要以法办事，依法办事，要以法治国，依法治国。以法律为准绳，以法律为规矩，才能把事情处理妥当。本段提出的"法不阿贵"的思想被视为古代法治思想史上的精髓，是对战国之前"刑不上大夫，礼不下庶人"贵族法权的否定，具有进步的历史意义。"矫上之失""一民之轨"，更具有平等的法制观念，它是"法不阿贵"思想的进一步发展，体现了依法治国的思想，他排除了"释法用私"的人治行为，不准许用法以外的个人意志管理政事，不准许用私心实施赏罚，这些思想在中国法治思想史上具有开创精神。

二柄第七

二柄第七

题解

　　"二柄"，指刑与赏，即惩罚与奖赏两种用来治理臣下的权柄。韩非在本文重点分析了君主掌握和实施赏罚两种权柄的重要性，指出君主只有完全掌控赏罚大权，才能统率臣下。韩非抓住人类畏威趋利的心理，又借鉴历史教训，提出君主要"自用其刑德"，而"刑德"二字又着重于禁奸和诛罚上，为了禁奸，本文进而强调"审合刑名"，而且即使"群臣其言小而功大者亦罚"，"越官者死，不当则罪"，到处透着残酷。本文最后提出若要"群臣见素"，需要君主"掩其情""匿其端"，这是韩非"术"的思想在君臣关系问题上的外在表现。

　　明主之所导制其臣者，二柄而已矣。二柄者，刑、德也①。何谓刑、德？曰：杀戮之谓刑，庆赏之谓德。为人臣者畏诛罚而利庆赏，故人主自用其刑德，则群臣畏其威而归其利矣。故世之奸臣则不然，所恶，则能得之其主而罪之；所爱，则能得之其主而赏之。今人主非使赏罚之威利出于己也，听其臣而行其赏罚，则一国之人皆畏其臣而易其君、归其臣而去其君矣②。此人主失刑德之患也。夫虎之所以能服狗者，爪牙也，使虎释其爪牙而使狗用之，则虎反服于狗矣。人主者，以刑德制臣者也。今君人者释其刑德使臣用之，则君反制于臣矣。故田常上请爵禄而行之群臣，下大斗斛而施于百姓，此简公失德而田常用之也，故简公见弑③。子罕谓宋君曰："夫庆赏赐予者，民之所喜也，君自行之，杀戮刑罚者，民之所恶也，臣请当之。"④于是宋君失刑而子罕用之，故宋君见劫。田常徒用德而简公弑，子罕徒用刑而宋君劫⑤。故今世为人臣者兼刑德而用之，则是世主之危甚于简公、宋君也。故劫杀拥蔽之主，兼失刑、德而使臣用之而不危亡者，则未尝有也。

注释

①德：恩惠、恩德、庆赏。②易：这里用为"轻视"之意，含有"不以为意"的意思。③田常：人名，春秋时期齐国大臣。也作田成常、田成恒、田恒、田子、陈恒、陈成子，"成"是他的谥号。④子罕：人名，战国时期皇喜氏，姓戴，名喜，字子罕，曾任宋国司城，他在公元前370年废掉宋桓侯，夺取了宋国政权。宋君：指宋桓侯，战国时宋国的国君，又称"辟公"，子姓，名兵，或作"璧兵""辟兵"。⑤徒：独、仅仅。

译文

　　明智的君主控制臣下的办法，不过是两种权柄而已。所谓的两种权柄，就是刑和德。什么叫刑和德呢？回答说：杀戮就叫刑，奖赏就叫德。作为臣子的畏惧诛杀而喜爱奖赏，所以君主亲自掌握刑罚和奖赏，那么群臣就畏惧刑罚而归向有利的了。但当今奸臣却不是这样，对他所厌恶的，就能在君主那里得到大权来判其有罪；所喜爱的，就能在君主那里得到大权来进行奖赏。如今的君主并不是使赏罚的权力出自自己，而是听任属下去行使赏罚大权，那么一国的民众都会畏惧他的权力而轻视他们的君主、都去归附他的权臣而背离他们的君主。这就是君主丧失刑赏大权的祸患呀。那老虎之所以能降伏狗，是因为它有爪牙，如果使虎解除爪牙而使狗用上爪牙，那么老虎就会被狗降伏。君主是要靠赏罚来征服臣下的，如果做君主的失去赏罚大权而让臣下使用，那么君主反而会被臣下所挟制了。所以田常向君主申请爵禄而赏给群臣，对下用大斗出小斗进的方法把粮食赈济给百姓，这就是齐简公丧失奖赏大权而由田常掌控，所以最后简公遭到杀害。子罕上奏宋桓侯说："奖赏恩赐是百姓喜爱的，君王自己掌管；杀戮刑罚是百姓畏惧讨厌的，请让我来实行。"于是宋桓侯丧失刑罚大权而由子罕掌握，宋桓侯因而被挟制。田常仅仅掌管了奖赏大权，齐简公就被谋杀；子罕仅仅掌管了刑罚大权，宋桓侯就被挟制。所以当今做臣下的如果控制了赏罚大权，那么君主将会面临比齐简公、宋桓侯更大的危险。所以被挟制被蒙蔽的君主，一旦同时失去赏罚大权而被臣下掌管，这样还不导致身危国亡的情况，是从来没有过的。

　　人主将欲禁奸，则审合刑名①。刑名者，言与事也。为人臣者陈而言，君以其言授之事，专以其事责其功。功当其事，事当其言，则赏；功不当其

事，事不当其言，则罚。故群臣其言大而功小者则罚，非罚小功也，罚功不当名也。群臣其言小而功大者亦罚，非不说于大功也，以为不当名也，害甚于有大功，故罚。昔者韩昭侯醉而寝，典冠者见君之寒也，故加衣于君之上[2]。觉寝而说，问左右曰："谁加衣者？"[3]左右对曰："典冠。"君因兼罪典衣与典冠，其罪典衣，以为失其事也；其罪典冠，以为越其职也。非不恶寒也，以为侵官之害甚于寒。故明主之畜臣，臣不得越官而有功，不得陈言而不当。越官则死，不当则罪。守业其官，所言者贞也，则群臣不得朋党相为矣[4]。

注释

①刑：通"形"，指事实。②韩昭侯：又作韩釐侯、昭僖侯、僖侯，战国时期韩国君主。公元前 358 年至前 333 年在位。他具有法治思想，于公元前 351 年任用申不害为相，实行政治改革。③说（yuè）：这里用为"喜悦"之意。④贞：真诚。

译文

君主要想制止奸恶的行为，就要去仔细审察形名。形名是指言论和事实。做臣下的提出一定的主张，君主根据他的主张给予相应的职权办事，就根据这个事情责求他的功效。功效与职权相合，职权与主张相合，就赏；功效与职权不相合，职权与主张不相合，就罚。所以群臣言大功小的要罚；这不是要罚小功，而是要罚功效与主张不相合。群臣言小功大的也要罚，这不是对大功不喜欢，而是认为功效与主张不相合的危害超过了所建大功，所以要罚。过去韩昭侯喝醉酒睡着了，掌帽官见他冷，就给他身上盖了衣服。韩昭侯酒醒后很高兴，就问身边的侍从："盖衣服的是谁？"身边的侍从回答说："是掌帽官。"韩昭侯因而同时惩处了掌衣官和掌帽官。他惩处掌衣官，是认为他没有尽到职责；惩处掌帽官，是认为他逾越了他的职责范围。韩昭侯并不是不担心着凉，而是认为侵犯他人职权的危害比着凉更厉害。所以圣明的君主驾驭臣下，臣下不得逾越职权去立功，也不可以光说不做事。逾越了职权就惩罚，言行不符就治罪。坚守本职的官员，所说的话很真诚，那么所有的臣子就不能结党营私、狼狈为奸了。

人主有二患：任贤，则臣将乘于贤以劫其君；妄举，则事沮不胜[1]。故人主好贤，则群臣饰行以要君欲，则是群臣之情不效；群臣之情不效，则人主无以异其臣矣[2]。故越王好勇而民多轻死；楚灵王好细腰而国中多饿人；齐桓公妒外而好内，故竖刁自宫以治内；桓公好味，易牙蒸其子首而进之；燕子哙好贤，故子之明不受国[3]。故君见恶，则群臣匿端；君见好，则群臣诬能[4]。人主欲见，则群臣之情态得其资矣。故子之，托于贤以夺其君者也；竖刁、易牙，因君之欲以侵其君者也。其卒，子哙以乱死，桓公虫流出户而不葬。此其故何也？人君以情借臣之患也。人臣之情，非必能爱其君也，为重利之故也。今人主不掩其情，不匿其端，而使人臣有缘以侵其主，则群臣为子之、田常不难矣。故曰："去好去恶，群臣见素⑤。"群臣见素，则大君不蔽矣。

注释

①妄：狂乱，荒诞，胡作非为。沮：破坏、败坏。胜：承受。②要：这里用为"约请""邀请"之意。效：显示、呈现。③越王：指勾践，春秋末期越国君主。楚灵王：又称楚荆王，春秋时期楚国君主。齐桓公：春秋时齐国国君，姓姜，名小白，公元前685年—前643年在位，春秋时期著名的五霸之一。竖刁：人名，齐桓公宠爱的僮仆，名刁。宫：古代五刑之一，这里用为"阉割男子生殖器"之意。易牙：齐桓公时一位善烹调的人。燕子哙：燕国的国君。子之：燕国的宰相。④见：这里用为"出现""显露"之意。⑤素：诚心的、真情的。

译文

君主有两种危险：任命贤能的人，那么臣下将会依靠自己的贤能才干来挟持他的君主；胡乱选拔官吏，那么事情就会混乱得使人不可承受。所以如果君主喜欢贤能，那么群臣就要掩饰自己的行为迎合君主的想法，那么群臣的真情就不会表现出来；群臣的真情表现不出来，那么君主就无法识别群臣的忠奸了。所以越王勾践喜欢勇敢而很多人们就不怕死；楚灵王喜好细腰的人而国内就有饿肚子让自己变瘦的人；齐桓公嫉妒朝廷卿大夫的才能而痴爱后宫女色，所以竖刁就自行阉割以进后宫得以掌控后宫；齐桓公喜好美味食物，易牙就把自己儿子的头蒸了进献齐桓公；燕王子哙喜欢贤名，所以子之虚假地谢绝君位。所以君主表现出憎恶情绪的，群臣就会迅速掩藏；君主表现出喜好情绪的，群臣就会假装有能力办到。君主的欲望显露，群臣的表现就有了依靠。所以子之利用子哙喜好贤名来篡夺君位，竖刁易牙凭借君主的欲望来侵害君主。其结果，子哙因战乱而死，齐桓公死后身体长蛆虫也得不到埋葬。这是什么原因呢？是君主把欲望显露给了臣下导致的祸害。臣下的内心不一定爱戴他的君主，而是为了谋取利益。如今君主要是不粉饰自己的内心，不隐藏自己的意图，而使臣下可以钻空子侵害自己，那么群臣扮演子之、田常这样的角色就轻而易举了。所以说：君主摒弃喜好厌恶，群臣就会露出真面目。群臣露出真面目，国君就不会被蒙蔽了。

评析

"二柄"，就是刑罚与奖赏。这两种权力，实际上是君主的最大权力。离开这两种权力，那么君主也就没有办法激励和惩罚下属了，也就等于失去了控制力。韩非认为，超越了职权不行，在职责范围内的事不做也不行，不说自己职权范围内的话不行，说了超越自己职权范围的话也不行！这就要求人们只说只做自己职权范围内的事，而职权范围外的，则是由君主一个人掌管，从而达到控制群臣的目的。

扬权第八

"扬权"就是宣扬君权。韩非继承黄老学派的思想，从哲学高度论证君权之高，提出"道无双，故曰一，是故明君贵独道之容""道不同于万物""君不同于群臣"。因此，君主应当和道一样，以独一无二自居，高居于群臣和百姓之上。他还提出君主"用一之道"的原则和方法，指出要掌握刑名之术，控制刑德权柄，保持君主独尊的地位。

天有大命，人有大命①。夫香美脆味，厚酒肥肉，甘口而疾形；曼理皓齿，说情而捐精②。故去甚去泰，身乃无害③。权不欲见，素无为也④。事在四方，要在中央⑤。圣人执要，四方来效。虚而待之，彼自以之。四海既藏，道阴见阳⑥。左右既立，开门而当⑦。勿变勿易，与二俱行。行之不已，是谓履理也⑧。

注释

①命：这里用为"天命""命运的规律"之意。②疾：古代轻微的叫疾，重的叫病。曼（màn）：这里用为"秀美"之意。理：纹理。说（yuè）：喜悦。③甚：会意。小篆字形，从甘，从匹。甘是快乐，匹，匹耦。本意：沉溺于男女欢情。这里用为"异常安乐"之意。泰：通"太"；过于。这

里用为"过分"之意。④见：出现、显露。素：诚心的、真情的。⑤要：纲要。⑥道：引导，疏导。⑦当（dàng）：处断、处理。⑧已（yǐ）：停止。履：行动。理：管理、治理。

译文

天有自然法则，人也有普遍的法则。美妙香脆的味道，醇酒肥肉，香甜可口但有害身体；皮肤细嫩、牙齿洁白的美女，令人钟情但耗人精力。所以去掉太过分的吃喝玩乐，身体才会不受损害。权势不应表露无遗，而应保持本色，无为而治。事情要由四方的臣去做，而国家的最高权力却在君主手里。圣人掌握纲要，四方人民就会来效劳。空虚自己来对待一切，他们就会自己想法办事。四海既已收藏心中，引导阴性就可以见到阳性。左右助手既然已经树立，就可以开门处理事务了。不要轻易改变与更动，要按照自然和人类的普遍法则采取行动。行动而不停止，就称为是行动着眼于治理。

> 夫物者有所宜，材者有所施，各处其宜，故上下无为。使鸡司夜，令狸执鼠，皆用其能，上乃无事①。上有所长，事乃不方②。矜而好能，下之所欺；辩惠好生，下因其材③。上下易用，国故不治。

注释

①狸：猫。②方：方法、办法。③矜（jīn）：庄重。惠：聪慧、聪明。因：依靠，凭借。

译文

万物都有它合适的位置，才能都有它施展的地方，各人都处在自己合适的位置上，所以上下都不会有什么困扰。让鸡掌管夜里的时间报晓，叫狸猫捕捉老鼠，像这样使用它们的才能，上级就没有什么事了。君主显示自己的特长，政事就不能办成。君主喜欢自夸逞能，正是臣下进行欺骗的凭借；君主喜欢惹是生非，卖弄口才和智力，正是臣下加以利用的依托。君臣职能颠倒着使用，国家因此得不到治理。

> 用一之道，以名为首。名正物定，各倚物徒①。故圣人执一以静，使名自命，令事自定。不见其采，下故素正②。因而任之，使自事之；因而予之，彼将自举之；正与处之，使皆自定之③。上以名举之，不知其名，复脩其形。形名参同，用其所生④。二者诚信，下乃贡情⑤。

注释

①倚：偏斜。徒：本义步行、迁移，这里用为"游移不定"之意。②见：出现、显露。素：诚心的、真情的。③与：随从、随着。处：治理、办理。④参：配合。⑤贡：告诉、表达。

译文

以道的原则治理国家，要把确定客观事物的名分放在首位。名分恰当，事情就能确定；名分偏颇，事情就会走样。所以圣人按照规律而采取虚静态度，使名分自然形成，让事情自然确定。既然上级不事雕琢，下面也就纯正了。上级根据下级的才能而任用，使各自去从事各自的工作；再根据工作分配给他们职务，他们就会自己去做事了；职务与工作相应，他们都能自己安定下来。上级根据名称来指认事物，但不知道名称是否正确，就要回头再考查事物的形状。形状与名称能一致，就用形与名一致的事物来进行治理。赏、罚二者都确实实现了，臣下就会表达出真情。

> 谨修所事，待命于天，毋失其要，乃为圣人①。圣人之道，去智与巧。智巧不去，难以为常。民人用之，其身多殃；主上用之，其国危亡。因天之道，反形之理，督参鞠之，终则有始②。虚以静后，未尝用已③。凡上之患，必同其端；信而勿同，万民一从。

注释

①命：这里用为"天命""命运的规律"之意。要：纲要。②督：察看、督促、监督。鞠（jū）：告诫。③后：后面，位置在后。已（yǐ）：停止。

译文

君主谨慎地做好自己的工作，其他的等待上天的决断，不要违背自然的规律，才能成为才智超群的人。圣人的做事方法，在于去除智巧去除诡诈。智巧与诡诈不去除，就难以保持长久。普通老百姓使用智巧，就会多灾多难；君主使用智巧，他的国家就会危亡。遵循自然的规律，返回到事物的具体道理，深入观察，交互验证，寻根究底，终而复始。虚静地等待自然的决断，不用主观判断。凡是君主的祸患，一定是赞同了臣下的一面之词；相信他们但不要和同，全国民众就会一致服从。

> 夫道者，弘大而无形；德者，核理而普至①。至于群生，斟酌用之，万物皆盛，而不与其宁②。道者，下周于事，因稽而命，与时生死③。参名异事，通一同情④。故曰：道不同于万物，德不同于阴阳，衡不同于轻重，绳

不同于出入，和不同于燥湿，君不同于群臣⑤。凡此六者，道之出也。道无双，故曰"一"。是故明君贵独道之容⑥。群臣不同道，下以名祷，君操其名，臣效其形，形名参同，上下和调也⑦。

注释

①德：事物内在的本质属性。核：查对、审查。②盛：范围广大，广泛。宁：这里用为"止息"之意。③周：周密、周到。稽：考核、核查。④参：配合。⑤和（hé）：古代乐器之一。⑥贵：崇尚、重视。容：模式、样式。⑦祷：盼望，书信中用作敬辞，表示期望和请求。

译文

道，是广大而没有具体形状的；德，是内含道理而普遍存在的。至于万事万物，自然而然地遵循道和德的要求，都会发展兴盛而不会像道和德一样无形。道普遍存在于事物之中，通过潜化渗透而命定事物；规定着事物的生死周期。虽然名称不同，事物各异，但却无不贯通着同一的普遍规律。所以说：道和万物是不一样的，德和万物的阴阳之理也是不一样的，衡器和它所测量的轻重是不一样的，墨线和它所测量的凸凹是不一样的，和声音的急躁和滞重是不一样的，君主和群臣是不一样的。所有这六种情况，都是道衍生出来的。道没有两种，所以称为"一"。所以明智的君主重视独立的道之模式。君主与臣下有不同的道，臣下用自己的主张向君主进献，君主操纵着臣下的主张，臣下贡献他们的事功，臣下的事功和他们向君主进献的主张符合了，君主和臣下的关系就和谐。

凡听之道，以其所出，反以为之入。故审名以定位，明分以辩类。听言之道，溶若甚醉①。唇乎齿乎，吾不为始乎；齿乎唇乎，愈惛惛乎②。彼自离之，吾因以知之；是非辐辏，上不与构③。虚静无为，道之情也；参伍比物，事之形也④。参之以比物，伍之以合虚⑤。根干不革，则动泄不失矣⑥。动之溶之，无为而改之。喜之，则多事；恶之，则生怨。故去喜去恶，虚心以为道舍。上不与共之，民乃宠；上不与义之，使独为之⑦。上固闭内扃，从室视庭，恕尺已具，皆之其处⑧。以赏者赏，以刑者刑；因其所为，各以自成。善恶必及，孰敢不信？规矩既设，三隅乃列⑨。

注释

①溶（róng）：安闲、闲暇。②惛（hūn）：昏乱糊涂。③构：联结、交合。④参：即参。原意为参两。参两：中国古代哲学中关于对立面及其统一关系的范畴。参伍：即言多而错杂，引申将多方面的情况放在一起加以比照检验。比：比较、考校、核对。⑤虚：本意为"孔洞""空隙"。这里引申为"薄

弱环节"。⑥革：变革、更改。泄：假借为"歇"，这里引申为不摇动。⑦共：通"恭"，恭敬。宠：尊崇。义：在此应该理解为，人与人之间最佳的行事方式。⑧扃（jiōng）：门闩。之：这里用为"往，朝某方向走，到……去"之意。⑨隅（yú）：这里用为"角落"之意。

译文

君主听察分辨臣下言论的原则，是根据臣下发表的言论，反过来作为他们应该做出的实绩的依据。所以要审核主张来确定职位，弄清是非来辨析类别。君主听察言论的一般方法，安闲得就像大醉一样，群臣纷纷动嘴动舌，我总也不先开口；群臣纷纷动嘴动舌，君主越发装得糊糊涂涂，让臣下自己去分析他们的意见，君主从而了解他们的意图；是非一起集中上来，君主并不卷入。虚无安静无所作为，就是道的本来面貌；把各方面的情况放在一起比较验证，就会掌握事物的原形。用多种情况来比照检验事物，用多种情况来合和并找出薄弱环节。只要根基和主干不改变，那么摇动与不摇动都不会失去。君主无论是行动还是安闲，都在无为的原则下来处理一切。如果君主表现出喜爱臣下，他们就会讨好而多事；如果表现出厌恶臣下，他们就会生出怨恨。所以去除喜爱去除厌恶，使内心虚空作为容纳道德的处所。君主不和臣下共同使用权力，民众就会爱戴君主；君主不和臣下商量办事方法，使他们独自去作为。君主坚固关闭内室的门闩，从内室来看庭院，咫尺间的距离具备了，那么一切都呈现在君主的视野了。使该奖赏的得到奖赏，使该受罚的受到惩罚；根据各自的所作所为，明白都是自己造成的。善恶都得到奖赏和惩罚，谁还敢不诚信呢？法度和规矩既然设立了，其他方面也就有条有理了。

主上不神，下将有因；其事不当，下考其常①。若天若地，是谓累解；若地若天，孰疏孰亲；能象天地，是谓圣人②。欲治其内，置而勿亲；欲治其外，宫置一人；不使自恣，安得移并③？大臣之门，唯恐多人。凡治之极，下不能得。周合刑名，民乃守职；去此更求，是谓大惑④。猾民愈众，奸邪满侧。故曰：毋富人而贷焉，毋贵人而逼焉，毋专信一人而失其都国焉。腓大于股，难以趣走⑤。主失其神，虎随其后。主上不知，虎将为狗。主不蚤止，狗益无已⑥。虎成其群，以弑其母⑦。为主而无臣，奚国之有？主施其法，大虎将怯；主施其刑，大虎自宁。法刑苟信，虎化为人，复反其真。

注释

①因：依靠，凭借。考：询问。常：规则。②累：也作"缧"，绳索。③宫：通"官"，官府、官舍。恣：放纵。④周：周密、周到。⑤腓：胫骨后的肉。股：这里用为"大腿"之意。趣：通"趋"，急匆匆地小跑。⑥蚤：这里用为"早"之意。已（yǐ）：停止。⑦母：本源之意，喻指君主。

译文

君主如果不神秘莫测，臣下将有奸诈的依据；君主如果处事不当，臣下就会将君主的不当行为变成自己的常规。像天一样像地一样，就称为解开绳索；像地一样像天一样，就能知道谁疏谁亲；能够像天地一样，就能称为是圣人。要想治理好内部，安置官员就不要亲近他们；要想治理外部，每个官职便安排一个人；不让他们放纵擅为，谁能够动用吞并他人职权呢？大臣的门下，最让人担忧的是有很多人投奔。大凡治理的最佳境地，臣下就无法结党营私。把刑与名周密地相合，民众就会安守本职；丢掉这种方法去另外寻求，就称为是大的迷惑。狡猾的人越多，奸邪的臣下就布满身边。所以说，不要使人太富裕自己反而去借贷；不要使人太显贵自己反而受逼迫；不要专门信任一个人自己反而丧失国家。小腿比大腿粗，难以小步快跑。君主失去神秘莫测，老虎就会跟随其后。君主仍不察觉，老虎就会伪装成狗。君主不能及早制止，狗就会不断增加。等到老虎成了群，就会共同杀掉君主。做君主的没有忠臣，还有什么国家可言？君主施行他的法令，老虎就会害怕；君主施行他的刑罚，老虎自会服帖。法令刑罚如果坚决执行，如虎的奸臣就会重新做人，恢复他作为人的本来面目。

欲为其国，必伐其聚；不伐其聚，彼将聚众。欲为其地，必适其赐；不适其赐，乱人求益。彼求我予，假仇人斧；假之不可，彼将用之以伐我。黄帝有言曰："上下一日百战。"①下匿其私，用试其上；上操度量，以割其下。故度量之立，主之宝也；党与之具，臣之宝也。臣之所不弑其君者，党与不具也。故上失扶寸，下得寻常，有国之君，不大其都；有道之臣，不贵其家②。有道之君，不贵其臣；贵之富之，彼将代之。备危恐殆，急置太子，祸乃无从起。

注释

①黄帝：黄帝是中国古代传说中的"人神杂糅"的人物。战国中、后期百家托古，多集于黄帝。黄帝被说成是上古的圣帝明王，是大发明家、大思想家，被尊为华夏民族的始祖。②扶：古代长度计算单位。相当于四指并列的宽度。寻常：古代的计量单位，八尺为寻，两寻为一常。

译文

要想治理自己的国家，必须要铲除聚众结党的人；不铲除聚众结党的人，他们就会越聚越多。要想治理好自己的地盘，就要使赏赐适当；赏赐不适当，乱臣贼子就会要求更多。他们来求取我就给予，这就等于是把斧子借给仇人；借斧子给仇人是不可以的，因为他会用斧子来铲除我。黄帝有句话说："君臣上下一天有上百次冲突。"臣下藏匿他的私心，用来试探他的君主；君主掌握法度，用来制裁臣下。所以设立法度，是君主的法宝；结成朋党，是臣子的法宝。臣子之所以不杀掉君主，是因为其朋党还没有结成。所以君主偏斜一寸，臣下就会跟着偏斜一丈，统治国家的君主，不使封出去的城邑扩大；服从法治的大臣，不使属下的私家显贵。懂得治国之道的君主，不使他的臣下显贵；如让他们贵了富了，他们将取代君主。防备危险，怕出乱子，赶紧设立太子，祸患就无从发生。

> 内索出圉，必身自执其度量①。厚者亏之，薄者靡之②。亏靡有量，毋使民比周，同欺其上③。亏之若月，靡之若热。简令谨诛，必尽其罚。

注释

①内（nà）：同"纳"，接纳。索：法度。圉（yǔ）：监押。②靡：加重。③比周：这里用为"结党营私"之意。

译文

在宫廷内搜索奸臣，在宫廷外防御奸邪，君主必须要亲自执掌法度。太厚重的法度要减轻，较薄弱的法度要加重。减轻和加重都有一定的分寸，目的就是不让民众结党营私，共同欺骗君主。减轻时要像月亮一样渐亏，加重时要像加热一样逐渐加温。要简明律令谨慎惩罚，对该受罚的人一定要惩罚彻底。

> 毋弛而弓，一栖两雄①。一栖两雄，其斗颜颜②。豺狼在牢，其羊不繁③。一家二贵，事乃无功。夫妻持政，子无适从。

注释

①弛：放松、松弛。弓：弯曲。②颜：原文"噳"字，现用"颜"代替。这里用为"争斗"之意。

③牢：关养牛马等牲畜的圈。

译文

　　不要放松你的弓，要防止一个窝里有两只雄鸟。一窝栖居双雄，必然发出争斗叫唤的声音。豺狼在羊圈里，羊群的数量就不会增多。一家同时有两个尊贵的主管，做事情就会没有成效。夫妻共同当家，孩子就无所适从。

　　为人君者，数披其木，毋使木枝扶疏；木枝扶疏，将塞公闾，私门将实，公庭将虚，主将壅围①。数披其木，无使木枝外拒；木枝外拒，将逼主处②。数披其木，毋使枝大本小；枝大本小，将不胜春风；不胜春风，枝将害心。公子既重，宗室忧唫③。止之之道，数披其木，毋使枝茂。木数披，党与乃离。掘其根本，木乃不神。填其汹渊，毋使水清。探其怀，夺之威。主上用之，若电若雷。

注释

　　①披：修整。闾（lú）：这里用为“里巷的大门”之意。公闾：即宫室的门。②拒（jù）：这里引申为向外生长。③唫（jìn）：假借为“噤”。这里用为“口闭”之意。

译文

　　作为君主，要经常削剪臣下的树干，不要使它的枝叶茂密；它的枝叶茂密，就将会堵塞君主的宫门，私人的门将会充实，君主的朝廷将会空虚，君主将会被壅塞包围。经常修整这棵树，不要使它的枝叶向外延伸；它的枝叶向外延伸，就会逼迫君主的住处。经常修整这棵树，不要使它枝叶大而主干小；枝叶大而主干小，树干将承受不了春风；承受不了春风，枝叶就会侵害树干的心。太子以外的公子太多，整个宗族就会忧愁而闭口不言。制止他们的办法，经常修整这棵树，不要使枝叶茂密。树木经过多次修整，朋党就会分崩离析。掘掉这棵树的根本，树木就会神志不清。填塞那汹涌的深潭，不要使潭水奔腾咆哮。摸清臣下的胸怀，剥夺他们的权威。君主行使自己的权势，就像雷电一样迅疾果断。

评析

　　从《扬权》篇中，我们可以看出，权，是君主的专利，是圣人的专利。圣人、君主，只要掌握了“纲”，纲举目张，一切事都好办了。所以，权力，不能是随便给属下去行使的。上级有上级的权力专利，下级有下级的权力专利，所以，即使上级有了下级的才能，也不能去代替下级做事。同理，下级即使有上级的才能，也不能代替上级做事。等级差别，是韩非的老师荀子一再强调的，正因为人类社会有了等级差别，人类社会才能够维持下来。如果人人都处在同等级的地位上，也就不可能有人类社会的组成。

韩非子选集

所以，各个等级上的人只能按照自己等级的权力办事，不能超越。

同时，韩非还指出权力的专利，即一定首先要端正名称。只有了解清楚事情发生的原因，才能更好地进行治理。所以，名称与事物一定要能相合且相同。而上下级间的汇报与听取汇报，一定要有相互诚信的态度，这样才能各自行使各自的权力，从而使国家得到治理。但是要做到权力专一还要注意两个问题，一个是智慧问题。韩非曾提过"无为"，就是领导人不要有什么作为，下属、百姓为了自己的生存而活动，必然会有作为，领导人只是在一旁观察，对其所作所为作出判断并决定就行了。再一个问题是和同，这个问题周文王在《周易》里、孔子在《论语》中都谈得很多。领导人是要与人民百姓和同，但要和而不同，也就是说，领导人与百姓所思所想是不同的，因为所站的立场、角度、地位不同，领导人考虑的是国，其他人考虑的是家。所以小人与人能相同但不能与人和平共处。领导人与人民百姓要和谐，但必须有自己的思想。

权力既然专一了，那么上级就要听取下级的汇报。韩非认为，听汇报要仔细、不厌其烦、全神贯注地倾听，才能把下级汇报的事情彻底弄清楚。听取完汇报后，领导人也不要急于表态，不要显露出自己的喜好和厌恶，要使下级摸不透自己的心思，才能使下级崇拜你。而所有的奖惩，都要依规矩办，依法制办，而不是凭自己的喜好厌恶来办。而且在听取下级汇报的过程中，领导人还要善于引导话题，不要让下级老是在重复、在纠结一个话题，要掌握好主题，如果下级偏离了主题，要悄悄地纠正过来。同时韩非还提出领导要学会"不动声色"、故作神秘，也就是现代讲的"玩深沉"。这样才能对下级形成震慑。但是要把握尺度，否则就会玩火自焚。

总之，保持地位稳定的办法还是专一地掌握权力，并且要懂得赏罚得体，只有这样才能使老百姓服从自己。

八奸第九

　　"八奸"，指奸臣篡夺君权的八种阴谋手段。包括：同床、在旁、父兄、养殃、民萌、流行、威强、四方等八种方式，体现了韩非对官场斗争的敏锐洞察力和高度概括力。针对上述八奸，文章又分别提出了具体的防范措施，最后指出君主如不能采用正确的方法防奸，则存在亡国的危险。

　　凡人臣之所道成奸者有八术：一曰在"同床"。何谓"同床"？曰：贵夫人，爱孺子，便僻好色，此人主之所惑也①。托于燕处之虞，乘醉饱之时，而求其所欲，此必听之术也②。为人臣者内事之以金玉，使惑其主，此之谓"同床"。二曰"在旁"。何谓"在旁"？曰：优笑侏儒，左右近习，此人主未命而唯唯、未使而诺诺、先意承旨、观貌察色以先主心者也③。此皆俱进俱退、皆应皆对、一辞同轨以移主心者也。为人臣者内事之以金玉玩好，外为之行不法，使之化其主，此之谓"在旁"。三曰"父兄"。何谓"父兄"？曰：侧室公子，人主之所亲爱也；大臣廷吏，人主之所与度计也。此皆尽力毕议、人主之所必听也。为人臣者事公子侧室以音声子女，收大臣廷吏以辞言，处约言事，事成则进爵益禄，以劝其心，使犯其主，此之谓"父兄"。四曰"养殃"。何谓"养殃"？曰：人主乐美宫室台池，好饰子女狗马以娱其心，此人主之殃也。为人臣者尽民力以美宫室台池，重赋敛以饰子女狗马，以娱其主而乱其心，从其所欲，而树私利其间，此谓"养殃"。五曰"民萌"。何谓"民萌"？曰：为人臣者散公财以说民人，行小惠以取百姓，使朝廷市井皆劝誉己，以塞其主而成其所欲，此之谓"民萌"。六曰"流行"。何谓"流行"？曰：人主者，固壅其言谈，希于听论议，易移以辩说。为人臣者求诸侯之辩士，养国中之能说者，使之以语其私——为巧文之言、流行之辞，示之以利势，惧之以患害，施属虚辞以坏其主，此之谓"流行"。七曰"威强"。何谓"威强"？曰：君人者，以群臣百姓为威强者也。群臣百姓之所善，则君善之；非群臣百姓之所善，则君不善之。为人臣者，聚带剑之客，养必死之士，以彰其威，明为己者必利，不为己

韩非子选集

者必死，以恐其群臣百姓而行其私，此之谓"威强"。八曰"四方"。何谓
"四方"？曰：君人者，国小则事大国，兵弱则畏强兵。大国之所索，小国
必听；强兵之所加，弱兵必服。为人臣者，重赋敛，尽府库，虚其国以事
大国，而用其威求诱其君；甚者举兵以聚边境而制敛于内，薄者数内大使
以震其君，使之恐惧，此之谓"四方"。凡此八者，人臣之所以道成奸，世
主所以壅劫，失其所有也，不可不察焉。

注释

①孺（rú）子：古代太子及高官的妾的名目。便（pián）：善于。僻（pì）：通"嬖"。嬖（bì）：
这里用为"宠爱"之意。②燕：通"安"，安逸、安乐。虞（yú）：欢娱。③优：古代表演乐舞、
杂戏的艺人。宋元以后，亦泛称戏曲艺人、演员。习：这里用为"亲信"之意。

译文

臣下得以实现奸谋的手段有八种：第一种叫"同床"。什么叫"同床"呢？回答是：
尊贵夫人，受宠宫妾，她们善于逢迎谄媚和利用自己的美色，这些正是君主所迷恋的。
趁着君主在闲居快乐、酒醉饭饱的机会，来央求她们想要得到的东西，这是君主一定听
从的手段。做臣子的通过内线用金玉财宝贿赂她们，叫她们迷惑君主而答应人臣请托的
事情，这就叫"同床"。第二种叫"在旁"。什么叫"在旁"呢？回答是：倡优侏儒，
亲信侍从。这些人，君主没下令就应承，没支使就应承，事先领会君主的意图，察言观
色来预先摸到君主的心意。这些人都和君主一同进出，一同应对，只要他们统一口径和
行动就可以改变君主的心意。做臣子的通过内线用金玉珍宝贿赂他们，在外替他们干非

法之事，叫他们影响改变君主，这就叫"在旁"。第三种叫"父兄"。什么叫"父兄"呢？
回答是：君主的叔伯兄弟，是君主亲近宠爱的人；权贵大臣及朝廷官吏，是君主必须要
与之谋划事情的人。这些都是竭尽全力和君主一起议论、而君主一定能听从的人。作为
人臣侍奉君主的叔伯兄弟以音乐和美女，用花言巧语来笼络收买权贵大臣及朝廷官吏，
让他们在关键时刻为自己的事情游说，事成之后就给他们晋爵加薪，用这些来劝诱他们
进一步为自己卖力，使他们去干扰君主，这就叫"父兄"。第四种叫"养殃"。什么叫"养
殃"呢？回答是：君主喜好美丽的宫殿和亭台池榭，喜好打扮子女及狗马来愉悦自己的
心情，这就是君主的灾殃。作为人臣竭尽民众力量来修建美化宫殿和亭台池榭，收取重
税来为君主打扮子女及狗马，以讨好君主而扰乱君主的心意，以便君主顺从他们的欲求，
而将自己的私利夹杂在其中，这就叫"养殃"。第五种叫"民萌"。什么叫"民萌"呢？
回答是：作为人臣散发公家的财物来取悦于民众，施行小恩小惠来收买百姓，使朝廷和
百姓都称赞自己，用这种办法来壅塞君主而使自己的欲望得逞，这就叫"民萌"。第六
种叫"流行"。什么叫"流行"呢？回答是：做君主的，本来就壅塞他的言论，很少听
到别人的议论，所以很容易被动听的言辞打动而改变主意。作为人臣到处寻求各诸侯国
的能言善辩之人，供养一些国内的说客，派他们为自己的私利去向君主进言——用巧妙
文饰的语言、用社会上流行的言辞，表现出各种利害关系，用祸患来恐吓他，编造虚假的
言辞来损害君主，这就叫"流行"。第七种叫"威强"。什么叫"威强"呢？回答是：作
为君主，是靠群臣百姓来形成强大的威势。群臣百姓认为是好的，那么君主也认为它好；
不是群臣百姓认为好的，那么君主也认为不好。作为臣属，聚集携带刀剑的侠客，豢养亡
命之徒，来显示自己的威势，彰明为自己卖力有好处，不为自己卖力就要被杀死，用这些
来恐吓群臣百姓而谋求自己的私利，这就叫"威强"。第八种叫"四方"。什么叫"四方"
呢？即做国君的，自己国小就侍奉大国，兵弱就害怕强兵。大国要勒索，小国一定听从；
强兵压境，弱兵一定服从。做臣子的，加重赋敛，耗尽国库的储备，削弱自己国家去侍奉
大国，借用大国威势来诱迫自己的君主；严重的，招引大国军队压境来挟制国内，轻些的，
屡屡引进大国使者来震慑君主，使君主害怕，这就叫"四方"。所有这八种手段，是臣
子实现奸谋的手段，是当代君主受到蒙蔽挟制以至失掉权势的原因，是不可不明察的。

明君之于内也，娱其色而不行其谒，不使私请。其于左右也，使其身
必责其言，不使益辞。其于父兄大臣也，听其言也必使以罚任于后，不令
妄举。其于观乐玩好也，必令之有所出，不使擅进，不使擅退，不使群臣
虞其意。其于德施也，纵禁财、发坟仓、利于民者，必出于君，不使人臣
私其德①。其于说议也，称誉者所善，毁疵者所恶，必实其能，察其过，不
使群臣相为语。其于勇力之士也，军旅之功无逾赏，邑斗之勇无赦罚，不
使群臣行私财。其于诸侯之求索也，法则听之，不法则距之②。所谓亡君
者，非莫有其国也，而有之者皆非己有也。令臣以外为制于内，则是君人

韩非子选集

者亡也。听大国为救亡也，而亡亟于不听，故不听。群臣知不听，则不外诸侯；诸侯之不听，则不受之臣诬其君矣。

注释

①坟：这里用为"大"之意。②距：通"拒"，抗拒、抵御。

译文

明智的君主对于后宫的人，享受她们的美色而不听从她们的求告，不让她们有私人的请求。对于身边左右侍从亲信，使用他们但要考察他们说的话，不让他们夸大言辞。对于叔伯兄弟及权贵大臣，听取意见后也必然使他们承担相应责任，不会让他们胡乱举荐。对于观赏娱乐珍贵玩物，一定让它们有正当的出处，不能让人臣擅自进献、擅自裁减、不能让群臣拿来讨自己欢心。他对于品德的施行，比如发放和禁止发放财物，分发大粮仓的粮食，有利于民众的，必然要出于君主的名义，不能使为人臣者作为私人的恩德来施行。他对于各种言论，不论是称赞者所喜好，或者是诋毁者所厌恶的，必然会核实他们的才能，审查他们的过错，不能让群臣在下面相互议论。对于有勇力的人，作战立功不破格行赏，私斗犯法不赦免罪过，不让群臣用个人财富收买有勇力的人。明君对于其他诸侯国的要求，合法的就听从，不合法的就拒绝。所谓亡国之君，不一定是丧失了自己的国家，而是虽有国家，却不真正属于自己所有了。让臣下用外国的力量控制了国内，相当于君主丧失了自己的国家。为了挽救国家危亡而听从大国，这比不听从亡得更快，所以不去听从。群臣知道君主不听从，就不去同国外诸侯勾结；国外诸侯知道君主不听从，也就不接受臣下对自己君主的胡言乱语了。

明主之为官职爵禄也，所以进贤材劝有功也。故曰：贤材者处厚禄，任大官；功大者有尊爵，受重赏。官贤者量其能，赋禄者称其功。是以贤者不诬能以事其主，有功者乐进其业，故事成功立。今而不然，不课贤不肖，不论有功劳，用诸侯之重，听左右之谒，父兄大臣上请爵禄于上，而下卖之以收财利及以树私党①。故财利多者买官以为贵，有左右之交者请谒以成重。功劳之臣不论，官职之迁失谬。是以吏偷官而外交，弃事而亲财②。是以贤者懈怠而不劝，有功者墯而简其业，此亡国之风也③。

注释

①课：考核。②吏：古代指低级官员或吏卒。吏，实指官府办事人员。官，则是指管理者。③劝：

勉励。隳（huī）：通"惰"，这里用为"怠惰"之意，如：隳惰（懈怠）；隳慢（怠惰，怠慢）。简：怠慢。

译文

明君设置官职爵禄，是用来引进贤才鼓励功臣的。所以说，有贤才的人享受厚禄，担任大官；功劳大的人有尊贵的爵位，享受重赏。任命贤才要衡量他的才能，授予俸禄要考量他的功劳。因此，有才能的人不隐藏自己的才能来为君主效力，有功劳的人乐于进献功业，所以君主的事情能办成，臣下的功业能建立。现在却不是这样，不考核贤与不肖，不论有无功劳，任用被他国诸侯所看重的人，听从左右近侍的请求，父兄大臣在上面向君主请求爵禄，在下面又出卖它来收取财利和培植私党。所以财产多的人就靠买官而成为尊贵的人，同君主左右近臣有交往的人靠着请求而成了重要官员。有功劳的臣子得不到肯定评价，官职的升迁颠倒混乱。因此小吏得以偷偷变成官员而对外交往，抛下政事而去亲近财利。因此贤能的人由此而松懈懒散而不再勉励自己及他人，有功劳的人由此而怠惰而怠慢自己从事的功业，这就是亡国的风气呀！

评析

"八奸"从古到今都有，它存在的原因非常简单，即为了自己的私利。韩非之所以列出这些手段是想提醒人们小心提防这些手段。想要成就一番事业，想要自己生活得更好，就必须要与更多的人建立良好的人际关系，学会诚信待人。

然而，"八奸"的手段只要遇上明智的君主，是没有任何作用的，只有老老实实干好自己的本职工作，以换得应有的地位和俸禄，干得好的还会有奖赏。这就是告诫人们只要好好学习，就能做个明白人。明白了道理，就不会使用奸邪的手段。尤其是做领导的人，一定要明白什么样事情应该怎么办，这样下属也就玩不出手段，也就不会被下属出卖，这就是韩非给我们现代人的启示。

孤愤第十一

题解

"孤愤"，指孤独和愤慨之意，抒发了韩非孤独的愤慨。"孤"即文中所谓"处势卑贱，无党孤特"；"愤"即愤慨于"重人""当涂"，"朋党比周，相与一口，惑主败法，以乱士民"，"智法之士"不得进，人主不得悟。文中提出"智法之士与当涂之人，不可两存之仇也"，愤慨之情溢于言表。文中韩非怀着悲愤的心情，真实描述了"智法之士"向守旧势力抗争的艰难情景，强烈地提出了"烛私""矫奸"的要求。文中反映的激烈的政治斗争，在战国后期，很有典型性，韩非所表达的思想，对新兴政治势力争夺政权、巩固政权的斗争有非常大的启迪。

《史记·韩非列传》称："人或传其书至秦。秦王见《孤愤》《五蠹》之书，曰：'嗟乎，寡人得见此人与之游，死不恨矣。'"由此可见，雄视天下的秦王嬴政在读《孤愤》之后给予了极高的评价。

智术之士，必远见而明察，不明察，不能烛私；能法之士，必强毅而劲直，不劲直，不能矫奸①。人臣循令而从事，案法而治官，非谓重人也②。重人也者，无令而擅为，亏法以利私，耗国以便家，力能得其君，此所为重人也。智术之士明察，听用，且烛重人之阴情；能法之士劲直，听用，且矫重人之奸行。故智术能法之士用，则贵重之臣必在绳之外矣。是智法之士与当涂之人，不可两存之仇也③。

注释

①智：同"知"，通晓。烛：这里用为"照亮"之意。矫：纠正，引申为惩办。②案：同"按"，按照。③当涂之人：指掌握重权的人。涂，同"途"，道路。

译文

通晓统治策略的人，必然识见高远并明察秋毫；不明察秋毫，就不能发现隐私。能够推行法治的人，必须坚决果断并刚强正直；不刚强正直，就不能惩办邪恶。臣子遵循法令办理公事，按照法律履行职责，不叫"重臣"。所谓重臣，就是无视法令而独断专行，破坏法律来为私家牟利，损害国家来便利自家，他的势力能够控制君主，这才叫重臣。通晓统治策略的人明察秋毫，他们的主张若被采纳，自身若被任用，将会洞察重臣的阴谋诡计；能够推行法治的人刚强正直，他们的主张若被采纳，自身若被任用，将会惩办重臣的邪恶行为。因此，懂得策略和善用法治的人若被任用，那么位尊权重之臣必定为法律所不容。这样说来，通晓法术的人与当道掌权的人，是不可并存的仇敌。

> 当涂之人擅事要，则外内为之用矣。是以诸侯不因，则事不应，故敌国为之讼；百官不因，则业不进，故群臣为之用；郎中不因，则不得近主，故左右为之匿；学士不因，则养禄薄礼卑，故学士为之谈也[①]。此四助者，邪臣之所以自饰也。重人不能忠主而进其仇，人主不能越四助而烛察其臣，故人主愈弊而大臣愈重[②]。

注释

①讼：通"颂"，歌颂。郎（láng）中：古"廊"字。原指宫殿廷廊，置侍卫人员所在。官名，战国始置。帝王侍从官侍郎、中郎、郎中等的通称。其职责原为护卫陪同、随时建议、备顾问差遣等侍从之职。郎官一直沿用到清朝。如：郎官（郎中及员外郎的泛称）；郎中（郎官。汉代称中郎、侍郎、郎中为郎官，掌星宿之职）；郎将（官名）；郎署（宿卫官的官署）。②四助：指为当涂之人效劳的四种帮凶，即诸侯、群臣、郎中、学士。弊：通"蔽"，蒙蔽。

译文

当道掌权的人擅自独揽政事机要大权，那么国外的诸侯、国内的百官都要为他所用。因此诸侯们如果不依靠他，那么办事就没有效应，所以为他歌功颂德；群臣百官如果不依靠他，那么所办之事也不会有进展，所以群臣都被他所役使；郎中官如果不依靠他，

那么就不能接近君主，所以君主身边的侍从都替他隐瞒私情；学习读书的人如果不依靠他，那么收入就会微薄、地位就会低下，所以学士为他说好话。这四种辅助势力是奸邪之臣用来掩饰自己的基础。重臣不能忠于君主而推荐自己的政敌，君主不能越过奸臣的四种辅助势力来洞察所有臣下，所以君主越来越受蒙蔽，而重臣的权势越来越大。

凡当涂者之于人主也，希不信爱也，又且习故①。若夫即主心，同乎好恶，固其所自进也。官爵贵重，朋党又众，而一国为之讼。则法术之士欲干上者，非有所信爱之亲、习故之泽也，又将以法术之言矫人主阿辟之心，是与人主相反也②。处势卑贱，无党孤特。夫以疏远与近爱信争，其数不胜也；以新旅与习故争，其数不胜也；以反主意与同好恶争，其数不胜也；以轻贱与贵重争，其数不胜也；以一口与一国争，其数不胜也。法术之士操五不胜之势，以岁数而又不得见；当涂之人乘五胜之资，而且暮独说于前。故法术之士奚道得进，而人主奚时得悟乎？故资必不胜而势不两存，法术之士焉得不危？其可以罪过诬者，以公法而诛之；其不可被以罪过者，以私剑而穷之。是明法术而逆主上者，不僇于吏诛，必死于私剑矣③。朋党比周以弊主，言曲以便私者，必信于重人矣④。故其可以功伐借者，以官爵贵之；其不可借以美名者，以外权重之⑤。是以弊主上而趋于私门者，不显于官爵，必重于外权矣。今人主不合参验而行诛，不待见功而爵禄，故法术之士安能蒙死亡而进其说⑥？奸邪之臣安肯乘利而退其身？故主上愈卑，私门益尊。

注释

①习：亲信。②阿：曲从、迎合。辟：通"僻"，邪恶。③僇：通"戮"，杀害。④比周：结党营私。⑤功伐：功劳。⑥合：比较。

译文

当道掌权的人对君主来说，极少是不被信任宠爱的，并且是君主所亲昵熟悉的。至于迎合君主的心理，投合君主的爱好和厌恶，本来就是重臣得以晋升的途径。他们官职重，权力大，党羽众多，而成为全国人歌颂的对象。那么法术之士人想求得君主的重用，既没有被信任和宠爱的亲近关系，又没有受君主亲昵熟悉的恩泽，又想用法术之言纠正君主的偏邪的心，这些是与君主的心意相反的。法术之士所处的政治地位卑下低贱，无党羽且孤立。以关系疏远的人与关系亲近受宠爱信任的人相争，就是竞争多次也不能取胜；以新来的客人的身份与君主所熟悉亲昵的人相争，就是竞争多次也不能取胜；以违背君主心意与投合君主好恶的人相争，就是竞争多次也不能取胜；以地位卑下低贱与地位高贵重要的人相争，就是竞争多次也不能取胜；以一个人与全国人相争，就是竞争多次也不能取胜。法术之士处在这五种不能取胜的形势下，加上常年不能与君主见面；当道掌权的人凭着这五种能取胜的条件，每天早晚都能独自在君主面前进言。因此法术之士靠什么途径得到重用，而君主什么时候才能醒悟呢？所以法术之士凭借不能取胜的客观条件而又与当道掌权的人势不两立，法术之士怎么会不危险呢？法术之士可以用罪名来加以诬陷的，就借用国家法律来把他们杀掉；法术之士不能强加以罪名的，就用私家剑客来结束他们的性命。这样一来，明白法术而违背君主意志的人，不是被官吏杀戮，就必然死于刺客的暗杀。结党营私以蒙蔽君主，歪曲事实方便自己的人，必定会受到重臣的信任。因此他们之中可以用功劳作为凭借的，就会用官职爵位来使他们显贵；他们之中不能用好名声作为凭借的，就利用外国诸侯的势力而得以显贵。因此蒙蔽君主而奔走私家门下的人，不因官爵显贵，就必然得到外国诸侯的倚重。现在君主不仔细考察就妄行杀戮，不待建立功劳就奖赏爵禄，所以法术之士怎么能冒着死亡的危险来进献他们的主张？奸邪之臣怎么肯处在有利的地位而引退自身？因此君主的地位越来越低了，而奸臣私家的地位越来越尊贵。

夫越虽国富兵强，中国之主皆知无益于己也，曰："非吾所得制也。"①今有国者虽地广人众，然而人主壅蔽，大臣专权，是国为越也。智不类越，而不智不类其国，不察其类者也②。人之所以谓齐亡者，非地与城亡也，吕氏弗制而田氏用之；所以谓晋亡者，亦非地与城亡也，姬氏不制而六卿专之也③。今大臣执柄独断，而上弗知收，是人主不明也。与死人同病者，不可生也；与亡国同事者，不可存也。今袭迹于齐、晋，欲国安存，不可得也。

注释

①越：诸侯国名，也称"於越"。范围包括今浙江大部和江苏、江西部分地区。春秋末越王勾践卧薪尝胆，终灭吴称霸，战国时为楚灭。②智：同"知"，知道。③吕氏：西周初，周武王建国后把齐地封给开国功臣吕尚，即姜太公，又名吕望，姜子牙，以后齐国为吕尚后代世袭，所以齐国为吕氏之国。姬（jī）氏：晋国在周初是周成王的弟弟唐叔虞的封国，姬姓，故称姬氏。六卿：指春秋末晋国的六家掌权贵族，即范氏、中行氏、知氏、赵氏、韩氏、魏氏。

译文

越国虽然国富兵强，中原各国的君主都知道对自己没有什么好处。说："它不是我们所能控制的。"现在一个国家的统治者虽然地广人众，然而这个国家的君主闭塞，大臣专权，这样一来，君主对自己的国家就像对越国一样不能控制了。知道自己的国家与越国不同，却不知道失去了对国家的控制已使国家不像是自己的了，这是不懂得明察事物的类似性。人们之所以说齐国灭亡了，并非说它的土地和城市也灭亡了，而是指原来的吕氏已不能控制它而由田氏占有了它；之所以说晋国灭亡了，并非说晋国的土地和城市也灭亡了，而是指原来的姬氏已不能控制而由六卿把持了它；如今大臣掌握大权而独断专行，而上面的君主却不知道收回权力，这就是君主不明智。与死人患同样病的，不

可能活下去；与亡国行事相类似的，不可能生存下去。如今沿着齐国、晋国的老路，想要国家安稳地长存下去，那是不可能的。

凡法术之难行也，不独万乘，千乘亦然[1]。人主之左右不必智也，人主于人有所智而听之，因与左右论其言，是与愚人论智也；人主之左右不必贤也，人主于人有所贤而礼之，因与左右论其行，是与不肖论贤也。智者决策于愚人，贤士程行于不肖，则贤智之士羞而人主之论悖矣[2]。人臣之欲得官者，其修士且以精洁固身，其智士且以治辩进业[3]。其修士不能以货赂事人，恃其精洁而更不能以枉法为治。则修智之士不事左右、不听请谒矣。人主之左右，行非伯夷也，求索不得，货赂不至，则精辩之功息，而毁诬之言起矣[4]。治辩之功制于近习，精洁之行决于毁誉，则修智之吏废，则人主之明塞矣。不以功伐决智行，不以参伍审罪过，而听左右近习之言，则无能之士在廷，而愚污之吏处官矣[5]。

注释

①万乘（shèng）：万辆兵车，泛指大国。②程：这里用为"法度""规程"之意。③精：细致、精密。洁：操行清白、品德高尚。治辩：办事，才干。④伯夷：商朝末年孤竹国君主的大儿子。曾让位于他的弟弟。周武王伐纣后，他逃到首阳山，不食周粟而死。古代把他视为清高廉洁的典范。⑤参伍：指参伍之验，用事实多方面加以验证。

译文

　　大凡法术难以推行，不光在大国是这样，在中小国也是这样。君主身边近臣不一定很有智慧，但君主听取人们中有智慧的人的意见时，却还要与身边近臣讨论智慧的人的言论，这就是和愚蠢的人讨论智慧；君主身边近臣不一定贤德，但君主礼遇尊重人们中有贤德的人时，却还要与身边近臣讨论贤德的人的行为，这就是和品德不好的人论贤德的人。如果智慧的人的计谋由愚蠢的人来决定，贤德的人的德行要品德不好的人来评定，那么贤德有智慧的人就会感到羞耻而君主的论断必然也就是与事实相悖的。臣子中有想做官的，那些在品德上修养自己的人将用纯正廉洁的品质约束自身，那有智慧的人将用办事的才干推进功业。这些品德好的人不会用财物贿赂、侍奉人，而是坚持自身的廉洁，更不可能违反法度来办理政务；那么品德修养好的人和明智的人就不会去侍奉君主身边的近臣，也不会理睬私人的请托。君主身边的近臣，没有伯夷那样高洁的德行，索求的东西得不到，贿赂的财物不上门，那么修士和智者高尚的品德与竭尽全力建立的功绩就会被埋没，而诽谤诬陷的流言就会兴起。办事的才能和功业受制于君主身边的近侍，精纯廉洁的品行取决于近侍的诽谤和吹捧，那么修士和智者一类官吏就要被废黜，君主的明察也就被阻塞了。不按功劳裁决人的才智和品德，不通过事实的多方验证来审定人的罪行和过错，却听从君主身边亲信的话，那么没有才能的人就会在朝廷中当政，愚蠢卑污的官吏就会窃居官职了。

　　万乘之患，大臣太重；千乘之患，左右太信：此人主之所公患也①。且人臣有大罪，人主有大失，臣主之利相与异者也。何以明之哉？曰：主利在有能而任官，臣利在无能而得事；主利在有劳而爵禄，臣利在无功而富贵；主利在豪杰使能，臣利在朋党用私。是以国地削而私家富，主上卑而大臣重。故主失势而臣得国，主更称蕃臣，而相室剖符②。此人臣之所以谲主便私也③。故当世之重臣，主变势而得固宠者，十无二三，是其故何也？人臣之罪大也。臣有大罪者，其行欺主也，其罪当死亡也。智士者远见而畏于死亡，必不从重人矣；贤士者修廉而羞与奸臣欺其主，必不从重臣矣。是当涂者之徒属，非愚而不知患者，必污而不避奸者也。大臣挟愚污之人，上与之欺主，下与之收利侵渔，朋党比周，相与一口，惑主败法，以乱士民，使国家危削，主上劳辱，此大罪也。臣有大罪而主弗禁，此大失也。使其主有大失于上，臣有大罪于下，索国之不亡者，不可得也。

注释

　　①人主：自荀子以来，对国家领导人就有了很多称呼，君主则是直指诸侯君主，人主则另有所指。因为战国以来，"陪臣执国命"者大量增加，而对他们则不能称为"君主"，所以这里称呼这

种人为"人主"，也可称"主人""主"。②蕃：通"藩"，周代谓九州之外的夷服、镇服、蕃服，后用以泛指域外或外族，这里用为"外邦小诸侯"之意。剖符：指剖分信符来任命官吏、分封领地、调兵遣将等，这种大权原应为君主所执掌。③谲（jué）：欺诈、诡谲。

译文

　　大国的祸患：在于大臣的权势太重；中小国的祸患，在于君主对身边的侍臣太信任；这是君主的共同祸患。况且臣子有了大罪，就等于君主有重大失误，臣子和君主的利益是不一样的。怎么样来弄明白呢？回答是：君主的利益在于给有才能的人授任官职，臣下的利益在于没有才能而得到官职；君主的利益在于给有功劳的人授以爵禄，臣下的利益在于没有功劳而得到富贵；君主的利益在于让豪杰之士发挥才能，臣下的利益在于结党营私。因此国土减少了而私家富起来了，君主的地位卑弱了而大臣的权势加重了。所以君主失去权势而大臣得揽国政，君主改称藩臣，相国大臣行使君权。这就是臣下所以欺诈君主谋取私利的原因。所以当代掌控国家大权的大臣，君主变换了而仍能保持宠信的，十个中还不到两三个。这是什么原因呢？是因为臣下的罪行太大了。臣下有大罪的，他的行为是欺骗君主的，他的罪行应当处死。智术之士看得深远而畏惧受牵连遭死罪，必定不会跟从那些位高权重的大臣；品德好的人修身廉洁，耻于和奸臣共同欺骗君主，必定不会跟从那些位高权重的大臣。这些当道掌权者的门徒党羽，不是愚蠢而不知祸害的人，必定是腐败而不避行奸作恶的人。大臣挟持了这些愚蠢腐败的人，对上和他们一起欺骗主人，对下和他们一起搜刮民财侵害百姓，互相勾结成一个团体，互相统一口径，迷惑君主败坏法纪，以此扰乱民众，使国家危难削弱，使君主忧劳屈辱，这是他们的大罪啊。臣下有了大罪而君主不去禁止，这就是大的过失啊。假使君主在上面有大的过失，臣下在下面有大罪，想求得国家不灭亡，是不可能的。

评析

　　所谓"孤愤"，即孤独与愤慨，韩非着重强调了智术之士与当涂之士这两种人，这两种人的斗争，体现了当时韩国政治力量的尖锐对立。最终造成了"主上卑而大臣重，故主失势而臣得国"的严重局面。韩非满怀悲愤心情，真实描述了法术之士向守旧势力抗争的艰难情形，强烈提出了"烛私""矫奸"的要求。

　　韩非悲愤的是"窃国大盗"，他们表面上清正廉洁，满口仁义道德，实际上他们已经盗取了一个国家。他们的实际权力已经超过了最高统治者。但最高统治者还沉迷享乐而不自知，直至倒台方才恍然大悟。这些窃国大盗往往都很自私，都是为了自己的一己私利而损害国家和他人的利益。窃国大盗专权擅为，君主大权旁落，必然的结果就是亡国。

　　总之，韩非悲愤的是"当涂之人"对国家的破坏，对君主的蒙蔽。而君主要做的事情就是要明辨忠奸，维护自己的治权，这样才能保持国家的安定，君臣才能和平共处。

孤愤第十一

说难第十二

题解

  "说难"，是指向人主进谏的艰难。战国末期，各国军事战争、政治斗争都非常激烈，各种社会力量也非常活跃，谋士们都想争取到君主的支持，来推行自己的政治主张，他们向君主进言困难重重，有时还会遭遇生命危险，鉴于此，韩非在深入揣摩人主心理和总结历史教训的基础上提出了一系列进说之术，其中揣摩迎合、纵横捭阖、辩才无碍、巧舌如簧、装聋作哑、胁肩谄笑、溜须拍马、顺风推舟、与时逶迤，就说之一术而言，无疑集了战国游谈者的大成。司马迁说"余独悲韩子为《说难》而不能自脱耳"，则更见出在专制君王面前进言之难了。

>   凡说之难：非吾知之有以说之之难也，又非吾辩之能明吾意之难也，又非吾敢横失而能尽之难也①。凡说之难：在知所说之心，可以吾说当之②。

注释

  ①说（shuì）：游说、进说。知：同"智"。说之：指进说君主。横（hèng）：假借为"犷"，放纵。失：通"佚"。横失：横佚，毫无顾忌地畅所欲言。②以：用，拿。当（dàng）：适用。

译文

  凡是进说的难处：并不是我的才智用来说服君主有什么困难，也并不是我的口才用来阐明我的意思有什么困难，也并不是我勇敢地纵横议论、毫无顾忌地表达自己全部的看法有什么困难。凡是进说的难处：在于了解游说对象的心理，以便用我的话适应他。

>   所说出于为名高者也，而说之以厚利，则见下节而遇卑贱，必弃远矣①。所说出于厚利者也，而说之以名高，则见无心而远事情，必不收矣。所说阴为厚利而显为名高者也，而说之以名高，则阳收其身而实疏之；说之以厚利，则阴用其言显弃其身矣②。此不可不察也。

①见：被看作。下节：节操低下。遇：对待，待遇。②阴：暗地里。显：公开对外。阳：表面上。身：本身，指进说者。

译文

进说对象想要博取美名的，却用丰厚的利益去游说他，就会被他看作节操低下而只能得到卑贱的待遇，必然受到抛弃和疏远。进说对象想要获取厚利的，却用博取美名的言论游说他，就会被看作没有心计而又脱离实际，必定不会被接受和采纳。所进说的对象心里想要获取厚利而表面上想要博取美名的人，用博取美名去游说他，那么表面采纳游说的人而实际上却会疏远；如果用获取厚利去游说他，那么他暗地里会采用进说者的意见而表面上会抛弃进说者。这些情况不能不明察。

夫事以密成，语以泄败。未必其身泄之也，而语及所匿之事，如此者身危。彼显有所出事，而乃以成他故，说者不徒知所出而已矣，又知其所以为，如此者身危。规异事而当，知者揣之外而得之，事泄于外，必以为己也，如此者身危①。周泽未渥也，而语极知，说行而有功，则德忘；说不行而有败，则见疑，如此者身危②。贵人有过端，而说者明言礼义以挑其恶，如此者身危。贵人或得计而欲自以为功，说者与知焉，如此者身危。强以其所不能为，止以其所不能已，如此者身危③。故与之论大人，则以为间己矣；与之论细人，则以为卖重④。论其所爱，则以为借资；论其所憎，则以为尝己也⑤。径省其说，则以为不智而拙之；米盐博辩，则以为多而交之⑥。略事陈意，则曰怯懦而不尽；虑事广肆，则曰草野而倨侮⑦。此说之难，不可不知也。

注释

①揣：猜想、推测、估量。②周泽：恩泽、恩惠。渥（wò）：全身沾满之意。德：恩惠、恩德、庆赏。③已：停止。④间：挑拨、离间。⑤尝：试探。⑥交：杂乱。⑦肆：本义为陈列，这里引申为展现。倨侮：傲慢自大。

译文

事情因保密而成功，谈话因泄密而失败。不一定是进说者本人泄露了机密，而是进说者谈的话触及君主心中隐匿的事，这样的情况进说者就会身遭危险。君主表面上干某事，心里却是为了用它来办成另外的事，进说者不但知道君主所干的事，而且知道他这样干的原因，这样的情况下进说者就会身遭危险。君主规划一件非同寻常的事而且进说者说的完全符合他的心意，聪明的人从外在表现上猜想到了，事情泄露出来，君主一定认为是进说者泄露了机密，这样的情况进说者就会身遭危险。君主对进说者的恩惠还不深厚，而进说者就把自己知道的都说出来，如果他的主张得以实行而有功效，那么功德就会被君主忘记；如果他的主张难以实行而遭到失败，那么自己就会被君主怀疑，这样的情况进说者就会身遭危险。君主有了过错，而进说者毫不掩饰地谈论礼义来挑出他的毛病，这样的情况进说者就会身遭危险。尊贵的人有时计谋得当而且想要把这计谋作为自己的功绩，但进说者也参与了这个计谋，这样的情况进说者就会身遭危险。勉强君主做他不能做的事情，强迫君主停下他不愿停止的事情，这样的情况进说者就会身遭危险。所以，进说者和君主谈论大臣，就会被认为挑拨离间君臣关系；和君主谈论小人，就会被认为是卖弄权势。进说者如果和君主谈论君主所喜爱的，就会被认为是寻找靠山；进说者如果和君主谈论君主所憎恶的，就会被认为是试探自己。进说者陈述得直截了当简明扼要，就会被认为是不聪明而被看成是笨拙；进说者谈论类似柴米油盐等琐碎详尽的事情，就会被认为是啰唆而驳杂。进说者谈论简单扼要，就会被认为是胆小而不敢完全表达自己的意见；进说者把考虑到的事情广泛而无拘无束地讲出来，就会被认为是粗野鲁莽而傲慢自大。这些进说的难处，不能不知道啊。

凡说之务，在知饰所说之所矜而灭其所耻①。彼有私急也，必以公义示而强之②。其意有下也，然而不能已，说者因为之饰其美而少其不为也。其心有高也，而实不能及，说者为之举其过而见其恶，而多其不行也。有欲矜以智能，则为之举异事之同类者，多为之地，使之资说于我，而佯不知也，以资其智。欲内相存之言，则必以美名明之，而微见其合于私利也③。欲陈危害之事，则显其毁诽，而微见其合于私患也。誉异人与同行者，规异事与同计者。有与同污者，则必以大饰其无伤也；有与同败者，则必以

明饰其无失也。彼自多其力，则毋以其难概之也；自勇之断，则无以其谪怒之；自智其计，则毋以其败穷之④。大意无所拂悟，辞言无所系縻，然后极骋智辩焉⑤。此道所得，亲近不疑而得尽辞也。

注释

①矜：自夸、自恃。②强：这里用为"劝勉"之意。③内：同"纳"，进献。④概：古代量米粟时刮平斗斛（hú）用的木板。量米粟时，放在斗斛上刮平，不使过满。本意为刮平，不使过量之意。这里引申为压平、压抑。谪（zhé）：这里用为"有意指摘、责备"之意。⑤系縻（mí）：抵触，摩擦。

译文

　　大凡进说的要领，在于懂得美化进说对象自夸之事而掩灭其羞耻之事。君主有私下里急切的需要，进说者须要指明其合乎公义从而劝勉他去做。君主思想中有卑下的念头，但是不能克制，进说者就应该粉饰他的念头而劝他尽量少去做。君主思想中有过高的期望，但是实际上无法做到，进说者就应该列举这种期望的缺点而揭示其中的坏处，并且赞扬他没有实行。君主有时想自夸有智慧有能力，那么进说者就为他列举同类事情的处理方法，而且尽量多地为他找依据，使他能借助进说者的主张，而进说者却假装不知道，以帮助君主增添智慧。如果想要进献与人相安的话，那么进说者就必须用美好的名义来阐明，而又暗示它符合君主的私利。如果想要陈述有危险、灾害的事情，那么进说者就应该说明这个事情将带来的诋毁和非议，而又暗示它对君主有危害。进说者要赞誉另一个与君主行为相同的人，就要规划另一件与君主考虑相同的事。假如有人与君主有同样的污点，那么进说者就必须尽量粉饰他没有害处；假如有人与君主有同样的失败，那么进说者就必须用明白的话来粉饰他没有过失。君主自夸很有能力，那么进说者就不要用他难以办到的事来压抑他；君主自夸勇敢决断，那么进说者就不要指出他的过失使他怨怒；君主自夸有智慧有计谋，那么进说者就不要指出他过去的失败使他难堪。进说的基本内容没有什么违逆，言辞没有什么抵触，然后就可以尽情地施展自己的智慧和口才了。这种方法所得到的结果，就是君主能对进说者亲近而且不怀疑，进说者能够畅所欲言把话说完。

　　伊尹为宰，百里奚为虏，皆所以干其上也①。此二人者，皆圣人也；然犹不能无役身以进，如此其污也！今以吾言为宰虏，而可以听用而振世，此非能仕之所耻也。夫旷日离久，而周泽既渥，深计而不疑，引争而不罪，则明割利害以致其功，直指是非以饰其身，以此相持，此说之成也②。

注释

①伊尹：尹是官名。传说伊尹出身奴隶，生于伊水边，原为有莘之君的近身奴仆，听说商汤"贤德仁义"，而心向往之。商汤与有莘结亲，他作为有莘氏女的陪嫁之臣来到商汤手下，成为汤的"小臣"。百里奚：人名，虞国大夫，虞灭后被转卖到楚国，秦穆公听说他有贤才，遂以五张羊皮的代价将他赎出，任命他为秦国大夫。在他的辅佐下，秦穆公成就了春秋霸业。干：这里用为"求取"之意。②割：剖析。饰：通"饬"（chì），整饬、整治。

译文

伊尹做过厨师，百里奚做过奴隶，都是为了求得君主重用。这两个人都是圣人，但还是不能不通过做低贱的事来求得进用，他们的卑下竟至如此！如今把我的话当成厨师和奴隶所讲的一样，而可以被听信、采纳，而能来拯救天下，这不是智能之士认为耻辱的。当经过很长一段时间之后，而君主的恩泽已经深厚，进说者深远的计谋策划不会被怀疑，据理力争也不会被加罪，那就可以明白地剖析事情的利害得失来引导君主成就功业，直截了当地指出是非曲直来整饬君主的言行，能用这样的方式互相对待，这才是进说的成功。

昔者郑武公欲伐胡，故先以其女妻胡君以娱其意①。因问于群臣，"吾欲用兵，谁可伐者？"大夫关其思对曰："胡可伐。"武公怒而戮之，曰："胡，兄弟之国也。子言伐之，何也？"胡君闻之，以郑为亲己，遂不备郑。郑人袭胡，取之。宋有富人，天雨墙坏。其子曰："不筑，必将有盗。"其邻人之父亦云。暮而果大亡其财。其家甚智其子，而疑邻人之父。此二人说者皆当矣，厚者为戮，薄者见疑，则非知之难也，处知则难也。故绕朝之言当矣，其为圣人于晋，而为戮于秦也，此不可不察②。

注释

①郑武公：人名，春秋时期郑国君主，公元前 770 年—前 744 年在位。胡：古地名，古代称北方和西方的民族如匈奴等为胡。②绕朝：人名，春秋时期秦国大夫。

译文

从前郑武公想征伐胡国，故意先把自己的女儿嫁给胡国君主来使他心里高兴，放松戒备。接着他询问群臣："我想用兵，哪一个国家可以征伐？"大夫关其思回答说："胡国可以征伐。"郑武公大怒，把关其思杀了，说："胡国，是我们兄弟之国。你说征伐它，是什么意思？"胡国君主听说这件事后，认为郑国是亲近自己，于是就不防备郑国了。结果郑国偷袭了胡国，攻取了它。宋国有一户富裕人家，天下大雨墙被毁坏。他儿子说："不修补的话，必将有盗贼来偷。"邻居的老人也这么说。到了晚上，果然有大量财物被偷窃。这家富人认为儿子很聪明，却对邻居老人起了疑心。关其思和这位老人的话都恰当，而

重的被杀，轻的被怀疑；这说明不是了解事情有困难，而是处理所了解到的事情很困难。因此，绕朝的话是恰当的，但他在晋国被认为是圣明的，在秦国却遭杀害，这种情况不能不明察。

> 昔者弥子瑕有宠于卫君①。卫国之法："窃驾君车者罪刖②。"弥子瑕母病，人间往夜告弥子，弥子矫驾君车以出。君闻而贤之，曰："孝哉！为母之故，忘其刖罪。"异日，与君游于果园，食桃而甘，不尽，以其半啖君。君曰："爱我哉！忘其口味以啖寡人。"及弥子色衰爱弛，得罪于君，君曰："是固尝矫驾吾车，又尝啖我以余桃。"故弥子之行未变于初也，而以前之所以见贤而后获罪者，爱憎之变也。故有爱于主，则智当而加亲；有憎于主，则智不当见罪而加疏。故谏说谈论之士，不可不察爱憎之主而后说焉。

注释

①弥子瑕：人名，春秋时期卫国君主卫灵公的嬖臣。卫君：即卫灵公。卫灵公：春秋时期卫国君主，名元，公元前 534 年—前 493 年在位。②刖（yuè）：这里用来借指为古代削足之刑。

译文

从前弥子瑕曾受到卫国国君卫灵公的宠信。卫国法令规定：私自驾驭国君车子的，论罪要处以砍脚的酷刑。弥子瑕母亲病了，有人抄近路连夜通知弥子瑕，弥子瑕假托国君卫灵公的命令驾驭君车而出城。卫君听说后，却认为他德行好，说："真孝顺啊！为了母亲的缘故，忘了砍脚的刑罚。"另一天，他和卫君在果园游览，吃桃子觉得甜，没有吃完就把剩下的半个给卫君吃。卫灵公说："弥子瑕真疼爱我呀！忘了这是他自己喜欢吃的东西，把剩余的桃子给我吃。"等到弥子瑕脸色衰老宠爱减弱时，得罪了卫灵公，卫灵公说："这个人曾假托我的命令驾驶我的车辆，又曾经拿他吃剩下的半只桃子给我吃。"所以说弥子瑕当初的行为并没有改变，但在从前被看作是德行好而后来却被加罪，这是因为君主的爱憎态度发生了变化。所以臣下如果受到君主的宠爱，那么智谋就被认为很恰当而更加被亲近；如果受到君主的憎恶，那么智谋就会被认为不恰当而更加被疏远。所以劝谏君主议论政事的人，不能不审察君主的爱憎态度然后再对君主进说。

> 夫龙之为虫也，柔可狎而骑也；然其喉下有逆鳞径尺，若人有婴之者，则必杀人①。人主亦有逆鳞，说者能无婴人主之逆鳞，则几矣②。

说难第十二

49

注释

①虫（chóng）：古代泛指所有的动物。狎：亲近、接近。婴：通"撄"，触动。②几：就要、快要。

译文

龙作为一种动物，其温柔时可以亲近而且可以骑着它玩；然而它的喉部下有一尺长的一块倒着长的鳞片，如果有人触动了这鳞片，龙就一定会杀死他。君主也有倒着长的鳞片，进说者如果能不触动君主那倒着长的鳞片，就快要成功了。

评析

游说在战国时期非常盛行，《说难》主要分析了游说当中的困难，以及游说成功的方法。文章中首先提出，要知道对方的心理活动，是不是与自己的游说内容相符，才能去游说；否则，所游说的必然不会成功。

同时，要明确对方是一个什么人，才能根据这个人的特点采用不同的游说内容。比如说对方喜好名声，你所说的是利益，那么你就应该将利说成是可以赢得名声；假如对方喜好利益，你所说的是名声，你就可以把名声说成是可以换来利益。如此等等，总之，要摸清对方心思后才能去游说，知己知彼，方能百战百胜。

备内第十七

所谓"备内"，即提醒人主防备来自家庭内部如后妃、太子等的弑夺，文章指出，君主和后妃、诸子之间都存在利害关系以及严重的利害冲突，处理不当，甚至会导致"劫君弑主"的悲剧，权臣也常常利用宫中的各种矛盾趁机阴谋制造篡夺君权的混乱。

文章言"夫以妻之近与子之亲而犹不可信，则其余无可信者矣"，这个结论就是以春秋战国宫廷斗争的教训，以及对趋利避害的人性分析作为基础的。本篇是韩非阐述其"性恶论"的代表作之一，韩非认为人与人之间都是利害关系。

文章不仅提出了"备内"的主张，又着重提出防止奸臣篡权的警示。

人主之患在于信人。信人，则制于人。人臣之于其君，非有骨肉之亲也，缚于势而不得不事也[1]。故为人臣者，窥觇其君心也无须臾之休，而人主怠傲处其上，此世所以有劫君弑主也[2]。为人主而大信其子，则奸臣得乘于子以成其私，故李兑傅赵王而饿主父[3]。为人主而大信其妻，则奸臣得乘于妻以成其私，故优施傅丽姬杀申生而立奚齐[4]。夫以妻之近与子之亲而犹不可信，则其余无可信者矣。

注释

①缚：通"薄"，迫。②觇（chān）：暗中察看。③主父：即赵武灵王，名雍。④优施：人名，春秋时期晋献公跟前的一个艺人。丽姬：人名，或称骊姬，春秋时期晋献公征伐丽戎时俘获的一个漂亮女人，作为自己的妾。申生：人名，春秋时期晋献公的儿子。奚齐：人名，丽姬的儿子。

译文

君主的祸患在于相信别人。相信别人，就受到别人控制。臣下对于他的君主，并没有血缘亲情，只是迫于君主的权势而不得不侍奉他罢了。所以做臣子的，窥测他的君主的意图，没有一会儿停止过，而君主却懈怠傲慢地处于朝堂之上，这就是世上之所以出现劫持甚至杀害君主事件的原因。做君主的如果非常相信自己的儿子，那么奸臣就会得以凭借君主的儿子来成就自己的私利，所以李兑辅助赵惠文王而饿死赵武灵王。做君主的如果非常相信自己的妻子，那么奸臣就会得以凭借君主的妻子来成就自己的私利，所以优施辅助骊姬进谗言杀死了申生而拥立奚齐为太子。以妻子的亲近和儿子的亲情关系尚且不能相信，那么其余的人也就没有能相信的了。

　　且万乘之主、千乘之君，后妃、夫人、适子为太子者，或有欲其君之蚤死者①。何以知其然？夫妻者，非有骨肉之恩也，爱则亲，不爱则疏②。语曰："其母好者其子抱。"然则其为之反也，其母恶者其子释。丈夫年五十而好色未解也，妇人年三十而美色衰矣③。以衰美之妇人事好色之丈夫，则身见疏贱，而子疑不为后，此后妃、夫人之所以冀其君之死者也。唯母为后而子为主，则令无不行，禁无不止，男女之乐不减于先君，而擅万乘不疑，此鸩毒扼昧之所以用也。故《桃左春秋》曰："人主之疾死者不能处半。"④人主弗知，则乱多资。故曰：利君死者众，则人主危。故王良爱马，越王勾践爱人，为战与驰⑤。医善吮人之伤，含人之血，非骨肉之亲也，利所加也。故舆人成舆，则欲人之富贵；匠人成棺，则欲人之夭死也。非舆人仁而匠人贼也，人不贵，则舆不售；人不死，则棺不买。情非憎人也，利在人之死也。故后妃、夫人、太子之党成而欲君之死也，君不死，则势不重。情非憎君也，利在君之死也。故人主不可以不加心于利己死者。故"日月晕围于外，其贼在内；备其所憎，祸在所爱"。是故明王不举不参之事，不食非常之食；远听而近视以审内外之失，省同异之言以知朋党之分，偶叁伍之验以责陈言之实；执后以应前，按法以治众，众端以参观；士无幸赏，无逾行；杀必当，罪不赦，则奸邪无所容其私⑥。

注释

　　①适（dí）：通"嫡"，正妻生的长子称嫡子，省称"嫡"，正室长子。蚤：通"早"。②夫：发语词，无实际意义。③解：通"懈"。本意为松懈、懒散、做事不抓紧之意。这里引申为减弱。④《桃左春秋》：先秦时流行的一部史书，已失传，作者不详。⑤王良：春秋战国时期晋国的善御者。⑥偶（ǒu）：配合。

译文

　　况且拥有万乘兵车和千乘兵车的君主，他们的王后、妃子、夫人，以及他们的原配妻子所生嫡子中做了太子的，或许还有盼着他们的父君早早死掉的。怎么知道会是这样的呢？妻子，与丈夫并没有骨肉的恩情，爱她就亲近，不爱她就疏远。俗话说："母亲美的，她的孩子就被抱着宠着。"那么与此相反的话，就是母亲丑的，她的孩子就被抛在一边。男人年龄到了五十岁，爱好女色的本性还没有减弱，妇女年龄到了三十岁，美

丽的容颜就开始衰减。以美色衰减了的妇女来侍奉好色的男人，那么女人自身就会被疏远和看不起，而她的儿子也就怀疑自己不能成为继承人，这就是王后、妃子、夫人盼望她们的君主早早死掉的原因。而唯有母亲当了太后而儿子当了君主，就会没有命令不能施行，没有禁令不能禁止，太后和君主的男女的欢爱并不会比老君主在位时有所减少，而独揽大国政权毫无疑问了，这就是毒药、绞杀行刺这些手段之所以被使用的原因啊。所以《桃左春秋》说："君主生病去世的还不到一半。"如果君主不知道这些，那么作乱的人就会有更多凭借了。所以说：认为君主死了对自己有利的人众多，那么君主就危险了。所以王良爱马，越王勾践爱惜民众，是为了驰骋和打仗。医生善于吮吸别人的伤口，口含别人的脓血，并不是和病人有骨肉之亲，是因为有利益施给他。所以造车的人造成车子，就想要别人富贵；木匠造成棺材，就想要别人死亡。并不是造车人仁爱而木匠残忍，而是因为别人不富贵，那么车子就卖不出去；别人不死亡，那么就没有人来买棺材。木匠的本心并不是憎恨别人，而是因为他能从别人的死亡上获得利益。所以王后、妃子、夫人、太子的党羽结成后就希望君主快死去，君主不死，那么他们的权势就不会加重。他们的本心并不是憎恨君主，而是他们能从君主的死亡上获得利益。所以君主不能不留意那些因为自己的死亡而有利可图的人。所以"太阳、月亮外部出现光晕，它的毛病在内部；防备自己所憎恨的人，祸根却在所亲爱的人身上"。所以明君不做没有办法验证的事情，不吃不寻常的食物；既打听远处的情况，又观察身边的事情，从而考察朝廷内外的过失；反省相同的和不同的言论，从而了解朋党的区分，对比各个方面的事实来验证，从而责求臣下陈言的实情；拿事后的结果来检验事先的言行，按照法令来治理民众，根据各种情况来检验观察；官吏没有侥幸受到奖赏的，也没有违反法令的行为；判处死刑一定要得当，有罪一定不赦免。这样一来，奸邪的人就没有营私的场所了。

徭役多则民苦，民苦则权势起，权势起则复除重，复除重则贵人富①。苦民以富贵人，起势以藉人臣，非天下长利也。故曰：徭役少则民安，民安则下无重权，下无重权则权势灭，权势灭则德在上矣。今夫水之胜火亦明矣，然而釜鬻间之，水煎沸竭尽其上，而火得炽盛焚其下，水失其所以胜者矣②。今夫治之禁奸又明于此，然守法之臣为釜鬻之行，则法独明于胸中，而已失其所以禁奸者矣。上古之传言，《春秋》所记，犯法为逆以成大奸者，未尝不从尊贵之臣也。然而法令之所以备，刑罚之所以诛，常于卑贱，是以其民绝望，无所告愬③。大臣比周，蔽上为一；阴相善而阳相恶，以示无私；相为耳目，以候主隙；人主掩蔽，无道得闻；有主名而无实，臣专法而行之——周天子是也④。偏借其权势，则上下易位矣。此言人臣之不可借权势也。

注释

①复：免除徭役。除：免除赋税。②釜：古量器，春秋、战国时代流行于齐国，现有战国时的禾子釜和陈纯釜，都作坛形，小口大腹，有两耳，无足。鬵（zèng）：古同"甑"，古代蒸饭的一种瓦器，底部有许多透蒸气的孔格，置于鬲上蒸煮，如同现代的蒸锅。③愬（sù）：同"诉"，倾诉。④比周：结党营私。道：由，从。周天子：这里是指东周天子，即春秋战国时期的周朝统治者，战国时期，自周显王起，周天子就一直寄居在西周公和东周公的封邑内，已经名存实亡。

译文

君主制定的徭役多，民众就劳苦；民众劳苦，臣下势力就会发展起来；臣下势力发展起来，免除徭役和赋税的人就会增多；免除徭役和赋税的人增多，显贵的人就会富有起来。苦害民众而富有权贵，兴起权势资助臣下，这不符合国家的长远利益。所以说，徭役少民众就安定；民众安定，臣下就没有过重的权力；臣下没有过重的权力，那么权势就会灭亡；权势灭亡，那么恩德就归于上面的君主了。水能制火的道理是很明显的，然而用锅把水与火隔开，水在锅里被烧开煎干，而火却能在锅的下面猛烈燃烧，水就失去了胜过火的办法了。如今法治能够禁止奸邪，比这个更明显，然而执法的臣子竟然做着像锅隔绝水火的行为，那么法治只是明了于心中，却已失去了禁止奸邪的作用。上古留下来的传说，《春秋》的记载，违反法令造反作乱而成为大奸臣的，未尝不是出自尊贵的大臣。但是法令所防备的，刑罚所诛杀的，常常都是卑贱的人，因此民众感到绝望，没有地方去告状倾诉。大臣们结党营私，蒙蔽君主而串通一气；暗地里友好而表面上假装互相憎恶，用来表示他们没有私交；他们互相作为彼此的耳目，来等着钻君主的空子；君主被蒙蔽了，无从听到实情；徒有君主的名义却没有君主的实权，大臣垄断了国家法令而独断专行——周朝天子就是这样的。臣下借用了君主的权势，那么君臣上下的地位就完全改变了。这是说君主不能把权势让给臣下。

评析

　　"备内"，就是防备内部。假如仅是内部谋反，一般很难成功，关键的是内外勾结，所以能使领导人防不胜防。那么到底是什么原因才导致"内外夹攻"的结局呢？归根结底缘于"利益"的存在。人们为了自我的生存，不免自私地争夺这一切，进而丧失了理智和心智，做出了害人害己的事情。只有真正认清利益的根本所在，才能平静地处理问题、解决问题。

备内第十七

喻老第二十一

题解

    "喻"是一种用具体事例阐明抽象道理的方法，"老"指《老子》一书。"喻老"是韩非运用民间传说和历史故事的方式阐述《老子》思想的哲理。《喻老》篇，在不长的篇幅里分别解释了《老子》十二章，其中《德经》八章、《道经》四章，使《老子》抽象的哲学思想有了具体可感的呈现，在中国哲学史和训诂学史上起着发凡起例的作用，同时也使他的刑名法术之学有了比较精深的理论依据。

    天下有道，无急患，则日静，遽传不用①。故曰："却走马以粪②。"天下无道，攻击不休，相守数年不已，甲胄生虮虱，燕雀处帷幄，而兵不归。故曰："戎马生于郊。"

注释

    ①遽传：指驿车和传舍。遽，送信的快车或快马。②却：这里用为"驱"之意。粪：施肥治田。

译文

    天下太平，没有紧急的祸患战乱，就叫作静，送信的车马用不上了。所以说："歇下奔跑的马来施肥。"天下不太平，攻战连年没有休止，互相防守好几年也停不下来，以至于战士们的铠甲战盔里长出虱子，燕子和麻雀也在军营帐幕上筑巢居住，但士兵还是不能回家。所以说："连军马都在郊野生产小马驹。"

    翟人有献丰狐、玄豹之皮于晋文公①。文公受客皮而叹曰："此以皮之美自为罪。"夫治国者以名号为罪，徐偃王是也②；以城与地为罪，虞、虢是也③。故曰："罪莫大于可欲。"

注释

    ①翟（dí）：古同"狄"。本义是指古代民族名，分赤狄、白狄、长狄，诸部各有支系。因其

主要居住在北方，通称为北狄。狄或北狄曾是古代中原人对北方各民族的泛称。②徐偃王：西周时徐国国君，传说其目能仰视，看得到自己的额头，所以称为偃王。偃，仰卧，引申为"仰"。③虞：周代诸侯国名，在今山西省平陆县东北。虢：周代诸侯国名。东虢，在今河南省郑州市西北。西虢，在今陕西省宝鸡市，后迁到今河南省陕县东南。

译文

狄国人有将大狐狸、黑豹的毛皮进献给晋文公。晋文公接受客人送的兽皮后叹息说："这两种动物因为它们的皮毛美丽而让自己受害。"治理国家的人为了名声称号而招致祸害的，徐偃王就是这样；因为城邑和土地而招致祸害的，虞、虢两国就是这样。所以说："罪恶没有比能引起欲望更大的了。"

> 智伯兼范、中行而攻赵不已，韩、魏反之，军败晋阳，身死高梁之东，遂卒被分，漆其首以为溲器[1]。故曰："祸莫大于不知足。"

注释

①智伯：名瑶，春秋末期晋国的六卿之一，势力最强。晋阳：赵氏的封邑，位于今山西太原西南。溲器：饮器，一说为小便器。

译文

智伯兼并了范氏、中行氏仍不停地攻打赵国，韩国、魏国背叛了反过来进攻智伯，结果智伯的军队在晋阳战败，智伯自己也死在高梁的东边，于是他的封地最终被瓜分了，他的头盖骨被涂上油漆做成了饮器，所以说："灾祸没有比不知足更大的了。"

> 虞君欲屈产之乘与垂棘之璧，不听宫之奇，故邦亡身死。故曰："咎莫憯于欲得[1]。"

注释

①咎：泛指灾祸、凶难、过失、错误。憯（cǎn）：同"惨"，悲痛，伤心。

译文

虞国君主贪图晋国屈地出产的良马和垂棘出产的玉璧，不听从宫之奇的劝告，所以他的国家灭亡而自己被杀死。所以说："过失没有比贪欲更悲痛的了。"

> 邦以存为常，霸王其可也；身以生为常，富贵其可也。不以欲自害，则邦不亡，身不死。故曰："知足之为足矣。"

译文

邦国以生存为根本，生存下来，称霸称王才有可能；身体以有生命为根本，有生命达到富贵荣华才有可能。不拿贪欲来祸害自己，那么邦国就不会灭亡，身体也不会死去。所以说："知道满足才是真正的满足。"

> 楚庄王既胜，狩于河雍，归而赏孙叔敖①。孙叔敖请汉间之地，沙石之处②。楚邦之法，禄臣再世而收地，唯孙叔敖独在。此不以其邦为收者，瘠也，故九世而祀不绝③。故曰："善建不拔，善抱不脱，子孙以其祭祀世世不辍。"孙叔敖之谓也。

注释

①河雍：即衡雍，郑国地名，位于今河南原阳西南。孙叔敖：春秋时楚国人，楚庄王时任令尹。②汉间：汉水附近。③九世而祀不绝：好多代祭祀不断，指孙叔敖的子孙好多代享有汉间的封地。九世，多代，"九"为虚数，多的意思。

译文

　　楚庄王取得了胜利，在河雍打猎，回来后就奖赏孙叔敖。孙叔敖请求分封汉水附近的土地，那是沙石满地的地方。楚国的法律规定，享受俸禄的大臣到第二代就要收回封地，只有孙叔敖的封地独自保存下来。这块封地不被楚王收回的原因，是那土地太贫瘠了，所以孙叔敖的子孙好多代都享有这块封地。所以说："善于建立的不会动摇，善于持守的不会脱离，子孙因此世世代代祭祀而不绝。"说的就是孙叔敖这种情况。

　　　制在己曰"重"，不离位曰"静"。重则能使轻，静则能使躁。故曰："重为轻根，静为躁君。"故曰："君子终日行，不离辎重也[1]。"邦者，人君之辎重也。主父生传其邦，此离其辎重者也，故虽有代、云中之乐，超然已无赵矣[2]。主父，万乘之主，而以身轻于天下。无势之谓轻，离位之谓躁，是以生幽而死。故曰："轻则失臣，躁则失君[3]。"主父之谓也。

注释

　　①辎（zī）：古代一种有帷盖的大车，又称"辎车"。②主父：即赵武灵王，名雍。战国时期赵国的君主，公元前 325 年—前 299 年在位。公元前 299 年，他把王位传给小儿子何（赵惠文王），自号"主父"。公元前 295 年，李兑帮助赵惠文王与赵武灵王长子章争夺君权，与公子成合谋，把赵武灵王围困在沙丘宫达三个月，赵武灵王因此被饿死。③轻则失臣，躁则失君：属今本《老子》第二十六章内容，长沙马王堆帛书《老子》甲、乙本作"轻则是本，重则失君"。

译文

　　控制权掌握在自己手中称之为"重"，不离开君主的位置称之为"静"。权势重的就能役使权位轻的臣下，君主的静就能驱使浮躁的群臣。所以说："重是轻的根基，静是躁的主宰。"所以说："君子整天在外行走，但不能离开载着行李的车辆。"邦国，就是君主赖以生存的辎重。赵武灵王活着的时候把邦国传给儿子，这就是走路而离开了他的辎重，所以虽然有代郡、云中郡的快乐，却飘飘然没有了赵国。赵武灵王，是大国的君主，反而把自身看得比社稷还要轻。没有权势就叫作"轻"，离开君主的位置就叫作"躁"，因此他活着时被围困而饿死。所以说："位轻就会失去臣子，浮躁就会失去主宰。"说的就是赵武灵王这样的君主。

　　　势重者，人君之渊也。君人者，势重于人臣之间，失则不可复得也。简公失之于田成，晋公失之于六卿，而邦亡身死[1]。故曰："鱼不可脱于深渊[2]。"赏罚者，邦之利器也，在君则制臣，在臣则胜君。君见赏，臣则损

喻老第二十一

之以为德；君见罚，臣则益之以为威③。人君见赏，而人臣用其势；人君见罚，人臣乘其威。故曰："邦之利器不可以示人。"

注释

①简公：指的是齐简公，春秋末期齐国的君主。田成：即田成子，齐国执政的大臣，公元前481年，他发动政变，杀掉了齐简公，控制了齐国的政权。晋公：晋国的国君。六卿：指晋国当时控制国家实权的智伯、中行、赵、魏、韩、范六家。从晋平公（前557—前532）开始，晋国六卿逐渐掌握了国家政权。②鱼不可脱于深渊：此句和下文"邦之利器不可以示人"均属今本《老子》第三十六章。③见赏：表现出赏赐。见，同"现"。下文"见罚"中的"见"同此。损：减少。

译文

权势，就是君主这条鱼的深潭。做君主的，一旦权势落到臣下的手中，失去就不能再得到。齐简公在田成手中丧失了权势，晋国的君主在六卿那里丧失了权势，结果是国家灭亡自己死亡。所以说："鱼儿不能离开深水潭。"赏赐和惩罚，是邦国的利器，掌握在君主手里就能制服臣下，掌握在臣子手里就能战胜君主。君主要赏赐，臣下就会减少它并作为自己的恩德；君主要惩罚，臣下就会增加它并作为自己的威势。君主要赏赐，而臣下就利用这个权势；君主要惩罚，而臣下就利用这个威势。所以说："国家锐利的武器不能显露给别人看。"

越王入宦于吴，而观之伐齐以弊吴①。吴兵既胜齐人于艾陵，张之于江、济，强之于黄池，故可制于五湖②。故曰："将欲翕之，必固张之；将欲弱之，必固强之③。"晋献公将欲袭虞，遗之以璧马；知伯将袭仇由，遗之以广车④。故曰："将欲取之，必固与之。"起事于无形，而要大功于天下，"是谓微明"⑤。处小弱而重自卑损，谓"弱胜强"也。

注释

①弊：衰落、疲惫。②艾陵：地名，当时齐国的领土。江：指长江。黄池：地名，当时宋国的领土。五湖：地名，即今太湖，位于江苏省南部，是中国第三大淡水湖。③翕（xī）：闭合、收拢。固：通"姑"，下文"固强""固与"中的"固"同此。张：通"胀"，胀满。④晋献公：春秋时晋国的君主，名诡诸。虞：春秋时的诸侯国名，位于今山西平陆东北。璧：指垂棘产的玉璧。马：指屈产的宝马。知伯：即智伯。遗：给予、馈赠。仇由：地名，春秋时期狄族在西北方建立的一个诸侯小国，位于今山西省孟州市东北。广车：一种大车。⑤要：通"徼"，探求、求取。

译文：

越王勾践到吴国去给吴王夫差当奴仆，而鼓励夫差去征伐齐国以使吴国衰落。吴国的军队在艾陵战胜了齐军，于是就把军队铺陈部署在长江到济水之间，又在黄池的地方逞强，所以越国能在太湖制服吴国。所以说："将要收敛的，必须暂且扩张它；将要削弱的，必须暂且先让它强大一下。"晋献公想要袭击虞国，就先把垂棘的玉璧和屈产的宝马赠送给虞君；智伯将要袭击仇由，就先把大车送给仇由国君主。所以说："将要取得它，必须暂且先给予它。"在不露形迹之中开始行动，而探求大功劳在天下，"这就称为微妙的圣明"。处在弱小地位而注重自己谦卑克制，就叫作"弱小胜强大"。

有形之类，大必起于小；行久之物，族必起于少。故曰："天下之难事必作于易，天下之大事必作于细①。"是以欲制物者于其细也。故曰："图难于其易也，为大于其细也。"千丈之堤，以蝼蚁之穴溃；百尺之室，以突隙之烟焚②。故曰：白圭之行堤也塞其穴，丈人之慎火也涂其隙，是以白圭无水难，丈人无火患③。此皆慎易以避难，敬细以远大者也。扁鹊见蔡桓公，立有间。扁鹊曰："君有疾在腠理，不治将恐深。"④桓侯曰："寡人无。"扁鹊出。桓侯曰："医之好治不病以为功。"居十日，扁鹊复见曰："君之病在肌肤，不治将益深。"桓侯不应。扁鹊出。桓侯又不悦。居十日，扁鹊复见曰："君之病在肠胃，不治将益深。"桓侯又不应。扁鹊出。桓侯又不悦。居十日，扁鹊望桓侯而还走，桓侯故使人问之。扁鹊曰："病在腠理，汤熨之所及也；在肌肤，针石之所及也；在肠胃，火齐之所及也；在骨髓，司命之所属，无奈何也⑤。今在骨髓，臣是以无请也。"居五日，桓侯体痛，使人索扁鹊，已逃秦矣。桓侯遂死。故良医之治病也，攻之于腠理。此皆争之于小者也。夫事之祸福亦有腠理之地，故圣人蚤从事焉⑥。

注释

①作：起，开始。②蝼：蝼蛄。蚁：蚂蚁。突隙：烟囱的裂缝。突，烟囱。③白圭：战国时期的水利家，曾任魏惠王的相。行：巡视。丈人：老年人。④扁鹊：古代的名医，姓秦名越人，一般认为其活动在春秋末期至战国初。腠理：皮肤，表皮。⑤火齐：清热去火的汤药。齐，通"剂"。司命：古代认为主宰人的生命的神。⑥蚤：通"早"。

译文

凡是有形体的东西，大的都由小的发展而来；经历久的事物，数量多都由数量少发展起来的。所以说："天下的难事一定起于简易，天下的大事一定从细微处开始。"因此要在事物细微的时候想办法制服它，所以说："办难事要从简单的地方做起，办大事要从细微的地方做起。"千丈的长堤，会因蝼蛄和蚂蚁的洞穴而毁于一旦，百尺高楼会因为烟囱缝中冒出的火星被焚毁。所以说："白圭巡视大堤要堵塞蝼蛄和蚂蚁的洞穴，老年人谨慎防火用泥堵塞烟囱的缝隙。因此，白圭没遇到水灾。老年人家里不会有火患。"这都是小心地对待容易的事，进而避免困难的事；认真地填塞微小的漏洞，进而远离大灾祸。扁鹊拜见蔡桓公，站了一会儿。扁鹊对蔡桓公说："君主有病在表皮里，不治就会加深。"蔡桓公说："寡人没有病。"于是扁鹊出去了。蔡桓公说："医生专喜欢给没病的人治病，以此作为自己的功劳。"过了十天，扁鹊又来拜见，说："君主的病已经到了肌肤，不治恐怕会深入体内。"蔡桓公不理睬。扁鹊只好出去了。蔡桓公又不高兴。过了十天，扁鹊再次来拜见，说："君主的病到了肠胃，不治还将会加深。"蔡桓公又不理睬。扁鹊只好出去了。蔡桓公又不高兴。又过了十天，扁鹊望见蔡桓公转身就跑。蔡桓公觉得奇怪，派人来问扁鹊原因。扁鹊说："病在表皮里，用药物熏洗热敷就可以治好；在肌肤里，用针灸就可以治好；在肠胃里，用清火去热的汤药可医治好；病到了骨髓，由掌管生命的神管辖，医生已经无可奈何了。现在君主的病已经到了骨髓，我因此不再请求给君主治病了。"过了五天，蔡桓公身体疼痛难忍，派人去找扁鹊，扁鹊已经逃到秦国去了。蔡桓公很快病死了。因此良医给人治病，趁它在表皮时就及时医治。这是为了在事情细小的时候及早处理。事情的祸福也有处于表皮的时候，所以圣人能够及早地处理它。

昔晋公子重耳出亡，过郑，郑君不礼①。叔瞻谏曰："此贤公子也，君厚待之，可以积德。"②郑君不听。叔瞻又谏曰："不厚待之，不若杀之，无令有后患。"郑君又不听。及公子返晋邦，举兵伐郑，大破之，取八城焉。晋献公以垂棘之璧假道于虞而伐虢，大夫宫之奇谏曰："不可。唇亡而齿寒，虞、虢相救，非相德也。今日晋灭虢，明日虞必随之亡。"③虞君不听，受其璧而假之道。晋已取虢，还，反灭虞。此二臣者皆争于腠理者也，而二君不用也。然则叔瞻、宫之奇亦虞、郑之扁鹊也，而二君不听，故郑以破，虞以亡。故曰："其安易持也，其未兆易谋也④。"

注释

①重耳出亡：重耳被迫奔狄以后，因受晋惠公迫害，又流亡到齐、秦等国，最后在秦穆公的帮助下，回国为君。重耳：晋文公的名。郑：诸侯国名，位于今河南中部，黄河以南地区。郑君：指郑文公，名捷。②叔瞻：人名，郑国的大夫。③宫之奇：春秋时虞国的大夫。④其安易持也，其未兆易谋也：属今本《老子》第六十四章。

译文

从前晋公子重耳外出流亡，途经郑国时，郑君对他很不礼貌。郑国大夫叔瞻劝谏说："这是位才德兼备的公子，君主应该厚待他，能借此积下您的恩德。"郑国国君没有听从。叔瞻又劝谏说："如果您不能以厚礼招待他，不如杀掉他算了，不要让他给我们留有后患。"郑君还是没有听从。等到晋公子重耳返回晋国做了国君，发兵讨伐郑国，把郑国打得大败，郑国被夺取了八座城。晋献公用垂棘的玉璧向虞国借道讨伐虢国，虞国大夫宫之奇劝谏说："不可以，虞虢两国唇齿相依，嘴唇没有了，牙齿就要受寒冷，两国是相互救援，并不是互施恩惠。晋国今天灭掉了虢国，明天一定会随之灭亡虞国。"虞君没有听从，接受了晋国的玉璧而借道给晋军。晋军已经取下了虢国，返回晋国后，又转身灭亡了虞国。这两位劝谏的臣子叔瞻和宫之奇都想把祸端消灭在萌芽之中，可惜两位君主不采用。这样看来这两位臣子就是郑国和虞国的扁鹊，两位君主不听从，因此郑国被攻破，虞国被消灭。所以说："事情尚安定时还容易维持，事情没有显露征兆时还容易想办法。"

> 昔者纣为象箸而箕子怖，以为象箸必不加于土铏，必将犀玉之杯；象箸玉杯必不羹菽藿，则必旄、象、豹胎；旄、象、豹胎必不衣短褐而食于茅屋之下，则锦衣九重，广室高台①。吾畏其卒，故怖其始。居五年，纣为肉圃，设炮烙，登糟丘，临酒池，纣遂以亡。故箕子见象箸以知天下之祸②。故曰："见小曰明。"

注释

①纣：商朝最后一个王。为：制作。象箸：象牙筷子。箕子：纣的叔父，官为太师。土铏：盛汤的陶制器皿。菽：豆类植物。藿：豆叶。旄、象、豹胎：旄、象、豹未出生的幼体，指难得的精美食物。旄，牦牛。衣：穿衣，名词用作动词。短褐：粗毛布做的短衣。九重：形容穿的锦衣套数多，表示阔气。台：土筑成的高台、高建筑物，供观望游乐用。②肉圃：即肉林，悬挂大量肉类的地方。炮烙：烤肉用的铜格，也用作杀人的刑具。糟丘：即用酒糟堆积而成的山。酒池：即用酒汇成的池子。

译文

从前商纣王制作象牙筷子而箕子感到恐惧，认为使用象牙筷子一定不会再用陶钵子装羹汤，一定要用犀角和玉制作的杯盘；既然使用象牙筷子和犀玉杯盘，一定不会再食用豆类叶子熬出的浓汤，一定要吃牦牛、大象、豹子的胎儿；既然吃牦牛、大象、豹子的胎儿，一定不会再穿粗毛布做的短衣，在茅草屋里进食，就要穿上多层华美的锦缎衣服，住上高大宽敞的高楼。我害怕出现这样的结果，所以对他的开端感到恐惧。过了五年，商纣王建起了肉林，设炮烙刑具，登上酒糟堆积成的小山，俯临盛酒的池子，商纣王最终因此导致国家灭亡。所以箕子看到象牙筷子就预知到天下的灾祸。所以说："能看到事物的萌芽状态叫作明。"

> 勾践入宦于吴，身执干戈为吴王洗马，故能杀夫差于姑苏①。文王见詈于王门，颜色不变，而武王擒纣于牧野②。故曰："守柔曰强。"越王之霸也不病宦，武王之王也不病詈③。故曰："圣人之不病也，以其不病，是以无病也。"

韩非子选集

注释

①洗马：即走在马前面，俗称"马前卒"。洗，通"先"。姑苏：即姑苏城，当时吴国的国都，位于今江苏苏州。②文王见詈于王门：周文王在商纣王用玉装饰的门前被骂。文王，指周文王姬昌。詈，骂。王门，即"玉门"，指商纣王用玉装饰的门。牧野：地名，位于今河南淇县南，周武王伐商的决战地。③武王之王：武王称王。王，称王，统治。

译文

勾践到吴国做奴仆，亲自拿着盾和戈做吴王夫差的马前卒，因此能在吴国的都城姑苏城杀死吴王夫差。周文王在纣王用玉石装饰的门前被责骂，而脸色没有任何改变，周武王则在牧野活捉了商纣王。所以说："保守柔弱才叫作刚强。"越王称霸是因为不把当奴仆当作苦恼，周武王称王是因为不把受辱骂当作苦恼。所以说："圣人之所以不苦恼，是因为他不把那些事情看成是苦恼的，因此没有苦恼。"

> 宋之鄙人得璞玉而献之子罕，子罕不受①。鄙人曰："此宝也，宜为君子器，不宜为细人用。"子罕曰："尔以玉为宝，我以不受子玉为宝。"是鄙人欲玉，而子罕不欲玉。故曰："欲不欲，而不贵难得之货。"

注释

①鄙人：边鄙之人、乡下人。璞玉：没有经过加工的玉石。子罕：即乐喜，春秋时宋国人，宋平公时任宋国的司城（掌管工程的官）。

译文

宋国有个乡下人得到一块璞玉，将它进献给子罕，子罕没有接受。乡下人说："这是宝物，适合成为君子的器物，不适合被小人使用。"子罕说："你把玉当成宝，我把不接受你的玉当成宝。"乡下人想得到玉，子罕却不想要玉。所以说："把没有欲望当成欲望，不看重难得的财物。"

> 王寿负书而行，见徐冯于周涂[1]。冯曰："事者，为也；为生于时，知者无常事[2]。书者，言也；言生于知，知者不藏书。今子何独负之而行？"于是王寿因焚其书而舞之。故知者不以言谈教，而慧者不以藏书箧。此世之所过也，而王寿复之，是学不学也。故曰："学不学，复归众人之所过也。"

注释

①王寿：人名，生平不详。徐冯：人名，生平不详。周涂：四通八达的道路。涂，通"途"，道路。
②知：同"智"。

译文

王寿背着书走路，在大路上遇见了徐冯。徐冯说："事在人为；行为产生于当时的需要，聪明人做事没有固定不变的模式。书籍是记载言论的；言论产生于智慧，因此聪明的人是用不着藏书的。如今你为什么要背着书本行走呢？"于是王寿烧掉了背着的书，挥舞着散去的灰烬。所以智慧的人不用空言说教，聪明人用不着藏书的小箱子。不言教、不藏书，这是世人公认的错误，而王寿重复这种错误，这是学着不去学习。所以说："学着不去学习，又回到众人所指责的错误上了。"

夫物有常容，因乘以导之。因随物之容，故静则建乎德，动则顺乎道。宋人有为其君以象为楮叶者，三年而成①。丰杀茎柯，毫芒繁泽，乱之楮叶之中而不可别也②。此人遂以功食禄于宋邦。列子闻之日："使天地三年而成一叶，则物之有叶者寡矣。"③故不乘天地之资而载一人之身，不随道理之数而学一人之智，此皆一叶之行也④。故冬耕之稼，后稷不能羡也；丰年大禾，臧获不能恶也⑤。以一人力，则后稷不足；随自然，则臧获有余。故日："恃万物之自然而不敢为也。"

注释

　　①楮：树名，落叶乔木，叶子像桑叶而更粗糙。②丰杀：宽狭。茎柯：叶片上的筋脉。③列子：即列御寇，战国中期宋国人，道家人物。④道理之数：指自然法则。⑤后稷：周人的始祖，名弃，善种植农作物，相传尧舜时代曾担任农官。臧获：奴婢，分开则奴为臧、婢为获。

译文

　　事物都有固定的形态，要善于加以引导。由于人们顺着万物的固定的形态，所以静止时能不失事物的本性，运动时能顺应事物的法则。宋国有个人为君主用象牙制作楮叶，三年才做成。用象牙制成的叶子的宽窄适中筋脉分明，微毛和细芒清晰润泽，混杂在真楮叶中也难以识别真假。这个人最终因制作楮叶有功在宋国当了官。列子听说此事后说："假使天地间三年生成一片叶，那么天下的植物有叶子的就太少了。"因此不依靠自然界提供的条件，却依靠个人的技能来行事，不顺应自然法则，却表现一个人的智慧，这都是花费三年制作一片楮叶的行为。因而冬天种庄稼，即使后稷也不能收获多的粮食；丰收之年生长苗壮的禾苗，即使奴婢也不会收成不好。凭一个人的力量，后稷也生产不出丰足的粮食；顺应自然法则，那么奴婢也会富余。所以说："要依赖万物的自然法则行事而不勉强去做。"

　　空窍者，神明之户牖也①。耳目竭于声色，精神竭于外貌，故中无主。中无主，则祸福虽如丘山，无从识之。故日："不出于户，可以知天下；不窥于牖，可以知天道。"此言神明之不离其实也。

注释

　　①空窍：指人的眼、耳、鼻、口等器官。

译文

　　空灵的五官孔窍，是人的精神门窗。听力和视力被声音美色耗尽，精神被外貌耗尽，所以内心就没有主宰。内心失去主宰，那么祸福即使像山丘那么明显，也没有办法认识它。所以说："不出门户，就可以知道天下的事情；不向窗口外张望，就可以知道自然的规律。"这是说精神不要离开实质。

　　赵襄主学御于王子于期，俄而与于期逐，三易马而三后[1]。襄主曰："子之教我御，术未尽也？"对曰："术已尽，用之则过也。凡御之所贵，马体安于车，人心调于马，而后可以进速致远。今君后则欲逮臣，先则恐逮于臣。夫诱道争远，非先则后也，而先后心皆在于臣，上何以调于马？此君之所以后也。"白公胜虑乱，罢朝，倒杖而策锐贯颐，血流至于地而不知[2]。郑人闻之曰："颐之忘，将何不忘哉？"故曰："其出弥远者，其智弥少[3]。"此言智周乎远，则所遗在近也。是以圣人无常行也。能并智，故曰："不行而知。"能并视，故曰："不见而明。"随时以举事，因资而立功，用万物之能而获利其上，故曰："不为而成。"

注释

　　①赵襄主：即赵襄子，名无恤，春秋末期晋国的六卿之一。王子于期：即王良，晋国人，赵襄子的家臣，以善于驾驭马而著称。②白公胜：春秋时楚平王太子建的儿子，因避难逃到了吴国，留在了白邑（今河南息县东北），号白公。后在楚国作乱被杀。③智：通"知"。

译文

　　赵襄子向王子于期学习驾驭马车，不久就和王子于期比赛，他三次换马，结果三次都落后了。赵襄子抱怨说："请您教我驾驭马车，您却没有把全部技术教给我。"王子于期说："技术全都教给你了，但你在使用的时候有错误。驾驭车马最重要的是，让马的身体与车子尽量安稳，人的注意力与马的动作尽量协调，而后才能跑得又快又远。现在您落在我的后面时，想追上我，跑在前面又怕我赶上。引导马在路上奔驰、进行远程比赛，不是跑在前面，就是跑在后面，无论跑在前还是在后，您的注意力都放在了我身上，哪还有心思和马协调呢？这就是您落后的原因。"白公胜思虑作乱，下朝时倒拿着马鞭子结果马鞭的尖刺扎破了脸颊，血流到了地上他也不知道。郑国人听说这件事后说："连自己的脸颊都忘了，还有什么不能忘记的呢？"所以说："路走得越远，知道得反而越少。"这是说人们的智虑全都围绕着远处的事在转，就会遗忘近处的事。因此圣人没有固定不变的行动，远处和近处的事能同时考虑周到，所以说："不行动就明白了。"随机应变，依靠客观的条件建立功业，利用万物的特性而从事物上获取利益，所以说："不用去做就能成功。"

楚庄王莅政三年，无令发，无政为也①。右司马御座而与王隐曰："有鸟止南方之阜，三年不翅，不飞不鸣，嘿然无声，此为何名?"②王曰："三年不翅，将以长羽翼；不飞不鸣，将以观民则。虽无飞，飞必冲天；虽无鸣，鸣必惊人。子释之。不穀知之矣③。"处半年，乃自听政。所废者十，所起者九，诛大臣五，举处士六，而邦大治。举兵诛齐，败之徐州，胜晋于河雍，合诸侯于宋，遂霸天下④。庄王不为小害善，故有大名；不蚤见亦，故有大功⑤。故曰："大器晚成，大音希声。"

注释

①楚庄王：春秋时楚国的君主，著名的"春秋五霸"之一。②右司马：楚国的官名，主管军政。嘿：同"默"，沉默。③不穀（gǔ）：不善，先秦君主自谦的称呼。④徐州：当时属齐国，今山东滕州东南，今属江苏。河雍：即衡雍，郑国地名，今河南原阳西南。⑤蚤：通"早"。见：同"现"。

译文

楚庄王在位三年，没发布过命令，没实施过行政措施。右司马侍候王座，用隐语劝谏庄王说："有一只大鸟栖息在南方的山丘上，三年来从不展翅，从不飞翔也从不鸣叫，默默无声，大王说这是什么鸟?"楚庄王说："这只鸟三年不展翅，是借此丰满羽翼；不飞翔也不鸣叫，是要借此观察民众的态度。虽然它不飞，飞起来一定能冲天；虽然不鸣叫，鸣叫起来一定能惊人。你尽管放心，我已经明白了你的意思。"过了半年后，楚庄王开始亲自处理政事，废除了十件不合理的大事，举办了九件急需办理的大事，诛杀了五位大臣，提拔六个没有做官的读书人，而把楚国治理得很好。接下去兴兵征伐齐国，在徐州打败了齐军，在衡雍战胜了晋国，在宋国会合诸侯，于是称霸天下。楚庄王不让小事影响自己的才智，所以成就了大名声；不早早显露自己，所以建立了大功业。所以说："贵重的器物制成得晚，宏伟的音乐不轻易发出声响。"

楚庄王欲伐越，杜子谏曰："王之伐越，何也?"①曰："政乱兵弱。"杜子曰："臣愚患之。智如目也，能见百步之外而不能自见其睫。王之兵自败于秦、晋，丧地数百里，此兵之弱也；庄蹻为盗于境内而吏不能禁，此政之乱也②。王之弱乱，非越之下也，而欲伐越，此智之如目也。"王乃止。故知之难，不在见人，在自见。故曰："自见之谓明。"

韩非子选集

注释

①越：春秋末期在古越族地区建立的国家，包括浙江大部和江苏、江西部分地区。杜子：人名，生平不详。②庄蹻蹻：即庄蹻，战国初期楚国的大盗，曾经纵横于今天的湖南、贵州至云南地区。

译文

楚庄王想要征伐越国，杜子劝谏道："大王为什么要征伐越国？"楚庄王说："因为越国政事混乱，兵力软弱。"杜子说："我愚昧地担忧此事。人的智慧如同眼睛，能看到百步之外，但是看不到自己的睫毛。大王的军队被秦、晋击败后，丧失数百里土地，这说明楚国的兵力软弱；庄蹻在楚国境内作乱但是楚国的官吏不能禁止，这说明楚国政事混乱。可见楚国在兵力软弱政事混乱方面，并不在越国之下，大王您却要征伐越国，这样的智慧如同眼睛看不见眼睫毛一样。"楚庄王打消了征伐越的念头。因此认识的困难，不在于看清别人，而在于看清自己。所以说："自己认识自己才叫作明察。"

子夏见曾子①。曾子曰："何肥也？"对曰："战胜，故肥也。"曾子曰："何谓也？"子夏曰："吾入见先王之义则荣之，出见富贵之乐又荣之，两者战于胸中，未知胜负，故臞②。今先王之义胜，故肥。"是以志之难也，不在胜人，在自胜也。故曰："自胜之谓强。"

注释

①子夏：孔子的学生，春秋时期卫国人。曾子：指曾参，孔子的学生，春秋时期鲁国人。

②臞（qú）：消瘦。

译文

子夏遇见曾子。曾子说："你怎么变胖了？"子夏回答说："打了胜仗，所以胖了。"
曾子说："此话从何说起？"子夏说："我在家见到先王宣扬的道理就感到敬仰，出门
见到荣华富贵的快乐的场面又很羡慕。两种心态在心里交战，不分胜负，因此瘦了。现
在先王宣扬的道理获胜，因此胖了起来。"因此一个人立志的难处，不在于战胜别人，
而在于战胜自己。所以说："能战胜自我才称得上强。"

周有玉版，纣令胶鬲索之，文王不予；费仲来求，因予之①。是胶鬲贤
而费仲无道也。周恶贤者之得志也，故予费仲②。文王举太公于渭滨者，贵
之也；而资费仲玉版者，是爱之也③。故曰："不贵其师，不爱其资，虽知
大迷，是谓要妙。"

韩非子选集

注释

①玉版：用玉做的刻有文字的版片。胶鬲：人名，商纣王的忠臣。费仲：商纣王宠信的臣子，
善于阿谀逢迎。②恶：讨厌，憎恨。③太公：即太公望，俗称姜太公，姓姜名尚，一名吕尚。渭：
指渭水，在今陕西境内。

译文

周国有块精美的玉版，商纣王派胶鬲去周国索求，周文王不给；商纣王又派费仲去
周国索取，周文王交给了他。这是因为胶鬲有德有才而费仲是个奸佞之人。周文王讨厌
有德有才的人在商朝得志，因此给了费仲。周文王提拔了渭水边的姜太公，是出于尊重他；
把玉版交给费仲，是资助他这样的奸佞得志能扰乱纣王国政。所以说："假如不尊重他
的老师，不珍惜可以利用的条件，虽然聪明人却是糊涂虫，这就叫作奥妙。"

评析

《喻老》使用不同的历史故事来阐释哲理。文章分别在不同的段落对不同的故事
进行了说明，对现代人起到了警示的作用。

文章开篇韩非解释《老子》的第四十六章中的两句话，想要说明的是，人们对战
争的厌恶之情，暗示诸侯大臣应该尽早结束战争。

紧接着，韩非指出了欲望的问题，世界上之所以发生罪恶的事情，就是因为人们
的欲望太多，最终害人害己。因此孔子、子思提倡《中庸》，就是希望人们的生活方
式维持在中等的需要和需求上，不要过于炫耀、显眼。

而第三段智伯的故事阐明了不知足的下场就是国破家亡，这就警示现代的人，要
做到知足常乐，凡事适可而止。

第四个问题，虞国国君为了满足自己的一己私欲，因不自量力而丧失了自己的国家。这就暗示人们，在做任何事情之前，都要先估计自己的实力，不要做无谓的牺牲，否则就会引来灾祸。总之，一个国家的发展，就需要君主做到放弃自己过分的欲望，懂得满足，这样国家就会得以安全地存在，有存在才会有发展。

同时，韩非运用孙叔敖的历史故事要说明的是人的眼光要放长远，孙叔敖虽然得到的是贫瘠的土地，但是却能养活世世代代的子孙，原因就是远离了富裕的争斗，只要自己努力，贫瘠的土地也会变成沃土。

我们每一个人在步入社会后，一定要站好自己的位置，不可轻易放弃；控制不好自己，就称之为是没有根基，随便离开自己的角色，就称之为是躁动。没有根基的人注定是要失败的，躁动的人注定是要倒霉的，这就是千古不变的人类发展的规律。

而韩非对权势则认为，任何人处在某一地位，必然有这个地位的责任，负起这个责任，就必须要掌握这个地位的权势。如果不想管，都交给下属去办，当然也就失去了这个地位的权势了。而权势的直接表现，就是赏罚的施行。而赏罚，则是领导人表示权威的手段。所以这个"利器"，不可以轻易放给别人，也不可以轻易表现出来。

最后，韩非对《老子》第三十六章内容进行阐释，"物壮则老""盛极必衰"的道理，这是宇宙大道的必须规律。依照这个规律，将要削弱的，它必须一定要先强、壮；强、壮到极点，它也就走向衰亡了。将要废弃的，必须一定要先推举它；将要收取的，必须一定要先给予它，也同样是这个道理。

总之，老子用了很多篇幅来阐述宇宙大道的规律，阐述宇宙大道的原理和法则，其目的其实只有一个，就是为了说明人世的规律、人世的原理和法则。一个人是无法孤立、独立地生存在这个世界、这个社会上的，人与人之间必然要有交往，而人与人之间的交往，就必须要遵循宇宙大道的规律和法则。因此，只要能正确认识和懂得宇宙大道的规律和法则，就能很好地处理人际关系问题。

说林上第二十二

题解

　　"说"指的是中国上古时期的历史故事和民间传说；"林"比喻数量众多；"说林"是众多"说"的汇编。全篇共收集七十一个传说故事，分上下篇，上篇有三十四个，下篇有三十七个，这些传说和故事是韩非为他的论文写作而准备的资料。《史记·韩非传》索隐："《说林》者，广说诸事，其多若林，故曰《说林》也。"学者们认为是韩非为写作和游说所准备的材料，因而都能围绕韩非的学说，且多在他篇中出现过。吕思勉《经子解题》谓"此可见古人'多识前言往行以畜其德'之义"。

　　汤以伐桀，而恐天下言己为贪也，因乃让天下于务光①。而恐务光之受之也，乃使人说务光曰："汤杀君而欲传恶声于子，故让天下于子。"务光因自投于河。

注释

①以：通"已"。务光：人名，传说是夏朝末期的一位隐士。

译文

　　商汤王已经讨伐了夏桀王，而害怕天下人说自己是为了贪图夏桀的江山，因而就想把天下让给务光，但又害怕务光真的接受了天下，于是就派人游说务光，说："商汤杀了国家的君主却想把这坏名声转嫁给你，所以才把天下让给你。"务光于是投河自杀。

　　秦武王令甘茂择所欲为于仆与行事①。孟卯曰："公不如为仆。公所长者，使也。公虽为仆，王犹使之于公也。公佩仆玺而为行事，是兼官也。"②

注释

①秦武王：战国时期秦国君主，名荡。公元前310年—前307年在位。甘茂：人名，秦武王时为左丞相。仆：管理君主车马的官。行事：一种负责外交事务的小官。②孟卯：一作芒卯、昭卯，战国时期齐国人，能言善辩，后投奔魏国。

译文

　　秦武王让甘茂在管理君主车马和外交事务这两个职位中选择自己愿意担任的一个。孟卯对甘茂说："您不如去管理君主的车马。你所擅长的，就是做使者。您虽然管理君主的车马，大王仍然会让您做使者的职事。您佩带了仆的官印而又做了使者的职事，这就是同时兼任两个官职了。"

　　子圉见孔子于商太宰①。孔子出，子圉入，请问客。太宰曰："吾已见孔子，则视子犹蚤虱之细者也。吾今见之于君。"子圉恐孔子贵于君也，因谓太宰曰："君已见孔子，亦将视子犹蚤虱也。"太宰因弗复见也。

注释

　　①子圉：人名，生平不详。商：春秋时期宋国的别称。周灭商后，封商纣王的庶兄微子启建立宋国，所以后世称宋为商。太宰：宋国官名，相当于"相"。

译文

　　子圉将孔子引见给宋国的太宰。孔子出来后，子圉进去，向宋太宰请问对孔子的印象。太宰说："我见过孔子后，再看你就像跳蚤虱子那样微小。我如今要把他引见给我们的国君。"子圉害怕孔子被宋国国君器重，就对太宰说："国君见过孔子后，也会看您像跳蚤虱子那样微小。"太宰因此不再引见孔子去见国君了。

魏惠王为臼里之盟，将复立于天子^①。彭喜谓郑君曰^②："君勿听。大国恶有天子，小国利之。若君与大不听，魏焉能与小立之？"

注释

①魏惠王（前400—前319）：即梁惠王，战国时期魏国国君。臼里：《韩》策作"九里"，在今河南省洛阳附近。立：通"位"。②彭喜：人名，生平不详。郑君：原韩国君主，因灭郑，迁都郑，故曰郑君。

译文

魏惠王在臼里举行盟会，准备恢复周天子天下共主的地位，彭喜对郑君说："君主不要听从这个意见。力量强大的国家讨厌有天下共主，力量弱小的国家才觉得有天下共主对自己有利。如果您和大国都不听从，魏国怎么能和小国恢复周天子天下共主的地位呢？"

晋人伐邢，齐桓公将救之^①。鲍叔曰^②："太蚤^③。邢不亡，晋不敝；晋不敝，齐不重。且夫持危之功，不如存亡之德大。君不如晚救之以敝晋，齐实利。待邢亡而复存之，其名实美。"桓公乃弗救。

注释

①邢：春秋时期诸侯国名，位于今河北西南部。齐桓公：春秋时齐国国君，姓姜，名小白，公元前685年—前643年在位，著名的"春秋五霸"之一。②鲍叔：指鲍叔牙，春秋时期齐桓公的大臣。③蚤：通"早"。

译文

晋国人征伐邢国，齐桓公准备去救援刑国。鲍叔牙对齐桓公说："太早了。邢国不被灭亡，晋国就不会疲惫；晋国不疲惫，齐国的地位就不会显得重要。再说那扶助处在危险之中的国家的功劳，不如使灭亡的国家重新恢复的功劳大。君主不如等晚些时候去救援邢国，使它把晋国拖得疲惫不堪，这对齐国真正有利。等到邢国灭亡后再帮助它复国，那名声会真正美好。"齐桓公于是没有去救援邢国。

子胥出走，边候得之。子胥曰："上索我者，以我有美珠也。今我已亡

之矣。我且曰：子取吞之。"候因释之。

译文

伍子胥从楚国出逃，驻守边关的官吏抓住了他。伍子胥说："君主搜捕我，是因为我有颗美丽的宝珠。现在我已经把它弄丢了。我就会对楚王说：'你拿走了它吞到肚子里了。'"驻守边关的官吏因此放走了伍子胥。

庆封为乱于齐而欲走越①。其族人曰："晋近，奚不之晋？"庆封曰："越远，利以避难。"族人曰："变是心也，居晋而可；不变是心也，虽远越，其可以安乎？"

注释

①庆封：春秋时期齐国执政的卿，后因荒淫乱政被逐。越：诸侯国名，范围包括今浙江大部和江西、江苏部分地区。

译文

庆封在齐国作乱失败而想逃到越国去。他的族人说："晋国很近，为什么不到晋国去呢？"庆封说："越国遥远，利于躲避灾难。"族人说："如果改变你作乱的心思，居住在晋国就可以了；如果不改变你作乱的心思，即使像越国那样遥远，难道就能安定了吗？"

智伯索地于魏宣子，魏宣子弗予①。任章曰："何故不予？"宣子曰："无故请地，故弗予。"任章曰："无故索地，邻国必恐。彼重欲无厌，天下必惧。君予之地，智伯必骄而轻敌，邻邦必惧而相亲。以相亲之兵待轻敌之国，则智伯之命不长矣。《周书》曰②：'将欲败之，必姑辅之；将欲取之，必姑予之。'君不如予之以骄智伯。且君何释以天下图智氏，而独以吾国为智氏质乎③？"君曰："善。"乃与之万户之邑。智伯大悦，因索地于赵，弗与，因围晋阳。韩、魏反之外，赵氏应之内，智氏以亡。

注释

①智伯：智伯瑶，春秋末期晋国六卿之一。魏宣子：人名，晋国的卿大夫，名驹，亦作"魏桓子"。②《周书》：即《逸周书》，是周朝的史书，记载周时的训诰誓命。③质：箭靶子。

译文

智伯向魏宣子索取土地，魏宣子不给。任章说："为什么不给呢？"魏宣子说："他无缘无故请求土地，所以不给。"任章说："无缘无故索取土地，邻国一定感到恐惧。他欲望深重贪得无厌，天下各国一定感到恐惧。君主不如给他，智伯一定会骄傲轻敌，邻邦一定会因恐惧而互相亲近团结。用互相亲近团结的军队来对付骄傲轻敌的国家，那么智伯的命就不长了。《周书》上说：'将要打败他，一定先姑且辅助他；将要夺取他，一定先姑且送给他。'君主不如给他土地来使他骄傲。况且你为什么放弃用天下的力量来图谋智伯的机会，而单独把我们魏国作为智伯的箭靶子呢？"魏宣子说："好。"于是就给了智伯一个有万户人家的城邑。智伯非常高兴，趁机又向赵国索取土地，赵国不给他，他因此围攻赵氏的封邑晋阳。后来韩国、魏国在晋阳城外反叛了他，赵氏在晋阳城内作接应，智伯于是灭亡了。

> 秦康公筑台三年①。荆人起兵，将欲以兵攻齐。任妄曰②："饥召兵，疾召兵，劳召兵，乱召兵。君筑台三年，今荆人起兵将攻齐，臣恐其攻齐为声，而以袭秦为实也，不如备之。"戍东边，荆人辍行③。

注释

①秦康公：春秋时期秦国君主，名罃（yīng）。②任妄：人名，生平不详。③辍（chuò）：停止。

译文

秦康公兴师动众建造观赏游乐用的高台历时三年。楚国人出动军队，打算用兵攻打齐国。任妄说："饥荒会招来敌兵，疾病瘟疫会招来敌兵，繁重的劳役会招来敌兵，政局混乱会招来敌兵。您建造高台历时三年，如今楚国人起兵将要攻打齐国，臣下我害怕他们攻打齐国只是虚张声势，而来袭击秦国才是真正的目的，不如对他们加以防备。"于是派兵防守东面边境，楚国人就停止了行动。

> 齐攻宋，宋使臧孙子南求救于荆。荆大说，许救之，甚劝。臧孙子忧而反。其御曰："索救而得，今子有忧色，何也？"臧孙子曰："宋小而齐大。夫救小宋而恶于大齐，此人之所以忧也，而荆王说，必以坚我也。我

坚而齐敝，荆之所利也。"臧孙子乃归。齐人拔五城于宋而荆救不至。

译文

　　齐国攻打宋国，宋国派臧孙子到南方向楚国求救。楚王非常高兴，答应救援宋国，极力鼓励他们坚守。臧孙子十分忧虑地返回楚国。他的车夫说："来求救而获得成功，如今您却脸带忧色，为什么呢？"臧孙子说："宋国弱小而齐国强大。援救了弱小的宋国而得罪了强大的齐国，这是使人忧虑的事情，但楚王却很高兴，他一定是用答应救援来坚定我们抗齐的信心。我们坚决抵抗而齐国人就会疲惫，这是楚国的利益所在。"臧孙子就回国了。齐国人攻占了宋国的五个城镇而楚国的救兵还没有到。

　　魏文侯借道于赵而攻中山，赵肃侯将不许①。赵刻曰："君过矣。魏攻中山而弗能取，则魏必罢。罢，则魏轻，魏轻，则赵重②。魏拔中山，必不能越赵而有中山也。是用兵者魏也，而得地者赵也。君必许之。许之而大欢，彼将知君利之也，必将辍行。君不如借之道，示以不得已也。"

注释

　　①魏文侯：名斯，战国时期魏国君主。中山：春秋战国时国名，春秋时称鲜虞，属白狄，位于

今河北中西部。赵肃侯：战国时赵国的君主。赵肃侯与魏文侯生活的年代相差近五十年。根据《战国策·赵策一》，与魏文侯借地的应为赵烈侯，名籍，公元前408年—前400年在位。②罢：通"疲"，疲惫之意。

译文

魏文侯向赵国借用道路去攻打中山国，赵烈侯打算不答应。赵刻说："君主您错了。如果魏国攻打中山国而不能夺取，那么魏国必然就会疲惫。魏国表现出疲惫，那么魏国就会被轻视；魏国被轻视，那么赵国就显得重要。魏国攻打中山国，必然不能越过赵国去占有中山国。这样用兵的是魏国，而实际得到土地的是赵国。君主您一定要答应他们。答应他们则会使他们非常高兴，那么他将会知道君王您从他的进攻中可以得利，他一定会停止行动。君主您不如借给他道路，而表现出不得已的样子。"

鸱夷子皮事田成子，田成子去齐，走而之燕，鸱夷子皮负传而从①。至望邑，子皮曰②："子独不闻涸泽之蛇乎？涸泽，蛇将徙③。有小蛇谓大蛇曰：'子行而我随之，人以为蛇之行者耳，必有杀子。不如相衔负我以行，人以我为神君也。'乃相衔负以越公道。人皆避之，曰：'神君也。'今子美而我恶。以子为我上客，千乘之君也④；以子为我使者，万乘之卿也。子不如为我舍人。"田成子因负传而随之。至逆旅，逆旅之君待之甚敬，因献酒肉⑤。

注释

①鸱夷子皮：人名，齐国人，田成子的谋士。事：侍奉。田成子：即田常，春秋末期齐国重臣，后杀齐简公控制了齐国政权。之：这里用为"朝某方向走，到哪里去"之意。传：符信之意。②望邑：春秋时期的邑名，所在地不详。③徙：迁移。④乘（shèng）：古时一车四马为一乘。周制天子地方千里，出兵车万乘；诸侯地方百里，出兵车千乘。"千乘"相对"万乘"而言，千乘，指中等诸侯国。⑤逆旅：《庄子·山水》："宿于逆旅。"这里用为"客舍、旅店"之意。

译文

鸱夷子皮侍奉田成子。田成子离开齐国，逃跑到燕国，鸱夷子皮背着出入关口时需交验的符信跟在后面。到达望邑的时候，鸱夷子皮对田成子说："您难道没有听说过干涸的湖里蛇的故事吗？湖水干涸了，蛇准备迁移。一条小蛇对大蛇说：'您在前面走而我跟着你，人们就会把我们当作是一般过路的蛇，那一定会有人杀您。我们不如互相衔着而你背着我走，人们就会把我当成神灵了。'于是大蛇就和小蛇互相衔着并且大蛇背着小蛇爬上大路。人们都避开它们，说：'这是神灵啊。'现在您长得俊美而我生得丑陋。把您作为我的上等客人，人们会认为您只是一个中等国家的国君；把您作为我的使者，人们就会认为您是个大国的卿相。您不如做我的舍人。"田成子因而背负着符信跟随在鸱夷子皮的后面。到了旅馆，旅馆的主人招待他们极其恭敬，还给他们献上了酒肉。

温人之周，周不纳客①。问之曰："客耶？"对曰："主人。"问其巷人而不知也，吏因囚之。君使人问之曰："子非周人也，而自谓非客，何也？"对曰："臣少也诵《诗》曰：'普天之下，莫非王土；率土之滨，莫非王臣。'②今君，天子，则我天子之臣也。岂有为人之臣而又为之客哉？故曰：'主人也'。"君使出之。

注释

①温：地名，在今河南省温县。之：这里用为"朝某方向走，到哪里去"之意。周：地名，这里是指东周时期周国的都城雒邑，位于今河南省洛阳市白马寺以东。②《诗》：即《诗经》。率：领导、统帅。滨：通"濒"，靠近、临近。

译文

有个温邑人到东周国都去，国都的守门人不接纳他。问他说："你是外地的客人吗？"他回答说："我是主人。"问与他居住同一条巷的人他却不知道，守城官吏因此囚禁了他。周国君主派人来问他："您不是周国人，而又自称不是外地的客人，这是为什么呢？"他回答说："我从小诵读的《诗经》上说：'天下所有的土地，没有一处不属于天子；从陆地到海边，没有谁不是天子的臣民。'现在的周君，是天子，那么我就是天子的臣民。怎么会有做天子的臣民又成为天子的客人的呢？所以我说'我是主人'。"周国君主派来的人放了他。

韩宣王谓樛留曰："吾欲两用公仲、公叔，其可乎？"①对曰："不可。晋用六卿而国分，简公两用田成、阚止而简公杀，魏两用犀首、张仪而西河之外亡②。今王两用之，其多力者树其党，寡力者借外权。群臣有内树党以骄主，有外为交以削地，则王之国危矣。"

注释

①韩宣王：即韩宣惠王，战国时期韩国的君主，公元前332年—前312年在位。公仲：即公仲朋，韩国贵族。公叔：即公叔伯婴，韩国贵族。②犀首：即公孙衍。犀首是他的号。公孙衍：战国时期著名的人物，魏国人。张仪：魏国人，战国时著名的纵横家。

译文

韩宣惠王对樛留说："我想同时重用公仲朋和公叔伯婴，可以吗？"樛留回答说："不可以。晋国重用赵、魏、韩、中行、范、智氏等六卿而国家被瓜分，齐简公同时重用田成子、阚止而齐简公被谋杀，魏国同时重用公孙衍和张仪而西河郡一带的国土便丧失了。如今大王同时重用他们，他们中力量强大的就会建立他们的私党，力量弱小的就会借助其他诸侯国的权势。群臣之中有的在国内树立私党对待君主傲慢，有的在国外结交诸侯来割取本国国土，那么大王的国家就危险了。"

> 绍绩昧醉寐而亡其裘。宋君曰："醉足以亡裘乎？"对曰："桀以醉亡天下，而《康诰》曰'毋彝酒'者；彝酒，常酒也^①。常酒者，天子失天下，匹夫失其身。"

注释

①彝：经常、常道、法度。

译文

　　绍绩昧醉酒后睡着而丢失了皮衣。宋君说："喝酒醉了就会丢失皮衣吗？"绍绩昧回答说："夏桀因为酒醉而使国家灭亡了，而《康诰》说出了'不要经常喝酒'这样的话；所谓彝酒，就是经常喝酒。经常喝酒的人，如果是天子就会使国家灭亡，如果是普通百姓就会使自己丧失生命。"

> 管仲、隰朋从于桓公而伐孤竹，春往冬反，迷惑失道^①。管仲曰："老马之智可用也。"乃放老马而随之，遂得道。行山中无水，隰朋曰："蚁冬居山之阳，夏居山之阴。蚁壤一寸而仞有水^②。"乃掘地，遂得水。以管仲之圣而隰朋之智，至其所不知，不难师于老马与蚁。今人不知以其愚心而师圣人之智，不亦过乎？

注释

　　①管仲：即管夷吾，字仲，齐桓公的相。隰（xí）朋：齐桓公的左相。孤竹：地名。西周时期小诸侯国之一，位于今河北卢龙到辽宁朝阳一带。②仞（rèn）：古代长度单位。周制八尺，汉制七尺。

译文

　　管仲、隰朋跟随着齐桓公去征伐孤竹国，春天前往冬天才返回，返回时迷路了。管仲说："老马的智力可以借用。"于是放开老马的缰绳让它自己走而众人跟随在它后面，于是

就找到了道路。行走在山中没有水喝，隰朋说："蚂蚁冬天居住在山的南面，夏天居住在山的北面。蚂蚁洞口土堆高一寸而下面七尺深的地方就有水。"于是就按照蚂蚁洞来挖地，找到了水。凭管仲的聪明和隰朋的才智，遇到他们自己所不知道的问题，不惜向老马和蚂蚁请教。如今的人却不懂得用自己愚蠢的心去学习圣人的智慧，不也是过失吗？

> 有献不死之药于荆王者，谒者操之以入①。中射之士问曰："可食乎？"②曰："可。"因夺而食之。王大怒，使人杀中射之士。中射之士使人说王曰："臣问谒者，曰'可食'，臣故食之，是臣无罪而罪在谒者也。且客献不死之药。臣食之而王杀臣，是死药也，是客欺王也。夫杀无罪之臣而明人之欺王也，不如释臣。"王乃不杀。

注释

①荆王：此指楚顷襄王。谒者：古时泛指掌理传达、通报的近侍。②中射之士：君主的武职侍从。

译文

有个人来给楚顷襄王献长生不死之药，传达官拿着这药进宫。有个君主的武职侍从问他："能吃吗？"谒者说："能。"君主的武职侍从便抢过来把药吃了。楚王非常愤怒，就命令人杀掉武职侍从。武职侍从让人去劝说楚王，说："臣问传达官，他说'能吃'，所以臣才吃了它，这件事臣没有罪而罪过在传达官身上。而且客人进献的是不死之药。臣吃了而大王杀臣，说明这药是死药，这就是客人欺骗大王。杀掉了没有罪过的臣子而又证明别人把大王欺骗了，不如放了臣。"楚王于是不杀他了。

> 田骈欺邹君，邹君将使人杀之①。田骈恐，告惠子②。惠子见邹君曰："今有人见君，则睑其一目，奚如③？"君曰："我必杀之。"惠子曰："瞽，两目睑，君奚为不杀④？"君曰："不能勿睑。"惠子曰："田骈东慢齐侯，南欺荆王⑤。骈之于欺人，瞽也，君奚怨焉？"邹君乃不杀。

注释

①田骈：人名，战国时期赵国人。邹君：战国时期邹国的君主。②惠子：指惠施，战国时宋国人，曾为魏惠王的相。③睑（jiá）：闭着眼睛。④瞽（gǔ）：这里用为"虽瞎但有眼珠"之意。⑤慢：通"谩"，欺骗。

译文

田骈欺骗了邹国国君，邹国国君将要派人去杀他。田骈恐惧了，告诉惠子。惠子拜见了邹国国君，说："如今有人来见您，闭上他一只眼睛，您会怎么样对待他？"邹国国君说："我一定杀了他。"惠子说："瞎子的两只眼睛都闭着，君主为什么不杀他呢？"邹国国君说："因为他不能不闭着双眼。"惠子说："田骈在东面欺骗齐君，在南面欺骗楚王。田骈在骗人这方面，就和瞎子一样，君主您何必要怨恨他呢？"邹国国君于是就不杀田骈了。

> 鲁穆公使众公子或宦于晋，或宦于荆①。犁鉏曰②："假人于越而救溺子，越人虽善游，子必不生矣③。失火而取水于海，海水虽多，火必不灭矣，远水不救近火也。今晋与荆虽强，而齐近，鲁患其不救乎！"

注释

①鲁穆公：名显，战国时鲁国君主。荆：中国古代"九州"之一，春秋时楚国别称。②犁鉏（jù）：一作黎且，人名，曾在齐国做官。③假：凭借。

译文

鲁穆公派自己的儿子们有的到晋国去做官，有的到楚国去做官。犁鉏说："借助于越国人来救落入水里的孩子，越国人虽然善于游泳，你这孩子一定不会得救。失了火而到大海中去取水，海水虽然很多，这火一定不能灭掉，因为远处的水是救不了近处的火的。如今晋国与楚国虽然强大，然而齐国这个敌国离我们最近，鲁国的祸患恐怕救不了吧！"

严遂不善周君，患之。冯沮曰："严遂相，而韩傀贵于君。不如行贼于韩傀，则君必以为严氏也。"

译文

严遂和周国君主关系不好，周国君主很担心这件事。他的臣子冯沮说："严遂任相，而相国韩傀很受韩君的器重。君主不如行刺韩傀，那么韩君一定会认为是严遂干的。"

张谴相韩，病将死。公乘无正怀三十金而问其疾。居一月，自问张谴，曰："若子死，将谁使代子？"答曰："无正重法而畏上，虽然，不如公子食我之得民也。"张谴死，因相公乘无正。

译文

张谴担任韩国相，病重快要死了。公乘无正带着三十两金子去慰问他的疾病。过了一个月，韩君亲自去慰问张谴，说："如果你病死了，将来让谁来代替你？"张谴回答说："公乘无正重视法治而且敬畏君主，尽管如此，他却不如公子食我得民心。"张谴死后，韩君就任命公乘无正为相。

乐羊为魏将而攻中山，其子在中山①。中山之君烹其子而遗之羹，乐羊坐于幕下而啜之，尽一杯②。文侯谓堵师赞曰："乐羊以我故而食其子之肉。"③答曰："其子而食之，且谁不食？"乐羊罢中山，文侯赏其功而疑其心。孟孙猎得麑，使秦西巴持之归，其母随之而啼④。秦西巴弗忍而与之。孟孙归，至而求麑。答曰："余弗忍而与其母。"孟孙大怒，逐之。居三月，复召以为其子傅。其御曰："曩将罪之，今召以为子傅，何也？"孟孙曰："夫不忍麑，又且忍吾子乎？"故曰："巧诈不如拙诚。"乐羊以有功见疑。秦西巴以有罪益信。

注释

①乐羊：人名，战国时魏文侯的将。②遗：给予、馈赠。③文侯：魏文侯。堵师赞：姓堵师，名赞，

生平不详。④孟孙：鲁国的卿孟孙氏。麛（ní）：小鹿。秦西巴：姓秦西，名巴，生平不详。

译文

乐羊担任魏国大将率兵攻打中山国，他的儿子当时却在中山国。中山国君主就活煮了他的儿子并送来了他儿子的肉汁，乐羊坐在军帐中喝这肉汁，把一杯都喝完了。魏文侯对堵师赞说："乐羊因为我的缘故吃了他儿子的肉。"堵师赞回答说："他连自己的儿子都吃，还有谁不能吃呢？"乐羊从中山国打仗回来，魏文侯奖赏他的功劳而怀疑他的忠心。鲁国的孟孙打猎得到一只小鹿，派秦西巴装到车上带回去，而母鹿跟着一直啼叫。秦西巴不忍心就把小鹿放了。孟孙回来后，一到家就向秦西巴索要小鹿。秦西巴回答说："我不忍心就把小鹿放回母鹿身边。"孟孙非常愤怒，就把秦西巴撵走了。过了三个月，又召回秦西巴让他做自己儿子的师傅。孟孙的车夫对孟孙说："过去您将他治罪，如今又召回他当您儿子的师傅，这是为什么呢？"孟孙说："他这个人不忍心伤害小鹿，又怎么会忍心伤害我的儿子呢？"所以常言说："机巧欺诈不如笨拙和诚实。"乐羊因为有功劳而被怀疑，秦西巴因为有罪反而更加被信任。

曾从子，善相剑者也。卫君怨吴王。曾从子曰："吴王好剑，臣相剑者也。臣请为吴王相剑，拔而示之，因为君刺之。"卫君曰："子之为是也，非缘义也，为利也。吴强而富，卫弱而贫。子必往，吾恐子为吴王用之于我也。"乃逐之。

译文

曾从子，是个善于鉴别宝剑的人。卫国君主怨恨吴王夫差。曾从子说："吴王爱好宝剑，我是一个鉴别宝剑的人。我请求去给吴王鉴别宝剑，拔出宝剑给他看的时候，就乘机为君王您刺杀他。"卫君说："你之所以这样做，不是缘于道义，而是为了利益。吴国强大而富裕，卫国弱小而贫穷。你一定要去吴国，我害怕你被吴王利用来对付我呀。"于是赶走了他。

纣为象箸而箕子怖，以为象箸必不盛羹于土铏，则必犀玉之杯，玉杯象箸必不盛菽藿，则必旄象豹胎，旄象豹胎必不衣短褐而舍茅茨之下，则必锦衣九重，高台广室也①。称此以求，则天下不足矣。圣人见微以知萌，见端以知末，故见象箸而怖，知天下不足也。

注释

①纣：殷商王朝的最后一个国君，名帝辛。箕子：商纣王的叔父，曾任太师。土铏（xíng）：陶制器皿。菽：豆类植物。藿：豆叶。褐：指粗布或粗布衣，最早用葛、兽毛，后通常指大麻、兽毛的粗加工品，古时贫贱人穿。

译文

商纣王制作象牙筷子而箕子感到恐惧，认为使用象牙筷子一定不会再用陶钵子装羹汤，一定要用犀角和玉制作的杯盘；既然使用象牙筷子和犀玉杯盘，一定不会再食用豆类叶子熬出的浓汤，一定要吃牦牛、大象、豹子的胎儿；既然吃牦牛、大象、豹子的胎儿，一定不会再穿粗毛布做的短衣，在茅草屋里进食，就要穿上多层华美的锦缎衣服，住上高大宽敞的房屋。照这标准追求下去，那么整个天下的东西都不够供他享受。圣人看见了微小的事情就能因此而知道将要萌发的其他事情，看见事情的开端就能预知到它的结果，所以箕子看见象牙筷子而感到恐惧，因为他知道整个天下的东西都不够供纣王享受。

> 周公旦已胜殷，将攻商盖①。辛公甲曰："大难攻，小易服。不如服众小以劫大。"②乃攻九夷，而商盖服矣。

注释

①周公旦：姓姬名旦，周武王姬发的弟弟，以辅佐周武王的儿子成王而著名。商盖：商族在东方的重要根据地，位于今山东曲阜。②辛公甲：即辛甲，商朝的大臣，因多次劝谏商纣王不听，出奔到周。

周公旦已经战胜了殷商，将要去攻打商盖这个地方。辛公甲说："大国难以攻打，小国容易征服。不如先征服众多小国来威慑大国。"于是就攻打居住在淮河流域的九夷，结果商盖也就降服了。

> 纣为长夜之饮，欢以失日，问其左右，尽不知也。乃使人问箕子。箕子谓其徒曰："为天下主而一国皆失日，天下其危矣。一国皆不知而我独知之，吾其危矣。"辞以醉而不知。

译文

商纣王不分昼夜地饮酒作乐，寻欢作乐得忘记了时日，问身边侍从，都说不知道。就派人去问箕子。箕子对随从说："作为一国之主而使全国人都忘记了日期，这个天下真的危险了。一国人都不知道而只有我一个人知道日期，我也就危险了。"于是推辞自己因喝酒醉了不知道。

> 鲁人身善织屦，妻善织缟，而欲徙于越①。或谓之曰："子必穷矣。"鲁人曰："何也?"曰："屦为履之也，而越人跣行；缟为冠之也，而越人被发②。以子之所长，游于不用之国，欲使无穷，其可得乎?"

注释

①屦(jù)：用草和麻绳编织而成的鞋子。缟(gǎo)：生绢，可做帽子。徙：迁移。②履：践踏。跣(xiǎn)：赤脚行走。被：同"披"。

译文

有个鲁国人善于用草和麻绳编织鞋子，他的妻子善于织生绢，而他们想迁移到越国去。有人对他们说："你去了一定会穷困。"鲁国人问："为什么呢?"那人说："草鞋是用来穿在脚上的，而越国人赤脚行走；生绢是用来做帽子系在头发上的，而越国人却披着头发。先生擅长的，到了去的国家用不到，想要变得不穷困，那怎么可能呢?"

> 陈轸贵于魏王①。惠子曰："必善事左右。夫杨，横树之即生，倒树之

即生，折而树之又生。然使十人树之而一人拔之，则毋生杨②。至以十人之众，树易生之物而不胜一人者，何也？树之难而去之易也。子虽工自树于王，而欲去子者众，子必危矣。"

注释

①陈轸：战国时纵横家。魏王：魏惠王。②毋：通"无"。

译文

　　陈轸被魏惠王器重。惠施对他说："你一定要好好侍奉君主身边的人。杨树，横着栽它能存活，倒过来栽它也能存活，折断来栽它也能存活。但是如果十个人栽它而一个人拔它，那么就没有能够存活的杨树了。至于靠这十个人的力量，栽种容易使树木存活，却不能胜过一个人来拔，这是什么原因呢？是因为栽种树木困难而拔掉树木容易。你虽然善于在君主那里树立自己的形象，然而想要赶跑你的人却很多，你一定会危险了。"

　　鲁季孙新弑其君，吴起仕焉①。或谓起曰："夫死者，始死而血，已血而衄②。已衄而灰，已灰而土。及其土也，无可为者矣。今季孙乃始血，其毋乃未可知也③。"吴起因去之晋。

注释

①鲁：诸侯国名。季孙：又称季氏，鲁庄公的弟弟季友之后，世为大夫，执鲁政，权势很盛。吴起：战国初期卫国人，早年曾在鲁国为将，后离开鲁国到魏国。②衄（nù）：萎缩，这里指血流尽后皮肉枯缩。③毋乃：恐怕，大概。

译文

　　鲁国的季孙氏刚杀掉他的君主，吴起就入朝做官。有人对吴起说："被杀的人，刚死的时候流血，血流完了皮肉就开始萎缩。皮肉萎缩完了就开始化成残骸，已经化成残骸，进而化为尘土。等到化为尘土，就不能再作怪了。如今季孙就像开始流血，结果恐怕还不可预知吧。"吴起于是离开鲁国到晋国去了。

　　隰斯弥见田成子，田成子与登台四望①。三面皆畅，南望，隰子家之树蔽之。田成子亦不言。隰子归，使人伐之。斧离数创，隰子止之。其相室曰："何变之数也？"隰子曰："古者有谚曰：'知渊中之鱼者不祥。'夫田子将有大事，而我示之知微，我必危矣。不伐树，未有罪也；知人之所不言，其罪大矣。"乃不伐也。

注释

①隰斯弥：春秋时齐国大夫。

译文

　　隰斯弥去拜见田成子，田成子和他一起登上高台向四周眺望。三面视野都通畅，朝南眺望，隰斯弥家的树林却把视线遮住了。田成子也没说话。隰斯弥回到家中，派人砍树。斧头刚砍出几个口，隰斯弥就阻止了砍树。他的管家说："为什么变得这样快呢？"隰斯弥说："古时候有句谚语说：'知道深渊里有鱼是不吉祥的。'那田成子将要干大事，而我却向他表示出我知道这其中的隐秘，我一定会危险。不砍树，没有什么罪过；知道了别人不想说出来的秘密，那罪过就大了。"于是就不砍树了。

　　杨子过于宋东之逆旅①。有妾二人，其恶者贵，美者贱。杨子问其故。逆旅之父答曰："美者自美，吾不知其美也；恶者自恶，吾不知其恶也。"杨子谓弟子曰："行贤而去自贤之心，焉往而不美？"

注释

①杨子：指杨朱，战国时魏国人。

译文

　　杨子经过宋国东部的一个旅馆。旅馆的老板有两个小老婆，其中相貌丑陋的受尊重，相貌漂亮的被轻视。杨子问其中的缘故，旅馆的老板回答说："相貌漂亮的自以为很美，但我不觉得她美；相貌丑恶的自以为很丑陋，但我不觉得她丑陋。"杨子对弟子们说："做贤能的事而又能去掉自以为贤能的想法，到哪里不受到赞美呢？"

　　卫人嫁其子而教之曰①："必私积聚。为人妇而出，常也；其成居，幸也。"其子因私积聚，其姑以为多私而出之。其子所以反者，倍其所以嫁。其父不自罪于教子非也，而自知其益富。今人臣之处官者，皆是类也。

注释

①卫：诸侯国名，范围包括今河南东北部和河北、山东部分地区。

译文

　　有个卫国人嫁女儿的时候教导她说："一定要私下里积攒财物。做人家的妻子而被休了赶出门，是常有的事；夫妻相守一生，是侥幸的事。"他的女儿因此便私下里积攒财物，她的婆婆觉得她积攒了很多私房钱而把她休了。这个卫国人的女儿所带回来的财物，是她出嫁时财物的很多倍。她的父亲不怪罪自己在教导女儿方面的错误，却自认为增加财富很聪明。如今身居官职的臣子，都是这一类人。

> 　　鲁丹三说中山之君而不受也，因散五十金事其左右①。复见，未语，而君与之食。鲁丹出，而不反舍，遂去中山。其御曰："反见，乃始善我，何故去之？"鲁丹曰："夫以人言善我，必以人言罪我。"未出境，而公子恶之曰："为赵来间中山。"君因索而罪之。

注释

①鲁丹：人名，生平不详。

译文

　　鲁丹三次去游说中山国国君而都没有被接受，因而散发了五十金去讨好中山君身边的侍从。然后再次面见中山国国君，还没有说话，中山君就招待他吃饭。鲁丹出来后，不回旅馆，就马上离开了中山国。他的车夫说："你回过头再次拜见，君主才开始对我们友好，为什么就要离开呢？"鲁丹说："因为别人的话才开始善待我，一定也会因为别人的话治罪于我。"他们还没有走出中山国国境，而中山国的公子

就诽谤他说："鲁丹是为赵国来侦探中山国的。"中山国国君因此搜捕他，治了他的罪。

> 田伯鼎好士而存其君，白公好士而乱荆。其好士则同，其所以为则异①。公孙友自刖而尊百里，竖刁自宫而谄桓公②。其自刑则同，其所以自刑之为则异。慧子曰："狂者东走，逐者亦东走。其东走则同，其所以东走之为则异。故曰：同事之人，不可不审察也。"③

注释

①田伯鼎：人名，生平不详。白公：指白公胜，春秋时楚平王太子建的儿子。②公孙友：人名，生平不详。刖（yuè）：古代削足之刑。百里：指百里奚，春秋时期虞国的大夫，后为秦穆公的相。竖刁：齐桓公年轻的侍从。宫：古代五刑之一，这里用为"阉割男子生殖器"之意。③慧子：惠施。

译文

田伯鼎喜欢养士而保全了他的君主，白公胜喜欢养士而扰乱了楚国国政。他们喜欢养士是相同的，但他们养士的目的却不同。公孙友砍掉自己的脚而使秦穆公尊重百里奚，竖刁割掉自己的生殖器而谄媚齐桓公。他们给自己用刑是相同的，但用刑的目的却不同。慧子说："发狂的人向东跑，追逐他的人也向东跑，向东跑是相同的，但他们向东跑的目的却不同。所以说：对于做同样事情的人，不能不仔细考察他们的目的。"

评析

"说林"，就是传说故事的丛林，与后世儒家"儒林""艺林"的"林"含意相同，指汇集。所以"说林"也即相当于现代的"故事集"。

故事一通过务光的憨直衬托了商汤王的聪明狡诈。警示人们要善于思考之后再做出行动，否则就会对自己不利。故事二用孟卯对权势的贪心，警示现代人要控制自己的欲望，贪婪的最终结果就是一无所有。故事三太宰之所以不让孔子去见君主，原因就是他的嫉贤妒能。在现实社会中不乏这样的人存在，他们为了个人的利益，而毁坏大局的发展，最终害人害己。故事四体现的是缺乏自知之明的道理。警示人们在做任何事情之前，都要首先衡量自己的实力，这样才会避免失败。故事五体现的是自我的强大不要去依赖他人，依靠他人就会丧失自己的能力，最终一事无成。故事六说明伍子胥善于转嫁自己的危机，使士兵的命运受到牵连，从而使自己逃过一难。现实中的我们在困境面前也要充分利用自我的能力与才华，巧妙地化解危机。故事七说明心态决定事情的成败。不管顺境还是逆境，一个良好的心态都能使人看见光明和希望。坏人亦是如此，不改变自己，就是躲在哪里也会遭到惩治。故事八的重点在"将欲败之，必姑辅之；将欲取之，必姑予之。"任何事物、任何生物，都是在不断发展变化的，而发展到一定程度，必然要向自己的反面转化。因此，对敌方针就可以采取和利用这种转化，甚至于促使这种转化加快速度，从而达到自己的目的。故事九旨在说明，一个国家只要混乱、软弱，只要有隙可乘、有缝可钻，就会引来虎视眈眈的敌人。所以

老子一再强调"无为"，是很有道理的。故事十通过臧孙子对楚王的观察而判定他不会对宋国进行救援，这就说明臧孙子善于察言观色。懂得察言观色的人才会预测事情的发展进度。由此做出正确的行动方式。故事十一说明做任何事情要根据实际的情况做出正确的分析，就像赵国的做法，顺水推舟既得了人情、面子，最后还可以分得一点好处。故事十二说明反常的事物令人理解不了，就会把这反常视为"神灵"，进而变得迷信。这个宇宙、这个大自然有许许多多人们还不能了解的东西，聪明人不了解，就会想办法去了解，而普通人则是盲目崇拜，于是迷信就产生了。于是很多人就利用迷信来达到自己个人的目的。故事十三中，聪明的温邑人利用《诗经》的语句对东周君主进行了极大的讽刺。没有犀利的言语，只有聪明的引用，言语力量的巧妙运用，引人思索。故事十四意在说明用人之计。君主对大臣的任用，信任的同时还要控制，否则，过分的放任就会被臣下控制。故事十五说明过分沉迷喝酒的人，最终会一无所有，甚至会丢失自己的生命。故事十六说明善于学习前人总结的智慧，并加以发挥，就会取得成功。故事十七是个狡辩的案例。也可以说运用语言的漏洞救了自己的性命。这其实也是语言的运用。故事十八尽管讲说了田驷的可恶，应当被杀，但是邹君却没有杀他，从另一个角度就说明了邹君的宽容与大度。宽容对待他人，也就是宽容对待自己。故事十九说明了舍近求远、舍本逐末的意思，鲁国位于今山东省南部，而齐国位于今山东省东部，紧靠着。晋国位于今山西省境内，楚国位于今长江以南湖北省境内。鲁国派人，不去交结齐国、搞好关系，反而与遥远的晋国、楚国去交结，这就是舍近求远了。邻国邻邦搞不好关系，想去凭借遥远的国家来帮助自己，这就是舍本逐末了。故事二十说明的是"嫁祸于人"，这种"嫁祸于人"的手法历史上屡见，而且也屡屡得手。原因就在于人与人之间的信任度不高。故事二十一说明了"贿赂"的问题。贿赂自古有之，却不能效仿，追逐眼前的利益，那么失去的将会更多。故事二十二很清楚地说明了"仁爱"之心的作用，姑且不论乐羊是否忠心，人们都会害怕他的狠心，也不论秦西巴是否忠心，但人们会相信他的爱心。故事二十三体现的是信任的问题。确实，曾从子与吴王夫差无怨无恨，他去刺杀吴王，不太可能，那么他的动机必然就是为了利益。既然为了利益可以去刺杀吴王，那么为了更多的利益他也可以回过头来刺杀卫君，这种为了利益的人，是得不到信任的。故事二十四体现了欲望是无止境的。而过多的欲望就会蒙蔽双眼，最终就会失去很多。故事二十五说明面对困境，要从小处着手克服，逐步瓦解，最终才能取得成功。故事二十六说明适时的追逐潮流是明智自保的做法，往往"众人皆醉我独醒"，就会招来杀身之祸。故事二十七说明只有能实现自我价值的地方才是最好的生存之所。故事二十八说明了为人处世中的险恶。因此在为人处世中既要善良对待别人，同时也要提防他人的陷害。故事二十九说明做人要有前瞻性，不要等到恶劣结果产生，应尽早地避免它，这样才是正确的做法。故事三十说明人有的时候善于装糊涂，善于揣摩他人心思的人往往会把自己陷于危险之中。故事三十一说明做人不能自以为是，如果自己真正有实力的话，最终就会得到他人的肯定。故事三十二是对自私自利的人的讽刺，这一类人只顾自己的一己之私，殊不知自己也是家庭、国家中的一员。尽管自我的财富越来越多，但是这就离国破家亡的日子越来越近。故事三十三说明要正确地处理人际关系。正确利用人际关系可以帮助自己更快地走向成功，但是，旁门左道地利用人际关系，最终是害人害己。因为帮助你的人同样会成为陷害你的人。故事三十四说明每个人做事的目的和出发点都是不同的，因此不要仅仅被表面现象所迷惑，最终上当受骗。

说林上·第二十二

说林下第二十三

题解

    本篇《说林下》与《说林上》的很多故事摘自古代的史书，所以具有较高的史料价值，可以用来与其他史料相参证；有些故事则可能是来自民间传说，也可能是韩非自己创作的寓言。从这些故事、寓言中，现代人仍然可以学到很多有益的东西。

    伯乐教二人相踶马，相与之简子厩观马①。一个举踶马。其一人从后而循之，三抚其尻而马不踶。此自以为失相。其一人曰："子非失相也。此其为马也，踒肩而肿膝②。夫踶马也者，举后而任前，肿膝不可任也，故后不举。子巧于相踶马而拙于任肿膝。"夫事有所必归，而以有所肿膝而不任，智者之所独知也。惠子曰："置猿于柙中，则与豚同。"故势不便，非所以逞能也。

注释

    ①伯乐：春秋时秦国人，名孙阳，以善相马著称。踶（dì）：通"踢"。②踒（wō）：骨折。

译文

伯乐教两个人辨认用后蹄踢人的马，和他们一起到赵简子的马厩来观察马。一个人挑选出用后蹄踢人的马。那另一个人就在后面跟随着它，多次抚摸马的屁股而马却不踢人。这个挑选马的人自以为选错了。另一个人说："你并没有选错。这匹马，它的前腿骨折而膝部肿大。那所谓用后蹄踢人的马，抬起后腿就把身体的重量压到前腿上，而这匹马前腿膝部肿大不能承担体重，所以后腿抬不起来。你善于识别用后蹄踢人的马而不懂得马的前腿肿大的膝部不能支撑身体。"事情都有一定的发生根源，但马因为肿大的膝部才不能承担体重的道理，只有聪明的人才能明白。惠子说："把猿猴关在木笼里，那么就和小猪一样了。"因为形势不利，就没有地方施展才能了。

> 卫将军文子见曾子，曾子不起而延于坐席，正身于奥①。文子谓其御曰："曾子，愚人也哉！以我为君子也，君子安可毋敬也？以我为暴人也，暴人安可侮也？曾子不僇，命也②。"

注释

①卫将军文子：公孙弥牟，字子之，卫灵公的孙子，曾任魏国的将军，谥号"文子"。奥：正室的西南角，古时为座席的尊位。②僇：通"戮"，杀戮。

译文

卫国的将军文子去见曾子，曾子没有起身请他就叫他到座席上就座，自己却端正身体坐在座席的尊位上。过后文子对车夫说："曾子，是个愚蠢的人啊！他如果把我当成君子，君子怎么能不尊敬呢？他如果把我当成残暴的人，残暴的人怎么敢侮辱呢？曾子不遭到杀戮，那算他的命好呀。"

> 鸟有翢翢者，重首而屈尾，将欲饮于河，则必颠，乃衔其羽而饮之①。人之所有饮不足者，不可不索其羽也。

注释

①翢（zhōu）翢：古代的一种青黑色羽毛的鸟。

译文

有一种青黑色羽毛的鸟，头部大而尾巴短小，如果它要到河边喝水，就一定会栽进河里，于是就让另一只衔着它的羽毛才能够喝水。人有欲望不能得到满足的，不能不寻求他的伙伴来帮忙。

> 鳣似蛇，蚕似蠋①。人见蛇则惊骇，见蠋则毛起。渔者持鳣，妇人拾蚕，利之所在，皆为贲、诸②。

注释

①鳣（zhān）：通"鳝"，鳝鱼。蠋（zhú）：即毛虫，蝴蝶或蛾子的伸长状幼虫，色青，形似蚕。②贲（bēn）：人名，即孟贲，春秋时期卫国人，当时著名的勇士。诸：人名，即专诸，春秋时期吴国堂邑人，当时著名的勇士。

译文

黄鳝像蛇，蚕像毛毛虫。人们见到蛇就会惊恐，见到毛毛虫就会汗毛竖起。但打鱼的人手握黄鳝，养蚕的妇女用手拾蚕，可见利益所在的地方，人人都成了孟贲、专诸那样的勇士。

> 伯乐教其所憎者相千里之马，教其所爱者相驽马。千里之马时一，其利缓；驽马日售，其利急。此《周书》所谓"下言而上用"者，惑也。

译文

伯乐教自己所憎恨的人去辨认千里马，教自己所喜爱的人去辨认普通的劣马。千里马很长时间才有一个，所以辨认它的利益来得慢；普通的劣马天天都有销售，辨认它的利益来得快。这就是《周书》所说的"把适用于一时一事的话当成普通的原则来使用"，这也是一种迷惑。

> 桓赫曰①："刻削之道，鼻莫如大，目莫如小。鼻大可小，小不可大也；目小可大，大不可小也。"举事亦然。为其不可复者也，则事寡败矣。

注释

①桓赫：人名，生平不详。

译文

桓赫说："雕刻的原则是，鼻子不如先刻大一些，眼睛不如先刻小一些。鼻子刻大了能削小，刻小了就不能增大了；眼睛刻小了能加大，刻大了就不能缩小了。"做事情也是这样。做的事如果事后可以补救，那么事情就很少有失败的了。

> 崇侯、恶来知不适纣之诛也，而不见武王之灭之也①。比干、子胥知其君之必亡也，而不知身之死也②。故曰："崇侯、恶来知心而不知事，比干、子胥知事而不知心。"圣人其备矣。

注释

①崇侯：人名，即崇侯虎，商纣王宠幸的大臣。恶来：人名，商纣王的大臣。②比干：商代贵族，纣王叔父，官少师，相传因屡谏纣王，被剖心而死。子胥：人名，即伍子胥，春秋时期楚国人，名员，字子胥。

译文

崇侯虎、恶来知道自己不能顺从商纣王就会被诛杀，却不能预见到周武王会把商纣王灭掉。比干、伍子胥明白自己的君主一定会灭亡，却不明白自己会被杀死。所以说："崇侯虎、恶来了解人的心理却不知道事情的发展，比干、伍子胥知道事情的发展却不了解人的心理。"圣人两样都具备了。

> 宋太宰贵而主断。季子将见宋君，梁子闻之曰："语必可与太宰三坐乎，不然，将不免。"季子因说以贵主而轻国。

译文

宋国的太宰地位尊贵而且可以独揽大权。季子将要去拜见宋国君主，梁子听说后说："你所说的话一定能和君主、太宰三个人同坐时也能说，如果不是这样，你将免不了杀身之祸。"季子因此说了些注重养生而看轻国家的话。

> 杨朱之弟杨布衣素衣而出。天雨，解素衣，衣缁衣而反，其狗不知而吠之①。杨布怒，将击之。杨朱曰："子毋击也，子亦犹是。曩者使女狗白而往，黑而来，子岂能毋怪哉②？"

说林下第二十三

注释

①缁（zī）衣：黑色的外套。②曩（nǎng）：以往、过去、以往。

译文

　　杨朱的弟弟杨布穿着白色的衣服出门。天下雨了，他就脱掉白衣服，穿着黑衣服回来，他的狗不认识他，就对着他狂叫。杨布很生气，就要打狗。杨朱说："你不要打它，你也是这样的。假如从前你的狗白颜色的时候出去，却是黑颜色的时候回来，你难道不奇怪吗？"

> 　　惠子曰："羿执决持杅，操弓关机，越人争为持的①。弱子扜弓，慈母入室闭户。"故曰："可必，则越人不疑羿；不可必，则慈母逃弱子。"

注释

　　①羿：古人名，传说是夏代有穷国的君主，善于射箭，亦称"后羿""夷羿"。杅（hàn）：古代射者左臂所戴的皮制袖套。关：通"弯"，引弓。的：箭靶。

译文

　　惠子说："羿拿着钩拉弓弦的决，戴着皮袖套，拿着弓，牵引着射箭用的扳机，远方的人也会争着来替他拿箭靶。小孩子拉弓射箭时，就是慈爱的母亲也会躲进屋关上门。"所以说："一定能射中，那么就是远处的人也不会怀疑羿；不一定能射中，那么慈母也会逃避拿弓箭的孩子。"

> 　　桓公问管仲："富有涯乎①？"答曰："水之以涯，其无水者也；以富之以涯，其富已足者也。人不能自止于足，而亡其富之涯乎！"

注释

　　①涯（yá）：边际。

译文

　　齐桓公问管仲："富裕有边际吗？"管仲回答说："水的边际，就是没有水的地方；富裕的边际，就是富到了满足的地步。人不能自己在满足的地方停止，那么就没有富裕的边际了！"

宋之富贾有监止子者，与人争买百金之璞玉，因佯失而毁之，负其百金，而理其毁瑕，得千溢焉①。事有举之而有败，而贤其毋举之者，负之时也。

注释

①负：通"赔"，赔偿、补偿。溢（yì）：同"镒"，古代重量单位，二十两或二十四两为一镒。《国语》："黄金四十镒。"

译文

宋国有个很富的商人叫监止子的，和别人争着购买一块价值百金的璞石，假装失手摔坏了璞石，就赔偿给卖主百金，而他修整好那摔坏了的碎玉，卖出去就赚到了千镒金子。事情有做了但可能失败的，因而认为不去做的好，那是只看到了赔本的时候。

有欲以御见荆王者，众驺妒之①。因曰："臣能撅鹿。"见王。王为御，不及鹿；自御，及之。王善其御也，乃言众驺妒之。

注释

①驺（zōu）：养马人。

译文

有一个凭借自己的驾车技术而求见楚王的人，于是众多的马车夫都嫉妒他。他便说："我能追击鹿。"这才见到楚王。楚王自己驾车，追不上鹿；这个人自己驾车，就追上了鹿。楚王赞赏他的驾车技术后，他才说众车夫都嫉妒他。

> 荆令公子将伐陈①。丈人送之曰："晋强，不可不慎也。"公子曰："丈人奚忧？吾为丈人破晋。"丈人曰："可。吾方庐陈南门之外。"公子曰："是何也？"曰："我笑勾践也。为人之如是其易也，已独何为密密十年难乎？"

注释

①荆令公子将伐陈：指公元前 478 年，楚国公孙朝率师灭陈一事。

译文

楚国命令公子公孙朝率领军队去攻打陈国。有个老人送别他时说："晋国强大，不能不谨慎啊。"公子公孙朝说："您老人家忧虑什么呢？我为您攻破晋国。"老人说："可以。我想修一座草房在陈国的南门外面。"公子说："这是为什么？"老人说："我这是嘲笑勾践啊。为人处世如果是这样容易，他自己为什么要勤奋努力经历十年苦难呢？"

> 尧以天下让许由，许由逃之，舍于家人，家人藏其皮冠①。夫弃天下而家人藏其皮冠，是不知许由者也。

注释

①尧：我国原始社会末期的部落首领。许由：远古时代的隐士，相传尧要把帝位传给他，他推辞而逃走。舍：住宿。

译文

尧把天下让给许由，许由却逃避了，住在一个老百姓家中，这家人赶紧把自己的皮帽子藏起来怕许由偷走。许由连天下都能舍弃而这百姓家却要藏起自己的皮帽子，这是因为不了解许由这个人呀。

韩非子选集

> 三虱相与讼，一虱过之，日："讼者奚说？"三虱日："争肥饶之地。"一虱日："若亦不患腊之至而茅之燥耳，若又奚患于是？"乃相与聚嘬其母而食之①。彘臞，人乃弗杀②。

注释

①母：即指虱所寄生的母体——猪。②彘：本指大猪，后泛指一般的猪。臞（qú）：消瘦。

译文

三只虱子互相争辩，有一只虱子从旁边经过，说："你们这些争辩者在说什么？"三只虱子说："我们在猪身上争夺肥腴的地方。"路过的这只虱子说："你们也不担心腊月的祭祀到来而用茅草烤猪，你们又何必在这上面计较？"于是这三只虱子便聚在一起吮吸猪血。猪消瘦了，人们于是没有杀那猪。

> 虫有虺者，一身两口，争食相龁也①。遂相杀，因自杀。人臣之争事而亡其国者，皆虺类也。

注释

①虺（huǐ）：毒蛇，俗你土虺蛇，大毒蛇，泛指蛇类。龁（hé）：咬。

译文

虫类中有一种毒蛇，一个身体长着两张嘴，因为争夺食物而互相撕咬。于是两张嘴互相残杀，便自己杀死了自己。臣子互相争权夺利而使国家灭亡的，都是长着两张嘴的毒蛇这类东西。

> 宫有垩，器有涤，则洁矣①。行身亦然，无涤垩之地则寡非矣。

注释

①垩（è）：白土，引申为涂抹白色。

译文

宫墙涂抹白色，器具用水洗涤，那么就洁净了。人修身处世也是这样，到了不需要洗涤和涂抹白色的境地，那就很少有错误了。

> 公子纠将为乱，桓公使使者视之①。使者报曰："笑不乐，视不见，必为乱。"乃使鲁人杀之。

注释

①公子纠：春秋时期齐襄公的弟弟，桓公的哥哥。

译文

公子纠将要作乱，齐桓公派使者去观察。使者汇报说："公子纠脸上笑，可心里不快乐，看见东西如同没有看见，他一定会作乱。"齐桓公于是让鲁国人杀了他。

> 公孙弘断发而为越王骑，公孙喜使人绝之，曰："吾不与子为昆弟矣。"①公孙弘曰："我断发，子断颈而为人用兵，我将谓子何？"周南之战，公孙喜死焉②。

注释

①公孙弘：战国时期魏国人。断发：剪断头发。当时中原各诸侯国的风俗是留长发，而越国人留短发，故要断发。骑：骑士，指骑马的随从。公孙喜：魏国的将。绝：断绝关系。②周南：东周王朝都城的南面，指伊阙山，位于今河南洛阳南。周南之战，公元前293年，韩、魏、西周军队与秦将白起交战，秦军获胜，魏将公孙喜被杀。

译文

公孙弘剪断头发去当越王骑马的随从，公孙喜派人和他断绝关系，说："我不和你做兄弟了。"公孙弘说："我只是剪断头发，而你冒着断头的危险去替人带兵打仗，我又说你什么呢？"在周南的战役中，公孙喜战死在那里。

> 有与悍者邻，欲卖宅而避之。人曰："是其贯将满也，子姑待之①。"答

曰："吾恐其以我满贯也。"遂去之。故曰："物之几者，非所靡也^②。"

注释

①贯：穿物、穿钱的绳子。②几：通"机"，机会。靡（mí）：通"摩"，切磋。

译文

　　有一人与凶暴的人做邻居，想卖掉自己的住房来躲避他。有人说："这个凶暴的人将要恶贯满盈了，你姑且等待一下。"这个想卖房子的人回答说："我害怕他拿我来满他的满贯啊。"于是就搬走了。所以说："事情出现了危险的兆头，是不可以拖延的。"

　　孔子谓弟子曰："孰能导子西之钓名也^①？"子贡曰："赐也能。"乃导之，不复疑也。孔子曰："宽哉，不被于利^②！絜哉，民性有恒^③！曲为曲，直为直。"孔子曰："子西不免。"白公之难，子西死焉^④。故曰："直于行者曲于欲。"

注释

①导：开导、引导。钓：手段，谋取。②宽：度量宽宏。被：同"披"，覆盖，引申为诱惑。③絜（jié）：通"洁"，清洁。恒：长久。④白公：人名，即白公胜，春秋时期楚国太子建的儿子。

译文

孔子对弟子们说："谁能开导子西，使他不再沽名钓誉呢？"子贡说："我端木赐能够。"于是就去开导子西，子西便不再沽名钓誉了。孔子说："度量宽宏啊，不被利益所诱惑！品德纯洁啊，人的本性不变！弯曲的总是弯曲的，正直的总是正直的。"孔子又说："子西仍然免不了灾难。"在白公胜叛乱时，子西死于叛乱。所以说："虽然行为上很正直，却屈服于个人欲望。"

晋中行文子出亡，过于县邑①。从者曰："此啬夫，公之故人②。公奚不休舍，且待后车？"文子曰："吾尝好音，此人遗我鸣琴；吾好珮，此人遗我玉环：是振我过者也③。以求容于我者，吾恐其以我求容于人也。"乃去之。果收文子后车二乘而献之其君矣。

注释

①中行（háng）文子：即荀寅，晋国执政的六卿之一。②啬夫：古代官名，为约束官吏的官员。③珮（pèi）：这里用为"腰带上的佩玉"之意。

译文

晋国的中行文子出国逃亡，路过一个县城。他的随从对他说："这个县城的啬夫，是您过去的手下，您为什么不在他这里休息留宿，暂且等待您后面的随行车子？"中行文子说："当初我曾经爱好音乐，这个人就赠送我响亮的琴；我喜好玉佩，这个人就赠送我玉环；这是个助长我过错的人。一个以此求得我对他的好感的人，我害怕他用我来作礼物求得别人的容纳。"于是便离开了这个县城。后来这人果然没收了中行文子的两辆后面随行车子进献给了他的君主。

周趮谓宫他曰①："为我谓齐王曰：'以齐资我于魏，请以魏事王。'"宫他曰："不可，是示之无魏也。齐王必不资于无魏者，而以怨有魏者。公不如曰：'以王之所欲，臣请以魏听王。'齐王必以公为有魏也，必因公。是公有齐也，因以有齐、魏矣。"

译文

周趡对宫他说："你替我跟齐王说：'用齐国的力量帮助我在魏国夺取权势，我将拿整个魏国侍奉大王。'"宫他说："不能这样说，这是表示你在魏国没有权势。齐王一定不会资助在魏国没有权势的人，而得罪在魏国有权势的人。你不如说：'按照大王的要求，臣请求让魏国听从大王。'齐王一定认为你在魏国有权势，一定会依从您。这样您就有了齐国的帮助，因而在齐国、魏国都有权势了。"

> 白圭谓宋大尹曰①："君长自知政，公无事矣。今君少主也而务名，不如令荆贺君之孝也，则君不夺公位，而大敬重公，则公常用宋矣。"

注释

①白圭：名丹，战国时人，曾任魏惠王的相，善于筑堤治水。大尹：宋国的官名。

译文

白圭对宋国的大尹说："国君长大后自己主持政事，您就没有事了。如今国君年幼而且追求名声，不如叫楚国来祝贺国君的孝顺，那么国君就不会夺去您的权位，而且会大大地敬重您，那么您就可以长久地在宋国掌权了。"

> 管仲、鲍叔相谓曰："君乱甚矣，必失国。齐国之诸公子其可辅者，非公子纠，则小白也。与子人事一人焉，先达者相收。"管仲乃从公子纠，鲍叔从小白。国人果弑君。小白先入为君，鲁人拘管仲而效之，鲍叔言而相之。故谚曰："巫咸虽善祝，不能自祓也；秦医虽善除，不能知弹也①。"以管仲之圣而待鲍叔之助，此鄙谚所谓"虏自卖裘而不售，士自誉辩而不信"者也。

注释

①祝：向神灵祷告。祓（fú）：古代为除灾求福而举行的一种仪式，这里代表除去灾祸。弹（tán）：用石针刺穴位治病。

译文

管仲和鲍叔牙互相商议说："齐国君主昏乱极了，一定会丧失政权。齐国的众公子

说林下第二十三

中值得辅佐的，不是公子纠，就是小白了。对他们两个我和您每人侍奉一个公子，谁先官位显达就提携另一人。"管仲就跟从公子纠，鲍叔牙就跟从小白。后来齐国人果然杀死了国君。小白公子先进入齐国当了君主，鲁国人便扣押了管仲而献给了齐桓公小白，鲍叔牙按照所说的推荐了管仲。所以俗话说："巫咸虽然善于祈祷，但不能用祈祷为自己除灾求福；扁鹊虽然善于治疗疾病，但不能用石针刺自己的穴位治病。"凭着管仲的聪明却还要依靠鲍叔牙的帮助，这就是俗谚所说的"奴隶去卖皮裘衣服往往卖不掉，读书人自称善于辩说往往不会被相信"之类的事吧。

荆王伐吴，吴使沮卫、蹷融犒于荆师，而将军曰："缚之，杀以衅鼓。"问之曰："女来，卜乎？"答曰："卜。""卜吉乎？"曰："吉。"荆人曰："今荆将欲女衅鼓，其何也？"答曰："是故其所以吉也。吴使臣来也，固视将军怒。将军怒，将深沟高垒；将军不怒，将懈怠，今也将军杀臣，则吴必警守矣。且国之卜，非为一臣卜。夫杀一臣而存一国，其不言吉，何也？且死者无知，则以臣衅鼓无益也；死者有知也，臣将当战之时，臣使鼓不鸣。"荆人因不杀也。

译文

楚王征伐吴国，吴王派沮卫、蹷融去犒劳楚军，而楚国的将军却说："把他们绑起来，杀死他们，用他们的血来祭鼓。"楚国人问沮卫、蹷融："你们来的时候占卜了吗？"沮卫、蹷融回答说："占卜了。"楚国人又问："占卜的结果吉利吗？"沮卫、蹷融回答说："吉利。"楚国人说："如今楚国将要用你们的血来祭鼓，这是怎么回事？"沮卫、蹷融回答说："这正是吉祥的原因啊。吴王派遣我们来，本来是要看将军发怒的。将军发怒，吴军就会挖深壕沟，高筑壁垒；将军不发怒，吴军就会松懈怠慢。如今将军要杀掉我们，那么吴军必然会警惕防守。况且国家的占卜，并不是为一个臣子占卜。杀了一个臣子而国家能够保存，这不叫吉利，又叫什么呢？况且死人是没有知觉的，那么用我们的血来祭鼓也没有好处；死人如果有知觉的话，那么我们将在作战的时候，让涂了我们的血的战鼓不响。"楚国人因此不杀他们了。

知伯将伐仇由而道难不通，乃铸大钟遗仇由之君①。仇由之君大说，除道将内之②。赤章曼枝曰："不可。此小之所以事大也，而今也大以来，卒以随之，不可内也。"仇由之君不听，遂内之。赤章曼枝因断毂而驱，至于齐，七月而仇由亡矣。

注释

①知伯：人名，荀氏，名瑶，私谥智襄子，所以史称"智氏""智伯"，是智文子荀跞的孙子，春秋末期晋国六卿之一，势力最大。仇由：地名。春秋时期狄族在西北方建立的一个诸侯小国，位于今山西孟州市境内。遗：给予、馈赠。②内（nà）：同"纳"，接纳。

译文

智伯将要去征伐仇由国，而道路艰难不能通行，于是就铸造了一只巨大的钟要馈赠仇由国国君。仇由国国君听了非常高兴，就修通道路准备接纳这口巨大的钟。大臣赤章曼枝说："不能这样做！这是小国侍奉大国的行为，而如今大国拿大钟前来赠送小国，士兵一定会随着大钟到来，不能接纳啊。"仇由国君主不听，就接纳大钟。赤章曼枝因此便把车毂截短了快跑，到了齐国，七个月后仇由国就灭亡了。

越已胜吴，又索卒于荆而攻晋。左史倚相谓荆王曰："夫越破吴，豪士死，锐卒尽，大甲伤。今又索卒以攻晋，示我不病也。不如起师与分吴。"荆王曰："善。"因起师而从越。越王怒，将击之。大夫种曰："不可。吾豪士尽，大甲伤。我与战，必不克，不如赂之。"乃割露山之阴五百里以赂之。

说林下第二十三

译文

越国已经战胜了吴国，又向楚国借兵去攻打晋国。左史倚相对楚王说："越国攻下吴国后，豪杰之士都战死了，精

105

锐的士兵耗尽了，好装备破损了。如今又借兵来攻打晋国，这是向我们表示他们还不疲惫。我们不如率领大军和他们一起瓜分吴国。"楚王说："好。"便率领大军随从越国。越王很生气，准备攻打楚军。越国的大夫文种说："不可以！我们豪杰之士都战死了，好装备都破损了。我们和他们交战，一定不能取胜，不如贿赂楚国。"于是割了露山北面五百里土地送给楚国。

> 荆伐陈，吴救之，军间三十里。雨十日，夜星。左史倚相谓子期曰："雨十日，甲辑而兵聚。吴人必至，不如备之。"乃为陈。陈未成也而吴人至，见荆陈而反。左史曰："吴反复六十里，其君子必休，小人必食。我行三十里击之，必可败也。"乃从之，遂破吴军。

译文

楚国征伐陈国，吴国去救援陈国，吴、楚两军相隔三十里。雨连下了十天后，夜里天上出现了星星。楚国左史倚相对子期说："雨连下了十天，盔甲和兵器都聚集在一起放着。吴国的军队一定会趁晴而来，不如防备他们。"于是摆开阵势。阵势还没有摆好而吴国的军队就来到了，看到楚国军队摆开了阵势，吴国的军队就退兵返回。楚国左史倚相说："吴国的军队来回行军六十里，他们的将官一定会休息，兵士们一定要饮食。我们行军三十里去袭击他们，一定能打败他们。"于是就追击吴军，打败了吴军。

> 韩、赵相与为难。韩子索兵于魏，曰："愿借师以伐赵。"魏文侯曰："寡人与赵兄弟，不可以从。"赵又索兵攻韩，文侯曰："寡人与韩兄弟，不敢从。"二国不得兵，怒而反。已乃知文侯以构于己，乃皆朝魏。

译文

韩国、赵国互相为敌。韩国国君向魏国借兵，说："希望能借军队去攻打赵国。"魏文侯说："我与赵国是兄弟之国，不能依从你的要求。"赵国又向魏国借兵去攻打韩国，魏文侯说："我与韩国是兄弟之国，不敢依从你的要求。"韩国、赵国都没有借到兵，就愤怒地返回国去了。后来他们知道魏文侯是用这种方法使两国和解，于是都去朝拜魏文侯。

　　齐伐鲁，索谗鼎，鲁以其雁往①。齐人曰："雁也。"鲁人曰："真也。"齐曰："使乐正子春来，吾将听子。"鲁君请乐正子春，乐正子春曰："胡不以其真往也？"君曰："我爱之。"答曰："臣亦爱臣之信。"

注释

①雁（yàn）：通"赝"，伪造的、假的。

译文

　　齐国攻打鲁国，向鲁国索要谗鼎，鲁国人就拿赝品送给齐国。齐国人说："这是赝品。"鲁国人说："这是真的。"齐国人说："你们派乐正子春来齐国，我们就相信你的话。"鲁国君主请求乐正子春去齐国，乐正子春说："您为什么不拿真品送去呢？"鲁君说："我喜爱谗鼎。"乐正子春回答说："我也爱惜我的信誉。"

　　韩咎立为君未定也。弟在周，周欲重之，而恐韩咎不立也。綦毋恢曰："不若以车百乘送之。得立，因曰为戎；不立，则曰来效贼也。"

译文

　　韩咎要立为韩国国君的事还没有定下来。韩咎的弟弟在周国，周国想使他地位尊显，然而又害怕韩咎不能立为国君。周国的大臣綦毋恢说："不如用百辆兵车送韩咎的弟弟回国。如果韩咎能立为国君，就说是送来弟弟给他做警卫的；如果韩咎不能立为国君，就说是来向韩国献贼的。"

　　靖郭君将城薛，客多以谏者①。靖郭君谓谒者曰："毋为客通。"②齐人有请见者曰："臣请三言而已。过三言，臣请烹。"靖郭君因见之。客趋进曰："海大鱼。"③因反走。靖郭君曰："请闻其说。"客曰："臣不敢以死为戏。"靖郭君曰："愿为寡人言之。"答曰："君闻大鱼乎？网不能止，缴不能绖也，荡而失水，蝼蚁得意焉④。今夫齐亦君之海也。君长有齐，奚以薛为？君失齐，虽隆薛城至于天，犹无益也。"靖郭君曰："善。"乃辍，不城薛。

注释

①靖郭君：齐国贵族田婴的封号。薛：齐国的地名，今山东滕州东南。②谒者：掌传达的官。③趋：小步快走，表示恭敬。④缴（zhuó）：带着生丝绳的箭。絓（guà）：通"挂"。

译文

齐国贵族靖郭君打算在薛这个地方修城，门客中大多数人劝阻他。靖郭君对传达官说："不要再给门客通报了。"齐国有一个求见的人说："我只说三个字而已。超过三个字，请煮了我。"靖郭君因此接见了他。这门客恭敬地小步快走进去说："海大鱼。"说完就回头跑。靖郭君说："请让我听听你的详细解说。"这门客说："我不敢拿生死当儿戏。"靖郭君说："希望你为我解说。"门客回答说："君主听说过大鱼的事吗？渔网不能罩住它，绳箭也不能挂住它，但它任性游荡而离开了水，蝼蚁也可以在它身上为所欲为。如今齐国也就是您的大海。您长久地拥有齐国，为什么要薛地呢？您如果丧失了齐国，虽然把薛地的城墙修得高于天，也是没有什么好处的。"靖郭君说："好。"于是停止了修城，不把薛地当作自己的城邑了。

> 荆王弟在秦，秦不出也。中射之士曰："资臣百金，臣能出之。"因载百金之晋，见叔向，曰："荆王弟在秦，秦不出也。请以百金委叔向。"叔向受金，而以见之晋平公曰："可以城壶丘矣。"平公曰："何也？"对曰："荆王弟在秦，秦不出也，是秦恶荆也，必不敢禁我城壶丘。若禁之，我曰：'为我出荆王之弟，吾不城也。'彼如出之，可以德荆；彼不出，是卒恶也，必不敢禁我城壶丘矣。"公曰："善。"乃城壶丘。谓秦公曰："为我出荆王之弟，吾不城也。"秦因出之。荆王大悦，以炼金百镒遗晋。

译文

楚王的弟弟在秦国，秦国不放他出来。有个中射之士说："资助我百金，我能使他离开秦国。"于是就让这个人载着百金到晋国，拜见了叔向，对叔向说："楚王的弟弟在秦国，秦国不放他出来。请让我拿这百金委托您办这件事。"叔向接受了这些金子，因而引见他见晋平公说："能在壶丘筑城了。"晋平公说："为什么呢？"叔向回答说："楚王的弟弟在秦国，秦国不放他出来，这是秦国憎恶楚国，一定不敢禁止我们在壶丘筑城。如果禁止我们筑城，我们就说：'把楚王的弟弟放出来，我们就不筑城了。'他们如果放出楚王的弟弟，我们就能得到楚国的感恩戴德；如果他们不放出楚王的弟弟，就表明他们始终憎恶楚国，一定不敢禁止我们在壶丘筑城了。"晋平公说："好。"于是就到壶丘筑城。并对秦景公说："放出楚王的弟弟，我们就不筑城了。"秦国于是放出了楚王的弟弟。楚王非常高兴，拿纯金一百镒赠送给晋国。

韩非子选集

> 阖庐攻郢，战三胜，问子胥曰："可以退乎？"①子胥对曰："溺人者一饮而止，则无逆者，以其不休也。不如乘之以沈之。"

注释

①阖庐：人名，又作阖闾，春秋末年吴国君主，"春秋五霸"之一。郢（yǐng）：古代楚国的都城，在今湖北荆州城北。子胥：人名，即伍子胥，名员，字子胥，春秋时期楚国大夫伍奢次子。

译文

吴王阖闾攻打楚国的郢都，战斗多次取胜，便问伍子胥："可以退兵了吗？"子胥回答说："要淹死人如果只让被淹者喝一次水就停止，就不会成功，因为中途停止了。不如乘胜追击，把他们沉到水底。"

> 郑人有一子，将宦，谓其家曰："必筑坏墙，是不善，人将窃。"其巷人亦云。不时筑，而人果窃之。以其子为智，以巷人告者为盗。

译文

郑国的一个人有个儿子，将要去做官，对他家人说："一定要修筑毁坏的那堵墙，那堵墙不修筑，别人将会来偷窃。"他同巷的邻居也这样说。但他家人没有及时修墙，而别人果然来偷窃他家东西。这个郑国人认为他的儿子很聪明，而把告诉他要修墙的邻居视为盗贼。

评析

故事一说明我们经常犯只注重事情的一面的错误，注重了一面而忽视了另一面，这常常使我们陷入更多更深的错误中。因此，我们在判断一个事物时，一定要从它的各方面进行观察，才能作出准确的判断。

故事二说明的问题是尊重是相互的，文子将军拜访曾子是有所求，因此就要放低姿态，方可得到别人的尊敬。

故事三说明人与人之间只有团结合作，才能更好地生存并且发展。

故事四说明利益面前，人们往往成了赴汤蹈火的勇士。但是，如果在没有利益的时候也拥有无限追求与探索的勇气，那么就会取得更大的成就。

故事五"伯乐教其所憎者相千里之马，教其所爱者相驽马"，这看起来是很愚钝

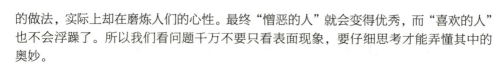

的做法，实际上却在磨炼人们的心性。最终"憎恶的人"就会变得优秀，而"喜欢的人"也不会浮躁了。所以我们看问题千万不要只看表面现象，要仔细思考才能弄懂其中的奥妙。

故事六说明对于不可重复的事情，做之前我们要善于为自己留有余地，精心切磋琢磨，事情才有可能做成功。

故事七警示我们，做任何事情都要全面观察，只知其一，不知其二，片面地处理事情，最终是不会取得成功的。

故事八是说面对不同的人要说不同的话，因为每个人做事情的出发点都是不同的。就像太宰一样善于逢迎，巧妙运用语言做事情才会更加顺利。

故事九说明我们看人看事，不能只站在自己的立场、角度，而要站在对方的立场、角度来看问题。这样就不会引起不必要的误会。

故事十阐述的是一个"信任"的问题，人与人之间最重要的就是信任，只有相互信任，才会互相支持，最终取得事业的进步与成功。

故事十一说的是欲望是没有止境的，因此人们要知足，不要过分地贪婪，否则就会招来祸患。

故事十二阐述"不破不立"的哲理，任何时候在危房上是不能建立起新房屋的，只有先把危旧房屋彻底摧毁，才能有新的建筑物。其实很多事情都是这样，靠修修补补，只能暂时维持，打破它以后，才会有新的出现。

故事十三说明要善于转化自我的困境，以自我的优势来使众人信服，才不至于使嫉妒的矛头对准自己。

故事十四是对狂妄自大人的一种启示。在做任何事情之前，我们都要清醒地认识到自我的势力，过分夸大自己的实力，而不注重实际，就是在把自我推向失败的边缘。

故事十五阐述不被人了解，就会有不信任，许由连天下都不想要，怎么会去要一顶皮帽子呢？但这家人不了解他，误解也就出现了。我们在为人处世中都会遇到这种情况，所以我们首先就要使别人了解自己，才不会有误会产生。

故事十六说明人们在争夺小利益的时候往往就会忽略集体利益，殊不知当集体不存在的时候，小利益亦不复存在。

故事十七依然在讽刺自私的人们只为自己的一己之私而毁坏大局利益，最终的下场只会得不偿失。

故事十八在阐述如果人们的思想都是积极向上的，少了些自私自利的欲望，那么人与人之间的感情就更加纯净，少了些是非。

故事十九说明当一个人心存大事的时候往往就会对其他事情都不感兴趣，此时，要善于观察他的言行而做出正确的行动，这样就会减少对自己的威胁与伤害。

故事二十说明在大事面前，要分清轻重。就像公孙喜在国家的前途面前，竟然选择了自己的头发，这岂不贻误了大事？这岂能得到人们的宽恕？

故事二十一说明对于稍纵即逝的机会，一定要抓紧时间，切不可犹豫不决，否则只能徒留后悔。

故事二十二阐释贪图名利是很少能够功成名就的，只有踏踏实实做事情做成功了，那名与利自然而然会来的。

故事二十三是一则关于识别人的故事，爱拿东西讨好领导的人是不可信的，关键时刻甚至就会出卖自己的朋友。现代社会里许多人没有真正的能力，就只好靠这种手段来讨好上级，因此，凡事要当心，不要让自己也成为某人讨好上级的礼物。

故事二十四说明依仗权势使自己显贵的人，最终是得不到人们认可的，因此这种权势的存在注定是暂时的。

故事二十五依旧说明不可利用他人的权势来助长自己的威风，实际上，这种短暂的辉煌是不值得人们效仿的，只有充分发挥自我的真正力量，才能永远地巩固自己的地位。

故事二十六说明了单独一个人做事是很难成功的，因此一个人处世，一定要和身边人建立起良好的人际关系，人们能互相帮助，事情才能获得成功。

故事二十七说明善于运用自己的智慧远远比只使用蛮力要强得多。吴国的智者仅仅靠自己的语言，不仅挽救了自己的生命，还拯救了国家。

故事二十八阐述的是不看清事情的本质，只顾自己的欲望，最终，只会自取灭亡。

故事二十九说明在做任何事情之前先要充分估量自己的实力，千万不能逞一时之勇。

故事三十说明做任何事情之前一定要先做好充分的准备工作，这样在增强自我的信心的同时，还会给对手一个沉重的打击。

故事三十一说明"安全与和平"是任何时期的人们都向往的生活，魏王用自己独特的方式平息了韩国和赵国的战争，彰显魏王智慧的同时，也为黎民百姓求得一份安宁。

故事三十二说明信誉比任何一件物品都重要，即使鲁君因为乐正子春说真话而要杀死乐正子春，乐正子春也不会出卖自己的信誉。这说明信誉甚至比生命都重要。如果乐正子春违心说假话，那么他一生的信誉就会丧失，他从此也就失去了做人的资格，因为人人都会不齿于他。

故事三十三说明战乱中，能让自己的国家立于不败之地的做法不失为上上策。现实社会的人际关系中，能保全自己的做法是智者所为。

故事三十四告诉我们无论自己在什么职位，都要把工作尽力做到最好，不要只想着为自己留后路，从而耽误了本职工作，最终得不偿失。

故事三十五说明换个角度思考问题，就能解决问题。就像楚秦矛盾很难解决，但是如果有了晋国的帮助，就会迎刃而解，所付出的代价仅仅是百两黄金而已。

故事三十六说明在胜利的时候乘胜追击，就会获得最终的成功，但是如果在胜利的时候选择停歇，就会给对手以喘息的机会，同时也会给自己的成功增加难度。

故事三十七说明要善于相信他人，无谓的多疑只会将自己推向孤独无助的境地。

总之，每个故事都阐述了不同的哲理，对于现代生活中的人们都会有不同的生活和工作的启示。

内储说上
七术第三十

题解

"储"是积储之意，"说"即历史、传说故事，从正文看来，所有这些故事又都被分门别类地安排在作者特定的法、术、势论点下，因此其中许多故事在韩非其他篇章中也曾出现过。因为思想丰富，故事众多，《储说》分为内、外篇，内、外又各分上、下，《外储说》又分左、右。内外《储说》各篇原体例为"经"在前，"说"在后。本书为方便阅读，将"经""说"按内容分开，重新组合，并加以标注。

《内储说》上篇名"七术"，下篇名"六微"，陈述君主驾驭臣下的手段和方法，以及视察臣下六种隐蔽行为的措施。显而易见这些都是为君主提供统治经验，是察奸、防奸、惩奸的统治术，其中也体现了依法治国的可贵思想，值得我们从中提取精髓。

主之所用也七术，所察也六微。七术：一曰众端参观，二曰必罚明威，三曰信赏尽能，四曰一听责下，五曰疑诏诡使，六曰挟知而问，七曰倒言反事。此七者，主之所用也。

韩非子选集

译文

君主用来控制臣下的有七种方法，用来考察臣下的有六种细微的情况。七种方法：一是从多方面来观察验证；二是对犯法的人一定要惩罚来显示君主的威严；三是有功必赏，使受赏人能尽其所能；四是一一听取臣下的言论并给予督责；五是发布可疑的命令、诡秘地使用臣下，以考察他们的忠诚；六是拿自己已经知道的事情去询问臣下，以分辨他们的真假；七是说与本意相反的话、做与实情相反的事，以甄别他们的阴谋。这七种方法，是君主所用的。

经一　参观

观听不参则诚不闻，听有门户则臣壅塞。其说在侏儒之梦见灶，哀公之称"莫众而迷"[1]。故齐人见河伯，与惠子之言"亡其半"也[2]。其患在竖牛之饿叔孙，而江乙之说荆俗也[3]。嗣公欲治不知，故使有敌，是以明主推积铁之类，而察一市之患。

注释

①哀公：即鲁哀公，春秋时期鲁国君主，公元前494年—前467年在位。②河伯：黄河之神。惠子：即惠施，战国时期宋国人。③竖牛：人名，叔孙的侍僮，名牛。叔孙：人名，指叔孙豹，他是鲁国的卿，是春秋后期掌握鲁国政权的三大贵族之一。

译文

经一　参观

观察听取汇报不参照多方面的情况就不能了解真实的情况，君主听取汇报时有门户之见就使臣下不能畅所欲言。这一论点的解说在侏儒对卫灵公说自己梦见了灶，鲁哀公问孔子"莫众而迷"两则故事中。所以就有齐国人见到河伯和与惠施说"亡其半"的传说。这种忧患在竖牛饿死他的主人叔孙豹和江乙所说的楚国的习俗中可以见到。卫嗣公想要不被蒙蔽却不懂得方法，所以招致了祸患，因此圣明的君主要类推构筑铁室以全面防备箭射的方法，来明察整个国家的祸患。

说一

卫灵公之时，弥子瑕有宠，专于卫国[1]。侏儒有见公者曰："臣之梦践矣。"公曰："何梦？"对曰："梦见灶，为见公也。"公怒曰："吾闻见人主者梦见日，奚为见寡人而梦见灶？"对曰："夫日兼烛天下，一物不能当也；人君兼烛一国人，一人不能拥也[2]。故将见人主者梦见日。夫灶，一人炀焉，则后人无从见矣[3]。今或者一人有炀君者乎？则臣虽梦见灶，不亦可乎！"

内储说上七术第三十

注释

①卫灵公：名元，春秋时期卫国国君。弥子瑕：人名，卫灵公的宠臣。②当：同"挡"，遮挡、遮蔽。拥（yōng）：通"壅"，遮挡，蒙蔽。③炀（yàng）：烘烤、烤火。

译文

说一

卫灵公在位时期，弥子瑕得到宠信，在卫国专权独断。有一个侏儒见到卫灵公说："我的梦应验了。"卫灵公说："什么梦？"侏儒回答说："梦见灶，预示我能见到您了。"卫灵公发怒说："我听说即将见君主的人都梦见太阳，为什么你要见到寡人而梦见灶呢？"侏儒回答说："那太阳照亮天下，没有一样东西可以把它遮挡；君主照亮一国人，一个人是不能够遮挡的。所以将要见到君主的人梦见太阳。至于那灶，只要一个人在灶门那里烤火，那么后面的人是没有办法看见火了。如今也许有一个人在烤您的火而把您的光亮挡住了？那么我虽然梦见了灶，不也是可以吗？"

> 鲁哀公问于孔子曰："鄙谚曰：'莫众而迷。'今寡人举事，与群臣虑之，而国愈乱，其故何也？"孔子对曰："明主之问臣，一人知之，一人不知也；如是者，明主在上，群臣直议于下。今群臣无不一辞同轨乎季孙者，举鲁国尽化为一，君虽问境内之人，犹之一人，不免于乱也。"

译文

鲁哀公问孔子说："民谚说：'办事不与众人商议就会迷惑。'如今我做事，与群臣一起商议，然而国家却更加混乱，这是什么原因呢？"孔子回答说："明白的君主询

问臣下，有人知道，有人不知道；像这样的话，圣明的君主在上，群臣在下面直率地议论。如今群臣没有不与季孙统一口径的，整个鲁国都化为一张嘴了，君主即使询问鲁国所有的人，就好像问一个人，所以国家免不了混乱。"

> 　　一曰：晏婴子聘鲁，哀公问曰："语曰：'莫三人而迷。'今寡人与一国虑之，鲁不免于乱，何也？"晏子曰："古之所谓'莫三人而迷'者，一人失之，二人得之，三人足以为众矣，故曰'莫三人而迷'。今鲁国之群臣以千百数，一言于季氏之私。人数非不众，所言者一人也，安得三哉？"

译文

　　还有一说法：晏婴出访鲁国，鲁哀公问他："俗话说：'不与三个人商议就会迷惑。'如今我与全国人一起考虑国事，鲁国还是免不了混乱，为什么？"晏子说："古人所说'不与三个人商议就会迷惑'，是说一个人会失策，两个人会得计，三个人就足以形成多数人的意见，所以说'不与三个人商议就会迷惑'。如今鲁国的群臣虽然数以千计，但都统一口径于季孙氏的私心。人数不是不多，所说的都是一个人的话，怎么能算三个人呢？"

> 　　齐人有谓齐王曰："河伯，大神也。王何不试与之遇乎？臣请使王遇之。"乃为坛场大水之上，而与王立之焉。有间，大鱼动，因曰："此河伯。"

译文

　　齐国有个人对齐王说："河伯，是个大神，大王您怎么不设法与他见面呢？臣请求使大王跟他见面。"于是就在河边上修筑了祭祀的坛场，与齐王一起站在坛上。过了一会儿，有条大鱼游动，这个齐国人就说："这条鱼就是河伯。"

> 　　张仪欲以秦、韩与魏之势伐齐、荆，而惠施欲以齐、荆偃兵[1]。二人争之。群臣左右皆为张子言，而以攻齐、荆为利，而莫为惠子言。王果听张子，而以惠子言为不可。攻齐、荆事已定，惠子入见。王言曰："先生毋言矣。攻齐、荆之事果利矣，一国尽以为然。"惠子因说："不可不察也。夫齐、荆之事也诚利，一国尽以为利，是何智者之众也？攻齐、荆之事诚不

可利，一国尽以为利，何愚者之众也？凡谋者，疑也。疑也者，诚疑：以为可者半，以为不可者半。今一国尽以为可，是王亡半也。劫主者固亡其半者也。"

注释

①张仪：（？—前310）战国时著名的纵横家。惠施：战国时期宋国人，名家的代表人物。偃：停止。

译文

张仪想用秦国、韩国和魏国交好的形势征讨齐国、楚国，而惠施想用这个机会与齐国、楚国休兵不战，两人为此而争论。魏王的群臣百官、身边侍从都赞同张仪所说的，认为攻打齐国、楚国对魏国有利，而没有一人赞同惠施的主张。魏王果然听取张仪的意见，而认为惠施的意见不可取。攻打齐国、楚国的事决定后，惠施就进宫拜见魏王。魏王说："先生不要再说了，攻打齐国、楚国的事果然是很有利的，全国人都认为是这样。"惠施因此说："不能不仔细考察呀。那攻打齐国、楚国的事诚然有利，全国人都认为有利，为何聪明的人这么多？如果攻打齐国、楚国的事确实不利，而全国人都认为有利，为何愚蠢的人这么多？凡是需要商议的事，是因为还有怀疑。怀疑，是确实有疑惑：认为可以的占一半，认为不可以的占一半。如今全国人都认为可以，这说明大王失去了另一半人的意见。劫持君主的人正是使那一半反对意见丧失的人。"

叔孙相鲁，贵而主断。其所爱者曰竖牛，亦擅用叔孙之令①。叔孙有子曰壬，竖牛妒而欲杀之，因与壬游于鲁君所②。鲁君赐之玉环，壬拜受之而不敢佩，使竖牛请之叔孙。竖牛欺之曰："吾已为尔请之矣，使尔佩之。"壬因佩之。竖牛因谓叔孙："何不见壬于君乎？"叔孙曰："孺子何足见也。"竖牛曰："壬固已数见于君矣。君赐之玉环，壬已佩之矣。"叔孙召壬见之，而果佩之，叔孙怒而杀壬。壬兄曰丙，竖牛又妒而欲杀之③。叔孙为丙铸钟，钟成，丙不敢击，使竖牛请之叔孙。竖牛不为请，又欺之曰："吾已为尔请之矣，使尔击之。"丙因击之。叔孙闻之曰："丙不请而擅击钟。"怒而逐之。丙出走齐。居一年，竖牛为谢叔孙，叔孙使竖牛召之，又不召而报之曰："吾已召之矣，丙怒甚，不肯来。"叔孙大怒，使人杀之。二子已死，叔孙有病，竖牛因独养之而去左右，不内人，曰："叔孙不欲闻人声。"④不食而饿杀。叔孙已死，竖牛因不发丧也，徙其府库重宝空之而奔齐。夫听所信之言而子父为人僇，此不参之患也⑤。

注释

①叔孙：指叔孙豹，春秋后期鲁国执政的三大贵族之一，三大贵族是指鲁国的三家大夫孟孙、叔孙、季孙氏，他们三家当时掌握了鲁国的政权。竖牛：叔孙豹的年轻侍仆，名牛。②壬：即仲壬，叔孙豹的次子。③丙：即孟丙，叔孙豹的长子。④内：同"纳"。⑤僇（lù）：通"戮"，杀戮。

译文

　　叔孙豹做了鲁国的相国，尊贵又独揽大权。他所宠爱的一个叫牛的年轻侍仆，也擅自盗用叔孙豹的命令。叔孙豹有个儿子叫仲壬，叫牛的年轻侍仆嫉妒他而想杀了仲壬，因此与仲壬到鲁国君主住的地方游玩。鲁君赏给仲壬一只玉环，仲壬跪拜接受了但不敢佩戴，便让叫牛的年轻侍仆去请示叔孙豹。叫牛的年轻侍仆就欺骗他说："我已经替你请示了，你父亲让你佩戴它。"仲壬因此佩戴了那只玉环。叫牛的年轻侍仆于是去告诉叔孙豹说："为什么不带仲壬去见国君呢？"叔孙豹说："小孩子哪里够得上去见国君呢？"叫牛的年轻侍仆说："仲壬本来已经好几次去见到国君了。国君还赏赐了玉环，仲壬已经佩戴玉环了。"叔孙豹于是召仲壬来见，果然见到仲壬已经佩戴了玉环，叔孙豹大怒之下杀了仲壬。仲壬的兄长叫孟丙，叫牛的年轻侍仆又嫉妒孟丙而想杀死他。叔孙豹给孟丙铸造了一口钟，钟造成后，孟丙不敢敲钟，让叫牛的年轻侍仆去请示叔孙豹：叫牛的年轻侍仆没有为他请示，又欺骗他说："我已经替你请示了，让你敲钟。"孟丙因此而敲钟。叔孙豹听到敲钟声后说："孟丙不请示就擅自敲钟。"盛怒之下把孟丙逐出家门。孟丙于是出逃到了齐国，过了一年，叫牛的年轻侍仆替孟丙向叔孙豹谢罪，叔孙豹便让叫牛的年轻侍仆去召孟丙回来，叫牛的年轻侍仆没有去召孟丙而且报告说："我已经去召孟丙了，孟丙很生气，不肯回来。"叔孙豹大怒，派人去杀死了孟丙。两个儿子死后，叔孙豹生了病，叫牛的年轻侍仆借口单独侍奉叔孙豹养病而撤掉叔孙豹的侍卫，不允许任何人进去见叔孙豹，说："叔孙豹不愿意听到人的声音。"不给叔孙豹吃饭而饿死了叔孙豹。叔孙豹已经死了，叫牛的年轻侍仆借机不发布死讯，而去搬运府库里的重宝，搬空了府库而逃奔到齐国去了。那叔孙豹听信所宠信的人然而使父子三人被杀戮，这就是对事实不加验证的祸害。

　　江乙为魏王使荆，谓荆王曰："臣入王之境内，闻王之国俗曰：'君子不蔽人之美，不言人之恶①。'诚有之乎？"王曰："有之。""然则若白公之乱，得庶无危乎②？诚得如此，臣免死罪矣。"

注释

①蔽：遮住、遮掩、庇护。②白公：即白公胜，春秋时楚平王的孙子，太子建的儿子。太子建被杀后逃到吴国，不久被召回，住在白邑，号公。前479年，他发动政变，杀令尹子西，控制楚国政权，后失败被杀。庶（shù）：希冀。

译文

　　江乙替魏王出使楚国，对楚王说："我进入大王您的国境内，听说贵国的习俗是：'君子不遮掩别人的美德，不说别人的恶行。'真有这种习俗吗？"楚王说："有啊。"江乙说："那么像白公之乱一类的事情，不是很危险吗？真是这样，我说假话也不会有危险，可以免除死罪了。"

> 卫嗣君重如耳，爱世姬，而恐其皆因其爱重以壅己也，乃贵薄疑以敌之如耳，尊魏姬以耦世姬，曰："以是相参也。"[1]嗣君知欲无壅，而未得其术也。夫不使贱议贵，下必坐上，而必待势重之钧也，而后敢相议，则是益树壅塞之臣也[2]。嗣君之壅乃始。

注释

①卫嗣君：即卫嗣公，战国时期卫国的君主。如耳：人名，春秋战国时期卫国大夫。世姬：卫嗣君的宠妃。壅：蒙蔽。耦：同"偶"，双数、成对、相对。参（cēn）：等同。②坐：定罪，由……而获罪。

译文

卫嗣君看重大臣如耳，宠爱妃子世姬，但担心二人都会凭仗自己的宠爱来蒙蔽自己，于是使另一位大臣薄疑尊贵来与如耳抗衡，使另一位爱妃魏姬尊宠来与世姬匹敌，说："用这种方法使他们互相牵制。"卫嗣君懂得不要被蒙蔽，但没有找到不受蒙蔽的方法。如果不让卑贱的人去议论高贵的人，不使隐瞒上司罪行的属下与上司一同受罚，而一定要等到臣下权势相等，然后才敢互相议论，那么这等于树立了更多蒙蔽自己的臣子。卫嗣君的被蒙蔽于是也就开始了。

夫矢来有乡，则积铁以备一乡；矢来无乡，则为铁室以尽备之^①。备之则体不伤。故彼以尽备之不伤，此以尽敌之无奸也。

注释

①乡：通"向"，方向。

译文

箭射来有一定的方向，那么就堆积铁来防备这个方向；如果箭射来没有一定的方向，那就要做一座铁房子来全面防备它。防备住了箭那么身体就不会受到伤害。因此防箭的人因为防备全面就不会受伤，君主由于全面对付奸臣而不会发生奸邪的事。

庞恭与太子质于邯郸，谓魏王曰："今一人言市有虎，王信之乎？"曰："不信。""二人言市有虎，王信之乎？"曰："不信。""三人言市有虎，王信之乎？"王曰："寡人信之。"庞恭曰："夫市之无虎也明矣，然而三人言而成虎。今邯郸之去魏也远于市，议臣者过于三人，愿王察之。"庞恭从邯郸反，竟不得见。

译文

庞恭和魏国的太子在赵国的邯郸一起作为人质，庞恭对魏王说："如今有一个人说集市上有老虎，大王您相信吗？"魏王说："不相信。"庞恭说："有两个人说集市上有老虎，大王您相信吗？"魏王说："不相信。"庞恭说："有三个人说集市上有老虎，大王您相信吗？"魏王说："寡人相信。"庞恭说："那集市上没有老虎是很明显的，然而三个人说就变成了有老虎。如今邯郸离魏国比到集市远得多，而议论我的人肯定超过三人，希望大王仔细考察他们的话。"庞恭从邯郸返回魏国，没有再得到魏王的召见。

经二　必罚

爱多者则法不立，威寡者则下侵上。是以刑罚不必则禁令不行。其说在董子之行石邑，与子产之教游吉也^①。故仲尼说陨霜，而殷法刑弃灰^②；将行去乐池，而公孙鞅重轻罪^③。是以丽水之金不守，而积泽之火不救^④。

成欢以太仁弱齐国，卜皮以慈惠亡魏王。管仲知之，故断死人；嗣公知之，故买胥靡⑤。

注释

①石邑：古城名，战国中山地（今河北鹿泉市东南）。②陨霜：天降大霜。陨，坠落。③乐池：人名，生卒年不详，战国中山国人，为中山国国相、上将。④不守：守不住。不救：没人救。⑤断死人：判死刑。胥靡：古代服劳役的奴隶或刑徒，引申为逃犯。

译文

经二　必罚

君主有太多仁爱，法制就难以建立；君主威严不足，就要被臣下侵害。因此刑罚不坚决执行，禁令就无法实施。这种论点的解说在董子巡视石邑和子产教导游吉两则故事中。所以孔子谈到陨霜，而商朝的法律要对弃灰的人判刑；车队的领队要离开乐池，而公孙鞅主张对犯轻罪的人重罚。因此丽水的金子守不住，而积泽的大火没人救。成欢认为齐王太仁慈削弱了齐国，卜皮认为魏王慈祥恩惠丧失魏王的权位。管仲明白这个道理，所以经常判死刑；卫嗣公明白这个道理，所以买回了逃犯。

说二

董阏于为赵上地守①。行石邑山中，涧深，峭如墙，深百仞，因问其旁乡左右曰："人尝有入此者乎？"②对曰："无有。"曰："婴儿、痴聋、狂悖之人尝有入此者乎③？"对曰："无有。""牛马犬彘尝有入此者乎？"对曰："无有。"董阏于喟然太息曰："吾能治矣。使吾治之无赦，犹入涧之必死也，则人莫之敢犯也，何为不治？"

注释

①董阏于：一作董安于，春秋末期晋国人，赵简子的家臣。上地：指晋国的上党地区，位于今山西东南部。守：郡守。②石邑：晋国地名，位于今河北鹿泉西南。仞：古代高度计量单位，八尺为一仞。旁乡左右：居住在深涧附近的人。③狂悖：精神失常。

译文

说二

董阏于担任赵氏的上党郡守。一次巡视到石邑山中，山涧很深，陡峭得像墙一样，深达数百尺，便问居住在山涧附近的人："曾经有人掉到山涧中去过吗？"回答说："没

韩非子选集

有。"问："有婴儿、痴呆、聋子、精神失常的人曾经掉下去过吗？"回答说："没有。""有牛马狗猪等动物曾经掉下去过吗？"回答说："没有。"董阏于长叹一声说："我可以把上党郡治理好了。如果我惩治犯法的人严厉不赦，如同掉到深涧中必死一样，那么就没有人敢犯法了，怎么会治理不好呢？"

子产相郑，病将死，谓游吉曰①："我死后，子必用郑，必以严莅人。夫火形严，故人鲜灼；水形懦，人多溺②。子必严子之形，无令溺子之懦。"子产死。游吉不肯严形，郑少年相率为盗，处于萑泽，将遂以为郑祸③。游吉率车骑与战，一日一夜，仅能克之。游吉喟然叹曰："吾蚤行夫子之教，必不悔至于此矣④。"

注释

①子产：即公孙侨，春秋时郑国执政的卿。游吉：即子太叔，郑国继子产执政的大臣。②形：通"刑"。下文"游吉不肯严形"之"形"同此。③萑泽：作"萑苻之泽"，泽中芦苇丛生的样子。④蚤：通"早"。

译文

子产担任郑国的相，病重将死，就对郑国的大臣游吉说："我死后，你一定会在郑国执政，你一定要用严酷的手段治理民众。火的样子很严酷的，所以很少人被烧伤；水的样子很柔软，所以很多人被淹死。你一定要严厉执行你的刑罚，不要让人们因为你的懦弱而被淹死。"子产死了。游吉不肯严厉施行刑罚，郑国的青少年拉帮结伙做强盗，躲藏在萑苻之泽中，最终成为郑国的祸患。游吉率领战车骑兵和他们作战，打了一天一夜，才勉强战胜他们。游吉叹息说："我要是早点听从子产先生的教诲，一定不会后悔到如此地步。"

鲁哀公问于仲尼曰："《春秋》之记曰：'冬十二月，霣霜，不杀菽①。'何为记此？"仲尼对曰："此言可以杀而不杀也。夫宜杀而不杀，桃李冬实。天失道，草木犹犯干之，而况于人君乎！"

注释

①霣（yǔn）：通"陨"，陨落、降下。菽：豆类作物。

译文

鲁哀公问孔子说："《春秋》记载说：'冬天十二月降霜，没有冻死豆类作物。'

为什么要记载这件事？"孔子回答说："这是说应该摧残而没有摧残。应该加以摧残的而不加以摧残，那么桃树李树就会在冬天结果实了。大自然失去了常规，草木尚且侵犯它，何况是人间的君主呢！"

殷之法，刑弃灰于街者。子贡以为重，问之仲尼。仲尼曰："知治之道也。夫弃灰于街必掩人，掩人，人必怒，怒则斗，斗必三族相残也，此残三族之道也，虽刑之可也。且夫重罚者，人之所恶也；而无弃灰，人之所易也。使人行之所易，而无离所恶，此治之道。"

译文

商朝的法律规定，把灰倒在大路上的人要受刑罚。子贡认为这种处罚太重，就去请教孔子。孔子说："商朝人这是懂得法治的道理。倒灰在大路上一定会飞起来蒙蔽人的眼睛，蒙蔽人的眼睛，人们一定会发怒，发怒就容易引起争斗，争斗一定会使许多家族之间互相残杀，这是一种能够引起许多家族相残的做法，即使对当事人处以刑罚也是可以的。严重的刑罚，是人们所厌恶的；而不要在大路上倒灰，是人们所容易做到的。使人们做他们容易做到的，来避免人们遭受他们所厌恶的刑罚，这是治理好百姓的办法。"

一曰："殷之法，弃灰于公道者断其手。"子贡曰："弃灰之罪轻，断手之罚重，古人何太毅也①？"曰："无弃灰，所易也；断手，所恶也。行所易，不关所恶，古人以为易，故行之②。"

注释

①毅：残忍、残酷。②关：涉猎、牵连、涉及。

译文

另一种说法是："商朝的法律，把灰倒在官道上的人要砍断他的手。"子贡说："倒灰的罪很轻，砍断手的刑罚很重，古代的人为何这样残忍呢？"孔子说："不倒灰，是很容易做到的；砍断手，是人们所厌恶的。做他们所容易的事，不涉及他们所厌恶的，古代人认为这样做很容易，所以就实行这样的法律。"

中山之相乐池以车百乘使赵，选其客之有智能者以为将行，中道而乱。

乐池日："吾以公为有智，而使公为将行，今中道而乱，何也？"客因辞而去，日："公不知治。有威足以服之人，而利足以劝之，故能治之。今臣，君之少客也。夫从少正长，从贱治贵，而不得操其利害之柄以制之，此所以乱也。尝试使臣：彼之善者我能以为卿相，彼不善者我得以斩其首，何故而不治！"

译文

中山国的相乐池带领百辆车马出使赵国，他挑选自己的门客中有智慧有才能的人作为领队，走到半路上队伍就散乱了。乐池说："我认为你有才智，而让你做了领队，如今走到半路车队就散乱了，这是什么原因？"这位门客于是辞职离去，说："您不懂得管理之道。有权威足以使人屈服，而有了利益就足以勉励人，所以就能够管理好别人。现在的我，只是您的一位年少位卑的门客。让年轻的去管理年长的，让地位卑贱的去治理地位高贵的，而又没有掌握赏罚大权来制约他们，这就是队伍散乱的原因。假如让我有这样的权力：他们中表现好的我能封他为卿相，表现不好的我可以杀他的头，还有什么理由不能治理好！"

公孙鞅之法也重轻罪。重罪者，人之所难犯也；而小过者，人之所易去也。使人去其所易，无离其所难，此治之道。夫小过不生，大罪不至，是人无罪而乱不生也。

译文

公孙鞅制定的法律对轻罪加以重罚。重罪，是人们所难犯的；而小的过错，是人们很容易就能去掉的。让人去掉容易去掉的，不犯所难犯的，这就是治理好百姓的方法。那小过错不产生，大罪就不会来到，这样人们就不会犯罪而祸乱也不会产生。

> 一曰：公孙鞅曰："行刑重其轻者，轻者不至，重者不来，是谓以刑去刑也。"

译文

另一种说法是：公孙鞅说："实行刑罚对轻罪处以重罚，犯轻罪的人就不会出现，犯重罪的人也不会产生，这就叫作用刑罚来去掉刑罚。"

> 荆南之地，丽水之中生金，人多窃采金。采金之禁：得而辄辜磔于市①。甚众，壅离其水也，而人窃金不止②。大罪莫重辜磔于市，犹不止者，不必得也。故今有于此，曰："予汝天下而杀汝身。"庸人不为也。夫有天下，大利也，犹不为者，知必死。故不必得也，则虽辜磔，窃金不止；知必死，则天下不为也。

注释

①辜：示众，在闹市处死并将尸首暴露街头。磔：即车裂，将人头和四肢分别拴在五辆车上，用马向五个方向拉开以撕裂肢体的一种酷刑，又称"五马分尸"。②壅：阻塞、阻挡。离：阻断。

译文

楚国南部的地方，丽水中出产黄金，有很多人去偷偷采掘黄金。采金的禁令规定：抓住偷采黄金的人就马上在闹市砍头分尸示众。被砍头示众的人很多，都阻断了丽水的水流，但人们偷偷采掘黄金的行为不能制止。罪罚没有比在闹市砍头分尸示众更重的了，而仍然不能禁止人们偷采黄金，是因为偷采黄金不一定被抓到。所以如果有人在这里宣布说："给你天下而杀死你。"庸人也不会接受。那拥有天下，是大利益，仍然不肯接受的原因，是因为知道这样一定会死。所以不一定能抓住，那么即使砍头分尸示众，偷采黄金的行为也不停止；知道一定会死，就算是据有天下也不愿接受。

　　鲁人烧积泽①。天北风，火南倚，恐烧国。哀公惧，自将众趣救火②。左右无人，尽逐兽而火不救，乃召问仲尼。仲尼曰："夫逐兽者乐而无罚，救火者苦而无赏，此火之所以无救也。"哀公曰："善。"仲尼曰："事急，不及以赏；救火者尽赏之，则国不足以赏于人。请徒行罚。"哀公曰："善。"于是仲尼乃下令曰："不救火者，比降北之罪；逐兽者，比人禁之罪③。"令下未遍而火已救矣。

注释

　　①积泽：日久形成的沼泽。②趣：通"促"，催促、督促。③比：相合、和同。降北：投降和败逃。

译文

　　鲁国人焚烧日久积聚而成的沼泽。天起北风，火向南蔓延，恐怕会烧到国都曲阜城了。鲁哀公很害怕，亲自带领众人去督促救火。但他的身边没有一个人了，人们都去追逐从火中跑出来的野兽而不去救火，于是招来孔子询问。孔子说："追逐野兽的人愉快而又没有处罚，救火的人辛苦而没有奖赏，这就是火没有人来救的原因。"鲁哀公说："说得好。"孔子说："事情紧急，来不及用奖赏的办法；如果救火的人都奖赏，那么把鲁国拿来也不够奖赏救火的人。我请求只用刑罚。"鲁哀公说："好。"因此孔子便下令说："凡是不救火的人，和在战场上投降败逃的人同罪；追赶野兽的人，与擅自闯入禁地的人同罪。"命令还没有传遍而大火已经被扑灭了。

　　成欢谓齐王曰："王太仁，太不忍人。"王曰："太仁，太不忍人，非善名邪？"对曰："此人臣之善也，非人主之所行也。夫人臣必仁而后可与谋，不忍人而后可近也；不仁则不可与谋，忍人则不可近也。"王曰："然则寡人安所太仁，安不忍人？"对曰："王太仁于薛公，而太不忍于诸田。太仁薛公，则大臣无重；太不忍诸田，则父兄犯法。大臣无重，则兵弱于外；父兄犯法，则政乱于内。兵弱于外，政乱于内，此亡国之本也。"

译文

　　成欢对齐王说："大王您太仁慈了，对人太不狠心了。"齐王说："太仁慈，太不狠心，这不是好名声吗？"成欢回答说："这是做臣子的优良品德，不是君主所应该实行的。

那做臣子的必须要仁慈然后才可以和他谋事，不狠心待人然后才能与他亲近；不仁慈的就不可以和他谋事，狠心待人的就不可以亲近。"齐王说："那么我在哪些地方太仁慈？在哪些地方不狠心？"成欢回答说："大王对薛公太仁慈，而对田氏宗族太不狠心。太仁慈地对待薛公，那么大臣们就会没有权力；太不狠心对待田氏宗族，那么他们的父兄就肆意犯法。大臣们没有权力，对外的兵力就软弱；父兄犯法，那么国家的内政就会混乱。对外的兵力软弱，国内的政治混乱，这是亡国的根本。"

> 魏惠王谓卜皮曰："子闻寡人之声闻亦何如焉？"对曰："臣闻王之慈惠也。"王欣然喜曰："然则功且安至？"对曰："王之功至于亡。"王曰："慈惠，行善也。行之而亡，何也？"卜皮对曰："夫慈者不忍，而惠者好与也。不忍，则不诛有过；好予，则不待有功而赏。有过不罪，无功受赏，虽亡，不亦可乎？"

译文

魏惠王对卜皮说："您听说我的名声怎么样？"卜皮回答说："我听说大王对臣民仁慈恩惠。"魏惠王高兴地说："这样的话，我的功业会达到什么程度？"卜皮回答说："大王的功业达到了衰亡的地步。"魏惠王说："仁慈恩惠，是行善。行善而会走向衰亡，这是什么原因？"卜皮回答说："仁慈的人就会不狠心，而对人有恩惠的人喜欢施舍。不狠心，就不会惩罚有过错的人；好施舍，那么就会不等臣子有功就赏赐。有过错不惩罚其罪，没有功业而受到赏赐，即使衰亡，不也是合理的吗？"

> 齐国好厚葬，布帛尽于衣衾，材木尽于棺椁。桓公患之，以告管仲曰："布帛尽，则无以为蔽；材木尽，则无以为守备。而人厚葬之不休，禁之奈何？"管仲对曰："凡人之有为也，非名之，则利之也。"于是乃下令曰："棺椁过度者戮其尸，罪夫当丧者。"夫戮死，无名；罪当丧者，无利：人何故为之也？

译文

齐国人喜欢厚葬，布帛都用在死人的衣物被盖上，木材都用在棺椁上。齐桓公为此感到忧虑，就把这事告诉管仲说："布帛用完了，那么活人就没有东西遮盖身体了；木材用尽了，那么就没有东西来修筑防御的工程了。而人们厚葬不止，要禁止的话该怎

办？"管仲回答说："凡是人们有所作为的，不是图名，就是图利。"于是就下达命令说："棺椁超过厚度的，就开棺斩尸，并惩罚举行葬礼的人。"那开棺斩尸，名誉不好；惩罚举行葬礼的人，使其没有利益；人们怎么会去做这些呢？

> 卫嗣君之时，有胥靡逃之魏，因为襄王之后治病。卫嗣君闻之，使人请以五十金买之，五反而魏王不予，乃以左氏易之。群臣左右谏曰："夫以一都买胥靡，可乎？"王曰："非子之所知也。夫治无小而乱无大。法不立而诛不必，虽有十左氏无益也；法立而诛必，虽失十左氏无害也。"魏王闻之曰："主欲治而不听之，不祥。"因载而往，徒献之。

译文

　　卫嗣君的时候，有个服劳役的罪犯逃到魏国，因给魏襄王的王后治病而被赦。卫嗣君听说后，派人用五十金请求买他回来，五次往返而魏襄王不给，后来就用左氏城去交换。群臣都劝谏说："用一个都城去买回一个服劳役的罪犯，值得吗？"卫嗣君说："这不是你们能明白的事。所谓治理没有小乱就没有大乱。法令不能确立而处罚不能坚决，虽然有十个左氏城也没有用处；法令确立而且处罚能坚决，虽然失去十个左氏城也没有害处。"魏襄王听了后说："卫嗣君想治理国家而我不听从他，这样不吉利。"因而把那个服劳役的罪犯装在囚车里送回卫国，白白地献给了卫嗣君。

经三　赏誉

赏誉薄而谩者下不用也，赏誉厚而信者下轻死①。其说在文子称"若兽鹿"。故越王焚宫室，而吴起倚车辕，李悝断讼以射，宋崇门以毁死②。勾践知之，故式怒蛙③；昭侯知之，故藏弊裤。厚赏之使人为贲、诸也，妇人之拾蚕，渔者之握鳝，是以效之④。

注释

①谩：欺骗、诽谤。②倚车辕：为确立法治的权威性，吴起采取"倚车辕"的办法，即立一车辕，有能够搬动的给予奖赏。③式：效法。④贲：孟贲，战国早期的勇士。诸：专诸，春秋时期为吴国公子光刺杀吴王僚的勇士。

译文

经三　赏誉

奖赏赞誉微薄而又欺骗臣下的，臣下就不会听从命令；奖赏赞誉丰厚而又诚信对待臣下的，臣下就不惜牺牲。这种论点的解说在文子称"若兽鹿"这则故事中。所以越王火烧自己的宫室，而吴起采取"倚车辕"的办法来确立法治的权威性，李悝断案要依据射箭，宋国都城东门有人因服丧悲伤过度引出死亡的故事。勾践懂得赏誉的作用，所以会向怒蛙凭轼致敬；韩昭侯懂得赏誉的作用，所以收藏旧裤子。厚赏能使人成为孟贲、专诸那样的勇士，妇女拾蚕、渔民捉鳝，就是证明。

说三

齐王问于文子曰："治国何如？"对曰："夫赏罚之为道，利器也。君固握之，不可以示人。若如臣者，犹兽鹿也，唯荐草而就①。"

注释

①荐草：丰美茂盛的草。就：靠近、走近。

译文

说三

齐王问文子说："怎么样治理国家？"文子回答说："赏与罚作为治国的方法，就是很锋利的武器。君主牢固地掌握它，不显示给别人。至于那些臣下，就像野兽中的鹿一样，只要有一堆丰美茂盛的草就会跑过去。"

越王问于大夫文种曰："吾欲伐吴，可乎？"对曰："可矣。吾赏厚而信，罚严而必。君欲知之，何不试焚宫室？"于是遂焚宫室，人莫救之。乃下令曰："人之救火者死，比死敌之赏；救火而不死者，比胜敌之赏；不救火者，比降北之罪。"人涂其体被濡衣而走火者，左三千人，右三千人。此知必胜之势也。

译文

越王勾践问大夫文种说："我想去征伐吴国，可以吗？"文种大夫回答说："可以。我们国家奖赏丰厚而且有信用，惩罚严厉而且坚决。君主想要了解这一点，为什么不试试烧宫室呢？"因此勾践就放火焚烧宫室，人们都没有来救火。于是下达命令说："人去救火的如果死了，与战死在敌阵的奖赏相同；去救火而没有死的，与战胜敌人的奖赏相同；不参加救火的，与投降敌人的罪行相同。"人们于是在身上涂上湿泥或披上湿衣冲进火场，左边有三千人，右边有三千人。从此事中预知到攻打吴国是必胜的趋势。

内储说上七术第三十

吴起为魏武侯西河之守。秦有小亭临境，吴起欲攻之。不去，则甚害田者；去之，则不足以征甲兵。于是乃倚一车辕于北门之外而令之曰："有能徙此南门之外者，赐之上田、上宅。"人莫之徙也。及有徙之者，还赐之如令。俄又置一石赤菽东门之外而令之曰："有能徙此于西门之外者，赐之如初。"人争徙之。乃下令曰："明日且攻亭，有能先登者，仕之国大夫，赐之上田宅。"人争趋之。于是攻亭，一朝而拔之。

译文

吴起担任魏武侯的西河的郡守。秦国有一座小岗亭靠近魏国的边境，吴起想攻占它。不拔掉它，那么对魏国种田的人很有害；去掉它，又不值得征用军队。于是就把一根车辕斜放在北门外面而下令说："谁能把这根车辕搬到南门外面去，赏赐给上等农田、上等住宅。"但人们没有一个去搬的。等到后来有人去搬了，就马上按命令给他赏赐。然后吴起又把一石红豆放在东门外面而下令说："谁能把这石红豆搬到西门外面，赏赐与上次那样。"人们争相去搬这一石红豆。于是就下令说："明天将攻占那座岗亭，有谁能够先登上这岗亭的，任命他当国大夫的官，赐给上等的田宅。"人们争着去。于是吴起下令攻占那座小岗亭，一个早晨就攻占了。

李悝为魏文侯上地之守，而欲人之善射也，乃下令曰："人之有狐疑之讼者，令之射的，中之者胜，不中者负。"令下而人皆疾习射，日夜不休。及与秦人战，大败之，以人之善战射也。

译文

李悝担任魏文侯的上地的郡守，想要人们善于射箭，于是就下令说："人们有疑虑而不能决断的诉讼，就叫他们射箭靶，射中的为胜诉，射不中的败诉。"命令下达后人们都赶快练习射箭，日夜不停。等到与秦国人交战，把秦国军队打得大败，因为人们都善于作战射箭。

宋崇门之巷人服丧而毁甚瘠，上以为慈爱于亲，举以为官师①。明年，人之所以毁死者岁十余人。子之服亲丧者，为爱之也，而尚可以赏劝也，况君上之于民乎②！

注释

①毁：哀毁。瘠（jí）：或作"胔"，身体瘦弱。②劝：勉励。

译文

宋国都城东门有个平民服丧时，因为过度悲哀，显得非常瘦弱，君主认为他对亲人非常慈爱，就提升他为官长。第二年，人们因服丧时过度悲哀而死的一年之中就有十几个人。子女为父母亲服丧，是因为爱父母，这种行为还可以用奖赏来鼓励，何况是君主对于民众啊！

越王虑伐吴，欲人之轻死也，出见怒蛙，乃为之式。从者曰："奚敬于此？"王曰："为其有气故也。"明年之请以头献王者岁十余人。由此观之，誉之足以杀人矣。

译文

越王勾践考虑攻伐吴国，想要民众轻视死亡，他出外时看见含气愤怒的青蛙，便倚伏在车轼上向青蛙致敬。他的随从说："您为什么要向青蛙致敬？"越王说："因为它有充足的勇气。"第二年愿意拿自己的脑袋献给越王的人一年有十多人。从这件事情上看，赞誉足够用来杀人了。

一曰：越王勾践见怒蛙而式之。御者曰："何为式？"王曰："蛙有气如此，可无为式乎？"士人闻之曰："蛙有气，王犹为式，况士人有勇者乎！"是岁，人有自刭死以其头献者。故越王将复吴而试其教：燔台而鼓之，使民赴火者，赏在火也；临江而鼓之，使人赴水者，赏在水也；临战而使人绝头刳腹而无顾心者，赏在兵也。又况据法而进贤，其助甚此矣。

译文

　　另一种说法：越王勾践看见愤怒的青蛙而伏轼向它们致敬。他的车夫问他："为什么要向它们伏轼致敬呢？"越王勾践说："青蛙有如此充足的勇气，能不为它们伏轼致敬吗？"武士们听后说："青蛙有勇气，大王尚且为它们伏轼致敬，何况我们武士中有勇气的呢？"这一年，就有人用自刎的方式将自己的头献给越王勾践的。所以越王勾践将要报复吴国的时候试验过自己的训练效果：放火焚烧高台而击鼓令人前进，使民众奔赴火场救火，是因为有奖赏在火场里；面朝长江而击鼓，使民众敢于投身水中，是因为有奖赏在水里；面对战争能使人们断头剖腹而没有反顾之心，是因为有奖赏在战场上。更何况君主根据法制提升贤能的人，它的鼓励作用就更大了。

韩昭侯使人藏弊裤，侍者曰："君亦不仁矣，弊裤不以赐左右而藏之。"昭侯曰："非子之所知也。吾闻明主之爱一嚬一笑，嚬有为嚬，而笑有为笑。今夫裤，岂特嚬笑哉！裤之与嚬笑相去远矣。吾必待有功者，故收藏之未有予也。"

译文

韩昭侯叫人收藏起旧裤子，侍者说："君主也不仁慈呀，旧裤子不赏赐给我们身边的人而要收藏起来。"韩昭侯说："不是你们所知道的那样。我听说圣明的君主连自己的一嚬一笑都要加以珍惜，嚬有嚬的目的，笑也有笑的意图。如今这旧裤子，岂止是一嚬一笑那样的事！旧裤子与嚬笑相差得远了。我一定要等待有功的人才赏赐，所以才收藏起来没有给人。"

鳣似蛇，蚕似蠋①。人见蛇则惊骇，见蠋则毛起。然而妇人拾蚕，渔者握鳣，利之所在，则忘其所恶，皆为孟贲②。

注释

①鳣（zhān）：鳝鱼的古称。蠋（zhú）：即毛虫，蝴蝶或蛾子的幼虫，色青，形似蚕，大如手指。②贲（bēn）：人名，即孟贲。孟贲是卫国人，当时著名的勇士。

译文

鳝鱼外形像蛇，蚕外形像毛虫。人们看见蛇就会惊恐，看见毛虫就会汗毛竖起。然而养蚕的妇女用手拾蚕，打鱼的人手握鳝鱼，可见利益所在的地方，人们都忘记了所厌恶的东西，都成了孟贲那样的勇士。

经四 一听

一听则愚智不分，责下则人臣不参。其说在"索郑"与"吹竽"①。其患在申子之以赵绍、韩沓为尝试②。故公子氾议割河东，而应侯谋驰上党③。

注释

①索郑：即"宋公索贿郑国"。吹竽：即"滥竽充数"的典故。②赵绍：古人名。韩沓：古人名。③河东：古地名，代指山西。因黄河流经山西的西南境，而山西在黄河以东，故这块地方古称河东。上党：古地名，山西省东南部，主要为长治、晋城两市。

译文

经四　一听

全面听取意见，愚和智就不会混乱；督责臣下行动，庸和能就不会混杂。这种说法在"索郑"与"吹竽"的故事中就有。它的祸患在申子用赵绍、韩沓去试探韩昭侯的事中。所以公子氾建议割让河东，而应侯范雎建议放弃上党。

说四

魏王谓郑王曰①："始郑、梁一国也，已而别，今愿复得郑而合之梁②。"郑君患之，召群臣而与之谋所以对魏。公子谓郑君曰："此甚易应也。君对魏曰：'以郑为故魏而可合也，则弊邑亦愿得梁而合之郑。'"魏王乃止。

注释

①郑王：即韩王。韩哀侯二年（前375）韩灭郑，迁都到郑（今河南新郑），所以韩又称郑。下文"郑君"同"郑王"。②梁：魏国的别名。魏国从公元前361年起移都到大梁（今河南开封），所以魏又称梁。

译文

说四

魏王对韩王说："起初韩、魏本来是一个国家，后来分开了，如今愿意再得到韩国而合并到魏国去。"韩王为此事感到忧虑，便召集群臣和他们商议怎样答复魏国。公子对韩王说："这事很容易回答。大王对魏王说：'因为韩国和魏国原来是一个国家，所以可将韩国并入魏国，那么我们韩国也愿意得到魏国而把它合并入韩国。'"魏王听到这话就停止了。

齐宣王使人吹竽，必三百人①。南郭处士请为王吹竽，宣王说之，廪食以数百人②。宣王死，湣王立，好一一听之，处士逃。

注释

①竽（yú）：古簧管乐器，形似笙而略大，战国时盛行于民间。②说（yuè）：古同"悦"，喜悦。廪（lǐn）：米仓。

译文

齐宣王让人吹竽，一定要三百人在一起合奏。有位南郭先生请求为齐宣王吹竽，宣王很高兴地答应了，享受着够几百人食用的官仓供应的俸禄。齐宣王死后，齐湣王继位，喜好一个一个地独奏给他听，于是南郭先生逃跑了。

> 一曰：韩昭侯曰："吹竽者众，吾无以知其善者。"田严对曰："一一而听之。"

译文

另一种说法：韩昭侯说："吹竽的人多，我无法知道谁吹得好。"田严回答说："一个一个地听他们吹就知道了。"

> 赵令人因申子于韩请兵，将以攻魏。申子欲言之君，而恐君之疑己外市也，不则恐恶于赵，乃令赵绍、韩沓尝试君之动貌而后言之①。内则知昭侯之意，外则有得赵之功。

注释

①申子：即申不害，法家的代表人物，时任韩昭侯的相。市：交易。

译文

赵国派人通过申不害向韩国请求借兵，准备攻打魏国。申不害想对韩王谈这件事，而又害怕君主怀疑自己与外国勾结，不说又害怕得罪赵国，于是就命令赵绍、韩沓先去试探君主的态度，然后才去讲了这件事。这样申不害对内就知道了韩昭侯的心思，对外就有了讨好赵国的功效。

> 三国兵至韩，秦王谓楼缓曰："三国之兵深矣！寡人欲割河东而讲，何如？"①对曰："夫割河东，大费也；免国于患，大功也。此父兄之任也，

王何不召公子汜而问焉②?"王召公子汜而告之,对曰:"讲亦悔,不讲亦悔。王今割河东而讲,三国归,王必曰:'三国固且去矣,吾特以三城送之。'不讲,三国也入韩,则国必大举矣,王必大悔。王曰:'不献三城也。'臣故曰:王讲亦悔,不讲亦悔。"王曰:"为我悔也,宁亡三城而悔,无危乃悔。寡人断讲矣。"

注释

①秦王:指秦昭襄王。楼缓:战国时赵国人,纵横家,任秦昭襄王的相。②公子汜:秦国的公子,生平不详。

译文

韩、魏、齐三国的军队到达了韩国集结,秦昭襄王问楼缓说:"三国的军队已经深入我国的防地了!我打算割让黄河东面的土地讲和,你看怎么样?"楼缓回答说:"割让黄河东面的土地,是很大的损失;但能免除国家的祸患,这是一件大功劳。这事是宗族老臣的责任,大王为何不召见公子汜来问一下呢?"秦昭襄王于是召来公子汜告诉他这件事,公子汜回答说:"你讲和了要后悔,不讲和也要后悔。大王如今割让河东而讲和,三国的军队就会返回,大王一定会说:'三国的军队本来就要撤离的,我白白地送给他们三座城池。'不讲和,三国的军队已经集结在韩国,那么全国一定大部分将被攻克,大王一定会极其后悔。大王会说:'这是没有献上三座城池的缘故。'所以我说:大王讲和会后悔,不讲和也会后悔。"秦昭襄王说:"如果要后悔的话,宁愿失去三座城池而后悔,也不能让国家遭到危亡才后悔。我决定了与他们讲和。"

应侯谓秦王曰①:"王得宛、叶、蓝田、阳夏,断河内,困梁、郑,所以未王者,赵未服也②。弛上党,在一而已,以临东阳,则邯郸口中虱也。王拱而朝天下,后者以兵中之。然上党之安乐,其处甚剧,臣恐弛之而不听,奈何?"王曰:"必弛易之矣③。"

注释

①应侯:范雎的封号。②王:做王,统治。③易:改变、变动。

译文

应侯范雎对秦昭襄王说:"大王得到宛、叶、蓝田、阳夏等地,断绝了河内地区,困住了魏国、韩国,之所以还没有统治天下,是因为赵国还没有归服。不如放弃上党地区,那只是一个郡而已,将兵力逼近东阳,那么邯郸就像口中的虱子了。大王拱手而可以使天下

来朝拜，后归服的国家用兵去攻打它。然而现在上党地区安定和乐，它的地势又险要，我恐怕放弃上党地区大王不会听从，怎么办？"秦昭襄王说："一定放弃它，改变用兵的目标。"

> ### 经五　诡使
>
> 　　数见久待而不任，奸则鹿散。使人问他则不鬻私。是以庞敬还公大夫，而戴欢诏视辒车，周主亡玉簪，商太宰论牛矢①。

注释

　　①辒车：古代一种可以卧息、四面有帷帐的车辆。牛矢：牛粪。

译文

经五　诡使

　　几次召见臣下让他们长时间等待而不委任职事，奸臣就像受惊的鹿一样散去。派人去办事而又通过另外的事来询问就不敢弄虚作假了。因此庞敬使公大夫中途返回，而戴欢命令人去视察卧车，周国国君故意丢失玉簪，宋太宰断言有牛粪。

> ### 说五
>
> 　　庞敬，县令也。遣市者行，而召公大夫而还之。立有间，无以诏之，卒遣行。市者以为令与公大夫有言，不相信，以至无奸。

译文

说五

庞敬，是一个县官。他派遣市场管理人员去巡视，而召集管理市场的官员回来。让官员站了片刻，没有什么命令，就让他们走了。市场管理人员认为县令有什么命令给管理市场的官员，对自己不相信，因此就不敢做奸邪的事了。

> 戴欢，宋太宰，夜使人曰："吾闻数夜有乘辒车至李史门者，谨为我伺之。"使人报曰："不见辒车，见有奉笥而与李史语者，有间，李史受笥①。"

注释

①辒（wēn）：古代的一种卧车。笥（sì）：一种盛饭食或衣物的竹器。

译文

戴欢，是宋国的太宰，他在夜里派人对手下说："我听说这几天夜里都有人乘辒车到李史的家门口，你要谨慎地为我侦察好。"派出去的人后来回来汇报："没有见到辒车，只看见有人捧着竹筐和李史交谈，谈了一会儿，李史就接过这竹筐。"

> 周主亡玉簪，令吏求之，三日不能得也。周主令人求，而得之家人之屋间。周主曰："吾之吏之不事事也。求簪，三日不得之，吾令人求之，不移日而得之。"于是吏皆耸惧，以为君神明也。

译文

周国君主丢了玉簪，让官吏们去找，找了三天也没有找到。周君又派人寻找，结果在居民的房子中间找到了。周君说："我的官吏不好好地做事。找根玉簪，三天都找不着，我另外派人去找，没一天就找到了。"于是官吏都惊恐不已，认为他们的君主神明。

> 商太宰使少庶子之市，顾反而问之曰："何见于市？"对曰："无见也。"太宰曰："虽然，何见也？"对曰："市南门之外甚众牛车，仅可以行耳。"太宰因诚使者："无敢告人吾所问于女。"因召市吏而诮之曰："市门之外何多牛矢①？"市吏甚怪太宰知之疾也，乃悚惧其所也。

内储说上七术第三十

137

注释

①矢：通"屎"。

译文

　　商太宰派一个年轻的家臣到市场上去，回来后便问他说："你在市场上见到了什么？"少庶子回答说："没见到什么。"太宰说："虽说如此，究竟看见什么了？"少庶子回答说："看见南门外边有很多牛车，仅能勉强地通行。"太宰就告诫他说："不准告诉别人我问你的话。"于是太宰召来负责管理市场的官吏并责骂说："市场大门之外为什么有那么多牛屎？"负责管理市场的官吏很是奇怪太宰怎么知道得这么快，于是就小心惶恐地尽自己的职责。

经六　挟智

　　挟智而问，则不智者至；深智一物，众隐皆变①。其说在昭侯之握一爪也②。故必审南门而三乡得③。周主索曲杖而群臣惧，卜皮事庶子，西门豹详遗辖④。

注释

　　①变：通"辨"。②昭侯之握一爪也：韩昭侯用手握住另一只手的指甲，然后假装掉了一个指甲，寻找得非常着急，于是近侍就割掉自己的指甲呈献给他。昭侯通过此事来考察近侍忠诚与否。③乡：通"向"，方向。④周主索曲杖：周主下令寻找曲杖，官吏花费了几天都没有找到。于是周主私下里派人寻找曲杖，不过一天就找到了。周主就告诉了官吏找到了曲杖，试探官吏对自己是否忠诚。于是，官吏们都惶恐谨守职责，认为君主是神圣英明的。事：侍奉。详：古同"佯"，假装。辖（xiá）：大车轴头上穿着的小铁棍，可以管住轮子使不脱落。

译文

经六　挟智

　　拿自己知道的事情去询问臣下，那么不知道的事情就会明白；深入地去探究一个事物，那么，众多隐秘的事情也可以明辨了。这个说法出现在韩昭侯握住一只指甲这则故事中。所以韩昭侯确定了南门的情况，其他三个方向的情况也就明白了。周国国君搜寻弯曲的手杖而群臣都感到恐惧，卜皮侍奉小老婆的儿子，西门豹假装丢失车辖。

说六

　　韩昭侯握爪，而佯亡一爪，求之甚急，左右因割其爪而效之。昭侯以此察左右之诚不。

韩非子选集

说六

韩昭侯握住指甲，而假装丢失了另一只指甲，寻找得很急，身边侍卫因此而割下自己的指甲来献给他。韩昭侯用这种方法来考察身边侍卫对自己是否忠诚。

韩昭侯使骑于县，使者报，昭侯问曰："何见也？"对曰："无所见也。"昭侯曰："虽然，何见？"曰："南门之外，有黄犊食苗道左者。"昭侯谓使者："毋敢泄吾所问于女。"乃下令曰："当苗时，禁牛马入人田中固有令，而吏不以为事，牛马甚多入人田中。亟举其数上之；不得，将重其罪。"于是三乡举而上之。昭侯曰："未尽也。"复往审之，乃得南门之外黄犊。吏以昭侯为明察，皆悚惧其所而不敢为非。

韩昭侯派骑士到县城去视察。使者回来报告，韩昭侯问他说："你看见什么？"使者回答说："没有看见什么。"韩昭侯说："虽然如此，你也要说说究竟看到了什么？"使者说："南门之外，有小黄牛啃咬道路左边的禾苗。"韩昭侯告诉使者说："不准把我问你的话泄露出去。"于是下令说："当禾苗生长的时候，严禁牛马进入田间的命令早就有了，而差役们不把这命令当一回事，牛马因此进入田间的有很多。赶快把进入田间的牛马数目报上来，如果查不出来，将会加重负责官吏的罪责。"于是县城三个城门方向都调查而上报了。韩昭侯说："还没有全部上报。"差役们又去仔细核查这事，于是在南门外抓住小黄牛。差役们以为韩昭侯明察秋毫，都惶恐地谨守职责而不敢胡作非为。

周主下令索曲杖，吏求之数日不能得。周主私使人求之，不移日而得之。乃谓吏曰："吾知吏不事事也。曲杖甚易也，而吏不能得，我令人求之，不移日而得之，岂可谓忠哉！"吏乃皆悚惧其所，以君为神明。

周国君主下令寻找弯曲的手杖，差役寻找了几天没能找到。周国君主私下里派人寻找，不过一天就找到了。于是就告诉差役说："我知道差役们不好好办事。曲杖很容易找，而差役们却找不着，我派人去寻找，不过一天就找到了，难道你们这样可以叫作忠诚吗？"差役们于是都惶恐地谨守职责，认为君主是神圣英明的。

> 卜皮为县令，其御史污秽而有爱妾，卜皮乃使少庶子佯爱之，以知御史阴情。

译文

　　卜皮是县令，他的御史行为下流肮脏但却有一个宠爱的小妾，卜皮让一个年轻的侍从假装去爱那个小妾，以此来了解御史的隐私。

> 西门豹为邺令，佯亡其车辖，令吏求之不能得，使人求之而得之家人屋间。

译文

　　西门豹任邺县的县令，假装丢失了车轴两头的插鞘，命令差役寻找而没有找到。西门豹再派专人寻找，结果在居民的房子中间找到了。

> ### 经七　倒言
> 倒言反事以尝所疑，则奸情得①。故阳山谩樛竖，淖齿为秦使，齐人欲为乱，子之以白马，子产离讼者，嗣公过关市②。

注释

　　①尝：试探。②谩：欺骗、诽谤。

译文

经七　倒言

　　用说反话来试探自己所怀疑的事，那么就可以了解到奸情。所以阳山君欺骗樛竖，淖齿假扮秦国使者，齐国人作乱前要派人刺探君主，子之假装说有白马跑出东门，子产隔离开诉讼的双方，卫嗣公假扮客商过关口上的集市。

韩非子选集

说七

阳山君相卫，闻王之疑己也，乃伪谤樛竖以知之。

译文

说七

阳山君在卫国任相，听说卫国国君怀疑自己，就假装诽谤樛竖来探知君王的态度。

淖齿闻齐王之恶己也，乃矫为秦使以知之。

译文

淖齿听说齐湣王厌恶自己，于是就派人假装成秦国的使者来刺探此事。

齐人有欲为乱者，恐王知之。因诈逐所爱者，令走王知之。

译文

齐国有人想造反作乱，害怕齐王知道。便假意赶走自己所亲爱的人，让他们逃到齐王那里，以图探明究竟。

子之相燕，坐而佯言曰："走出门者何，白马也？"左右皆言不见。有一人走追之，报曰："有。"子之以此知左右不诚信。

译文

子之做了燕国的相，坐在那里假装说："跑出去的是什么？是白马吗？"左右的侍从都说没有看见。有一个人跑出去追赶，回来汇报说："确实有一匹白马。"子之用这种方法来了解身边侍从中哪些是不诚实的人。

> 有相与讼者，子产离之而无使得通辞，倒其言以告而知之。

译文

有两个互相打官司的人，子产把他们隔离开来，以便使得他们之间不能互相通话，然后把他们说的话反过来告诉对方从而来了解实情。

> 卫嗣公使人为客过关市，关市苛难之，因事关市以金，关吏乃舍之。嗣公为关吏曰："某时有客过而所，与汝金，而汝因遣之。"关市乃大恐，而以嗣公为明察。

译文

卫嗣公派人扮成客商通过关口上的集市，管理关市的关吏刁难他，他就用黄金贿赂了关吏，关吏才放他过关。卫嗣公对关吏说："某时有个客商经过你的地方，给了你黄金，你才放他走的。"关吏因而非常害怕，认为卫嗣公明察秋毫。

评析

文章开篇就介绍了"七术"和"六微"。七术，就是七种政治手段，是君主对臣下使用的，是当权者对下属使用的手段。六微，就是六种隐微的情况，这些细微之情需要当权者明察。

君主要从多方面来参照情况才能做到公平公正，只听一方的言论就可能造成偏颇。因此君主要广纳谏言，多方面观察臣下的行为，才能做到公平公正；治理国家，君主就必须健全法制，人们只有在法律的保障下，才能有秩序地生活。而健全法制就不能心存仁爱之心，哪怕是犯了很小的错误，也必须要惩治，只有这样，才能树立起法律的威信。对于"奖赏赞誉"君主一定要言而有信，只有这样，臣下才会尽全力去办事情。否则，徒有虚言，只会遭到臣下的轻视；要善于辨别事物的本质，不能仅凭表面现象就妄加判断，否则会造成混乱的局面；君主对臣下不要明知故问地去考察，这样就会引起他人的反感，从而不能尽心地辅佐。君主一定要学会谦虚，谦虚并保持自己的好奇心，才能深智一物，才能使众隐皆变。

总之，韩非在文章之中还运用了很多详细的实例对"七术"进行了说明，形象生动之余给人启示，耐人寻味。

韩非子选集

内储说下
六微第三十一

内储说下六微第三十一

题解

《内储说下六微》承接上篇，讲述君主观察臣下六种隐蔽行为的措施。依然彰显的是依法治国的可贵思想。

"六微"，就是六种隐微。这六种隐微的情况在任何一个集体中都存在，因此要求领导人、当权者都要善于觉察出这些隐微之情。只有清楚地掌握了内部情况，才能真正地做到一致对外。

六微：一曰权借在下，二曰利异外借，三曰托于似类，四曰利害有反，五曰参疑内争，六曰敌国废置。此六者，主之所察也。

译文

六种危害君权的隐蔽微妙的情况：一是君主把权势借给臣下，二是君臣利益不同而臣下借用外力谋私，三是臣下伪托类似的事情欺骗君主，四是君臣利害关系彼此相反，五是等级名分上下混乱而导致内部争权夺利，六是敌国设计谋按他们的意图任免大臣。这六种情况，是君主应该明察的。

经一　权借

权势不可以借人。上失其一，臣以为百。故臣得借则力多，力多则内外为用，内外为用则人主壅。其说在老聃之言失鱼也①。是以人主久语，而左右鬻怀刷②。其患在胥僮之谏厉公，与州侯之一言，而燕人浴矢也。

注释

①老聃：即老子，姓李名耳，字伯阳，春秋时期道家学派的创始人。楚国苦县（今河南鹿邑东）人。曾为周"守藏室之史"（管藏书的史官），后著《老子》一书。②鬻（yù）：卖，出售。怀刷：谓君上馈以巾帨等物品，指亲近获宠。

经一　权借

权势不能用来转借他人。君主失去一分权势，臣下就可以百倍地加以利用。所以臣下能够借用，那么力量就会增多，力量增多，那么朝廷内外都为他所利用，朝廷内外都为他所利用，那么君主就会被蒙蔽。这个说法在老子说的"鱼不能离开水"这句话中得到验证。因此君主长时间说话，而身边的人就会卖弄自己邀宠。这种祸患发生在胥僮劝说晋厉公，与众人齐声维护州侯，以及燕人用屎洗身几则故事中。

说一

势重者，人主之渊也；臣者，势重之鱼也。鱼失于渊而不可复得也，人主失其势重于臣而不可复收也。古之人难正言，故托之于鱼[1]。

注释

[1]古之人：此指老聃。

译文

说一

重要的权势，好比是君主的深水潭；臣子，就是重要权势控制下的鱼。鱼失去了深水潭就不可能再得到，君主把他的重大权势落在臣子手里就不可能收回它。老聃不方便正面直说，所以假托于鱼来比喻。

经二　利异

君臣之利异，故人臣莫忠，故臣利立而主利灭。是以奸臣者，召敌兵以内除，举外事以眩主，苟成其私利，不顾国患。其说在卫人之妻夫祷祝也。故戴歇议子弟，而三桓攻昭公；公叔内齐军，而翟黄召韩兵；太宰嚭说大夫种，大成牛教申不害[1]；司马喜告赵王，吕仓规秦、楚；宋石遗卫君书，白圭教暴谴。

注释

[1]大成牛：应为"大成午"。

译文

经二　利异

君臣的利益不同，所以臣下没有一个是忠诚的，所以臣下得到了利益，君主就失去了利益。因此奸臣招引敌国的军队用来除掉内部的反对者，办理外交事务来迷惑君主，只要能成就他们的私利，那么他会不顾国家的祸患。这个说法在卫国人一对夫妻各自祷祝里得到验证。所以戴歇议论楚国诸公子，而三桓围攻鲁昭公；韩国的公叔伯婴要引入齐国的军队，而魏国的翟黄招来韩国的军队；吴国太宰伯嚭劝说越国大夫文种，赵国的大成午开导韩国的申不害；中山国的司马喜密告赵王，魏国的吕仓规劝秦、楚两国攻魏国；魏国的宋石赠送书信给卫君，魏相白圭教诲韩相暴谴。

> ### 说二
>
> 卫人有夫妻祷者，而祝曰："使我无故，得百来束布。"其夫曰："何少也？"对曰："益是，子将以买妾。"

译文

说二

卫国有一对夫妻向神灵祈祷，妻子祈求说："使我平安无事，能得到一百来捆布。"她的丈夫说："为什么这么少呢？"妻子回答说："超过了这个数目，你就会用它去买小老婆。"

> 荆王欲宦诸公子于四邻，戴歇曰："不可。""宦公子于四邻，四邻必重之。"曰："子出者重，重则必为所重之国党，则是教子于外市也，不便。"

译文

楚王想让几个儿子到四周邻国去做官，戴歇说："不可以。"楚王说："公子们到四周邻国去做官，四邻国家必然要器重他们。"戴歇说："公子出国做官受到器重，必然要与器重他的国家结成朋党，那么这就是在教儿子对外勾结，这样做不合适。"

> 鲁孟孙、叔孙、季孙相戮力劫昭公，遂夺其国而擅其制。鲁三桓逼公，昭公攻季孙氏，而孟孙氏、叔孙氏相与谋曰："救之乎？"叔孙氏之御者曰：

"我，家臣也，安知公家？凡有季孙与无季孙于我孰利？"皆曰："无季孙必无叔孙。""然则救之。"于是撞西北隅而入。孟孙见叔孙之旗入，亦救之。三桓为一，昭公不胜。逐之，死于乾侯。

译文

　　鲁国的孟孙氏、叔孙氏、季孙氏三家联合起来胁迫鲁昭公，于是夺取了鲁国而擅自发号施令。鲁国三桓公开逼迫鲁昭公时，鲁昭公攻打季孙氏，而孟孙氏、叔孙氏商议说："去救季孙氏吗？"叔孙氏的车夫说："我，是个家臣，怎么知道公家的事呢？只是想说有季孙氏与没有季孙氏哪样对我们更有利？"大家都说："没有季孙氏一定就没有叔孙氏。"车夫说："那么就去救他吧。"于是他们从西北角冲开包围打了进去。孟孙氏见到叔孙氏的战旗冲了进去，也赶去救援。三家军队合而为一，鲁昭公不能取胜。鲁昭公被逐出鲁国，死在晋国的乾侯。

　　公叔相韩而有攻齐，公仲甚重于王，公叔恐王之相公仲也，使齐、韩约而攻魏[1]。公叔因内齐军于郑，以劫其君，以固其位，而信两国之约[2]。

注释

①攻：善，此处指友好。②内：同"纳"，接纳。

译文

　　公叔伯婴做了韩国的相而又和齐国交好，公仲朋在韩宣王手下很受器重，公叔伯婴害怕韩宣王让公仲朋担任相，就唆使齐国与韩国约定去攻打魏国。公叔伯婴趁机把齐国军队引入韩国的国都郑地，以此要挟他的君主，来巩固他的相位，而重申齐、韩两国的和约。

　　翟璜，魏王之臣也，而善于韩。乃召韩兵令之攻魏，因请为魏王构之以自重也。

译文

　　翟璜，是魏王的大臣，却与韩国亲善。于是他招来韩国的军队叫他们攻打魏国，趁机请求替魏王与韩国讲和以此提高自己的地位。

越王攻吴王，吴王谢而告服，越王欲许之。范蠡、大夫种曰："不可。昔天以越与吴，吴不受，今天反夫差，亦天祸也。以吴予越，再拜受之，不可许也。"太宰嚭遗大夫种书曰："狡兔尽则良犬烹，敌国灭则谋臣亡。大夫何不释吴而患越乎？"大夫种受书读之，太息而叹曰："杀之，越与吴同命。"

译文

越王勾践攻打吴王夫差，吴王夫差谢罪而宣告投降，越王勾践准备答应他的请求。范蠡、大夫种说："不可以。从前上天把越国送给吴国，吴王不接受，如今上天反过来不帮夫差，也是上天降下的灾祸。现在把吴国送给越国，我们应当再次拜谢上天并接受它，不能答应吴国投降。"吴国太宰伯嚭送给越国大夫文种的书信里说："狡兔被杀光后优良的猎狗也会被煮来吃，敌对国家被消灭后谋臣也会被杀害。大夫为什么不放过吴国而使它成为越国的忧患呢？"大夫种接受书信阅读后，长叹一声说："杀害我，越国就会遭受与吴国一样的命运。"

大成牛从赵谓申不害于韩曰："以韩重我于赵，请以赵重子于韩，是子有两韩，我有两赵。"

译文

大成午从赵国到韩国来对申不害说："你用韩国的力量来加强我在赵国的势力，请让我用赵国的力量来加强你在韩国的势力，这样你就有了两个韩国，我也有了两个赵国。"

司马喜，中山君之臣也，而善于赵，尝以中山之谋微告赵王。

译文

司马喜，是中山国君的臣子，而与赵国交好，曾经把中山国的谋划偷偷告诉赵王。

吕仓，魏王之臣也，而善于秦、荆。微讽秦、荆令之攻魏，因请行和以自重也①。

①讽：婉言微词或指责。

译文

　　吕仓，是魏王的大臣，而与秦国、楚国交好。他暗中劝秦国、楚国来攻打魏国，趁机请求去讲和来提高自己的地位。

　　宋石，魏将也；卫君，荆将也。两国构难，二子皆将。宋石遗卫君书曰："二军相当，两旗相望，唯毋一战，战必不两存。此乃两主之事也，与子无有私怨，善者相避也。"

译文

　　宋石，是魏国的大将；卫君，是楚国的大将。魏、楚两个国家交战，二人都担任了将领。宋石就送书信给卫君说："二军力量相当，两军军旗相望，希望双方不要交战，交战后必然两伤。这是两国君主的事情，我与你没有什么私人恩怨，最好的办法就是相互回避吧。"

韩非子选集

白圭相魏王，暴谴相韩。白圭谓暴谴曰："子以韩辅我于魏，我以魏待子于韩，臣长用魏，子长用韩。"

译文

白圭做了魏国的相，暴谴做了韩国的相。白圭告诉暴谴说："你用韩国的力量辅助我在魏国掌权，我用魏国的力量帮助你在韩国掌权，我就能长期在魏国执政，你也能长期在韩国执政。"

经三 似类

似类之事，人主之所以失诛，而大臣之所以成私也。是以门人捐水而夷射诛，济阳自矫而二人罪，司马喜杀爰骞而季辛诛，郑袖言恶臭而新人劓，费无忌教郄宛而令尹诛，陈需杀张寿而犀首走。故烧刍廥而中山罪，杀老儒而济阳赏也。

译文

经三 似类

那些似是而非的假象，是君主之所以处罚失当，而大臣之所以能够谋取私利的原因。因此守门人泼水而夷射受到诛杀，济阳君假造王命声讨自己而使他的两个仇人获罪，司马喜杀掉爰骞而使季辛受到诛杀，郑袖说新来的美人厌恶楚王的气味而使新来的美人受到割鼻子的惩罚，费无忌教唆郄宛陈列兵器而使郄宛被令尹杀死，陈需杀了张寿而使犀首被迫出逃。所以侍从烧毁了草料库而使中山国君处罚公子，门客杀死老儒生而济阳君却赏赐了他。

说三

齐中大夫有夷射者，御饮于王，醉甚而出，倚于郎门[1]。门者刖跪请曰："足下无意赐之余沥乎？"[2]夷射叱曰："去！刑余之人，何事乃敢乞饮长者！"刖跪走退。及夷射去，刖跪因捐水郎门霤下，类溺者之状[3]。明日，王出而呵之，曰："谁溺于是？"刖跪对曰："臣不见也。虽然，昨日中大夫夷射立于此。"王因诛夷射而杀之。

149

注释

①郎（láng）：通"廊"。②刖（yuè）：古代削足之刑。沥（lì）：水、泪、酒等液体下滴称为沥，这里用为"剩酒"之意。③溺：尿。

译文

说三

齐国的中大夫中有个叫夷射的，陪齐王喝酒，醉得厉害才出宫，倚靠在宫中廊门上。一个受过砍脚刑罚的守门人跪下来请求说："您不想赏赐给我一点剩下的酒吗？"夷射斥骂守门人说："滚开！受过刑的人，怎么竟敢向老爷讨酒喝？"守门人于是很快退下去了。等到夷射离开，守门人便在廊门的屋檐下洒了点水，好像撒了泡尿的样子。第二天，齐王出门来责问这件事，说："谁尿在这里？"守门人回答说："我没有看见。虽然如此，昨天中大夫夷射曾经站在这里。"齐王因此处罚夷射并把他杀了。

> 魏王臣二人不善济阳君，济阳君因伪令人矫王命而谋攻己。王使人问济阳君曰："谁与恨？"对曰："无敢与恨。虽然，尝与二人不善，不足以至于此。"王问左右，左右曰："固然。"王因诛二人者。

译文

魏王的臣子中有两个人和济阳君关系不好，济阳君因此假借魏王的命令叫人攻打自己。魏王派人去问济阳君说："谁与你有仇恨？"济阳君回答说："我不敢与谁有仇恨。虽然这样，曾经与这两个人关系不好，不过也不至于到这样的地步。"魏王问身边侍卫，身边侍卫说："的确如此。"魏王因此诛杀了这两个人。

> 季辛与爰骞相怨。司马喜新与季辛恶，因微令人杀爰骞，中山之君以为季辛也，因诛之。

译文

季辛与爰骞相互怨恨。司马喜最近也与季辛关系不好，因此司马喜暗中派人杀死爰骞，中山国君主认为是季辛干的，因此而诛杀了季辛。

> 荆王所爱妾有郑袖者。荆王新得美女，郑袖因教之曰："王甚喜人之掩

口也，为近王，必掩口。"美女入见，近王，因掩口。王问其故，郑袖曰："此固言恶王之臭。"及王与郑袖、美女三人坐，袖因先诫御者曰："王适有言，必亟听从王言。"美女前近王甚，数掩口。王悖然怒曰："劓之①。"御因揄刀而劓美人。

注释

①劓（yì）：古代割鼻之刑。

译文

楚王所宠爱的妾中有个叫郑袖的。楚王最近得到一个美女，郑袖便教她说："大王很喜欢别人掩着嘴，为了接近大王，你必须要掩口。"美女进宫，走近楚王时，便掩着嘴。楚王问她什么缘故，郑袖在一旁回答说："这就是说她讨厌大王的气味。"等到楚王和郑袖、美女三个人坐下时，郑袖便事先告诫侍卫说："大王如果有什么吩咐，必须立即听从大王的话。"美女走近楚王靠得很近，几次掩着嘴。楚王勃然大怒说："割掉她鼻子。"侍卫便抽刀割掉了美女的鼻子。

一曰：魏王遗荆王美人，荆王甚悦之。夫人郑袖知王悦爱之也，亦悦爱之，甚于王。衣服玩好，择其所欲为之。王曰："夫人知我爱新人也，其悦爱之甚于寡人，此孝子所以养亲，忠臣之所以事君也。"夫人知王之不以己为妒也，因为新人曰："王甚悦爱子，然恶子之鼻，子见王，常掩鼻，则王长幸子矣。"于是新人从之，每见王，常掩鼻。王谓夫人曰："新人见寡人常掩鼻，何也？"对曰："不己知也。"王强问之，对曰："顷尝言恶闻王臭。"王怒曰："劓之！"夫人先诫御者曰："王适有言必可从命。"御者因揄刀而劓美人。

译文

另有一种说法：魏王赠送给楚王一个美女，楚王非常喜爱她。楚王的夫人郑袖得知楚王很喜爱那美女，也假装喜爱她，而且比楚王还喜爱。她自己的衣服和玩物珍宝，都挑选美女喜欢的来送给那美女。楚王说："夫人知道我喜爱新来的美人，夫人喜爱她超过了我，这是孝子所用来供养父母亲、忠臣所用来侍奉君主的态度啊。"夫人郑袖得知楚王不认为自己是嫉妒了，便对新来的美人说："大王非常喜爱你，然而不喜欢你的鼻子，你去见大王时，要经常掩住鼻子，那么大王就会长久地宠爱你了。"于是新来的美人听从郑袖的话，每次见楚王，都掩住鼻子。楚王对夫人说："新美人来见我时经常掩住鼻子，为什么呢？"

郑袖回答说："我不知道其中原因。"楚王竭力追问她，郑袖回答说："不久前她曾说过厌恶大王的气味。"楚王发怒说："把她鼻子割掉。"夫人郑袖事先告诫侍卫说："大王如果有什么吩咐，必须服从命令。"侍卫因此抽刀就割掉了美人的鼻子。

> 费无极，荆令尹之近者也。郤宛新事令尹，令尹甚爱之。无极因谓令尹曰："君爱宛甚，何不一为酒其家？"令尹曰："善。"因令之为具于郤宛之家。无极教宛曰："令尹甚傲而好兵，子必谨敬，先亟陈兵堂下及门庭。"宛因为之。令尹往而大惊，曰："此何也？"无极曰："君殆，去之！事未可知也。"令尹大怒，举兵而诛郤宛，遂杀之。

译文

费无极，是楚国令尹子常的亲信。郤宛新近侍奉令尹，令尹很是喜爱他。费无极因此告诉令尹说："您很喜爱郤宛，为何不到他家喝酒呢？"令尹说："很好。"便叫费无极到郤宛家里去置办酒席。费无极教导郤宛说："令尹非常高傲而且喜欢兵器，你一定要谨慎恭敬，先赶快把兵器陈列在厅堂下面及大门前空地上。"郤宛便按照他说的办了。令尹到郤宛家时大吃一惊说："这是为什么呢？"费无极说："您很危险，赶快离开！事情不可预知啊。"令尹大怒，发兵惩罚郤宛，于是杀了郤宛。

> 犀首与张寿为怨，陈需新入，不善犀首，因使人微杀张寿。魏王以为犀首也，乃诛之。

译文

犀首与张寿结怨，陈需新近刚到魏国，与犀首的关系不好，因而陈需派人暗杀了张寿。魏王以为是犀首干的，就诛杀了犀首。

> 中山有贱公子，马甚瘦，车甚弊。左右有私不善者，乃为之请王曰："公子甚贫，马甚瘦，王何不益之马食？"王不许。左右因微令夜烧刍厩。王以为贱公子也，乃诛之。

译文

中山国有个地位贫贱的公子，他的马很瘦弱，车子很破旧。中山王身边的侍从中有个人和他的关系不好，就替他向国王请求说："公子很贫穷，马很瘦弱，大王何不给他一点马料呢？"国王没有答应。那个侍从于是暗中叫人在夜里放火焚烧了国王存放马料的仓库。中山国王认为是那个地位贫贱的公子干的，就杀了那个地位贫贱的公子。

> 魏有老儒而不善济阳君。客有与老儒私怨者，因攻老儒杀之，以德于济阳君，日："臣为其不善君也，故为君杀之。"济阳君因不察而赏之。

译文

魏国有个年老的儒生与济阳君关系不好。济阳君门客中有一人和老儒生有私怨，便攻击那个老儒生并把他杀死了，以此来讨好济阳君，他说："我因为这个老儒生与你关系不好，所以替您杀了他。"济阳君便没有审查而赏赐了这个门客。

> 一日：济阳君有少庶子，有不见知欲入爱于君者。齐使老儒掘药于马梨之山，济阳少庶子欲以为功，入见于君日："齐使老儒掘药于马梨之山，名掘药也，实间君之国。君不杀之，是将以济阳君抵罪于齐矣。臣请刺之。"君日："可。"于是明日得之城阴而刺之，济阳君还益亲之。

译文

另有一种说法：济阳君有些年轻的家臣，其中有一个年轻的家臣没有被济阳君赏识而又想得到济阳君宠爱的。当时齐国派了一个年老的儒生到马梨山采药，济阳君的这个年轻的家臣想利用这个机会立功，就进去见济阳君说："齐国派一个年老的儒生来马梨山采药，名为采药，实际上是来侦察您的国家。您如果不杀了他，这个人将使济阳君您由于齐国的刺探泄密而被治罪。我请求去刺杀他。"济阳君说："可以。"于是第二天这个年轻的门客跑到城的北面去刺杀了老儒生，济阳君就渐渐亲近这个年轻的家臣。

> ### 经四　有反
> 事起而有所利，其市主之；有所害，必反察之①。是以明主之论也，国

内储说下六微第三十一

153

害则省其利者，臣害则察其反者^②。其说在楚兵至而陈需相，黍种贵而廪吏覆。是以昭奚恤执贩茅，而僖侯谯其次；文公发绕炙，而穰侯请立帝^③。

注释

①市：交易。②省：观看、观察、审视。③僖侯：应为昭侯。谯：通"诮"，责备。

译文

经四　有反

事情发生了，如果有利可得，应当牢牢掌握它；如果有危害，一定要从相反的方向考察它。因此英明的君主判断问题时，国家受害就要考虑谁能得到利益，臣子受害就要明察谁是与他对立的人。这个说法在楚兵来到魏国边境而陈需当上了魏国的相国，黍种价格贵而管粮仓的官吏被查处诸事中得到验证。因此昭奚恤拘捕卖茅草的人，而韩昭侯责问厨师的副手；晋文公追查烤肉上的头发，而穰侯请求齐王称帝。

> ### 说四
> 陈需，魏王之臣也，善于荆王，而令荆攻魏。荆攻魏，陈需因请为魏王行解之，因以荆势相魏。

译文

说四

陈需，是魏王的大臣，与楚王的关系很好，因而叫楚国来攻打魏国。楚国来攻打魏国了，陈需趁机请求为魏王去楚国进行调解，因而他靠楚国的势力当上了魏国的相国。

> 韩昭侯之时，黍种尝贵甚。昭侯令人覆廪，吏果窃黍种而粜之甚多。

译文

在韩昭侯的时候，黍米的种子价格曾经很贵。韩昭侯叫人去检查粮仓，管粮仓的官吏果然盗窃了黍米的种子而且卖掉很多。

> 昭奚恤之用荆也，有烧仓廥窌者，而不知其人^①。昭奚恤令吏执贩茅者而问之，果烧也。

注释

①窌（jiào）：地窖。

译文

昭奚恤治理楚国的时候，有一个放火焚烧了粮仓的人，却不知道是谁。昭奚恤令差役抓来卖茅草的人加以审问，果然是他放火烧的。

> 昭僖侯之时，宰人上食而羹中有生肝焉，昭侯召宰人之次而诮之曰："若何为置生肝寡人羹中？"宰人顿首服死罪，曰："窃欲去尚宰人也。"

译文

韩昭侯的时候，厨师端上饭菜而肉汤中有生肝，韩昭侯召厨师的助手并责骂他说："你为什么要把生肝放在我的肉汤中？"这厨师助手便叩头求饶承认犯了死罪，他说："我私下想赶跑厨师啊。"

> 一曰：僖侯浴，汤中有砾。僖侯曰："尚浴免，则有当代者乎？"左右对曰："有。"僖侯曰："召而来。"谯之曰："何为置砾汤中？"对曰："尚浴免，则臣得代之，是以置砾汤中。"

译文

另一种说法：韩昭侯洗澡，洗澡水中有小石子。韩昭侯说："管洗澡水的差役如果被罢免，那么有合适代替他的人吗？"身边侍卫回答说："有。"韩昭侯说："召他来。"于是责问他说："你为什么把石子放在洗澡水中？"那人回答说："如果管洗澡水的官员被免职了，那么我就能代替他，因此把石子放进洗澡水中。"

文公之时，宰臣上炙而发绕之^①。文公召宰人而谯之曰："女欲寡人之哽耶，奚为以发绕炙^②？"宰人顿首再拜请曰："臣有死罪三：援砺砥刀，利犹干将也，切肉肉断而发不断，臣之罪一也^③；援木而贯脔而不见发，臣之罪二也^④；奉炽炉，炭火尽赤红，而炙熟而发不烧，臣之罪三也。堂下得无微有疾臣者乎^⑤？"公曰："善。"乃召其堂下而谯之，果然，乃诛之。

注释

①炙（zhì）：这里用为"把去毛的兽肉穿起来在火上熏烤"之意。②女：通"汝"。③砺（lì）：这里用为"磨刀石"之意。干将：古代宝剑名。④脔（luán）：小块肉。⑤堂下：指平时立于堂下的地位低贱的侍从。疾：同"嫉"，忌恨。

译文

　　晋文公的时候，负责君王膳食的官员献上的烤肉上面缠有头发。晋文公召厨师上来责问他说："你想要噎死我吗，为什么用头发缠绕烤肉？"厨师跪下叩头两拜然后请罪说："我有死罪三条：拿磨刀石磨刀，锋利得像干将宝剑一样，能把肉切断而头发切不断，这是我的第一条罪状；拿木棍穿肉片而没有看见头发，这是我的第二条罪状；捧着火热的炉子，炭火通红，而烤肉熟了头发却没烧着，这是我的第三条罪状。您堂下的侍从中有没有暗中忌恨我的人呢？"晋文公说："很好。"于是召集堂下侍从来责问，果然如此，就把这个侍从杀了。

　　一曰：晋平公觞客，少庶子进炙而发绕之，平公趣杀炮人，毋有反令^①。炮人呼天曰："嗟乎！臣有三罪，死而不自知乎！"平公曰："何谓也？"对曰："臣刀之利，风靡骨断而发不断，是臣之一死也；桑炭炙之，肉红白而发不焦，是臣之二死也；炙熟，又重睫而视之，发绕炙而目不见，是臣之三死也。意者堂下其有翳憎臣者乎？杀臣不亦蚤乎！"

注释

①晋平公：春秋时晋国的君主，名彪。觞（shāng）：饮用。趣：通"促"，催促，督促。炮人：即庖人，厨师。

译文

　　另有一种说法：晋平公招待客人饮酒，年轻的家臣端进烤肉而上面有头发缠绕，晋平公督促杀掉厨师，不准违反命令。厨师呼天鸣冤说："哎呀！我虽然有三条罪，至死也不明白自己为什么被处死啊。"晋平公说："你为什么这么说？"厨师回答说："我菜刀的锋利，就是风把骨头吹到刀上也会断开，头发却斩不断，这是我的第一条死罪；用桑树烧成的炭来烧烤肉，烤得瘦肉发红肥肉发白，可是头发没有烧焦，这是我的第二条死罪；肉烤熟，眯着眼睛仔细看了一遍，头发缠绕着烤肉，可是我却没有看见，这是我的第三条死罪。我猜想堂下恐怕有忌恨我的人吧？现在杀我不是太早了吗？"

穰侯相秦而齐强①。穰侯欲立秦为帝，而齐不听，因请立齐为东帝，而不能成也。

注释

①穰侯：魏冉的封号，魏冉曾任秦昭襄王的相。

译文

穰侯魏冉任秦国的相时，齐国强大。穰侯想立秦昭襄王为帝，齐国不予承认，于是他请求立齐王为东帝，但结果还是没有成功。

经五　参疑

参疑之势，乱之所由生也，故明主慎之。是以晋骊姬杀太子申生，而郑夫人用毒药，卫州吁杀其君完，公子根取东周，王子职甚有宠而商臣果作乱，严遂、韩傀争而哀侯果遇贼，田常、阚止、戴欢、皇喜敌而宋君、简公杀。其说在狐突之称"二好"，与郑昭之对"未生"也。

译文

经五　参疑

臣下互相怀疑的形势，是混乱产生的根源，所以英明的君主对这种形势一定要谨慎。因此晋国的骊姬杀死了太子申生，而郑君的夫人用毒药毒死了郑君，卫国的州吁杀掉他的君主卫桓公，周国的公子根夺取了东周，楚国王子职很受宠爱而太子商臣果然发动叛乱，韩国的严遂、韩傀夺权势而韩哀侯果然遇刺，齐国的田常、阚止、戴欢、皇喜势均力敌而宋君、齐简公被杀。这个说法在狐突谈论"宠爱宫内的姬妾和外朝的臣子"，以及郑昭答复君主"太子还没有出生"中得到验证。

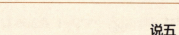

说五

晋献公之时，骊姬贵，拟于后妻，而欲以其子奚齐代太子申生，因患申生于君而杀之，遂立奚齐为太子。

译文

说五

晋献公的时候，骊姬地位很尊贵，与君主正妻的地位相等，而她还想让自己的儿子奚齐来取代太子申生，因此在晋献公面前陷害申生而杀死了申生，结果就立奚齐为太子。

郑君已立太子矣，而有所爱美女欲以其子为后，夫人恐，因用毒药贼君杀之。

译文

郑君已经立了太子，而有个他所宠爱的美女，想要把她的儿子作为王位继承人，郑君的夫人很害怕，于是就用毒药毒死了郑君。

卫州吁重于卫，拟于君，群臣百姓尽畏其势重。州吁果杀其君而夺之政。

译文

卫国的州吁在卫国权势很大受到重用，等同于国君，群臣百姓都畏惧他的权势。后来州吁果然杀了他的君主而夺取了卫国的政权。

公子朝，周太子也，弟公子根甚有宠于君。君死，遂以东周叛，分为两国。

译文

公子朝，是周国的太子，他的弟弟公子根很受周君宠爱。周君死后，公子根在东周

韩非子选集

叛乱，周国随即分成了两个国家。

> 楚成王以商臣为太子，既而又欲置公子职。商臣作乱，遂攻杀成王。

译文

　　楚成王将商臣立为太子，不久又改立公子职为太子。于是商臣发动叛乱，最终进攻杀死了楚成王。

> 　　一曰：楚成王以商臣为太子，既欲置公子职。商臣闻之，未察也，乃为其傅潘崇曰："奈何察之也？"潘崇曰："飨江芈而勿敬也。"太子听之。江芈曰："呼，役夫！宜君王之欲废女而立职也。"商臣曰："信矣。"潘崇曰："能事之乎？"曰："不能。""能为之诸侯乎？"曰："不能。""能举大事乎？"曰："能。"于是乃起宿营之甲而攻成王。成王请食熊蹯而死，不许，遂自杀。

译文

　　另一种说法：楚成王将商臣立为太子，不久又想立公子职当太子。商臣听说了，但还没有搞清楚，就对他的师傅潘崇说："怎么样来搞清楚这件事呢？"潘崇说："你可以宴请江芈而又对她不敬。"太子听从了他的意见。江芈说："呸，你这个奴才，不怪国君打算废掉你而立公子职了。"商臣说："我相信了。"潘崇说："你能侍奉公子职吗？"商臣说："不能。"潘崇说："你能做他的一个诸侯吗？"商臣说："不能。"潘崇说："你能干一番大事业吗？"商臣说："能。"于是就召集起守卫王宫的军队来攻打楚成王。楚成王请求吃了熊掌再死，商臣没有答应，楚成王于是自杀了。

> 　　韩傀相韩哀侯，严遂重于君，二人甚相害也。严遂乃令人刺韩傀于朝，韩傀走君而抱之，遂刺韩傀而兼哀侯。

译文

　　韩傀做了韩哀侯的相，严遂很得韩哀侯的器重，韩傀、严遂二人互相仇恨。严遂就叫人在朝堂上刺杀韩傀，韩傀跑到韩哀侯身边抱住韩哀侯，结果刺客刺杀韩傀的同时刺中了韩哀侯。

田恒相齐，阚止重于简公，二人相憎而欲相贼也^①。田恒因行私惠以取其国，遂杀简公而夺之政。

注释

①田恒：一作田常，即田成子，春秋末期齐国执政的卿。

译文

田常任齐国的相，阚止受到齐简公的器重，二人互相憎恨而且都想杀死对方。田常趁机施行私人恩惠收买民心来夺取齐国，于是杀了齐简公而且夺取了他的政权。

戴欢为宋太宰，皇喜重于君，二人争事而相害也，皇喜遂杀宋君而夺其政。

译文

戴欢任宋国的太宰，皇喜受到宋君的器重，二人争权夺利而互相残害，皇喜便杀了宋君而夺取了宋国的政权。

狐突曰："国君好内则太子危，好外则相室危。"

译文

狐突说："国君喜好内宫妻妾那么太子就危险，如果宠信外朝大臣那么相国就危险。"

郑君问郑昭曰："太子亦何如？"对曰："太子未生也。"君曰："太子已置而曰'未生'，何也？"对曰："太子虽置，然而君之好色不已，所爱有子，君必爱之，爱之则必欲以为后，臣故曰'太子未生'也。"

译文

郑君问郑昭说："太子怎么样了？"郑昭回答说："太子还没有出生。"郑君说："太子已经立了而你却说'太子没有出生'，是什么意思？"郑昭回答说："太子虽然已经确立，然而您却喜好女色没有休止，您所宠爱的女人一旦生了儿子，您一定喜爱他，您喜爱他那么一定想要立他为王位继承人，所以我说'太子还没有出生'。"

经六　废置

敌之所务，在淫察而就靡，人主不察，则敌废置矣①。故文王资费仲，而秦王患楚使；黎且去仲尼，而干象沮甘茂②。是以子胥宣王言而子常用，内美人而虞、虢亡，佯遗书而苌弘死，用鸡豭而邻桀尽③。

注释

①淫：扰乱。就：靠近、走近。②沮（jǔ）：阻止。③内（nà）：同"纳"，接纳。

译文

经六　废置

敌对国家所致力的，是使我国君主观察错乱而且使君主容易犯错误，君主不明察，那么敌国就要干预官员的任免了。所以周文王资助商朝的费仲，而秦王担心楚国的使者；齐国的黎且赶走孔子，而楚国的干象阻止甘茂。因此伍子胥宣布吴王的话而子常被任用，虞、虢君主接受了美女而这两国就灭亡，叔向假装遗失书信而苌弘被冤枉杀死，郑桓公宰杀鸡和猪举行血盟而邻国的豪杰就被杀尽。

说六

文王资费仲而游于纣之旁，令之谏纣而乱其心。

译文

说六

周文王资助费仲让他在商纣王身边活动，叫他给商纣王进言来扰乱商纣王的思想。

荆王使人之秦，秦王甚礼之。王曰："敌国有贤者，国之忧也。今荆王之使者甚贤，寡人患之。"群臣谏曰："以王之贤圣与国之资厚，愿荆王之贤人，王何不深知之而阴有之。荆以为外用也，则必诛之。"

译文

楚王派使者到秦国去，秦王很礼遇他。秦王说："敌对的国家有贤能的人，是我国的忧患。如今楚王的使者很贤能，我很忧虑啊。"群臣劝谏说："凭借大王的贤能圣明加上国家物资丰厚，如果羡慕楚王手下的贤臣，大王为何不深深地结交他而暗中收买他呢？楚国认为他被外国利用了，那么一定会杀他的。"

仲尼为政于鲁，道不拾遗，齐景公患之。黎且谓景公曰："去仲尼犹吹毛耳。君何不迎之以重禄高位，遗哀公女乐以骄荣其意。哀公新乐之，必怠于政，仲尼必谏，谏必轻绝于鲁。"景公曰："善。"乃令黎且以女乐六遗哀公，哀公乐之，果怠于政①。仲尼谏，不听，去而之楚。

注释

①六：指六队，古代歌舞以八人一队，六队为四十八人。

译文

孔子在鲁国从政的时候，路不拾遗，齐景公对此很忧虑。黎且告诉齐景公说："除去孔子就像吹掉一根毫毛那样容易。您何不用优厚的待遇和高贵的地位去迎接孔子，赠送

给鲁哀公歌妓而使他放纵虚荣。鲁哀公刚刚得到，沉迷于歌妓，一定懈怠于政事，孔子必然要劝谏他，劝谏必然就会轻易断绝自己与鲁国的关系。"齐景公说："好。"于是令黎且赠送给鲁哀公六队歌妓，鲁哀公沉迷于歌妓，果然懈怠于政事。孔子劝谏，鲁哀公不听，孔子于是离开鲁国前往楚国。

楚王谓干象曰："吾欲以楚扶甘茂而相之秦，可乎？"干象对曰："不可也。"王曰："何也？"曰："甘茂少而事史举先生，史举，上蔡之监门也，大不事君，小不事家，以苛刻闻天下。茂事之，顺焉。惠王之明，张仪之辨也，茂事之，取十官而免于罪，是茂贤也。"王曰："相人敌国而相贤，其不可何也？"干象曰："前时王使邵滑之越，五年而能亡越。所以然者，越乱而楚治也。日者知用之越，今亡之秦，不亦太亟亡乎！"王曰："然则为之奈何？"干象对曰："不如相共立。"王曰："共立可相，何也？"对曰："共立少见爱幸，长为贵卿，被王衣，含杜若，握玉环，以听于朝，且利以乱秦矣。"

译文

楚怀王对干象说："我想动用楚国的力量扶持甘茂，让他做秦相，可以吗？"干象回答说："不可以。"楚怀王说："为什么呢？"干象说："甘茂年轻的时候曾经侍奉过史举先生。史举是上蔡的看门人，从大的方面来说他不侍奉君主，从小的方面来说他理不好家庭，以刻薄闻名天下。甘茂侍奉史举，顺着他刻薄的作风办事。以秦惠王的圣明、张仪的明察，甘茂侍奉他们，获取十种官职而且没有得罪他们，这些都表明甘茂才是贤能的人。"楚怀王说："替和我国实力相当的敌国选很贤能的相国，这为什么不可以呢？"干象说："前些时候大王派邵滑出使到越国，五年后就能灭掉越国。之所以会这样，是因为越国混乱了，而楚国得到治理了。往日您知道使用不贤的人去往越国，如今却忘了使用不贤能的人去往秦国，不是忘记得太快了吗？"楚怀王说："那么这件事该怎么办呢？"干象回答说："不如让共立做秦国的相国。"楚怀王说："共立可以做相国，为什么呢？"干象回答说："共立年轻的时候就被秦王所宠爱，长大后又贵为卿大夫，穿的是秦王的衣服，口中含杜若这样的香草，手中握玉环，用这种人在朝廷上掌权，很有利于扰乱秦国。"

吴政荆，子胥使人宣言于荆曰①："子期用，将击之；子常用，将去之。"荆人闻之，因用子常而退子期也，吴人击之，遂胜之。

注释

①政：通"征"，征伐。

译文

吴国征伐楚国，伍子胥派使者到楚国宣扬说："如果子期得到任用，我们将攻打楚国；如果子常得到任用，我们将撤离楚国。"楚国人听说后，就任用子常为将军而贬退了子期，吴国人攻打楚兵，于是战胜了楚军。

> 晋献公伐虞、虢，乃遗之屈产之乘，垂棘之璧，女乐六，以荣其意而乱其政①。

注释

①遗：给予、馈赠。荣：通"荧"，炫惑。

译文

晋献公去攻打虞国、虢国，便先赠送给虞公屈地出产的良马、垂棘的玉璧、歌妓六队，用以惑乱他的思想，扰乱他的国政。

> 叔向之谗苌弘也，为书曰："苌弘谓叔向曰：'子为我谓晋君，所与君期者，时可矣，何不亟以兵来？'"因佯遗其书周君之庭而急去行。周以苌弘为卖周也，乃诛苌弘而杀之。

译文

叔向陷害苌弘，伪造了一封书信说："苌弘对叔向说：'你替我告诉晋君，与晋君约好的事，时机成熟了，为何还不赶快带着兵来呢？'"于是假装把这封信丢失在周君的朝廷上急忙离去。周君认为苌弘出卖周国，于是惩罚苌弘并杀了他。

> 郑桓公将欲袭郐，先问郐之豪杰、良臣、辨智果敢之士，尽与姓名，择郐之良田赂之，为官爵之名而书之。因为设坛场郭门之外而埋之，衅之

以鸡猳，若盟状^①。邻君以为内难也而尽杀其良臣。桓公袭邻，遂取之。

注释

①猳：猪。

译文

郑桓公将要袭击邻国，先打听邻国的英雄豪杰、贤能良臣、明智善辩果断勇敢的人士，把他们的姓名全都记录好，挑选邻国的良田写在他们名下表示贿赂了他们，还在一些官位爵禄名称下写下他们的姓名表示收买了他们。在城门外设立坛场并把这些名单埋在地下，洒上鸡和猪的鲜血作为祭祀，做得像盟约一样。邻国君主认为国内发生了叛乱就杀尽了这些良臣。郑桓公偷袭邻国，于是攻取了它。

经七　庙攻

参疑废置之事，明主绝之于内而施之于外。资其轻者，辅其弱者，此谓庙攻。叁伍既用于内，观听又行于外，则敌伪得^①。其说在秦侏儒之告惠文君也。故襄疵言袭邺，而嗣公赐令席。

注释

①叁伍：即三五，此处指多方面考察，互相参验。

译文

经七　庙攻

大臣互相猜疑、国外参与大臣任免的事，英明的君主在国内把它们杜绝而把它们在国外施行。资助国外那些职位还轻的官员，辅助国外那些权势还弱的官员，这就叫"宗庙内的攻击"。多方面考察，互相参验用在内部，把观察听闻施行在外，那么敌国的诈伪之情就可以得到。这个说法在秦国侏儒把楚国的计谋告诉给秦惠文君的事中，得到验证。所以襄疵说赵国袭击邺城，而卫嗣公把席子赐给县令。

说七

秦侏儒善于荆王，而阴有善荆王左右而内重于惠文君。荆适有谋，侏

> 儒常先闻之以告惠文君。

说七

秦国有个侏儒和楚王的关系很好，又暗中和楚王的侍从很友好而且在国内被秦惠文君器重。楚国如果有什么计谋，侏儒经常事先听到消息来告诉秦惠文君。

> 邺令襄疵，阴善赵王左右。赵王谋袭邺，襄疵常辄闻而先言之魏王。魏王备之，赵乃辄还。

译文

魏邺县县令襄疵，暗中结交赵王的左右侍从。赵王谋划偷袭邺县，襄疵常常能立即得到情报并事先告诉魏王。魏王加强防备，赵国就立即撤兵回国。

> 卫嗣君之时，有人于令之左右。县令有发蓐而席弊甚，嗣公还令人遗之席，曰："吾闻汝今者发蓐而席弊甚，赐汝席。"县令大惊，以君为神也。

译文

卫嗣君的时候，有人受命在县令身边窥探。有一次县令揭开被褥而露出了很破烂的席子。卫嗣君就派人赠送给他席子，说："我听说你揭开被褥而露出了很破烂的席子，赏赐给你席子。"县令大吃一惊，认为卫嗣君很神明。

评析

"六微"，就是六种隐微的情况。这六种隐微的情况在任何一个集体中都存在，因此要求领导人、当权者都要善于觉察出这些隐微的情况。

"六微"之一是君主的权势被转借到下级，下级得到了这个"全权处理"的号令，把一种权势变成了百种权势。那么他也就可能在这种情况下增强自己的力量，而自己的力量得到增加，就会堵塞住上级的耳目，使得上级在各方面都要听他的。在这样的情况之下，君主的权力就会逐渐被取代，国家就将处于混乱的状态，最终就会有丧失

国家的危险。

"六微"之二是利益不同而下级借助外国势力。君臣之间的利益肯定不同，韩非也清楚地认识到君臣之间的利益问题，但他没有办法解决，就只好提出忠诚问题。所谓忠诚，就是下级忠心对待上级，站在上级的立场、角度、价值观上来处理事情。但要求每一个人都这样，肯定行不通，于是便要求人们站在国家的立场上。

"六微"之三是下级伪托相似类似的事情进行欺骗。相似与类似不一样，相似是表面上很相像，类似是事情的本质很相像，相像却不一样，臣下举出相似或类似的事，当君主的如果不明察，就会按相似或类似的处理方法，其结果也就会大相径庭。

"六微"之四是上下存在利害关系而且极端相反。君臣上下之间都有利害关系，但其利害关系有时是相同的，比如国兴大家兴、国亡大家亡。但有时利害关系却大不一样，比如君亡臣子兴、臣亡君主兴等等。所以，在国家危难时，有谁大发国难财，那么这个人可能就是敌人。某个人受害，那肯定先要寻找他的仇人。这些都是现代警察所说的"动机"。一个人有了动机，一般情况下就会有行为，有行为就会有结果。所以韩非认为，要寻找得利的人，谁得利，谁就有动机。

"六微"之五是参差不齐互相怀疑且在内部相争。内部管理人员的水平参差不齐，价值观念不同而导致互相怀疑，这些情况在每一个领导集团中都有。所以现代企业提倡"企业文化"，其目的就是想要统一人们的价值观念。水平参差不齐并不要紧，培训提高就是，关键是人们的价值观念。在现代价值观念混乱的情况下，因为价值观念不同而导致的工作目的不一样、工作方法不一样比比皆是，混乱皆是由此而生。所以，人们在组建领导班子的时候，一定要寻求价值观念的统一。

"六微"之六是敌对国家参与本国官员的废置。别的国家怎么能来参与本国官员的废置呢？尤其是敌对的国家，这个问题有很多人不懂。敌我分明，那是在战场上，在平常，敌我是不分明的。孙子兵法中的反间计，讲的就是这种情况。敌人会派人来接近我们的官员，他会观察上下左右内部外部的情况，然后用各种手段（包括贿赂）与高层协商，赞同或否定某人担任某职。如果最高领导不明察，任用了敌对国家喜欢的人，那么这个人就会为他们服务。如果想任用敌对国家不喜欢的人，那么敌对国家就会千方百计阻挠甚至诽谤，使这个人得不到任用。

总之，对于这些隐微之情，明白的君主在内部杜绝，而把它们用在对外上。所谓"庙攻"，是指内部，春秋战国时期，一个诸侯国的主要领导集团基本上是一家人，同属一个宗庙，同祭一个祖先。所以"庙攻"即是攻庙，攻击内部。一般人都知道，集团高官是很难收买的，只有那些职位还轻的、权势还弱的人可以收买，收买后再逐步培养他们，并且使他们逐渐登上高位，掌握大权。这样，敌国便成了囊中之物。

外储说左上
第三十二

题解

《外储说》和《内储说》是姐妹篇，韩非同样使用大量生动形象的民间传说和历史故事把他的功利主义学说阐述得有声有色、有滋有味，除了《经六》和《说六》宣扬守信用以外，前面五部分集中发挥以功利为原则治国的思想，并以此为基础，反对空谈，反对形式，反对学问，反对智巧，反对亲情，反对礼贤，反对仁义，反对君主为民表率。

经一

明主之道，如有若之应密子也①。人主之听言也，美其辩；其观行也，贤其远。故群臣士民之道言者迂弘，其行身也离世。其说在田鸠对荆王也。故墨子为木鸢，讴癸筑武宫②。夫药酒用言，明君圣主之以独知也。

韩非子选集

注释

①有若：姓有，名若，字子有，春秋末鲁国人，孔子的学生。宓子：即宓子贱，姓宓，名不齐，字子贱，春秋末鲁国人，孔子的学生，以德行著称。②墨子：即墨翟，战国初期思想家，墨家学派的创始人。鸢（yuān）：又名"老鹰"。

译文

经一

圣明君主的治国法则，就像有若回答宓子贱时所说的那样。君主听取言论，要赞美他们的能言善辩；观察臣下的行为，夸奖他们志向高远。所以群臣百官游士民众讲话都迂阔宏大，其立身处世也就远离世人。这个说法在田鸠回答楚王这则故事中。所以墨子制作木鸢，讴癸修筑武宫。忠言犹如药酒，只有明君圣主才能明白其中的道理。

说一

宓子贱治单父。有若见之曰："子何臞也①？"宓子曰："君不知贱不肖，使治单父，官事急，心忧之，故臞也。"有若曰："昔者舜鼓五弦、歌《南风》之诗而天下治。今以单父之细也，治之而忧，治天下将奈何乎？故有术而御之，身坐于庙堂之上，有处女子之色，无害于治；无术而御之，身虽瘁臞，犹未有益。"

注释

①臞（qú）：消瘦。

译文

说一

宓子贱治理单父。有若看见他说："您怎么消瘦了？"宓子贱说："君主不知道我没有才德，让我治理单父，官事繁忙紧急，我心里很忧愁，所以就消瘦了。"有若说："从前舜弹奏五弦琴、口中唱着《南风》这首诗歌就把天下治理好了。如今单父这样的小地方，你治理它还担忧，让你治理天下将怎么办呢？所以有了办法来统治国家，自己身处朝堂之上，脸上有少女般红润的气色，对治理国家没有什么妨害；没有办法去统治国家，即使身体憔悴消瘦，也是没有什么益处的。"

楚王谓田鸠曰："墨子者，显学也。其身体则可，其言多而不辩，何也？"曰："昔秦伯嫁其女于晋公子，令晋为之饰装，从衣文之媵七十人①。

至晋，晋人爱其妾而贱公女。此可谓善嫁妾，而未可谓善嫁女也。楚人有卖其珠于郑者，为木兰之椟，薰以桂椒，缀以珠玉，饰以玫瑰，辑以翡翠②。郑人买其椟而还其珠。此可谓善卖椟矣，未可谓善鬻珠也③。今世之谈也，皆道辩说文辞之言，人主览其文而忘有用。墨子之说，传先王之道，论圣人之言，以宣告人。若辩其辞，则恐人怀其文忘其直，以文害用也④。此与楚人鬻珠、秦伯嫁女同类，故其言多不辩。"

注释

①媵（yìng）：陪嫁的姬妾。②椟（dú）：匣子。辑：通"缉"，聚集。③鬻（yù）：卖，出售。④直：通"值"，价值。

译文

楚王对田鸠说："墨子是现在声名显赫的学者。他亲身实践是不错的，但他的言论繁多而不动听，这是为什么？"田鸠说："从前秦穆公把女儿嫁给晋国公子，叫晋国为他女儿准备装饰，跟从她穿着彩衣的陪嫁的姬妾有七十个人。到了晋国，晋国人却爱那些陪嫁的姬妾而看不起秦穆公的女儿。这可以叫作善于嫁姬妾，而不可能叫善于嫁女儿。楚国有一个人在郑国卖珠宝，做了一个木兰木的匣子，用肉桂花椒香料熏过，用珍珠宝石装饰点缀，再装饰上玫瑰花，周边围上翡翠。郑国人买了他的匣子而把里面的珠宝还给了他。这可以称之为善于卖匣子，而不能称之为善于卖珠宝。如今世上的言论，都说些动听有文采的话，却忘记了实用的价值。墨子的学说，传播先王之道，评论圣人的言谈，来宣传给人们。假若把他的文辞修饰得华丽，就怕人们记住了它的文采而忘掉它的价值，因为文采妨害了功用。这与楚国人卖珠宝、秦穆公嫁女儿一样，所以他的言论大多不漂亮动听。"

墨子为木鸢，三年而成，蜚一日而败①。弟子曰："先生之巧，至能使木鸢飞。"墨子曰："吾不如为车輗者巧也②。用咫尺之木，不费一朝之事，而引三十石之任，致远力多，久于岁数。今我为鸢，三年成，蜚一日而败。"惠子闻之曰："墨子大巧，巧为輗，拙为鸢。"

注释

①蜚（fēi）：通"飞"，飞翔。②輗（ní）：车辕前面横木上两端的木销子。

译文

墨子制作木头的鹰，花了三年才做成，飞了一天就坏了。他的弟子说："先生的手真巧，以至于使木头制作的鹰都能飞。"墨子说："我不如制作车輗的人手巧。他们用尺把长的木

韩非子选集

头，用不了一早晨的工夫，就能制作出牵引三十石重的车輗，能行走很远而且力量大，还可以用很多年，使用寿命长达数年。如今我制作的木鹰，三年才做成，飞了一天就坏了。"惠施听说这件事后说："墨子有大智慧，认为灵巧的人制作车輗，认为笨拙的人制作木鹰。"

> 宋王与齐仇也，筑武宫①。讴癸倡，行者止观，筑者不倦②。王闻，召而赐之。对曰："臣师射稽之讴又贤于癸。"王召射稽使之讴，行者不止，筑者知倦。王曰："行者不止，筑者知倦，其讴不胜如癸美，何也？"对曰："王试度其功。"癸四板，射稽八板；擿其坚，癸五寸，射稽二寸③。

注释

①武宫：宋国练习武艺的一种建筑物。②讴癸：名叫癸的歌手。倡：通"唱"。③擿（zhì）：同"掷"，引申为戳、捣。

译文

宋王与齐王作对，就修筑练习武艺的场所。歌手癸在工地上领唱夯歌，走路的人停下脚步来看，修筑的工人都不疲倦。宋王听说了，召见并赏赐他。癸回答说："我的老师射稽唱歌比我还唱得好。"宋王又召射稽来让他唱，但行人却不停下来，修筑的工人们感到疲倦。宋王说："行人不停住脚步，修筑的工人知道疲倦，他唱歌还不如癸你唱得好，这是为什么呢？"癸回答说："大王请去度量一下我们的工作效率。"癸唱歌时工人筑了四板厚的墙，射稽唱歌时工人筑了八板厚的墙；戳捣以试验墙的坚固程度，癸唱歌时筑的墙能戳进五寸，射稽唱歌时筑的墙只能戳进两寸。

> 夫良药苦于口，而智者劝而饮之，知其入而已己疾也。忠言拂于耳，而明主听之，知其可以致功也。

译文

那好药吃在嘴里很苦，而有智慧的人还是勉励人喝下去，明白药喝下去可以治好自己的疾病。忠言听起来不顺耳，而英明的君主还是听从它，明白忠言能以用来建功立业。

> **经二**
> 人主之听言也，不以功用为的，则说者多"棘刺""白马"之说①；不

外储说左上第三十二

以仪的为关，则射者皆如羿也②。人主于说也，皆如燕王学道也；而长说者，皆如郑人争年也。是以言有纤察微难而非务也，故李、惠、宋、墨皆画策也③；论有迂深闳大，非用也，故畏、震、瞻、车、状皆鬼魅也④；言而拂难坚确，非功也，故务、卞、鲍、介、墨翟皆坚瓠也⑤。且虞庆诎匠也而屋坏，范且穷工而弓折。是故求其诚者，非归饷也不可。

注释

①的：本意为箭靶，引申为目标。②仪：准则。关：关口，比喻衡量事物的客观界限和标准。羿：古人名，传说是夏代有穷国的君主，善于射箭，亦称"后羿""夷羿"。③李：应作季，即季良。惠：即惠施，战国时期宋国人。宋：即宋钘，战国时期宋国人，主张禁欲，其思想观念与墨翟学说接近。④畏：应作魏，即魏牟，战国时期魏国的公子。震：应作长，即长卢子。瞻：应作詹，即詹何，春秋战国时期楚国人。车：应作陈，即陈骈。状：应作庄，即庄周（约前369—前295），古代哲学家、道家的代表之一。⑤务：即务光，夏朝末期人。卞：即卞随，夏朝末期人。鲍：即鲍焦，周朝隐士，荷担采樵，拾橡充食，不臣天子，不友诸侯，子贡讥笑他，于是抱木立枯而死。介：即介子推，跟随晋文公出逃的臣子。瓠（hù）：瓠瓜，一年生草本植物，爬蔓，夏开白花，果实长圆形，嫩时可吃，俗称"葫芦"。

译文

经二

君主听取言论，不以实际功用为目的，那么游说的人就多说"棘刺""白马"之类的话；不以客观的标准为准则，那么射箭的人都说自己像神箭手羿一样。君主对于臣下的游说，都像燕王学长生不死之道一样了；而擅长辩说的人，都像郑国人争论年龄一样没完没了。因此言谈有细致明察微妙难知但不是当务之急的，所以季良、惠施、宋钘、墨翟的学说，都不过是画在纸上的计策；论说有些是深远闳大，但不切实用，所以魏牟、长卢子、詹何、陈骈、庄周的学说，都不过是纸上的鬼魅；言论违反常理、一般人难以做到而坚定固执的，但没有功用，所以务光、卞随、鲍焦、介子推、墨翟都像坚硬的瓠瓜一样。况且虞庆虽然驳得工匠无话可说但是按他的话修建的房屋却崩坏了，范雎虽然驳得工匠无言以对但是按他说的话做出来的弓一拉就折断了。因此想真的填饱肚子，不回家吃饭就不行。

说二

宋人有请为燕王以棘刺之端为母猴者，必三月斋然后能观之。燕王因以三乘养之①。右御冶工言王曰："臣闻人主无十日不燕之斋。今知王不能久斋以观无用之器也，故以三月为期。凡刻削者，以其所以削必小。今臣

冶人也，无以为之削，此不然物也。王必察之。"王因囚而问之，果妄，乃杀之。冶人谓王曰："计无度量，言谈之士多棘刺之说也。"

注释

①乘：军赋的计算单位。古井田制，九夫为井，十六为丘，四丘为甸，一甸土地所出的军赋叫乘（包括战车、甲士和步卒）。

译文

说二

宋国有个人请求为燕王在棘刺的尖端雕刻母猴，他让燕王必须斋戒三个月以后才能看这母猴。燕王因而用三乘的军赋来供养他。右御属下的冶炼工人对燕王说："我听说君主没有连续十天不设宴饮的斋戒。如今他知道大王不能长期斋戒来看那没有实际功用的东西，所以才用三个月为期。凡是雕刻，用来雕刻的工具一定比雕刻的东西要小。如今我是个冶炼工人，明白根本没有办法制造出这样小的刻刀，所以这是不可能的事。大王一定要明察。"燕王便囚禁这个宋国人来审问，果然是虚假的，就杀了他。冶炼工人对燕王说："计划如果没有标准来衡量，那么游说的人就多半是在棘刺之上雕刻东西的言说。"

一曰：燕王好微巧。卫人曰："能以棘刺之端为母猴。"燕王说之，养之以五乘之奉。王曰："吾试观客为棘刺之母猴。"客曰："人主欲观之，必半岁不入宫，不饮酒食肉。雨霁日出，视之晏阴之间，而棘刺之母猴乃可见也。"燕王因养卫人，不能观其母猴。郑有台下之冶者谓燕王曰："臣，削者也。诸微物必以削削之，而所削必大于削。今棘刺之端不容削锋，难以治棘刺之端。王试观客之削，能与不能可知也。"王曰："善。"谓卫人曰："客为棘刺之母猴也，何以理之？"曰："以削。"王曰："吾欲观见之。"客曰："臣请之舍取之。"因逃。

译文

另一种说法：燕王喜好小巧的东西。有个卫国人说："我能在棘刺的尖端雕刻一只母猴。"燕王很高兴，以五乘的军赋来供养他。燕王说："我想试着看看贵客制作棘刺上的母猴。"卫国人说："君主想看它，必须半年不进入内宫，不饮酒吃肉。在那雨停云散太阳出来的时候，趁那半晴半阴之际，而那棘刺上的母猴就可以看见了。"燕王就供养这个卫国人，而不能看到母猴。郑国台下有个冶铁工匠对燕王说："我是做刻刀的人。

各种微小的东西一定要用刻刀来雕刻，而所雕刻的东西一定要比刀大。如今棘刺的尖端上根本容不下刀尖，所以难以用刻刀来雕刻棘刺的尖端。大王去试看一下卫国客人的刀，能不能雕刻就可以明白了。"燕王说："很好。"就对卫国人说："你在棘刺的尖端雕刻猕猴，用什么来刻削？"卫国人说："用刻刀。"燕王说："我想看一下你的刻刀。"卫国人说："臣请求回住处去取刀。"便趁机逃跑了。

兒说，宋人，善辩者也，持"白马非马也"服齐稷下之辩者。乘白马而过关，则顾白马之赋。故籍之虚辞，则能胜一国；考实按形，不能谩于一人。

译文

兒说是宋国人，是个善于辩说的人，持"白马不是马论"说服了齐国稷下的众多辩论者。但他乘坐白马过关的时候，还是交了白马的税。所以凭借虚空的言辞，他就能胜过一国人；但考察实际对照具体情况，就一个人也欺骗不了。

夫新砥砺杀矢，彀弩而射，虽冥而妄发，其端未尝不中秋毫也，然而莫能复其处，不可谓善射，无常仪的也[1]。设五寸之的，引十步之远，非羿、逄蒙不能必全者，有常仪的也。有度难而无度易也。有常仪的，则羿、逄蒙以

韩非子选集

五寸为巧；无常仪的，则以妄发而中秋毫为拙。故无度而应之，则以辩士繁说；设度而持之，虽知者犹畏失也，不敢妄言。今人主听说，不应之以度而说其辩；不度以功，誉其行而不入关。此人主所以长欺，而说者所以长养也。

注释

①砺（lì）：磨刀石。彀（gòu）：张满弓。

译文

刚刚磨好的利箭，张满弓发射，即使闭着眼睛乱射，其箭尖未尝不能射中细小的东西，然而不能再次射中原来的地方，就不能称之为善于射箭，这是因为没有固定的箭靶作为目标。设立直径五寸的箭靶，在十步远的地方射箭，除非后羿、逄蒙，其他人不一定能完全射中，是因为有固定的靶作为目标。有一定的目标射箭就困难，而没有目标射箭就容易。有固定目标的，那么后羿、逄蒙以射中五寸的箭靶为巧；没有固定目标的，那么就是射中非常小的东西也视为笨拙。所以没有一定的标准来衡量，那么辩者就长篇大论；设立标准而加以衡量，即使有智慧的人也害怕说话有失，而不敢乱说。现在君主听人言说，不用客观的标准来衡量，而任由他们辩说；不用实际功效来检验，却赞誉他们的行为而不问是否合乎准则。这就是君主长期被欺骗，而游说者之所以被长期供养的原因。

客有教燕王为不死之道者，王使人学之，所使学者未及学而客死。王大怒，诛之。王不知客之欺己，而诛学者之晚也。夫信不然之物而诛无罪之臣，不察之患也。且人所急无如其身，不能自使其无死，安能使王长生哉？

译文

客人中有一个能教燕王修炼长生不死的道术，燕王就派人去学习，所派的学者还没有来得及学那客人就死了。燕王非常愤怒，就诛杀这个去学的人。燕王不知道是客人在欺骗自己，而因为这个去学习的人学得太晚了而将其诛杀。那相信不可能的事而诛杀没有罪过的人，就是不明察的祸患。况且一个人最看重的是自己的身体，不能使自己不死，又怎么能使燕王长生呢？

郑人有相与争年者。一人曰："吾与尧同年。"其一人曰："我与黄帝之兄同年。"讼此而不决，以后息者为胜耳。

译文

郑国有两个争论年龄大小的人。一人说："我和尧同岁。"另一人说："我和黄帝的哥哥同岁。"两人为此争辩而没有决断，只好以最后停止争辩的人为胜者。

客有为周君画策者，三年而成。君观之，与髹策者同状①。周君大怒。画策者曰："筑十版之墙，凿八尺之牖，而以日始出时加之其上而观。"周君为之，望见其状，尽成龙蛇、禽兽、车马，万物之状备具。周君大悦。此策之功非不微难也，然其用与素髹策同。

注释

①髹（xiū）：给器物涂漆。

译文

有个为周君画竹筒的客人，过了三年才完成。周君去观看，与漆过的竹筒一样。周君大怒。画竹筒的人说："修筑十版高的墙，在墙上凿开八尺见方的窗口，然后在太阳刚刚出来时把竹筒放在窗上对着阳光看看。"周君照他的话做了，看见竹筒上画的形状都成了龙、蛇、飞禽、走兽、车马等，万事万物的形状全都备具。周君非常高兴。画这个竹筒的功夫并非不微妙和难能，然而它的用途和未画花纹或只用漆漆过的竹筒完全一样。

客有为齐王画者，齐王问曰："画孰最难者？"曰："犬马难。""孰易者？"曰："鬼魅最易。"夫犬马，人所知也，且暮罄于前，不可类之，故难。鬼神，无形者，不罄于前，故易之也。

译文

有位给齐王画画的客人，齐王问他说："画什么最难？"客人说："画狗和马最难。"齐王又问："画什么最容易？"客人说："画鬼神最容易。"那狗和马，人们都是知道的，一天到晚都在人们眼前，不可能画得和它们完全相似，所以很难。鬼神，是没有形状的，不显现在眼前，所以很容易画出来。

齐有居士田仲者，宋人屈谷见之，曰："谷闻先生之义，不恃仰人而

韩
非
子
选
集

食。今谷有树瓠之道，坚如石，厚而无窍，献之。"仲曰："夫瓠所贵者，谓其可以盛也。今厚而无窍，则不可剖以盛物；而任重如坚石，则不可以剖而以斟。吾无以瓠为也。"曰："然，谷将以欲弃之。"今田仲不恃仰人而食，亦无益人之国，亦坚瓠之类也。

译文

　　齐国有个隐士叫田仲，宋国人屈谷来见他，说："我听说先生的行为，不依靠别人来生活。现在我有一个大葫芦，大葫芦坚硬得像石头，厚实得没有空隙，现在献给你。"田仲说："那葫芦可贵的地方，是因为可以用来装东西。如今你的果实皮厚而没有孔隙，那么就不能剖开用来装东西；而且坚硬像石头，那就不可以剖开来斟酒。我要这种葫芦来做什么呢？"屈谷说："你说得对，我将把它丢弃。"如今田仲不依赖别人来生活，也对国家没有什么用处，也是和坚硬的实心葫芦同一类型。

　　虞庆为屋，谓匠人曰："屋太尊①。"匠人对曰："此新屋也，涂濡而椽生②。"虞庆曰："不然。夫濡涂重而生椽挠，以挠椽任重涂，此宜卑③。更日久，则涂干而椽燥。涂干则轻，椽燥则直，以直椽任轻涂，此益尊。"匠人诎，为之而屋坏。

注释

①尊：本意为高、高出，这里引申为高陡之意。②濡：润泽、潮湿。③挠：弯曲。卑：这里用为"地势低下"之意，与"高"相对。

译文

虞庆造房子，对工匠说："这屋顶的坡度太陡。"工匠回答说："这是新建的房屋，泥土还潮湿而椽子还未干透。"虞庆说："不对。那潮湿的泥土重而未干透的椽子弯曲，用弯曲的椽子来负担沉重的泥土，这就应该做得低平一点。经历时间长了，那泥土变干而椽子也会干燥。泥土干了就会变轻，椽子干燥了就会变直，挺直的椽子负担轻的泥土，这屋就更加高陡了。"工匠无话可说，就按虞庆说的去做，结果房屋坏了。

> 一曰：虞庆将为屋，匠人曰："材生而涂濡。夫材生则挠，涂濡则重，以挠任重，今虽成，久必坏。"虞庆曰："材干则直，涂干则轻。今诚得干，日以轻直，虽久，必不坏。"匠人诎，作之成，有间，屋果坏。

译文

另一种说法，虞庆准备造房屋，工匠说："木材没干透而泥土还潮湿。那木材没干透就会弯曲，泥土潮湿就沉重，用弯曲的木材承受沉重的泥土，如今虽然能够造成房屋，时间长了一定会坏。"虞庆说："木材干了就会变直，泥土干了就会变轻。现在要是它们确实变干，就会一天天变轻变直，虽然时间久了，一定不会坏。"工匠无言以对，按虞庆说的造成了房屋，过了不久，房屋果然坏了。

> 范且曰："弓之折，必于其尽也，不于其始也。夫工人张弓也，伏檠三旬而蹈弦，一日犯机，是节之其始而暴之其尽也，焉得无折①？且张弓不然：伏檠一日而蹈弦，三旬而犯机，是暴之其始而节之其尽也。"工人穷也，为之，弓折。

注释

①檠（qíng）：矫正弓弩的工具。

译文

范且说："弓被折断，一定是在它制作快结束的时候，不在它刚开始的时候。工匠张弓的时候，先把弓弩放在矫弩工具中调节三十天之后才装上弦，一天之内把箭发射出去，这就是开始的时候缓慢而最后使用时急促，弓怎么会不折断？我这张弓不是这样：用校正弩的工具校正一天就装上弓弦，上弦三十天后才把箭发射出去，这就是开始的时候急促而在最后有节制。"工匠被他说得无言以对，就按他说的做，结果弓弩折断了。

范且、虞庆之言，皆文辩辞胜而反事之情。人主说而不禁，此所以败也。夫不谋治强之功，而艳乎辩说文丽之声，是却有术之士而任"坏屋""折弓"也。故人主之于国事也，皆不达乎工匠之构屋张弓也。然则士穷乎范且、虞庆者：为虚辞，其无用而胜；实事，其无易而穷。人主多无用之辩，而少无易之言，此所以乱也。今世之为范且、虞庆者不辍，而人主说之不止，是贵"败""折"之类而以知术之人为工匠也。工匠不得施其技巧，故屋坏弓折；知治之人不得行其方术，故国乱而主危。

外储说左上第三十二

译文

范且、虞庆的言论，都是言辞善辩而违反实际情况的。君主对这种言论喜欢而不禁止，这就是失败的原因。不谋治国强兵的实际功效，而羡慕华丽文辞的辩论，这是排斥有术之士而任用"能使房屋倒塌""能使弓弩折断"的人。所以君主对于国家政事的治理，都还没有达到工匠造房和制造弓弩的熟悉程度。然而有术之士被范且、虞庆所困窘的原因：讲一些空话，没有用却能取得君主的信任；做实事，即使结果明确却受到窘迫。君主看重没有实际功效的辩辞，而轻视说明必然结果的言论，这就是他们国家混乱的原因。如今社会上像范且、虞庆那样的人不断出现，而君主却欣赏他们不止，这就是尊重"败屋""折弓"之类的人而把智术之士看成了造屋张弓的工匠。使工匠不能施展技巧，所以导致屋坏弓折；懂得治国的人不能实施他的治国方略，所以国家混乱而君主处境危险。

夫婴儿相与戏也，以尘为饭，以涂为羹，以木为胾，然至日晚必归饷者，尘饭涂羹可以戏而不可食也①。夫称上古之传颂，辩而不悫，道先王仁义而不能正国者，此亦可以戏而不可以为治也②。夫慕仁义而弱乱者，三晋也；不慕而治强者，秦也，然而未帝者，治未毕也。

①胾（zì）：大块肉。②悫（què）：诚实。

译文

　　小孩子在一起做游戏，拿尘土当作饭，拿泥土当作汤，拿木柴当作大块肉，然而到了晚上一定会回家吃饭，用土做的饭泥做的羹可以用来游戏但不能吃呀。称道上古的传说与颂词，虽然动听却不实用，奉行先王的仁义却不能治理国家，这也可以用来游戏但是不能用来治国啊。钦慕仁义而使国家变得弱小混乱的，是韩、赵、魏三国；不钦慕仁义而使国家治理得很强大的，是秦国，然而秦国还没有称帝天下，是治理的方法还没有完善啊。

经三

　　挟夫相为则责望，自为则事行。故父子或怨谯，取庸作者进美羹①。说在文公之先宣言，与勾践之称如皇也。故桓公藏蔡怒而攻楚，吴起怀瘳实而吮伤。且先王之赋颂，钟鼎之铭，皆播吾之迹，华山之博也。然先王所期者利也，所用者力也。筑社之谚，自辞说也。请许学者而行宛曼于先生，或者不宜今乎？如是，不能更也。郑县人得车厄也，卫人佐弋也，卜子妻写弊裤也，而其少者侍长者饮也②。先王之言，有其所为小而世意之大者，有其所为大而世意之小者，未可必知也。说在宋人之解书与梁人之读记也。故先王有郢书，而后世多燕说。夫不适国事而谋先王，皆归取度者也。

注释

①谯：同"诮"，责骂。②佐（zuǒ）：辅助、帮助。

译文

经三

　　怀着相互依赖的心理就会责备和埋怨，自己依赖自己事情就能办成。所以父子之间有时也会埋怨和责备，而给雇工准备丰盛的饭菜。这个说法在文公伐宋前先要宣布宋国的罪状，以及勾践讨伐吴国时先宣布夫差筑如皇台的罪状这两则故事中。所以齐桓公隐藏对蔡国的愤怒而去攻打楚国，吴起希望士兵的伤愈而给他们吮吸伤口。况且先王歌功颂德的诗赋、钟鼎上铭刻的铭文，都和播吾山上赵主父的大脚印、华山上秦昭襄王刻的大棋局是同样的东西。然而先王所期待的是有利益，所使用的是力量。修筑社坛时的谚语，就说明了这个道理。赞许学者的观点，因而实行先王那些渺茫的学说，恐怕不适宜于现在吧？像这样，又不能改变它。郑县人得到车轭，卫国掌管射飞禽的小官帮倒忙，卜子的妻子仿照旧裤子做新裤子，以及年轻的人侍奉年纪大的人饮酒，就都是这样的行为。先王的言论，有的针对的事情小而在当今社会的意义重大，有的针对的事情大而在如今社会的意义微小，这是不一定能知道的。这个说法在宋人误解所读之书的意义和梁国人读书变呆这两则故事中。所以先王的言论有如郢都人写信，而后世的理解多像燕国人读信那样胡乱猜测。不管是否适合自己国家的政事而谋求先王之道，都和郑国人买鞋不相信自己的脚而回家拿尺码一样。

说三

人为婴儿也，父母养之简，子长而怨；子盛壮成人，其供养薄，父母怒而诮之[①]。子、父，至亲也，而或谯或怨者，皆挟相为而不周于为己也[②]。夫卖庸而播耕者，主人费家而美食，调布而求易钱者，非爱庸客也，曰：如是，耕者且深，耨者熟耘也。庸客致力而疾耘耕者，尽巧而正畦陌者，非爱主人也，曰：如是，羹且美，钱布且易云也。此其养功力，有父子之泽矣，而心调于用者，皆挟自为心也。故人行事施予，以利之为心，则越人易和；以害之为心，则父子离且怨。

注释

①诮（qiào）：责备。②谯：通"诮"，责备。

译文

说三

人还是孩子的时候，父母抚养他很马虎，孩子长大以后要埋怨父母；孩子长大成人，对父母的供养微薄，父母就会发怒而且责备他。孩子与父母，是最亲近的，然而有时责备有时埋怨，都是因为各自怀有相互依赖的心理而认为对方不能周全照顾自己。雇佣雇工来播种耕作，主人花费家财准备好的饭菜，挑选布币去换钱币来付报酬，不是喜欢雇工，而是说：像这样雇工耕地就会耕得深，锄草就会精细。雇工尽力而快速地耘田耕地，使尽技巧来整理田地，并非热爱主人，而是说：像这样，饭菜就会更好，钱币将会容易得到。主人这样来供养雇工，就有父子之间的恩泽了，而雇工的心思都用在工作上，都是怀着为自己的心理。所以人们办事和给人好处，如果从对自己有利着想，那么关系疏远的人也可以和睦；从对自己有害处着想，那么就是父子之间也要远离而且埋怨。

文公伐宋，乃先宣言曰："吾闻宋君无道，蔑侮长老，分财不中，教令不信，余来为民诛之。"

181

文公要攻打宋国，就先宣传说："我听说宋君是无道昏君，蔑视欺侮德高望重的老人，分配财物不公平，发布法令不守信用，我来为宋国的百姓除掉他。"

越伐吴，乃先宣言曰："我闻吴王筑如皇之台，掘深池，罢苦百姓，煎靡财货，以尽民力，余来为民诛之。"

译文

越国攻打吴国，就先宣传说："我听说吴王夫差修筑一座如皇台，挖掘了很深的护城河，使百姓疲劳困苦，榨干了百姓的钱财，因此耗尽了老百姓的力量，我来替老百姓惩罚他。"

蔡女为桓公妻，桓公与之乘舟，夫人荡舟，桓公大惧，禁之不止，怒而出之。乃且复召之，因复更嫁之。桓公大怒，将伐蔡。仲父谏曰："夫以寝席之戏，不足以伐人之国，功业不可冀也，请无以此为稽也。"桓公不听。仲父曰："必不得已，楚之菁茅不贡于天子三年矣，君不如举兵为天子伐楚。楚服，因还袭蔡，曰'余为天子伐楚，而蔡不以兵听从'，遂灭之。此义于名而利于实，故必有为天子诛之名，而有报仇之实。"

译文

蔡侯的女儿嫁给齐桓公做妻子，齐桓公和她一起乘船，这位夫人晃动着船，齐桓公非常害怕，让她停止她却不听，齐桓公愤怒地休了她。随后又想召她回来，蔡国已把她改嫁了。齐桓公很愤怒，想去讨伐蔡国。管仲就劝谏说："因为夫妻之间的游戏，不值得去讨伐别人的国家，建立功业不能指望这个，请不要计较这件事。"齐桓公不听从管仲的劝谏。管仲说："如果一定不能打消报复的念头，那么楚国的菁茅已经三年没有向周天子进贡了，您不如发兵去为周天子讨伐楚国。楚国屈服了，趁机回兵袭击蔡国，说：'我为周天子讨伐楚国，而蔡国却不派兵来听从调遣'，于是消灭了蔡国。这样做在名义上是正义的而实际上是有利的，所以一定要有替天子讨伐的名义，而后有报仇的实利。"

吴起为魏将而攻中山。军人有病疽者，吴起跪而自吮其脓。伤者之母立泣，人问曰："将军于若子如是，尚何为而泣？"对曰："吴起吮其父之创而父死，今是子又将死也，今吾是以泣。"

译文

　　吴起作为魏国的将军去攻打中山国。军人中有个人患了毒疮，吴起跪着为他吮吸毒疮中的脓血。这军人的母亲听说后立即哭了，有人问她说："将军对你儿子这般爱护，你为什么还要哭呢？"这位母亲回答说："吴起吮吸过他父亲的伤口而他父亲就为吴起拼命战死了，如今这个儿子又将要战死，因此我要哭泣。"

　　赵主父令工施钩梯而缘播吾，刻疏人迹其上，广三尺，长五尺，而勒之曰："主父常游于此。"

译文

　　赵武灵王命令工匠使用带钩的梯子去攀登华山，在那上面刻上人的脚印，宽三尺，长五尺，并刻上字说："赵武灵王曾到此游玩。"

秦昭王令工施钩梯而上华山，以松柏之心为博，箭长八尺，棋长八寸，而勒之曰："昭王尝与天神博于此矣。"①

注释

①博：博弈。箭：一名箸，骰子。

译文

秦昭王命令工匠安装钩梯攀上华山，用松柏的树心做成棋盘，骰子长八尺，棋子长八寸，而且在上面刻字说："昭王曾经与天神在此下棋。"

文公反国，至河，令笾豆捐之，席蓐捐之，手足胼胝、面目黧黑者后之①。咎犯闻之而夜哭。公曰："寡人出亡二十年，乃今得反国。咎犯闻之不喜而哭，意不欲寡人反国耶？"犯对曰："笾豆，所以食也，席蓐，所以卧也，而君捐之；手足胼胝，面目黧黑，劳有功者也，而君后之。今臣有与在后，中不胜其哀，故哭。且臣为君行诈伪以反国者众矣，臣尚自恶也，而况于君？"再拜而辞。文公止之曰："谚曰：'筑社者，攘撅而置之，端冕而祀之②。'今子与我取之，而不与我治之；与我置之，而不与我祀之；焉可？"解左骖而盟于河。

注释

①笾豆：古代盛食物的器具，笾盛果实，豆盛肉类。捐：舍弃。蓐（rù）：草席、草垫。胼（pián）：胼胝，手脚上的茧。胝：手脚掌上的厚皮，俗称茧子。②攘（qiān）：古同"褰"，即撩起衣服，是无礼的举动。撅（juē）：揭衣。

译文

晋文公返回晋国的时候，来到黄河边上，命令把盛食物的器具全部丢掉，把竹席草垫也全部丢掉，让手脚上长满厚茧皮、脸色黝黑的人退到后面去。咎犯听到这个命令后夜里悄悄地哭了。晋文公说："我外出逃亡二十年，如今能够返回晋国。咎犯你听说后不喜悦而哭泣，你心里不想我返回晋国吗？"咎犯回答说："盛食物的器具，是用来吃饭的，竹席草垫是用来睡觉的，而您全部丢弃了；手脚上磨出厚茧皮，脸色黝黑，是劳苦而有功劳的人，而您让他们跟随在后面。如今我也属于跟随在后面的，心中有说不出的哀伤，所以哭了。况且我为了达到返回祖国的目的为您欺诈了很多返回晋国的人，我尚且厌恶自己，更何况是您呢？"再次拜谢晋文公后就要告辞。晋文公阻止他说："俗话说：'修筑社坛的人，用手把衣服撩起去放置土地神，建成后端正衣帽而祭祀。'如今你和我取得了晋国，而不和我一起治理它；就像和我一起树立了社神，而不和我一起祭祀它一样，这怎么可以呢？"于是解下马车左边的马沉入黄河和咎犯一起誓约。

郑县人卜子使其妻为裤，其妻问曰："今裤何如？"夫曰："象吾故裤。"妻子因毁新，令如故裤。

外储说左上第三十二

译文

郑县有个叫卜子的人让他妻子做裤子，他的妻子问他说："现在这条裤子做成什么样子？"丈夫说："做得像我的旧裤子一样。"妻子因此剪坏新裤子，让它像旧裤子一样破旧。

郑县人有得车轭者，而不知其名，问人曰："此何种也？"对曰："此车轭也。"俄又复得一，问人曰："此是何种也？"对曰："此车轭也。"问者大怒曰："曩者曰车轭，今又曰车轭，是何众也？此女欺我也！"遂与之斗。

译文

郑县有一个拾到车轭的人，却不知道这东西的名称，就去问人说："这是什么东西啊？"别人回答说："这是车轭。"过了一会儿他又拾到一个，又去问人说："这是什么东西啊？"那人回答说："这是车轭。"问话的人十分愤怒地说："刚才那个人说是车轭，现在你又说是车轭，这车轭怎么会有这么多呢？这是你欺骗我了！"随后就和那人打起来了。

卫人有佐弋者，鸟至，因先以其捲麾之，鸟惊而不射也①。

注释

①弋（yì）：箭射。捲（yuān）：头巾。

译文

卫国有个掌管射飞禽的小官，鸟飞来了，他就先向鸟挥动头巾，鸟受惊飞走了而无法射到。

185

郑县人卜子妻之市，买鳖以归。过颍水，以为渴也，因纵而饮之，遂亡其鳖。

译文

郑县人卜子的妻子到集市上去，买了一只鳖回家。路过颍水的时候，她以为鳖口渴了，因此就把鳖放到河水里让它饮水，结果丢失了她的鳖。

夫少者侍长者饮，长者饮，亦自饮也。

译文

有个年轻人侍候年纪大的人喝酒，年纪大的人喝了一口，他自己也跟着喝一口。

一曰：鲁人有自喜者，见长年饮酒不能釂则唾之，亦效唾之①。

注释

①釂（jiào）：饮尽杯中的酒。

译文

另一种说法是：鲁国有个自以为高明的人，看见年纪大的人饮酒时不能饮尽杯中的酒则吐出来，于是也仿效着把酒吐出来。

一曰：宋人有少者亦欲效善，见长者饮无余，非斟酒饮也而欲尽也。

译文

还有一种说法是：宋国有个年轻人也想仿效好的行为，看见年纪大的人饮酒没有剩余，不是别人给他斟的酒他也想一饮而尽。

书曰："绅之束之①。"宋人有治者，因重带自绅束也。人曰："是何也？"对曰："书言之，固然。"

注释

①绅：古代士大夫束在衣外的大带子。

译文

古书上说："要自己约束自己。"宋国有个研究古书的人，因此用重叠的带子把自己绑起来。有人说："你这是为什么呢？"他回答说："书上这么说的，当然应该这样做。"

书曰："既雕既琢，还归其朴。"梁人有治者，动作言学，举事于文，曰："难之。"顾失其实。人曰："是何也？"对曰："书言之，固然。"

译文

古书上说："又雕刻又琢磨，还原到它本来的质朴面目。"魏国有个研究这部古书的人，行动和说话都要学古书中的话，办事都要讲究礼节仪式，还说："这很难呀。"结果反而失去了他的朴实。有人说："这是为什么呢？"他回答说："书上是这么说的，当然应该这样。"

郢人有遗燕相国书者，夜书，火不明，因谓持烛者曰："举烛。"云而过书"举烛"。举烛，非书意也。燕相受书而说之，曰："举烛者，尚明也；尚明也者，举贤而任之。"燕相白王，王大说，国以治。治则治矣，非书意也。今世举学者多似此类。

译文

　　楚国郢都有个人想要给燕国相国写信，晚上写信时，灯火不亮，就对拿蜡烛的人说："举烛。"说过后在信上误写了"举烛"这两个字。"举烛"，并不是信中要表达的意思。燕相国收到书信后很高兴，他说："所谓的举烛，是崇尚光明；崇尚光明，就是要推举贤能而任用。"燕相国就告诉燕王，燕王很高兴，国家因此治理好了。国家是治理好了，但这并不是书信的原意。如今社会上所推举的学者大多数类似这样。

　　郑人有且置履者，先自度其足而置之其坐，至之市而忘操之。已得履，乃曰："吾忘持度。"反归取之。及反，市罢，遂不得履。人曰："何不试之以足？"曰："宁信度，无自信也。"

译文

　　郑国有个人要去买鞋，先量好自己的脚的尺码并把它放在座位上，到集市时却忘了带上量好的尺码。已经在集市上挑选好鞋子，他才说："我忘了拿尺码。"就回家去取量好的尺码。等他拿了尺码返回集市时，集市已经散了，于是没有买到鞋子。有人说："你当时为什么不用脚去试试这鞋子呢？"他说："我宁愿相信那尺码，不相信自己的脚。"

经四

　　利之所在，民归之；名之所彰，士死之。是以功外于法而赏加焉，则上不能得所利于下；名外于法而誉加焉，则士劝名而不畜之于君。故中章、胥己仕，而中牟之民弃田圃而随文学者邑之半；平公腓痛足痹而不敢坏坐，晋国之辞仕托者国之锤。此三士者，言袭法，则官府之籍也[①]；行中事，则如令之民也：二君之礼太甚[②]。若言离法而行远功，则绳外民也，二君又何礼之[③]？礼之当亡。且居学之士，国无事不用力，有难不被甲[④]。礼之，则

惰修耕战之功；不礼，则周主上之法⑤。国安则尊显，危则为屈公之威，人主奚得于居学之士哉⑥？故明主论李疵视中山也。

注释

①三士：指中章、胥己、叔向三人。籍：指国家的法令文件。②二君：指赵襄子和晋平公。③绳：木匠用的墨线，比喻法度。④被：通"披"。⑤周：妨害。⑥威：通"畏"，畏惧。

译文

经四

利益所在的地方，民众就会归向它；名声能得到彰显的事情，士人就会拼死去争它。因此对法度之外的功劳加以奖赏，那么君主就不能从臣下那里得到利益；名声在法度之外而能得到赞誉，那么士人受这种名声的勉励而不会受君主所蓄养。所以中章、胥己做了官，而中牟这个地方的民众抛弃田间耕作而从事文学的人便占了一半；晋平公为了尊敬叔向，小腿痛脚麻木了还不敢不端坐，晋国辞去官职和对贵族依附，以便效仿叔向的人就占了全国很大一部分。中章、胥己、叔向这三个读书人，言谈遵循法度，也就是官府法令文件中的内容；行为符合法令文件中的事宜，就是遵守法令的民众，两个君主对他们的礼遇太过了。如果他们的言谈离开法度而行为远离功效，那么就是法度之外的民众了，这两个君主又为何要礼遇他们呢？礼遇法度之外人会招致灭亡。况且隐居讲学的士人，国家太平的时候不用力耕作，国家有难的时候不披甲作战。礼遇这种人，就会让致力于修筑耕耘作战的民众懒惰；不礼遇他们，就会妨害君主的法制。国家安定时他们尊贵而显赫，国家危难他们就像屈公那样畏惧，君主能从隐居讲学之士那里得到什么呢？所以英明的君主肯定李疵对中山国的看法。

说四

王登为中牟令，上言于襄主曰："中牟有士曰中章、胥己者，其身甚修，其学甚博，君何不举之？"主曰："子见之，我将为中大夫。"相室谏曰："中大夫，晋重列也，今无功而受，非晋臣之意。君其耳而未之目邪！"襄主曰："我取登，既耳而目之矣；登之所取，又耳而目之。是耳目人绝无已也。"王登一日而见二中大夫，予之田宅。中牟之人弃其田耘、卖宅圃而随文学者，邑之半。

译文

说四

王登当中牟县的县令，向赵襄子上书说："中牟县有士人中章、胥己，他们自身修养很好，学识很渊博，您为什么不提拔他们呢？"赵襄子说："你让他们来见我，我将任用他们为中大夫。"赵襄子的相国劝谏说："中大夫，是晋国的重要官位，如今他们没有功劳而授官，这不符合晋国任用大臣的原则。您大概只是耳闻其名没有目睹他们的实际情况吧！"赵襄子说："我选取王登，就是既用耳听又用眼看的；王登选拔的人，又要我亲自用耳听又用眼看。这样亲自考察，就永远没有个完了。"王登在一天内就让这两个人见了赵襄子并当上了中大夫，赐给他们田地房宅。中牟县的人放弃他们的田间耕耘、卖掉土地园圃而去从事文学的人，占了这县里人的一半。

> 叔向御坐，平公请事，公腓痛足痹转筋而不敢坏坐。晋国闻之，皆曰："叔向贤者，平公礼之，转筋而不敢坏坐。"晋国之辞仕托慕叔向者，国之锤矣[1]。

注释

[1] 锤：通"垂"，引申为一半。

译文

　　叔向陪晋平公坐着，晋平公向他请教事情，晋平公腿痛脚麻甚至腿肚子抽筋也不敢不坐端正。晋国人听说了，都说："叔向是个贤能的人，平公礼遇他，腿肚子抽筋都不敢不坐端正。"于是晋国辞去官职依附而仿效叔向的人，占了全国的一半。

> 郑县人有屈公者，闻敌，恐，因死；恐已，因生。

译文

　　郑县有一个叫屈公的人，听说有敌人来了，害怕，因而昏死；恐惧的心情一停止，因而又活过来了。

> 赵主父使李疵视中山可攻不也。还报曰："中山可伐也。君不亟伐，将后齐、燕。"主父曰："何故可攻？"李疵对曰："其君见好岩穴之士，所倾盖与车以见穷闾隘巷之士以十数，仇礼下布衣之士以百数矣[1]。"君曰："以子言论，是贤君也，安可攻？"疵曰："不然。夫好显岩穴之士而朝之，则战士怠于行阵；上尊学者，下士居朝，则农夫惰于田。战士怠于行陈者，

则兵弱也；农夫惰于田者，则国贫也。兵弱于敌，国贫于内，而不亡者，未之有也。伐之不亦可乎？"主父曰："善。"举兵而伐中山，遂灭也。

注释

①倾：这里用为"依、倚"之意。盖：遮蔽、掩盖。亢：高大、高尚。

译文

赵武灵王让李疵去考察中山国是否可以攻打。李疵回来汇报说："中山国可以攻打。您如果不快速出兵攻打，就将会落在齐国、燕国后面。"赵武灵王说："什么原因说明可以攻打呢？"李疵回答说："中山国的君主表现出喜好隐居的士人，亲自驱车去拜访穷困狭窄街巷里的读书人就有十来次，用平等的礼节接见布衣之士有数百次。"赵主父说："根据你的言论来说，这是贤能的君主，怎么能攻打呢？"李疵说："不是这样的。因为君主喜好表彰隐居之士而使他们朝见君主，那么战士就会懒于作战；君主尊重学者，敬重的文人居于朝廷，那么农夫就懒于耕作。战士懒于作战，那么兵力就会衰弱；农夫懒于耕作，那么国家就会贫穷。兵力比敌人衰弱，国家内部又贫穷，这样的国家不灭亡的，还从来没有过。攻打它不是可以的吗？"赵主父说："说得好。"于是出兵去攻打中山国，于是消灭了它。

经五

《诗》曰："不躬不亲，庶民不信。"①傅说之以"无衣紫"，缓之以郑简、宋襄，责之以尊厚耕战。夫不明分，不责诚，而以躬亲位下，且为"下走""睡卧"，与夫"掩弊""微服"②。孔丘不知，故称"犹盂"；邹君不知，故先自僇③。明主之道，如叔向赋猎与昭侯之奚听也④。

注释

①《诗》：指《诗经》。"不躬不亲，庶民不信。"出自《诗经·小雅·节南山》。②位：通"莅"，统治。弊：通"蔽"。③盂：盛饭的器皿。僇（lù）：羞辱。④猎：应为"禄"。

译文

经五

《诗经》上说："君主不亲力亲为，民众就不会相信。"太傅劝说齐王"不要穿紫衣"来解释这个道理，也可引用郑简公、宋襄公的缓行，用来责备君主以尊贵之体从事耕作与战争。如果不明确君臣的名分，不督责臣子讲究诚信，却用亲自实行的办法来统治臣下，而且做"齐景公下车奔走""魏昭王困倦睡觉"之类的事，以及"隐藏身份""微服私访"。

孔丘不明白这个道理，所以称"君主如盛饭的器皿"；邹君不明白这个道理，所以先羞辱了自己。英明君主的治国原则，就像叔向分配俸禄和韩昭侯懂得如何听取意见一样。

说五

齐桓公好服紫，一国尽服紫。当是时也，五素不得一紫。桓公患之，谓管仲曰："寡人好服紫，紫贵甚，一国百姓好服紫不已，寡人奈何？"管仲曰："君欲止之，何不试勿衣紫也？谓左右曰：'吾甚恶紫之臭。'于是左右适有衣紫而进者，公必曰：'少却，吾恶紫臭。'"公曰："诺。"于是日，郎中莫衣紫；其明日，国中莫衣紫；三日，境内莫衣紫也。

译文

说五

齐桓公喜欢穿紫色的衣服，于是全国人都穿紫色的衣服。在这个时候，用五匹没染色的布都换不到一匹紫色的布。齐桓公对此很忧虑，告诉管仲说："我喜欢穿紫色的衣服，所以紫色布特别昂贵，全国的百姓喜好穿紫色的衣服无休止，我该怎么办呢？"管仲说："您想制止这种情况，为什么不试着不穿紫色的衣服呢？您告诉身边的人说：'我很厌恶紫色衣服的气味。'如果在这个时候身边恰好有穿紫色衣服的人进来，您一定要说：'稍后退一点，我讨厌紫色衣服的气味。'"齐桓公说："好吧。"就在这一天，郎中就没有人穿紫色衣服了；第二天，国都中没有人穿紫色衣服了；第三天，国境之内都没有人穿紫色衣服了。

一曰：齐王好衣紫，齐人皆好也。齐国五素不得一紫。齐王患紫贵。傅说王曰："《诗》云：'不躬不亲，庶民不信。'今王欲民无衣紫者，王请自解紫衣而朝。群臣有紫衣进者，曰：'益远！寡人恶臭。'"是日也，郎中莫衣紫；是月也，国中莫衣紫；是岁也，境内莫衣紫。

译文

另一种说法是：齐王喜欢穿紫色衣服，齐国人都喜欢上了穿紫色衣服。在齐国五匹没染色的布换不到一匹布。齐王担忧紫色颜料昂贵。他的太傅劝说齐王："《诗经》上说：'君主不以身作则，民众就不会相信。'如果现在大王想要老百姓中没有穿紫色衣服的人，大王只要自己脱掉紫色衣服而上朝。群臣中有穿紫色衣服进来的，您就说：'离我远一点！我讨厌紫色衣服的气味。'"在当天，郎中就没有人穿紫色衣服了；当月，国都中就没有人穿紫色衣服了；当年，国境之内没有人穿紫色衣服了。

韩非子选集

郑简公谓子产曰："国小，迫于荆、晋之间。今城郭不完，兵甲不备，不可以待不虞。"子产曰："臣闭其外也已远矣。而守其内也已固矣，虽国小，犹不危之也。君其勿忧。"是以没简公身无患。

译文

郑简公告诉子产说："郑国是很小的国家，夹在楚国和晋国两个大国之间。如今内城和外城的城墙都不完整，兵器铠甲也不齐备，不能用来对付意外事变。"子产说："我严密地封锁了郑国的边境已经很久了，而郑国的内部防守也已经很牢固了，郑国虽然很小，但不会有危险。国君您就别担忧了。"因此直到郑简公去世时郑国都没有危险。

子产相郑，简公谓子产曰："饮酒不乐也。俎豆不大，钟鼓竽瑟不鸣，寡人之事不一，国家不定，百姓不治，耕战不辑睦，亦子之罪①。子有职，寡人亦有职，各守其职。"子产退而为政五年，国无盗贼，道不拾遗，桃枣荫于街者莫有援也，锥刀遗道三日可反。三年不变，民无饥也。

注释

①俎（zǔ）豆：古代祭祀时放祭品的两种器皿。钟鼓竽瑟：古代的四种乐器。

译文

　　子产担任郑国的相，郑简公告诉子产说："我饮酒都不高兴。我们郑国祭品不丰盛，钟鼓竽瑟经常不响，我的事务太繁多，国家不安定，百姓没有治理好，耕耘和作战的事没有调整和睦，也有你的罪过。你有你的职责，我也有我的职责，我们各守其职吧。"子产退下来掌管政事五年，国内没有了盗贼，路上丢失的东西也没有人捡，桃树枣树遮蔽了大街上也没有人伸手采摘，锥、刀这样的小东西遗失在路上三天仍可以找回来。这样的情况三年都没有改变，民众没有挨饿的。

> 宋襄公与楚人战于涿谷上。宋人既成列矣，楚人未及济。右司马购强趋而谏曰："楚人众而宋人寡，请使楚人半涉未成列而击之，必败。"襄公曰："寡人闻君子曰：'不重伤，不擒二毛，不推人于险，不迫人于阨，不鼓不成列。'今楚未济而击之，害义。请使楚人毕涉成阵而后鼓士进之。"右司马曰："君不爱宋民，腹心不完，特为义耳。"公曰："不反列，且行法。"右司马反列。楚人已成列撰阵矣，公乃鼓之。宋人大败，公伤股，三日而死。此乃慕自亲仁义之祸。夫必恃人主之自躬亲而后民听从，是则将令人主耕以为食、服战雁行也民乃肯耕战，则人主不泰危乎？而人臣不泰安乎？

译文

　　宋襄公与楚国人在涿谷交战。宋国军队已经排成队列了，而楚国人还没有来得及过河。右司马购强小步紧跑到宋襄公身边劝谏说："楚国人多而我们宋国人少，请让我们在楚国人过河过了一半还没有排成队列时就去攻击他们，一定可以击败楚国人。"宋襄公说："我听君子说过：'不要重复伤害人，不捉拿头发花白的老兵，不把人推入危险的境地，不逼迫人到危险的处境，不击鼓进攻不成队列的敌军。'如今楚国军队还没有过完河就去攻击他们，妨害了道义。请让楚国军队全部过河后排成队列再击鼓命令士兵进攻他们。"右司马说："您不爱护宋国军民，他们的身体都保全不了了，只是为了道义而已。"宋襄公说："你再不返回队列中，将按军法处置你。"右司马于是返回队列。此时楚国人已经排好队伍构成了阵势，宋襄公这才击鼓命令进攻。结果宋国军队大败，宋襄公大腿受伤，三天后死了。这就是追求亲自实行仁义的祸害。一定要依靠君主亲自去做而后民众才听从，这样就要君主耕种田地为自己谋食、排在队伍的行列里行军打仗民众才肯耕耘和作战，那么君主不是太危险了吗？而臣下不是太安全了吗？

> 齐景公游少海，传骑从中来谒曰："婴疾甚，且死，恐公后之。"[①]景

公遽起，传骑又至。景公曰："趋驾烦且之乘，使驺子韩枢御之②。"行数百步，以驺为不疾，夺辔代之御；可数百步，以马为不进，尽释车而走。以烦且之良而驺子韩枢之巧，而以为不如下走也。

注释

①传骑：传递公文情报的信使。婴：指晏婴，齐景公的相。②烦且：良马名。

译文

齐景公到渤海游玩，传递公文的信使从国都之中赶来拜见说："晏婴病得很厉害，将要死去，恐怕您赶不上见他最后一面了。"齐景公立刻起身，传递公文的信使又来了。齐景公说"赶快驾上烦且拉的马车，让马夫韩枢来驾车。"行走了几百步，齐景公认为马夫韩枢赶得不够快，就夺过缰绳代替他驾车；大约又跑了数百步，又认为是马不向前跑，就把车马丢下下车奔跑。凭着烦且这样的好马和韩枢这样灵巧的马夫，齐景公还认为不如自己下车跑得快。

魏昭王欲与官事，谓孟尝君曰："寡人欲与官事。"君曰："王欲与官事，则何不试习读法？"昭王读法十余简而睡卧矣。王曰："寡人不能读此法。"夫不躬亲其势柄，而欲为人臣所宜为者也，睡不亦宜乎？

译文

魏昭王想参与管理国家政事，就告诉孟尝君说："我想参与管理国家政事。"孟尝君说："大王想参与管理国家政事，那么为何不试着去读一下国家的法令呢？"魏昭王阅读了十几根竹简法令条文就躺下睡着了。魏昭王说："我不能读这些法令。"君主如果不亲自掌握权势，而想要做臣下所应当做的事，打瞌睡不也是很合适的吗？

孔子曰："为人君者，犹盂也；民，犹水也。盂方水方，盂圜水圜。"

译文

孔子说："做君主的，就好像是盛水的器皿；民众，就好像是水。器皿方水就是方的，器皿圆水就是圆的。"

> 邹君好服长缨，左右皆服长缨，缨甚贵。邹君患之，问左右，左右曰："君好服，百姓亦多服，是以贵。"君因先自断其缨而出，国中皆不服长缨。君不能下令为百姓服度以禁之，断缨出以示先民，是先戮以莅民也①。

注释

①戮：通"僇"，羞辱。莅（lì）：治理。

译文

邹君喜好佩戴长帽带，他身边的人都佩戴长帽带，一时间长帽带非常贵。邹君对此担忧，问身边的人，身边的人回答说："您喜好佩戴，百姓也就多佩戴，因此就昂贵了。"邹君因此先自己剪断帽带才出门，于是国都中的人都不佩戴长帽带了。国君不能发布命令为老百姓制定佩戴的标准来禁止佩戴长帽带，竟至于割断帽带出巡来显示走在民众前面，这是先羞辱自己而来治理民众。

> 叔向赋猎，功多者受多，功少者受少。

译文

叔向分配猎物，功多的就分配得多，功少的就分配得少。

> 韩昭侯谓申子曰："法度甚不易行也。"申子曰："法者，见功而与赏，因能而受官①。今君设法度而听左右之请，此所以难行也。"昭侯曰："吾自今以来知行法矣，寡人奚听矣。"一日，申子请仕其从兄官。昭侯曰："非所学于子也。听子之谒，败子之道乎，亡其用子之谒？"申子辟舍请罪②。

注释

①受：通"授"。②辟：通"避"，回避、躲避。

译文

韩昭侯对申子说："法度很不容易实行啊。"申子说："所谓的法，就是做出了功劳要给予奖赏，根据才能来授予官职。如今您设立了法度可又听从身边人的请求，这就是法度难以实行的原因。"韩昭侯说："我从现在开始懂得了如何实行法度了，如何来听取意见了。"有一天，申子请求韩昭侯让他的堂兄做官。韩昭侯说："这不是我从你那儿学来的道理呀。我是听从你的请求，破坏你的治国原则呢，还是不听从你的请求？"申子避开正屋不住而请求给予处罚。

经六

小信成则大信立，故明主积于信。赏罚不信，则禁令不行，说在文公之攻原与箕郑救饿也。是以吴起须故人而食，文侯会虞人而猎。故明主表信，如曾子杀彘也。患在厉王击警鼓与李悝谩两和也^①。

注释

①谩：欺骗、蒙蔽。

译文

经六

小事上讲诚信才能在大事上树立威信，所以英明的君主积累诚信。赏罚不诚信，那么禁令就施行不了，这个说法在晋文公攻打原邑和箕郑救济饥荒上得到验证。因此吴起一定要等到老朋友来了才吃饭，魏文侯一定要和主管山泽的官员会合才去打猎。所以英明的君主展示诚信，就像曾子杀猪那样。不守诚信的祸患表现在楚厉王乱击报警的鼓和李悝欺骗营中两支军队这两则故事中。

说六

晋文公攻原，裹十日粮，遂与大夫期十日。至原十日而原不下，击金而退，罢兵而去。士有从原中出者，曰："原三日即下矣。"群臣左右谏曰："夫原之食竭力尽矣，君姑待之。"公曰："吾与士期十日，不去，是亡吾信也。得原失信，吾不为也。"遂罢兵而去。原人闻曰："有君如彼其信也，可无归乎？"乃降公。卫人闻曰："有君如彼其信也，可无从乎？"乃降公。孔子闻而记之曰："攻原得卫者，信也。"

译文

说六

晋文公攻打原国，携带了十天的粮食，于是就和士大夫们约定了十天的期限。到了原国十天了还没有攻下原国，就鸣金撤退，准备收兵回晋国去了。原国的士兵有从城中逃出来的，说："原国再攻打三天就能攻下了。"群臣和身边的侍从都劝谏说："那原国城内已粮食耗尽兵力衰竭了，君主姑且等几天。"晋文公说："我与战士们约定十天的期限，不回去，就是失我的信用，我不干。"于是收兵离开。原国城中的人们听后说："国君有这样守信的，能不归附他吗？"于是就投降了晋文公。卫国人听后说："国君有这样守信的，能不归附他吗？"便投降了晋文公。孔子听说后记录这件事说："晋文公攻打原国而得到卫国的土地的原因，是因为他守信用。"

文公问箕郑曰："救饿奈何？"对曰："信。"公曰："安信？"曰："信名，信事，信义。信名，则群臣守职，善恶不逾，百事不怠；信事，则不失天时，百姓不逾；信义，则近亲劝勉而远者归矣。"

译文

晋文公问箕郑说："救济饥荒该怎么办？"箕郑回答说："守信用。"晋文公说："怎么样守信用？"箕郑说："在名位、政事、道义上守信用。在名位上守信用，那么群臣就会各守其职，政绩的好坏界限清晰不超越名位，对各种事务就不会怠慢；在政事上守信用，那么就不会违背天时，百姓就不会逾越；在道义上守信用，亲近的人就能劝勉自己努力而远方的人会来归附你。"

韩非子选集

吴起出，遇故人而止之食。故人曰："诺，今返而御。"吴子曰："待公而食。"故人至暮不来，起不食待之。明日早，令人求故人。故人来，方与之食。

译文

吴起出门，遇见一个老朋友便留他吃饭。这个老朋友说："好的，我立即回来和你一块进餐。"吴起说："那我等你来了再吃。"老朋友到天黑了都没有来，吴起就没吃饭等他。第二天早上，吴起派人去找这老朋友。这个老朋友来了，才和他一起吃饭。

魏文侯与虞人期猎。明日，会天疾风，左右止文侯，不听，曰："不可以风疾之故而失信，吾不为也。"遂自驱车往，犯风而罢虞人。

译文

魏文侯和掌管山寨的官员约定了打猎的时间。第二天，正巧碰上刮大风，身边的侍从劝魏文侯不要去，魏文侯不听，说："不能因为刮大风的缘故而失去信用，我不干这样的事。"于是亲自赶着车去了，冒着大风去告诉掌管山寨的官员不去打猎了。

曾子之妻之市，其子随之而泣。其母曰："女还，顾反为女杀彘。"适市来，曾子欲捕彘杀之。妻止之曰："特与婴儿戏耳。"曾子曰："婴儿非与戏也。婴儿非有知也，待父母而学者也，听父母之教。今子欺之，是教子欺也。母欺子，子而不信其母，非以成教也。"遂烹彘也。

199

译文

　　曾子的妻子到集市上去，他的儿子跟在后面哭泣。孩子的母亲说："你先回去，等我回来后给你杀猪吃。"他的妻子刚从集市上回来，曾子就要捉猪来杀。他妻子阻止他说："我只不过是与孩子开玩笑罢了。"曾子说："孩子是不能和他开玩笑的。小孩子没有判断力，等着跟父母学习，听从父母的教诲。如今你欺骗他，这是在教他去欺骗。母亲欺骗儿子，儿子就不再相信母亲，这不是教育孩子的道理啊。"于是把猪杀了煮给孩子吃。

　　楚厉王有警，为鼓以与百姓为戍。饮酒醉，过而击之也，民大惊。使人止之，曰："吾醉而与左右戏，过击之也。"民皆罢。居数月，有警，击鼓而民不赴。乃更令明号而民信之。

韩非子选集

译文

　　楚厉王有一种警报，就是用敲鼓的方式来和民众一起防守。有一天楚厉王喝酒醉了，误敲了鼓，民众非常吃惊。楚厉王派人去阻止民众，说："我喝酒醉了和身边的人开玩笑，误敲了鼓。"民众这才散去。过了几个月，真的有警报了，楚厉王击鼓但没有民众前来救援。于是就更改命令明确信号，民众才相信了。

　　李悝警其两和，曰："谨警敌人，且暮且至击汝。"如是者再三而敌不至。两和懈怠，不信李悝。居数月，秦人来袭之，至几夺其军。此不信之患。

译文

　　李悝警告左右两个营垒中的军队说："要谨慎戒备敌人，早晚他们要来袭击你们。"像这样的警告重复了好几次而敌人都没有来。左右两个营垒中的军队都松懈了，不相信李悝。过了几个月，秦国军队来袭击，几乎消灭了李悝的守备军队。这就是不讲求信用的祸患。

　　一曰：李悝与秦人战，谓左和曰："速上！右和已上矣。"又驰而至右和曰："左和已上矣。"左右和曰："上矣。"于是皆争上。其明年，与秦人战。秦人袭之，至几夺其军。此不信之患。

译文

另一种说法：李悝与秦国人交战，告诉左边营垒的军队说："快冲上去！右边营垒的战士已经冲上去了。"他又骑马跑到右边营垒的军队说："左边营垒的战士已经冲上去了。"左右两个营垒的军队都说："我们冲上去。"于是都争先恐后冲上去。到第二年，又与秦国人交战。秦国人来袭击，最后几乎消灭了李悝的守备军队。这就是不讲信用的祸患。

评析

"内"，主要是针对内部；"外"，则是针对外面；"储"，是集聚汇编的意思；"说"，就是各种论述说明。"储说"由于篇幅较大，而针对的对象不一样，所以分为六篇，《内》《外》《上》《下》《左》《右》，是用来区别篇名的。每篇先列出论纲，叫作"经"，然后的文字对每一条经文用若干事例来说明，叫作"说"。"经"的文辞简单扼要，便于记诵；"说"的文字详尽具体，便于阅读。所以我们读"说"的时候可以回过头来看"经"，这样就可以加深理解了。

文章第一个"经说"主要讲君主的对外之道，而"说"的部分对其进行了阐释。墨子的学说认为，当领导的人应该要求实用而不要去听巧妙的辩解，再巧妙的辩解也只是辩解，而不能实用。这就是君主的治理之道。

文章第二个"经说"主要论述领导人听取汇报时一定要听切合实际的、有实际功用的言论，对于那些没有实际功用的言论最好不要听。当领导的一言一行都要小心谨慎，否则所有的利益都要被下属骗光。

文章第三个"经说"所论述的重点在于不要去期待别人有所作为，如果只是期待别人有所作为，那么就会观望，就会在观望中责备别人。因此，如果想做什么事的话，最好自己去有所作为。再一个问题，所作为的事很小而世俗意义很大，所作为的事很大而世俗意义很小，这个问题也普遍存在。所以，每当我们做一件事情，一定要根据我们本身的实际情况，根据周围的社会环境，根据国情、家情来做，千万不能盲目。

文章第四个"经说"重点在于论述人性的最基本点，即人人都会趋向于利益、名誉地位。因此领导人对下级的奖赏不能超出法规之外，如果超出法规，那么上级就得到不诚信而下级就得到利益；如果下级的名誉超出领导人之上，那么这个下级就有可能不安于现状了。

文章第五个"经说"中关于"事必躬亲"的论述，韩非的意见与他的老师荀子基本一样。《诗经·小雅·节南山》本意是：领导人要树立起榜样，自己首先勤于政事，农民才会勤于耕种，工匠才能勤于制作。"事必躬亲"并不是要求领导人亲自去做每一件事，而是做好自己分内的事。

文章第六个"经说"论述的重点在诚信上，小事情上有诚信，大事情上也才能有诚信。如果小事情上都没有诚信，那么大事情上又怎么会有诚信呢？因此领导人在对待赏罚问题上，更要讲诚信。

外储说左下
第三十三

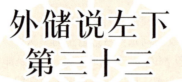

题解

《外储说左下》共六段经文和相应的说文。主要就赏罚得当则去私恩私怨，否定一个"德"字；君主恃势则无往而不利，否定一个"信"字；君主独尊的重要性，宣扬一个"位"字，否定一个"义"字；依法独断，否定一个"谏"字；维护等级制度入手，重提去泰去甚，着重反对一个"俭"字；以公和君为焦点，否定一个"亲"字。

> ### 经一
>
> 以罪受诛，人不怨上，跀危坐子皋①；以功受赏，臣不德君，翟璜操右契而乘轩②。襄王不知，故昭卯五乘而履屩③。上不过任，臣不诬能，即臣将为夫少室周。

注释

①诛：谴责、处罚。跀（yuè）：通"刖"，砍脚的刑罚。危：通"跪"。坐：通"座"（zuò），安，引申为保全。②右契：这里用为"契约"之意。轩（xuān）：古代车子前高后低叫"轩"，前低后高叫"轾"。③乘（shèng）：古时一车四马为一乘。周制天子地方千里，出兵车万乘；诸侯地方百里，出兵车千乘。千乘之国即是指各侯国。屩（juē）：草鞋。

译文

经一

因为犯罪而受到惩罚，受惩罚的人不会埋怨君主，所以，被砍脚的人仍然保全了子皋；因有功劳受到奖赏，臣下不会感激君主，所以，翟璜拿着债券收债也乘坐轩车。魏襄王不懂这个道理，所以昭卯虽然有了五乘之地的待遇而还是犹如赚了很多钱的人穿草鞋一样。君主不错误地任用臣下，臣下不隐瞒比自己有才能的人，那么臣下都将成为少室周那样忠诚的人。

> ### 说一
>
> 孔子相卫，弟子子皋为狱吏，刖人足，所跀者守门。人有恶孔子于卫君者，曰："尼欲作乱。"卫君欲执孔子。孔子走，弟子皆逃。子皋从出门，

韩非子选集

朏危引之而逃之门下室中，吏追不得。夜半，子皋问朏危曰："吾不能亏主之法令而亲朏子之足，是子报仇之时也，而子何故乃肯逃我？我何以得此于子？"朏危曰："吾断足也，固吾罪当之，不可奈何。然方公之狱治臣也，公倾侧法令，先后臣以言，欲臣之免也甚，而臣知之。及狱决罪定，公愀然不悦，形于颜色，臣见又知之①。非私臣而然也。夫天性仁心固然也。此臣之所以悦而德公也。"

注释

①愀（cù）：通"蹙"，忧愁、悲伤。

译文

说一

孔子任卫国的相，他的弟子子皋任狱官，砍了犯人的脚，让这个被砍了脚的人守大门。有个在卫君面前中伤孔子的人，说："仲尼想作乱。"卫君想捉拿孔子。孔子逃走了，弟子们也都逃跑了。子皋跟从逃出大门，那个被他砍了脚的守门人带着他逃到大门边的屋子里，差役们没有追捕到子皋。半夜，子皋问被砍了脚的人说："我不能破坏君主的法令因而亲自砍了你的脚，现在是你报仇的时候，而你为什么肯帮助我逃跑？我凭什么从你这里得到这样的救助？"被砍脚的人说："我被砍断了脚，本是我的罪行应受到这样的处罚，无可奈何。然而您给我依法定罪的时候，您反复推敲法令，先后为我说话，很想让我免除刑罚，这我是知道的。等到案子审理完毕罪名确定，您悲伤得很不高兴，表现在脸色上，我看到了，也知道了您的仁爱之心。您并不是偏袒我才这样做的，是您天生的仁慈本心使您这样做的。这就是我之所以喜爱您而救助您的原因。"

孔子曰："善为吏者树德，不能为吏者树怨。概者，平量者也①；吏者，平法者也。治国者，不可失平也。"

注释

①概：古代量米粟时刮平斗斛（hú）用的短木。量米粟时，放在斗斛上刮平，不使过满。这里引申为刮平，不使过量。

译文

孔子说："善于做官的人会建立恩德，不会做官的人树立怨恨。所谓的概，是用来量平斗斛的；所谓的官吏，是用来使法制公平的。治理国家的人，不能失去公平。"

田子方从齐之魏，望翟黄乘轩骑驾出，方以为文侯也，移车异路而避之，则徒翟黄也。方问曰："子奚乘是车也？"曰："君谋欲伐中山，臣荐翟角而谋得果；且伐之，臣荐乐羊而中山拔；得中山，忧欲治之，臣荐李克而中山治；是以君赐此车。"方曰："宠之称功尚薄。"

译文

田子方从齐国来到魏国，看见翟黄乘坐的高贵轩车骑队护卫出行，田子方以为是魏文侯，便把自己的车子移到另一条路上来避让，哪知道只是翟黄。田子方问他："你怎么乘坐这么高贵的轩车啊？"翟黄说："国君计划征伐中山国，我推荐了翟角而使这个计划得以实现；去征伐中山国的时候，我推荐了乐羊而使中山国被攻克；夺得了中山国，又因为要治理它而发愁，我推荐了李克使中山国得到治理；因此国君赏赐给我这轩车。"田子方说："这样的宠爱和你的功绩比较还嫌薄了。"

秦、韩攻魏，昭卯西说而秦、韩罢；齐、荆攻魏，卯东说而齐、荆罢。魏襄王养之以五乘。卯曰："伯夷以将军葬于首阳山之下，而天下曰：'夫以伯夷之贤与其称仁，而以将军葬，是手足不掩也。'今臣罢四国之兵，而王乃与臣五乘，此其称功，犹嬴胜而履蹻[①]。"

①羸（léi）：残缺折损。蹻（jué）：屦、鞋，古代多指草鞋。

译文

　　秦国、韩国攻打魏国，昭卯到西边的秦国、韩国去游说而秦国、韩国就收兵退回；齐国、楚国攻打魏国，昭卯到东边的齐国、楚国去游说而齐国、楚国罢兵了。魏襄王就用五乘的食邑供养昭卯。昭卯说："伯夷被用将军的葬礼埋在首阳山下，而天下的人都说：'凭着伯夷这样的贤能以及他的仁爱，却被用将军的葬礼来埋葬，这是犹如手脚没有掩埋住啊。'如今我劝退了四国的军队，而大王就给我五乘食邑的待遇，这种待遇与我的功劳相比，就好比赚了很多钱的人却穿着草鞋一样。"

> 　　少室周者，古之贞廉洁悫者也，为赵襄主力士①。与中牟徐子角力，不若也，入言之襄主以自代也。襄主曰："子之处，人之所欲也，何为言徐子以自代？"曰："臣以力事君者也。今徐子力多臣，臣不以自代，恐他人言之而为罪也。"

注释

①悫（què）：恭谨、厚道、朴实。

译文

　　少室周，是古代忠贞廉洁朴实的人，任赵襄主的力士。他和中牟徐子比赛力气，不如中牟徐子，就进宫告诉赵襄主让中牟徐子来代替自己。赵襄主说："你的职位，是别人都想要的，为何说要让中牟徐子来代替你自己呢？"少室周说："我凭借力气来侍奉君主您。如今中牟徐子力气比我还大，我如果不请求让他来代替自己，恐怕别人说起这件事，而您会怪罪我。"

> 　　一曰：少室周为襄主骖乘，至晋阳，有力士牛子耕，与角力而不胜。周言于主曰："主之所以使臣骖乘者，以臣多力也。今有多力于臣者，愿进之。"

译文

　　另一种说法：少室周任站立在赵襄主驾车人右侧的力士，来到晋阳，那里有一位力士叫牛子耕，少室周和牛子耕比赛力气而没能取胜。少室周就告诉赵襄主说："主人之所以让我任站立在您驾车人右侧的力士，是因为我力气大。如今有个力气大于我的人，愿意把他推荐给您。"

经二

恃势而不恃信，故东郭牙议管仲；恃术而不恃信，故浑轩非文公。故有术之主，信赏以尽能，必罚以禁邪，虽有驳行，必得所利。简主之相阳虎，哀公问"一足"。

译文

经二

君主依靠权势而不信赖臣下的诚实，所以东郭牙就议论管仲；依靠权术而不依靠臣下的诚信，所以浑轩非议晋文公。所以有权术的君主，诚信地实行奖赏来使臣下充分发挥自己的才能，坚决落实惩罚来禁止臣下的邪恶，虽然臣下会有些杂乱的行为，但是，仍然可以从中得利。赵简子任阳虎为相，鲁哀公询问孔子"一足"如何理解，这两则故事说明了这个道理。

韩非子选集

说二

　　齐桓公将立管仲，令群臣曰："寡人将立管仲为仲父。善者入门而左，不善者入门而右。"东郭牙中门而立。公曰："寡人立管仲为仲父，令曰：'善者左，不善者右。'今子何为中门而立？"牙曰："以管仲之智，为能谋天下乎？"公曰："能。""以断，为敢行大事乎？"公曰："敢。"牙曰："若知能谋天下，断敢行大事，君因专属之国柄焉。以管仲之能，乘公之势以治齐国，得无危乎？"公曰："善。"乃令隰朋治内、管仲治外以相参。

译文

说二

　　齐桓公将要立管仲为仲父，就命令群臣说："我将立管仲为仲父。赞成的人进门站在左边，不赞成的人进门站在右边。"东郭牙却站在门中间。齐桓公说："我将立管仲为仲父，下令说：'赞成的站在左边，不赞成的站在右边。'如今你为什么站在门中间？"东郭牙说："凭管仲的智慧，为您能谋取天下吗？"齐桓公说："能。"东郭牙说："凭他的决断力，为您敢做大事吗？"齐桓公说："敢。"东郭牙说："君主知道他的智慧能谋取天下，他的决断力敢做大事，您因此把国家的权力都交给他。凭借管仲的才能，借助您的权势来治理齐国，您能没有危险吗？"齐桓公说："说得好。"于是命令隰朋治理内政、管仲治理外务，使两人互相牵制。

　　晋文公出亡，箕郑挈壶餐而从，迷而失道，与公相失，饥而道泣，寝饿而不敢食。及文公反国，举兵攻原，克而拔之。文公曰："夫轻忍饥馁之患而必全壶餐，是将不以原叛。"乃举以为原令。大夫浑轩闻而非之，曰："以不动壶餐之故，怗其不以原叛也，不亦无术乎^①？"故明主者，不怗其不我叛也，怗吾不可叛也；不怗其不我欺也，怗吾不可欺也。

注释

　　①怗（hù）：依仗、凭借。

译文

　　晋文公出国逃亡，箕郑提着一壶饭跟随着，因为迷失道路，与晋文公失散了，饿了在路边哭泣，饿得厉害也不敢吃这一壶饭。等到晋文公返回国后，起兵攻打原城，攻克并占领原城。晋文公说："能忍住饥饿的痛苦而一定要保全一壶饭，这样的人不会凭借原城的土地来背叛我。"于是提拔箕郑做原城令。大夫浑轩听说后反对这一安排，说："以不吃一壶饭的缘故，就相信他不会凭借着原城的土地反叛，不是没有权术的表现吗？"所以英明的君主，不依赖别人不背叛我，而是依赖我自己不可背叛；不依赖别人不欺骗我，而是依赖我自己不可欺骗。

> 阳虎议曰："主贤明，则悉心以事之；不肖，则饰奸而试之。"逐于鲁，疑于齐，走而之赵，赵简主迎而相之。左右曰："虎善窃人国政，何故相也？"简主曰："阳虎务取之，我务守之。"遂执术而御之。阳虎不敢为非，以善事简主，兴主之强，几至于霸也。

译文

阳虎议论说："君主贤能英明，就尽心去侍奉他；君主不贤能，就掩饰自己的奸邪去试探他。"阳虎被鲁国驱逐，被齐国怀疑，从齐国跑到赵国，赵简主迎接他而且让他当相。赵简主身边的侍从说："阳虎善于窃取别人的政权，为何让他当相呢？"赵简主说："阳虎用尽心思窃取政权，我用尽心思守护政权。"随后就用权术来驾驭阳虎。阳虎不敢做坏事，用好的行为来侍奉赵简主，使赵国兴盛强大起来，几乎达到了霸主的地位。

> 鲁哀公问于孔子曰："吾闻古者有夔一足，其果信有一足乎①？"孔子对曰："不也，夔非一足也。夔者忿戾恶心，人多不说喜也。虽然，其所以得免于人害者，以其信也。人皆曰：'独此一，足矣。'夔非一足也，一而足也。"哀公曰："审而是，固足矣。"

注释

①夔（kuí）：古代神话中的一种怪兽，只有一只脚。相传尧、舜时乐官也叫"夔"。

译文

鲁哀公问孔子说："我听说古代夔只有一只脚，果真只有一只脚吗？"孔子回答说："不是的，夔并不是只有一只脚。夔这个东西残暴狠心，人们多半不喜欢他。即使如此，他之所以能够避免被人伤害，是因为他守信用。人们都说：'就凭这一点，足够了。'夔并不是只有一足，而是只要有守信用这一点就足够了。"鲁哀公说："如果确实是这样，当然足够了。"

一曰：哀公问于孔子曰："吾闻夔一足，信乎？"曰："夔，人也，何故一足？彼其无他异，而独通于声。尧曰：'夔一而足矣。'使为乐正。故君子曰：'夔有一，足。'非一足也。"

译文

另一种说法：鲁哀公问孔子说："我听说夔只有一只脚，是真的吗？"孔子回答说："夔，是一个人，怎么会只有一只脚呢？他和别人没有什么不同，只是他精通于音乐。尧说：'夔有这一点就足够了。'让他当了主管音乐的官。所以君子说：'夔有这一点，就足够了。'不是说他只有一只脚。"

经三

失臣主之理，则文王自履而矜①。不易朝燕之处，则季孙终身庄而遇贼②。

 外储说左下第三十三

注释

①矜：自夸、自恃。②易：改变、变动。燕：通"宴"，安闲、休息。

译文

经三

不顾君臣上下的关系，周文王就亲自系鞋带而以此自夸。因为不区分在朝和休闲时的装束，所以季孙终身庄重却在偶尔一次疏忽中遇害。

说三

文王伐崇，至凤黄虚，袜系解，因自结①。太公望曰："何为也？"王曰："上，君与处皆其师；中，皆其友；下，尽其使也。今皆先君之臣，故无可使也。"

注释

①崇：商朝末期诸侯国名，位于今陕西省西安市澧水西。虚：通"墟"，大土山。

209

译文

说三

　　周文王去攻打崇国，来到凤黄山，袜带松开了，就自己去系好。太公望说："为什么自己动手呢？"周文王说："对上等的人，国君与您相处时都把您看成是老师；对中等的人，都看成是朋友；对下等的人，才看成是自己使唤的人。如今我身边都是先父的旧臣，所以没有可以使唤的。"

　　一曰：晋文公与楚战，至黄凤之陵，履系解，因自结之。左右曰："不可以使人乎？"公曰："吾闻：上，君所与居，皆其所畏也；中，君之所与居，皆其所爱也；下，君之所与居，皆其所侮也。寡人虽不肖，先君之人皆在，是以难之也。"

译文

　　另一种说法：晋文公与楚国交战，来到凤黄山，鞋带松开了，因而自己系上。身边的侍从说："不可以叫别人来系吗？"晋文公说："我听说：上等的人，国君与他们相处，都是国君所敬畏的；中等的人，国君与他们相处，都是国君所喜爱的；下等的人，国君与他们相处，都是国君所侮弄的。我虽然不贤能，但先父的大臣都在身边，所以难以使唤他们。"

　　季孙好士，终身庄，居处衣服常如朝廷。而季孙适懈，有过失，而不能长为也。故客以为厌易己，相与怨之，遂杀季孙。故君子去泰去甚①。

注释

①泰：通"太"，过分。

译文

季孙喜欢文士，终身都庄重待人，闲居时穿衣服也像在朝廷上一样。而季孙偶然疏忽，有了差错，没有一直这样做。所以客人便认为他是在讨厌轻视自己，一起怨恨他，于是杀了季孙。所以君子要去掉过分和走极端。

南宫敬子问颜涿聚曰："季孙养孔子之徒，所朝服与坐者以十数而遇贼，何也？"曰："昔周成王近优侏儒以逞其意，而与君子断事，是能成其欲于天下。今季孙养孔子之徒，所朝服而与坐者以十数，而与优侏儒断事，是以遇贼。故曰：不在所与居，在所与谋也。"

译文

南宫敬子问颜涿聚说："季孙供养孔子的门徒，穿着上朝时所穿的礼服和他坐在一起的人有十几个，最后还是遭到杀害，这是为什么呢？"颜涿聚说："从前周成王接近优伶侏儒来放松心情，而他只与君子们一起决断事情，因此能够在天下实现他的愿望。如今季孙供养孔子的门徒，穿着上朝廷时所穿的礼服和他坐在一起的有十几个人，但他却只和优伶侏儒一起来决断事情，因此他遭到杀害。所以说：不在于平时和谁相处，而在于和谁一起谋划大事。"

孔子御坐于鲁哀公，哀公赐之桃与黍①。哀公曰："请用。"仲尼先饭黍而后啖桃，左右皆掩口而笑。哀公曰："黍者，非饭之也，以雪桃也②。"仲尼对曰："丘知之矣。夫黍者，五谷之长也。祭先王为上盛。果蓏有六，而桃为下，祭先王不得入庙。丘之闻也，君子以贱雪贵，不闻以贵雪贱。今以五谷之长雪果蓏之下，是从上雪下也。丘以为妨义，故不敢以先于宗庙之盛也。"

注释

①黍（shǔ）：古代专指一种籽实叫黍子的一年生草本植物，其籽实煮熟后有黏性，可以酿酒、做糕等。②雪：擦净、揩干。

译文

孔子陪坐在鲁哀公身边，鲁哀公赐给他桃子和黍子。哀公请孔子吃。孔子先吃黍子而后吃桃子，鲁哀公身边侍从都掩口而笑。鲁哀公说："黍子，并不是吃的，而是用来擦拭桃子的。"孔子回答说："我知道。但是，黍子，在五谷中是排在首位的。祭祀先王时它是上等的祭品。瓜果有六种，而桃子为下等品，祭祀先王的时候不得拿进庙中。我孔丘听说，君子用下等的东西擦拭高贵的东西，没有听说用高贵的东西来擦拭低贱的东西。如今用五谷中的上等品来擦拭瓜果中的下等品，是用上等的来擦拭下等的。我认为这样做损害了礼义，所以不敢把桃子放在宗庙的祭品前面吃。"

> 简主谓左右："车席泰美①。夫冠虽贱，头必戴之；屦虽贵，足必履之。今车席如此，太美，吾将何履以之？夫美下而耗上，妨义之本也。"

注释

①泰：通"太"，过分。

译文

赵简主对身边侍从说："车上铺的席子过分华丽了。那帽子虽然做得粗糙而价格低廉，必定要戴在头上；鞋子虽然做得精细而价格昂贵，必然要踩在脚下。如今车上的席子也是一样，过于华美了，我应该用什么脚来踩它呢？美饰下面而损耗上面，是妨害道义的根本。"

> 费仲说纣曰："西伯昌贤，百姓悦之，诸侯附焉，不可不诛；不诛，必为殷祸。"纣曰："子言，义主，何可诛？"费仲曰："冠虽穿弊，必戴于头；屦虽五采，必践之于地。今西伯昌，人臣也，修义而人向之，卒为天下患，其必昌乎？人臣不以其贤为其主，非不可诛也。且主而诛臣，焉有过？"纣曰："夫仁义者，上所以劝下也，今昌好仁义，诛之不可。"三说不用，故亡。

译文

费仲劝说商纣王说："西伯姬昌很贤能，老百姓都喜欢他，诸侯都归附他，不能不杀他；不杀他，必定成为殷商王朝的祸患。"商纣王说："按你说的，他是仁义的君子，怎么能杀呢？"费仲说："帽子即使破旧，必然戴在头上；鞋子即使有五彩装饰，必然踩在地上。如今西伯姬昌，是臣子，修行仁义而人们都归向他，终究会成为天下祸患，他必定会昌盛吧？做臣子的不用才能来为君主效劳，是不能不杀的。况且君主杀臣子，怎么会有过错呢？"商纣王说："所谓的仁义，是君主用来劝勉臣民的，如今姬昌喜好仁义，不能杀他。"费仲多次劝说，商纣王都没有采用，最后，商王朝灭亡了。

> 　　齐宣王问匡倩曰："儒者博乎①？"曰："不也。"王曰："何也？"匡倩对曰："博贵枭，胜者必杀枭②。杀枭者，是杀所贵也。儒者以为害义，故不博也。"又问曰："儒者弋乎③？"曰："不也。弋者，从下害于上者也，是从下伤君也。儒者以为害义，故不弋。"又问："儒者鼓瑟乎？"曰："不也。夫瑟以小弦为大声，以大弦为小声，是大小易序，贵贱易位。儒者以为害义，故不鼓也。"宣王曰："善。"仲尼曰："与其使民谄下也，宁使民谄上④。"

注释

　　①博：博弈，游戏。②贵：崇尚、重视。枭："枭"假借为"骁"，最勇健。③弋（yì）：这里用为"箭射"之意。④谄（tāo）：隐瞒。

译文

　　齐宣王问匡倩说："儒家学者玩博弈吗？"匡倩说："不玩。"齐宣王说："为什么呢？"匡倩回答说："博弈以枭棋为贵，胜利的一方必然要杀对方的枭棋。杀枭棋，是杀掉尊贵的东西。儒家认为妨害了礼仪，所以不玩博弈。"齐宣王又问："儒家学者用箭射鸟吗？"匡倩回答说："不射。弋，是从下面去伤害上面，就像是臣民从下面伤害君主。儒家认为这有害礼仪，所以不用箭去射鸟。"齐宣王又问："儒家弹瑟吗？"匡倩说："不弹瑟。那瑟是弹小的弦奏出大的声音，弹大的弦奏出小的声音，这是大小颠倒了次序，把贵贱改变了位置。儒家认为这损害了礼仪，所以不弹瑟。"齐宣王说："很好。"孔子说："与其让人讨好下级，还不如使人讨好上级。"

> **经四**
>
> 　　利所禁，禁所利，虽神不行；誉所罪，毁所赏，虽尧不治。夫为门而不使入，委利而不使进，乱之所以产也。齐侯不听左右，魏主不听誉者，而明察照群臣，则钜不费金钱，屦不用璧。西门豹请复治邺，足以知之。犹盗婴儿之矜裘与朝危子荣衣。子绰左右画，去蚁驱蝇。安得无桓公之忧索官与宣主之患臞马也？

经四

从所禁止的事物中得利，禁止能得利的事情，即使是神明也是行不通的；赞誉应该惩罚的，诋毁应该奖赏的，即使是尧也不能把天下治理好。造门却不让人进入，堆积财利却不让人获取，这是混乱之所以产生的原因。如果齐侯不听身边亲信的谗言，魏君不听别人的赞誉，而明察了解群臣的用心，那么钜就不用花费金钱，屠就不用献出玉璧。西门豹请求再次治理邺县，足以明白这个道理。就像盗贼的儿子自夸父亲的裘衣有尾巴与受砍脚刑罚者的儿子炫耀父亲不耗费裤子一样。子绰说，人不能同时左手画方右手画圆，用肉去除蚂蚁，用鱼驱走苍蝇。怎么能不发生齐桓公担忧臣下索求官职，以及韩宣子担忧马消瘦的事呢？

说四

钜者，齐之居士；屠者，魏之居士。齐、魏之君不明，不能亲照境内而听左右之言，故二子费金璧而求入仕也。

说四

钜，是齐国的隐士；屠，是魏国的隐士。齐国、魏国的君主不圣明，不能自己洞察国内的情况而只是听从身边亲信的话，所以这两人就花费了金钱玉璧去贿赂魏王的左右来求得当官。

西门豹为邺令，清克洁悫，秋毫之端无私利也，而甚简左右。左右因相与比周而恶之①。居期年，上计，君收其玺。豹自请曰："臣昔者不知所以治邺，今臣得矣，愿请玺，复以治邺。不当，请伏斧锧之罪②。"文侯不忍而复与之。豹因重敛百姓，急事左右。期年，上计，文侯迎而拜之。豹对曰："往年臣为君治邺，而君夺臣玺；今臣为左右治邺，而君拜臣。臣不能治矣。"遂纳玺而去。文侯不受，曰："寡人曩不知子，今知矣③。愿子勉为寡人治之。"遂不受。

注释

①比周：结党营私。②斧锧：斧子与铁锧，古代刑具。行刑时置人于锧上，以斧砍之。③曩（nǎng）：以往、过去。

译文

西门豹任邺县的县令，清廉克己高洁诚实，丝毫不谋私利，但很怠慢君主身边的侍从。君主身边的侍从因此互相勾结中伤他。过了一年后，西门豹去上交赋税，汇报政绩，魏文侯没收了他的官印。西门豹自己请求说："我从前不知道怎样治理邺县，如今我懂得了，希望能得到官印，再次去治理邺县。如果治理不好，愿意接受斧砍的重刑。"魏文侯不忍心拒绝他，又把官印还给了他。西门豹因此而向人民加重赋税，尽力侍奉君主身边的侍从。过了一年，西门豹前去上交赋税，汇报政绩时，魏文侯亲自迎接西门豹并拜谢他。西门豹说："以前的年份我为君主治理邺县，而君主没收了我的官印；如今我为您身边侍从治理邺县，而您却拜谢我。我不能治理邺县了。"随后交还官印而要离开。魏文侯不接受官印，说："我过去不知道你，如今了解了。希望你努力为我治理邺县。"于是没有接受西门豹的辞官请求。

> 齐有狗盗之子与刖危子戏而相夸。盗子曰："吾父之裘独有尾。"刖危子曰："吾父独冬不失裤。"

译文

齐国有个狗盗的儿子，和被砍了脚的人的儿子一起玩耍而互相夸耀。狗盗的孩子说："只有我父亲的皮裘衣服上有尾毛。"被砍了脚的人的孩子说："只有我父亲在冬天不耗费裤子。"

子绰曰："人莫能左画方而右画圆也。以肉去蚁，蚁愈多；以鱼驱蝇，蝇愈至。"

译文

子绰说："人不能同时用左手画方，右手画圆。用肉去驱除蚂蚁，蚂蚁会更多；用鱼去驱赶苍蝇，苍蝇更来了。"

桓公谓管仲曰："官少而索者众，寡人忧之。"管仲曰："君无听左右之请，因能而受禄，录功而与官，则莫敢索官。君何患焉？"

译文

齐桓公告诉管仲说："官职少而求取官职的人多，我担忧此事。"管仲说："您不要听从身边亲信的请求，要根据才能来授予俸禄，记录功劳来授予官职，那么就没有人敢索要官职了。您还担忧什么呢？"

韩宣子曰："吾马菽粟多矣，甚臞，何也①？寡人患之。"周市对曰："使驺尽粟以食，虽无肥，不可得也②。名为多与之，其实少，虽无臞，亦不可得也。主不审其情实，坐而患之，马犹不肥也。"

注释

①臞（qú）：消瘦。②驺（zōu）：古牧猎官或驾车马的小吏。

译文

韩宣子说："我的马有很多豆类谷物饲料，但仍然很瘦，为什么呢？我很担忧此事。"周市回答说："让马夫把所有的饲料都拿来给马吃，即使要马不肥，也是不可能的。名义上给马吃了很多饲料，其实很少，要它不消瘦，也是不可能的。君主您不去考察它的实际情况，坐在这里发愁，马还是不会肥的。"

桓公问置吏于管仲，管仲曰："辩察于辞，清洁于货，习人情，夷吾不

如弦商，请立以为大理①。登降肃让，以明礼待宾，臣不如隰朋，请立以为大行。垦草仞邑，辟地生粟，臣不如宁戚，请以为大田。三军既成阵，使士视死如归，臣不如公子成父，请以为大司马。犯颜极谏，臣不如东郭牙，请立以为谏臣。治齐，此五子足矣；将欲霸王，夷吾在此。"

注释

①辩：通"辨"。夷吾：管仲的字。

译文

齐桓公问管仲关于安置官吏的事，管仲说："对诉讼双方的言辞能分辨清楚，对财物清正廉洁，熟悉人情世故，我夷吾比不上弦商，请安排他任大理之职。登阶下阶恭敬谦让，用严明的礼仪接待宾客，我比不上隰朋，请安排他任大行之职。垦荒除草创建城邑，开辟荒地生产粮食，我比不上宁戚，请安排他任大田之职。三军已经排成阵势，使士兵能够视死如归，我比不上公子成父，请安排他任大司马之职。即使君主脸色已变仍然极力劝谏，我比不上东郭牙，请安排他任谏臣之职。治理齐国，有这五人足够了；想要成为霸王，有我夷吾在这里。"

经五

臣以卑俭为行，则爵不足以观赏；宠光无节，则臣下侵逼。说在苗贲皇非献伯，孔子议晏婴。故仲尼论管仲与孙叔敖。而出入之容变，阳虎之言见其臣也。而简主之应人臣也失主术。朋党相和，臣下得欲，则人主孤；群臣公举，下不相和，则人主明。阳虎将为赵武之贤、解狐之公，而简主以为枳棘，非所以教国也。

译文

经五

臣下把谦卑节俭作为行为准则，那么爵位就不足以用来鼓励；君主的尊崇和表扬如果没有节制，那么臣下就会侵害和逼迫君主。这个说法在苗贲皇非议孟献伯，孔子议论晏婴这两则故事中得到验证。所以孔子议论管仲与孙叔敖。在出逃和入仕的时候态度完全不一样，就像阳虎说起自己提拔的人。而赵简子在答复臣子时也失去了君主统治的法术。结成朋党互相唱和，臣下的欲望得逞，那么君主就被孤立；群臣公平地举荐人才，臣子之间不能互相应和，那么君主就能明察。阳虎想要成为赵武般的贤良、解狐般的公正，而赵简子认为是在培植多刺的枳树和荆棘，这就不是用来教育国人的道理。

说五

孟献伯相晋，堂下生藿藜，门外长荆棘，食不二味，坐不重席，晋无衣帛之妾，居不粟马，出不从车①。叔向闻之，以告苗贲皇。贲皇非之曰："是出主之爵禄以附下也。"

注释

①藿藜：藿香和蒺藜，泛指野草。晋：通"进"，引申为内，里面。

译文

说五

孟献伯当了晋国的相国，厅堂前长满野草，门外生长着荆棘，吃饭没有两样菜肴，坐时不垫两层席子，内室没有穿丝织品的姬妾，家中不用谷物喂马，外出时没有副车随从。叔向听说了这些事，把它告诉了苗贲皇。苗贲皇非议孟献伯说："这是抛弃君主的爵位俸禄来讨好下人。"

一曰：孟献伯拜上卿，叔向往贺，门有御，马不食禾。向曰："子无二马二舆，何也？"献伯曰："吾观国人尚有饥色，是以不秣马；班白者多以徒行，故不二舆。"向曰："吾始贺子之拜卿，今贺子之俭也。"向出，语苗贲皇曰："助吾贺献伯之俭也。"苗子曰："何贺焉？夫爵禄旗章，所以异功伐别贤不肖也。故晋国之法，上大夫二舆二乘，中大夫二舆一乘，下大夫专乘，此明等级也。且夫卿必有军事，是故循车马，比卒乘，以备戎事。有难则以备不虞，平夷则以给朝事。今乱晋国之政，乏不虞之备，以成节，以絜私名，献伯之俭也可与？又何贺？"

译文

另一种说法：孟献伯被授予晋国上卿，叔向前去祝贺，看见大门口停着车马，马没有谷子吃。叔向说："您没有副马副车，为什么呢？"孟献伯说："我看见国内民众还有饥饿的气色，因此不用谷物喂马；头发花白的老人多半靠徒步行走，所以不用副车。"叔向说："我来时是祝贺您被任命为上卿，如今要祝贺您的节俭了。"叔向出去后，告诉苗贲皇说："跟我一起祝贺孟献伯的节俭吧。"苗先生说："为什么要祝贺他的节俭呢？那爵位俸禄旌旗奖章，是用来区别功劳大小贤德与不贤德的。所以晋国的法律规定，

上大夫配备两辆车两辆副车，中大夫配备两辆车一辆副车，下大夫配备一套马车，这是明确等级的。况且任卿相的一定要掌管军事，所以要修整车马，训练步兵战车，用来防备战争。国家有灾难战乱时用它们来预防意外，国家太平时就用来上朝办事。如今他扰乱了晋国的政治，缺乏对意外的防备，而来成就他的节俭，来使他的私名清廉洁白，孟献伯的这种节俭也能给予祝贺？又有什么值得庆贺的呢？"

管仲相齐，曰："臣贵矣，然而臣贫。"桓公曰："使子有三归之家①。"曰："臣富矣，然而臣卑。"桓公使立于高、国之上。曰："臣尊矣，然而臣疏。"乃立为仲父。孔子闻而非之曰："泰侈逼上。"

注释

①三归：将齐国市租的十分之三归于个人。

译文

管仲任齐国的相，说："我尊贵了，然而我还是贫穷的。"齐桓公说："我让你家拥有齐国十分之三的市租。"管仲说："我富裕了，然而我的地位还是卑微。"齐桓公就让他位于高氏、国氏两大贵族之上。管仲说："我地位尊贵了，然而我与君主的关系还疏远。"于是齐桓公立他为仲父。孔子听说后非议说："臣下太奢侈就会危害到君主。"

一日：管仲父出，朱盖青衣，置鼓而归，庭有陈鼎，家有三归。孔子曰："良大夫也，其侈逼上。"

译文

另一种说法：管仲父外出，用朱红的车盖和青色的车衣，回家敲锣打鼓，院子中陈列大鼎，家里拥有国家十分之三的市租收入。孔子说："这是个好大夫，但他的奢侈会危害到君主。"

孙叔敖相楚，栈车牝马，粝饼菜羹，枯鱼之膳，冬羔裘，夏葛衣，面有饥色。"则良大夫也，其俭逼下。"

译文

孙叔敖担任楚国的令尹，乘坐简陋的车，用母马来驾车，吃粗粮米饼和蔬菜汤，吃干鱼，冬天穿羊皮袄，夏天穿粗糙的葛衣，脸上有饥色。有人说："这是个好大夫，但他的节俭危害到下层的人了。"

> 阳虎去齐走赵，简主问曰："吾闻子善树人。"虎曰："臣居鲁，树三人，皆为令尹；及虎抵罪于鲁，皆搜索于虎也。臣居齐，荐三人，一人得近王，一人为县令，一人为候吏；及臣得罪，近王者不见臣，县令者迎臣执缚，候吏者追臣至境上，不及而止。虎不善树人。"主俯而笑曰："树橘柚者，食之则甘，嗅之则香；树枳棘者，成而刺人。故君子慎所树。"

译文

阳虎离开齐国逃到赵国，赵简子问他说："我听说你善于培植人才。"阳虎说："我在鲁国时，培植了三个人，他们都做了县令；等到我阳虎在鲁国被判罪，他们都来搜捕我。我在齐国时，推荐了三个人，一个人能接近齐王，一个人做了县令，一个人做了防守边疆的官吏；等到我在齐国被判罪，接近齐王的那个人不肯见我，做县令的那个人迎上来准备抓我捆绑我，防守边疆的那个人一直把我追赶到边境上，没有追上才罢休。我阳虎不善于培植人才。"赵简主低下头笑着说："培植橘树和柚树，吃它们的果实时很甘甜，闻气味时很香；培植枳棘树的，长成了反而会刺人。所以君子对所培植的人才要慎重。"

> 中牟无令。晋平公问赵武曰："中牟，吾国之股肱，邯郸之肩髀。寡人欲得其良令也，谁使而可？"武曰："刑伯子可。"公曰："非子之仇也？"曰："私仇不入公门。"公又问曰："中府之令，谁使而可？"曰："臣子可。"故曰："外举不避仇，内举不避子。"赵武所荐四十六人，及武死，各就宾位，其无私德若此也。

译文

中牟没有县令。晋平公问赵武说："中牟县，对于我国就像大腿和胳膊一样重要，对于邯郸城就像肩胛骨和胯骨一样重要。我想要得到一位好的县令，让谁去才可以呢？"赵武说："邢伯子可以。"晋平公说："他不是你的仇人吗？"赵武说："私人的仇怨我不把它带到公事中来。"晋平公又问他说："中府令，派谁可以呢？"赵武说："我的儿子可以。"所以有人说："推荐外人时不回避仇人，推荐自己人时不回避儿子。"赵武所推荐的四十六人，等到赵武去世后，来吊唁时都坐在宾客座位上，他不培植私人恩德竟然到了这种地步。

平公问叔向曰："群臣孰贤？"曰："赵武。"公曰："子党于师人。"向曰："武立如不胜衣，言如不出口，然所举士也数十人，皆得其意，而公家甚赖之。及武子之生也不利于家，死不托于孤，臣敢以为贤也。"

译文

晋平公问叔向说："群臣中谁贤能？"叔向说："赵武贤能。"晋平公说："赵武是你的老上司，你和他结党了。"叔向说："赵武站立时好像体力衰弱得不能承受衣服的重量，说话时好像笨拙得说不出话，然而他所推荐的士人也有几十个，都合乎他的本意，而国家非常信赖他们。当赵武活着的时候也从不利用他们为家庭谋取私利，赵武死后不把孤儿托付给他们，所以我敢认为他是贤能的。"

解狐荐其仇于简主以为相。其仇以为且幸释己也，乃因往拜谢。狐乃引弓迎而射之，曰："夫荐汝，公也，以汝能当之也。夫仇汝，吾私怨也，不以私怨汝之故拥汝于吾君①。"故私怨不入公门。

外储说左下第三十三

注释

①拥：通"壅"，堵塞，蒙蔽。

译文

解狐向赵简子推荐自己的仇人让他任相。他的仇人认为解狐消除了对自己的仇怨，于是就去解家拜谢。解狐竟然拉开弓送箭并向他射箭，说："我推荐你，是为了公事，是因为你能担当这个责任。仇恨你，是我的私怨，我不会因为私下怨恨你的缘故而堵塞君主任用你的道路。"所以说私人恩怨是不带入公事中的。

一曰：解狐举邢伯柳为上党守，柳往谢之，曰："子释罪，敢不再拜？"曰："举子，公也；怨子，私也。子往矣。怨子如初也。"

译文

另一种说法：解狐推荐邢伯柳任上党太守，邢伯柳前去解家拜谢，说："您不再追究我的罪过，我敢不来拜谢吗？"解狐说："我推荐你，是公事；我怨恨你，是私事。

221

你走吧。我还是像当初一样怨恨你。"

郑县人卖豚，人问其价。日："道远日暮，安暇语汝。"

译文

郑县有个人卖小猪，有人问他小猪的价钱。他说："回家的道路又远天色又晚了，我哪里有空闲告诉你。"

经六

公室卑则忌直言，私行胜则少公功。说在文子之直言，武子之用杖；子产忠谏，子国谯怒；梁车用法而成侯收玺；管仲以公而国人谤怨。

译文

经六

公室衰弱就忌讳直言，谋取私利的行为盛行就很少有人为公家建功立业。这个说法在范文子直言，他父亲范武子用手杖打他；子产忠诚地劝谏，他父亲子国发怒责备他；梁车公正执法，而赵成侯没收了他的官印；管仲公平处事，守边的官吏却怨恨他，这几则故事中得到验证。

说六

范文子喜直言，武子击之以杖："夫直议者不为人所容，无所容则危身。非徒危身，又将危父。"

译文

说六

范文子喜欢直言，他的父亲范武子用手杖打他："说直话的人不能被别人容纳，不能被别人容纳那就会危害自身。不仅危害自身，还将会危害父亲。"

> 子产者，子国之子也。子产忠于郑君，子国谯怒之曰①："夫介异于人臣，而独忠于主。主贤明，能听汝；不明，将不汝听。听与不听，未可必知，而汝已离于群臣。离于群臣，则必危汝身矣。非徒危己也，又且危父也。"

注释

①谯：通"诮"，责备。

译文

子产，是子国的儿子。子产忠于郑国君主，父亲子国就发怒责备他说："你不同于一般的臣子，而唯独忠于君主。君主贤能英明，就能听从你的劝谏；君主不贤明，将不听从你的劝谏。是听从你还是不听从你，还不能确定地知道，而你已经脱离了群臣。脱离了群臣，那么就一定会危害你自身。不仅危害你自身，而且会危害你父亲。"

> 梁车新为邺令，其姊往看之，暮而后，门闭，因逾郭而入。车遂刖其足。赵成侯以为不慈，夺之玺而免之令。

译文

梁车刚刚担任邺县县令，他的姐姐去看望他，天黑后才来到邺县，这时县城大门关了，她因而翻墙进了城。梁车于是判处她砍脚的刑罚。赵成侯认为梁车不仁慈，就夺回了梁车的官印，罢免了他的县令之职。

> 管仲束缚，自鲁之齐，道而饥渴，过绮乌封人而乞食。乌封人跪而食之，甚敬。封人因窃谓仲曰："适幸，及齐不死而用齐，将何报我？"曰："如子之言，我且贤之用，能之使，劳之论。我何以报子？"封人怨之。

译文

管仲被捆绑着，从鲁国到齐国，路上饥渴交加，经过绮乌守卫边疆的官吏那里向他乞讨东西吃。绮乌守卫边疆的官吏跪着给管仲喂食，非常敬重管仲。守卫边疆的官吏偷偷告诉管仲说："如果您能幸免于难，到齐国后不死而且能在齐国受重用，您准备怎样报答我？"管仲说："如果真像你说的那样，我将任用贤能的人，使用有能力的人，推荐有功劳的人。我用什么来报答你呢？"守卫边疆的官吏因此而怨恨管仲。

评析

　　"经说"一讲君主的对外之道，韩非首先提出的是按法律法规进行赏罚，从而形成一种"人不怨上""臣不德君"的政治局面。其中心思想是要把按法治进行赏罚作为一种理所当然的事。既然是理所当然，那么接受赏罚的人就不会有埋怨和感恩。

　　"经说"二的重点落在诚信于法治上，使法律法规诚信，得到人们的信任，首先就不能依靠权势，不能依靠权术；权势和权术只是手段，不是目的，但这些手段也不如按照法律法规来进行赏罚。因为，如果在进行赏罚的过程中使用了权势、权术，那么人们就会不相信法律法规。如果人们不再相信法律法规，那么法律法规也就成了摆设。

　　"经说"三所说的伦理即是等级差别，韩非等级差别的观念来自荀子，这种观念的产生与形成，是因为社会组织日趋庞大，人们分工也越来越细，春秋战国时期的社会组织与夏商周时期的社会组织再也不能相比了，夏商周时期大部分是民族聚居，家长、族长掌权；也就是说是非专业管理人掌权。而西周以后，社会组织的大权落到了专业管理人身上；也就是说是官僚掌权。那么在战国时期形成的等级差别观念也就是很正常了。使等级差别正常化，就必须要依靠法治，让法律来固定等级差别，才能让人们感到这是理所当然的事。

　　"经说"四还是接着等级差别说下来的，君主有君主的等级差别，臣下有臣下的等级差别，臣下的等级差别又不能等同于平民百姓。韩非认为，这些等级差别也要用法律固定下来，不能因为某些职位有利益就禁止某些人，也不能禁止人们去从事有利于自己的事。不能因为人们都赞誉就对其加罪，也不能因为人们都诋毁而去对其大加赞誉。也就是说，按照法律法规，凡是对国家、对社会有贡献的，都要进行奖赏；凡是破坏了国家、社会的利益的都要进行惩罚。韩非的这种法治观点在当时，以至于今天都是非常正确的。前面说过，西周以前的社会组织大部分是家长、族长掌权，因此其管理方法也是以个人意志为主，以家庭、族群为主，很少以社会为主。如果确定了各种等级的待遇，那么管理方法就要以法律为主。

　　"经说"五所说的其实就是行为规范，也就是说，当了大官，有了丰厚的俸禄，就不能装得贫穷困苦了，而是要显示出这个级别的官员的豪华与威风，要让人们都羡慕。这样，人们才会努力去追求这种生活方式，才会拼命为君主服务。如果仍然是贫穷困苦，那么人们也就不会羡慕和追求。如果都不追求，谁来当官呢？但如果光是炫耀这种生活方式，光宗耀祖，没有节制，那么这样的官员显然也是不行；因为他们会为了更好的生活方式而侵犯更高领导人的利益，损害国家利益。也就是说，韩非要求的官员应该是很能干，会适当炫耀，又不太贪心的人。

　　"经说"六阐述所谓公室卑，是说君王的实力弱，实力既然很弱，也就害怕人们的直言不讳。因为人们的直言往往戳到他的痛处，使他无地自容。君王的实力既然很弱，那么就很难约束下级来为之服务工作，那么下级谋取私利的行为就会占优势，从而也就不会去建功立业了。

外储说右上
第三十四

题解

《外储说右上》主要内容是三段经文和相应的说文，"经一""说一"说明君主务必牢牢掌控权势。赏罚毁誉如果对官吏都不起作用，这样的官吏要坚决铲除，把危害扼杀在萌芽状态，使君主能绝对控制官吏；"经二""说二"继承并发扬了申子的术治思想，将老子的无为思想移用到统治术上就是君主好恶不现，不使人臣窥测到真实意图，最后归结到"能独断者，故可以为天下主"。"经三""说三"主要阐述了韩非法治学说中的"法行所爱，不避亲贵"思想，并且进一步明确要明罚、必罚。

君所以治臣者有三。

译文

君主用来控制臣下的方法有三种。

经一

势不足以化，则除之。师旷之对，晏子之说，皆舍势之易也而道行之难，是与兽逐走也，未知除患。患之可除，在子夏之说《春秋》也："善持势者，蚤绝其奸萌①。"故季孙让仲尼以遇势，而况错之于君乎②？是以太公望杀狂矞，而臧获不乘骥③。嗣公知之，故不驾鹿；薛公知之，故与二栾博。此皆知同异之反也。故明主之牧臣也，说在畜乌④。

注释

①蚤：通"早"，及早，趁早。②让：责备。遇：对待、相待。错：通"措"，举措。③狂矞（yù）：人名，周文王时代人。臧获：古代奴婢的贱称。④牧：统治、主管。

译文

经一

权势还不足以驯化的臣下，就除掉他。师旷的回答，晏婴的议论，都是舍弃了利用权势这种容易的方法，而推行难以实行的方法，这就如同与野兽赛跑，不知道除去祸患。祸患可以除去，这个道理子夏在解说《春秋》时说过："善于把握权势的人，早早就杜绝臣下作奸的苗头。"所以季康子因为孔子使用了和自己相同的权势就责备他，何况这些举措放在君主身上呢？因此太公望杀掉不为君主所用的狂矞，就像奴婢也不会去乘坐不听使唤的骏马。卫嗣公懂得这个道理，所以用鹿不能驱车来说明不能任如耳为相；孟尝君懂得这个道理，所以在和一对双胞胎兄弟赌博时用权势收服他们。这都是懂得君臣之间利害相反的表现。所以英明的君主统治臣下，其说法在畜养乌鸦的故事中。

说一

赏之誉之不劝，罚之毁之不畏，四者加焉不变，则其除之。

译文

说一

奖赏和称赞不能鼓励他，惩罚和馋毁不能使他害怕，赏、誉、罚、毁这四种手段加在他身上而无动于衷，这样的臣子就除掉他。

齐景公之晋，从平公饮，师旷侍坐。景公问政于师旷曰："太师将奚以教寡人？"师旷曰："君必惠民而已。"中坐，酒酣，将出，又复问政于师旷曰："太师奚以教寡人？"曰："君必惠民而已矣。"景公出之舍，师旷送之，又问政于师旷。师旷曰："君必惠民而已矣。"景公归，思，未醒，而得师旷之所谓——公子尾、公子夏者，景公之二弟也，甚得齐民，家富贵而民说之，拟于公室，此危吾位者也①。今谓我惠民者，使我与二弟争民耶？——于是反国，发廪粟以赋众贫，散府余财以赐孤寡，仓无陈粟，府无余财，宫妇不御者出嫁之，七十受禄米。鬻德惠施于民也，已与二弟争②。居二年，二弟出走，公子夏逃楚，公子尾走晋。

注释

①说：通"悦"，喜欢。②已：通"以"，用来。

译文

　　齐景公到晋国去，陪晋平公饮酒，师旷在一旁陪坐。齐景公向师旷请问治国方略说："太师准备用什么来教我？"师旷说："君主一定要给人民施恩惠就行了。"酒宴进行中，喝得很畅快，将要离开时，齐景公再次向师旷请问治国方略说："太师用什么来教我？"师旷说："君主一定要给人民施恩惠就行了。"齐景公出了宴席的门到馆舍去，师旷送他，齐景公再次向师旷请问治国方略。师旷说："君主一定要给人民施恩惠就行了。"齐景公回到馆舍后，思索这个问题，酒还没有醒，就明白了师旷所说的意思——公子尾、公子夏这两个人，是齐景公的两个弟弟，很得齐国民心，家里富裕高贵，而且民众喜欢他们，可以和王室相比，这可是危害我君位的人啊。如今师旷告诉我要给人民施恩惠，是让我和两个弟弟争夺民心吗？——于是齐景公返回齐国，就打开国家粮仓，发粮食给贫困的民众，分发国库中多余的财物，赐给孤儿寡母，国家粮库里没有陈粮，府库里没有多余的财物，君主没有亲幸过的宫女就让她们出宫嫁人，七十岁以上的人就享受国家禄米。齐景公给人民恩惠，用这种方法来和两个弟弟争夺民心。过了两年，两个弟弟出国逃跑了，公子夏逃往楚国，公子尾逃往晋国。

　　景公与晏子游于少海，登柏寝之台而还望其国，曰："美哉！泱泱乎，堂堂乎①！后世将孰有此？"晏子对曰："其田成氏乎！"景公曰："寡人有此国也，而曰田成氏有之，何也？"晏子对曰："夫田成氏甚得齐民。其于民也，上之请爵禄行诸大臣，下之私大斗斛区釜以出货，小斗斛区釜以收之。杀一牛，取一豆肉，余以食士。终岁，布帛取二制焉，余以衣士。故市木之价，不加贵于山；泽之鱼盐龟鳖蠃蚌，不贵于海。君重敛，而田成氏厚施。齐尝大饥，道旁饿死者不可胜数也，父子相牵而趋田成氏者不闻不生。故秦周之民相与歌之曰：'讴乎，其已乎[2]！苞乎，其往归田成子乎[3]！'《诗》曰：'虽无德与女，式歌且舞[4]。'今田成氏之德而民之歌舞，民德归之矣。故曰：'其田成氏乎！'"公泫然出涕曰[5]："不亦悲乎！寡人有国而田成氏有之。今为之奈何？"晏子对曰："君何患焉？若君欲夺之，则近贤而远不肖，治其烦乱，缓其刑罚，振贫穷而恤孤寡，行恩惠而给不足，民将归君，则虽有十田成氏，其如君何？"

注释

①泱（yāng）：水面广阔。②讴（ōu）：齐声歌唱。已（yǐ）：停止。③苞：本意为包裹，这里引申为受保护。④女：通"汝"，你。⑤泫然：流泪貌，亦指流泪。

译文

齐景公和晏婴到渤海游玩，登上柏寝的高台而回头眺望自己的国家齐国，说："美呀！恢宏盛大！雄伟壮丽！后世谁将拥有这个国家？"晏婴回答说："恐怕是田成氏拥有它吧！"齐景公说："我拥有这个国家了，而你却说是田成氏会拥有它，为什么？"晏婴回答说："那田成氏很得齐国民心。他对待民众，在朝廷上向君主请求爵位俸禄赐给大臣，

在下他私自加大斗斛区釜等量器来出借粮食，减小斗斛区釜等量器来收回粮食。杀一头牛，他只取一豆肉，余下的都拿给士人吃。一年到头，布帛等纺织品他只取三丈六尺，剩余的就拿给士人穿。所以市场上木材的价格，不比山上的更贵；湖泊里的鱼盐龟鳖螺蚌的价格，不会比海里的更贵。君主您加重聚敛财物，而田成氏丰厚地施舍。齐国曾经遇到严重的饥荒年，道边饿死的人不可计数，父子手拉着手投奔田成氏的没有听说不能活命的。所以齐国秦周门外的民众互相歌颂他说：'呜乎，算了吧！我们去归附田成子吧！'《诗经》上说：'虽无恩德赐给你，你们对我却载歌载舞。'如今田成氏这样布施恩德而民众载歌载舞，民众的恩德都归向田成氏了。所以我说：'恐怕是田成氏吧！'"齐景公流着眼泪哭泣着说："这难道不令人太悲痛吗！我拥有国家将被田成氏占有了它。如今应该怎么办？"晏婴回答说："君主何必担忧呢？如果君主想夺回国家，那么就接近贤能的人而疏远品德不好的人，整治国家混乱局面，放宽国家的刑罚，救济贫穷的人抚恤孤寡老人，施行恩德而资助不富足的人，民心将会归向您，那么虽然有十个田成氏，又能把您怎么样呢？"

或曰："景公不知用势，而师旷、晏子不知除患。夫猎者，托车舆之安，用六马之足，使王良佐辔，则身不劳而易及轻兽矣。今释车舆之利，捐六马之足与王良之御，而下走逐兽，则虽楼季之足无时及兽矣。托良马固车，则臧获有余。国者，君之车也；势者，君之马也。夫不处势以禁诛擅爱之臣，而必德厚以与天下齐行以争名，是皆不乘君之车，不因马之利，舍车而下走者也。"故曰："景公不知用势之主也，而师旷、晏子不知除患之臣也。"

译文

有人说："齐景公不懂得运用权势，而师旷、晏子不懂得去除祸患。打猎的人，凭借车子的安稳，利用六匹马的脚力，让王良帮助驾车，那么自身不劳累就很容易地追上动作轻快的野兽了。如今放弃车子的便利，抛弃六匹马的脚力以及王良的驾驭，却下车跑着追逐野兽，那么即使是有楼季那样飞快的脚力也没有追赶上野兽的时候。依靠良马和坚固的车子，那么即使奴婢去追赶野兽也会绰绰有余。国家，犹如君主的大车；权势，犹如君主的马。君主不运用权势来禁止和惩处那些擅自施行仁爱的臣下，而一定要用深厚的仁德来和天下一般臣子用同样的行动来争取民心，这些都像不凭借君主的车，不依靠马的便利，下车却徒步跑的人啊。"所以说："齐景公是不懂得运用权势的君主，而师旷、晏子是不懂得去除祸患的大臣。"

子夏曰："《春秋》之记臣杀君、子杀父者，以十数矣。皆非一日之积也，有渐而以至矣。"凡奸者，行久而成积，积成而力多，力多而能杀，故明主蚤绝之。今田常之为乱，有渐见矣，而君不诛。晏子不使其君禁侵陵之臣，而使其主行惠，故简公受其祸。故子夏曰："善持势者，蚤绝奸之萌。"

译文

子夏说："《春秋》所记载的臣子杀君主、儿子杀父亲的事，用十作为计算单位来计算了。这些事件都并不是靠一天积累起来的，而是有一个逐渐的发展过程才到这程度的。"凡是奸诈邪恶的人，活动时间长了，势力就会形成积累，这种积累形成后力量就大了，力量大了就能够诛杀君主，所以英明的君主及早就灭绝这种力量。如今田常作乱，已经有苗头出现了，而君主却不杀他。晏子不教他的君主除掉有越轨犯上行为的臣子，而让他的君主实行恩惠，所以齐简公受到了祸害。所以子夏说："善于掌握权势的人，要及早地杜绝奸诈奸邪的苗头。"

季孙相鲁，子路为郈令。鲁以五月起众为长沟，当此之为，子路以其私秩粟为浆饭，要作沟者于五父之衢而飧之①。孔子闻之，使子贡往覆其饭，击毁其器，曰："鲁君有民，子奚为乃飧之？"子路怫然怒，攘肱而入，请曰："夫子疾由之为仁义乎②？所学于夫子者，仁义也；仁义者，与天下共其所有而同其利者也。今以由之秩粟而飧民，不可何也？"孔子曰："由之野也！吾以女知之，女徒未及也。女故如是之不知礼也③！女之飧之，为爱之也。夫礼，天子爱天下，诸侯爱境内，大夫爱官职，士爱其家，过其所爱曰侵。今鲁君有民而子擅爱之，是子侵也，不亦诬乎！"言未卒，而季孙使者至，让曰："肥也起民而使之，先生使弟子令徒役而飧之，将夺肥之民耶④？"孔子驾而去鲁。以孔子之贤，而季孙非鲁君也，以人臣之资，假人主之术，蚤禁于未形，而子路不得行其私惠，而害不得生，况人主乎！以景公之势而禁田常之侵也，则必无劫弑之患矣。

注释

①子路：又称季路，即仲由，春秋时鲁国人，孔子的学生。飧（cān）：古同"餐"。②疾：通"嫉"，嫉妒、憎恨。③故：通"固"，原来。④肥：季孙自称。

译文

季康子任鲁国的相，子路任郈县的县令。鲁国在五月份发动群众挖掘长沟，当这个工程进行的过程中，子路用自己的私人俸禄所得的粮食做成稀饭，邀请挖掘长沟的人到

韩非子选集

五父之衢来吃饭。孔子听说了这件事，就让子贡前去倒掉他的饭，砸毁盛饭的餐具，说："鲁国君主拥有的民众，你为什么要给他们吃饭？"子路勃然大怒，撸起袖子露出胳膊闯入孔子的住所，问道："先生憎恨我仲由行仁义吗？从先生这里学到的，就是仁义；所谓的仁义，就是和天下人共同拥有而且共享自己的利益。如今我用仲由私人俸禄所得的粮食而给民众吃，您却不允许，为什么？"孔子说："仲由太粗野了，我还以为你懂得这个道理，你却不懂得。你原来如此不懂礼呀！你给民众吃饭，是爱他们。所谓的社会行为规范，是天子爱天下百姓，诸侯爱国内百姓，大夫爱自己官职所辖范围内的人，士人爱家人，超过自己所爱的范围就叫作侵犯。如今鲁国君主有自己的民众而你却擅自去爱他们，这样你就侵犯了鲁国君主，这不是胆大妄为吗？"话还没说完，而季孙的使者就来了，责备孔子说："我季肥发动民众驱使他们，先生却派弟子去招呼他们并给他们吃饭，将要夺取季肥的民众吗？"孔子因而驾着车子离开了鲁国。以孔子的贤能，而季孙还不是鲁国的君主，只是依靠了臣子的地位，凭借君主的权术，祸害还没有形成之时就及早禁绝，而子路不能施行他私人的恩惠，而危害就不能产生了，更何况是君主呢！凭借齐景公的权势而禁绝田常的侵犯，就一定没有劫持杀害君主的祸患了。

太公望东封于齐，齐东海上有居士曰狂矞、华士昆弟二人者立议曰[1]："吾不臣天子，不友诸侯，耕作而食之，掘井而饮之，吾无求于人也。无上之名，无君之禄，不事仕而事力。"太公望至于营丘，使吏执杀之以为首诛。周公旦从鲁闻之，发急传而问之曰[2]："夫二子，贤者也。今日飨国而杀贤者，何也[3]？"太公望曰："是昆弟二人立议曰：'吾不臣天子，不友诸侯，耕作而食之，掘井而饮之，吾无求于人也。无上之名，无君之禄，不事仕而事力。'彼不臣天子者，是望不得而臣也；不友诸侯者，是望不得而使也；耕作而食之，掘井而饮之，无求于人者，是望不得以赏罚劝禁也。且无上名，虽知，不为望用；不仰君禄，虽贤，不为望功。不仕，则不治；不任，则不忠。且先王之所以使其臣民者，非爵禄则刑罚也。今四者不足以使之，则望当谁为君乎？不服兵革而显，不亲耕耨而名，又非所以教于国也。今有马于此，如骥之状者，天下之至良也。然而驱之不前，却之不止，左之不左，右之不右，则臧获虽贱，不托其足。臧获之所愿托其足于骥者，以骥之可以追利辟害也。今不为人用，臧获虽贱，不托其足焉。已自谓以为世之贤士而不为主用，行极贤而不用于君，此非明主之所臣也，亦骥之不可左右矣，是以诛之。"

注释

①太公望：俗称姜太公。②周公旦：姓姬名旦，周文王之子，周武王之弟，曾辅佐武王及其子成王执政，被封于周，所以称为周公。③飨（xiǎng）：通"享"，享有。

231

译文

　　太公望受封在东边的齐国，齐国东海上有两位隐士叫作狂矞、华士，兄弟两人发表议论说：“我们不做天子的臣子，不做诸侯的朋友，亲自耕作而吃自己的粮食，亲自挖井而喝自己的水，我们没有什么要乞求别人的事。不要君主给的名位，不要君主发的俸禄，不去做官而从事体力劳动。”太公望来到营丘，派官吏抓捕并杀掉他们作为首要惩处的对象。周公旦从鲁国听到这个消息，派出紧急的信使去责问他说：“那两个人，是贤能的人。如今您享有封国就杀害贤能的人，为什么呢？”太公望说：“这兄弟二人发表议论说：‘我们不做天子的臣子，不做诸侯的朋友，亲自耕作而吃自己的粮食，亲自挖井而喝自己的水，我们没有什么要乞求别人的事。不要君主给的名位，不要君主发的俸禄，不去做官而从事体力劳动。’他们是不臣服天子的人，也是我吕望不能使之臣服的人啊；他们不和诸侯交朋友，就是使我吕望不能驱使他们；亲自耕作而吃自己的粮食，亲自挖井而喝自己的水，他们没有什么要乞求别人的事，这就使我吕望不能用奖赏、惩罚来激励、约束他们。况且他们不要君主给的名位，即使他们有智慧，也不能为我吕望所用；不仰慕君主发的俸禄，即使贤能，也不能为我吕望建立功业。他们不做官，就无法治理；他们不接受任用，就是对君主不忠。况且先王之所以驱使臣子民众，不是爵位俸禄就是

刑法惩罚。如今这四种手段都不能够用来驱使他们，那么我吕望将给谁当君主呢？不打仗立功而显贵，不亲自耕耘而出名，这又不是用来教导国人的方法。如今在这里有匹马，样子像骏马，是天下最好的马。然而驱赶它却不前进，勒住它却不停止，让它往左它不向左，让它往右它不向右，那么奴婢们虽然卑贱，也不会依托它的脚力。奴婢们之所以希望把脚力寄托在良马身上，是因为依托良马可以得到利益，避免危害。如今它不能为人所用，奴婢们虽然卑贱，也不会把脚力寄托在它身上。这样，狂矞、华士两人自以为是世上贤能的人而不愿意被君主所任用，品行极其贤能而不能被君主使用，这种人就不是英明君主所任用的臣子，也就像不能驱使的骏马了，因此我就杀了他们。"

> 一曰：太公望东封于齐。海上有贤者狂矞，太公望闻之往请焉，三却马于门而狂矞不报见也，太公望诛之。当是时也，周公旦在鲁，驰往止之，比至，已诛之矣。周公旦曰："狂矞，天下贤者也，夫子何为诛之？"太公望曰："狂矞也议不臣天子，不友诸侯，吾恐其乱法易教也，故以为首诛。今有马于此，形容似骥也，然驱之不往，引之不前，虽臧获不托足于其轸也。"

译文

　　另一种说法：太公望受封在东边的齐国。渤海边上有一个贤德的人名叫狂矞，太公望听说后前往请他，多次在他门前勒马停车拜访但是狂矞没有答应见面，太公望就杀了他。正当这个时候，周公旦在鲁国，驰马前往制止太公望杀狂矞，等他赶到时，太公望已经杀了狂矞。周公旦说："狂矞，是天下贤德的人，您为什么要杀他呢？"太公望说："狂矞发表议论说，不做天子的臣子，不做诸侯的朋友，我害怕他扰乱法令，改变教化，所以将他作为首先惩处的对象。如今有匹马在这里，样子像骏马，然而驱赶它不走，拉它也不向前，即使是奴婢们也不会把脚力寄托在它拉的车子上。"

> 如耳说卫嗣公，卫嗣公说而太息①。左右曰："公何为不相也？"公曰："夫马似鹿者而题之千金，然而有千金之马而无千金之鹿者，马为人用而鹿不为人用也。今如耳，万乘之相也，外有大国之意，其心不在卫，虽辨智，亦不为寡人用，吾是以不相也。"

注释

　　①说（shuì）：游说、劝说。说（yuè）：古同"悦"，喜悦。

译文

　　如耳游说卫嗣公，卫嗣公喜悦却长叹。他身边侍从说："您为什么不让如耳担任相呢？"卫嗣公说："那跑起来像鹿一样快的马可以标价千金，然而只有价值千金的马而没有价值千金的鹿，这是因为马能被人们使用而鹿不能被人们使用。如今如耳，是做大国的相才，他有到外面大国谋职的念头，他的心不在卫国，虽然他有辩才和智谋，但是也不能为我所用，我因此不让他担任相。"

　　薛公之相魏昭侯也，左右有栾子者曰阳胡、潘其，于王甚重，而不为薛公。薛公患之，于是乃召与之博，予之人百金，令之昆弟博；俄又益之人二百金。方博有间，谒者言客张季之子在门，公怫然怒，抚兵而授谒者曰："杀之！吾闻季之不为文也。"立有间，时季羽在侧，曰："不然。窃闻季为公甚，顾其人阴未闻耳。"乃辍不杀客，大礼之，曰："曩者闻季之不为文也，故欲杀之；今诚为文也，岂忘季哉！"告廪献千石之粟，告府献五百金，告驺私厩献良马固车二乘，因令奄将宫人之美妾二十人并遗季也①。栾子因相谓曰："为公者必利，不为公者必害，吾曹何爱不为公？"因私竞劝而遂为之。薛公以人臣之势，假人主之术也，而害不得生，况错之人主乎②！夫驯乌者断其下翎焉。断其下翎，则必恃人而食，焉得不驯乎？夫明主畜臣亦然，令臣不得不利君之禄，不得无服上之名。夫利君之禄，服上之名，焉得不服？

注释

　　①奄：通"阉"，宦官。遗：给予、馈赠。②错：通"措"，安置。

译文

　　薛公田文担任魏昭王相时，身边侍从中有一对孪生兄弟叫阳胡、潘其，在魏昭王那里很受器重，却不为薛公效劳。薛公对此很担忧，于是召见和他们赌博，给他们每人一百金，让他们兄弟二人赌博；过一会儿又给每人增加二百金。刚赌了一会儿，通报的官员说门客张季的儿子在大门口，薛公勃然大怒，拿兵器递给通报的官员说："杀掉他！我听说张季不肯给我田文效劳。"站了一会儿，刚好张季的党羽在旁边，说："不是这样的。我私下听说张季很想为您效劳，只是他暗中出力而还没有让您听说罢了。"于是薛公就停止了杀人的命令，不杀门客张季的儿子，而且对他厚礼相待，说："过去我听说张季不肯给我效劳，所以想杀掉他儿子；如今我知道他确实肯给我田文效劳，我怎敢忘记他呢？"于是通知管粮仓的拿出一千石的粮食，通知管金库的拿出五百金，通知马夫从自己私人的马厩里拿出好马和坚固的车二辆，又传令宦官把宫女中漂亮的姬妾二十人一并赠送给张季。这对孪生兄弟在一旁商议说："为薛公出力必然得利，不为薛公出力必然有害，我们为什么不

韩非子选集

情愿为薛公效劳呢？"因此私下互相勉励终于肯给薛公效劳了。薛公用臣子的权势，凭借君主的权术，尚且使祸害不能发生，何况让君主使用这些方法呢？驯养乌鸦的人剪断乌鸦的翅膀和尾下长羽。剪断了乌鸦的翅膀和尾下长羽，就必然要靠人喂养，怎么能不驯服呢？英明的君主畜养臣子也是这样，使臣子不得不贪求君主授予的俸禄，不得不臣服于君主授予他的名位。贪求君主授予的俸禄，臣服于君主授予的名位，怎么能不驯服呢？

经二

人主者，利害之轺毂也，射者众，故人主共矣[1]。是以好恶见，则下有因，而人主惑矣；辞言通，则臣难言，而主不神矣[2]。说在申子之言"六慎"，与唐易之言弋也。患在国羊之请变，与宣王之太息也。明之以靖郭氏之献十珥也，与犀首、甘茂之道穴闻也[3]。堂谿公知术，故问玉卮；昭侯能术，故以听独寝[4]。明主之道，在申子之劝"独断"也。

注释

①轺（yáo）：古代轻便的小马车。毂（gǔ）：这里用为"车轮中心的圆木"之意，其周围与车辐的一端相接，中有圆孔，可以插轴。射：谋求、逐取。②见：出现、显露。因：依靠，凭借。③珥（ěr）：珠玉耳饰。④卮（zhī）：古代一种盛酒器。

译文

经二

君主，就像是利害积聚的车毂，众人追逐利益都像辐条射向车毂一样投向君主，所以君主就成为共同的目标。因此君主的好恶显示出来，那么臣下就会投其所好，而君主就要受迷惑了；君主如果把臣下的话泄露，那么臣下就难以向君主进言，而君主也就不神明了。这种说法在申不害说的"君主应该在六个方面谨慎小心"和唐易鞠谈论射鸟一定要谨慎的故事中得到验证。它的祸患体现在国羊表示悔改，以及韩宣王的叹息两则故事中。阐明它的是靖郭氏献上十个珠宝耳饰上和犀首、甘茂通过墙洞中偷听这两则故事。堂谿公懂得这种方法，所以询问玉杯之事；韩昭侯能运用这种方法，所以听后就独自睡觉。英明君主的统治方法，在于申不害劝说"君主独自决断"之事上。

说二

申子曰："上明见，人备之；其不明见，人惑之[1]。其知见，人饰之；不知见，人匿之[2]。其无欲见，人司之；其有欲见，人饵之[3]。故曰：吾无从知之，惟无为可以规之。"

①见：同"现"，出现、显露。②饰：迷惑。知：通"智"。下文"有知""无知"之"知"皆同此。③司：通"伺"，伺机。

译文

说二

申不害说："君主的明察显露出来，人们就会防备他；君主的糊涂显露出来，人们就会惑乱他。君主的智慧显露出来，人们就会惑乱他；无知显露出来，人们就会隐瞒他。君主没有欲望显露出来，人们就会伺机探询他；有欲望显露出来，人们就会引诱他。所以说：我没有办法了解臣下，只有无为才可以窥视臣下。"

一曰：申子曰："慎而言也，人且知女；慎而行也，人且随女。而有知见也，人且匿女；而无知见也，人且意女①。女有知也，人且臧女；女无知也，人且行女②。故曰：惟无为可以规之③。"

注释

①意：意料、猜测。②臧：通"藏"，躲避。③规：通"窥"。

译文

另一种说法：申不害说："你的言论谨慎，别人将会了解你；你的行为谨慎，别人将会追随你。然而你的智慧显露出来，别人将会躲开你；然而你的无知显露出来，别人将会算计你。你要是有智慧，人们将会躲避你；你要是没有智慧，人们将会对你采取行动。所以说：只有无为才可以窥视臣下。"

田子方问唐易鞠曰："弋者何慎？"对曰："鸟以数百目视子，子以二目御之，子谨周子廪①。"田子方曰："善。子加之弋，我加之国。"郑长者闻之曰："田子方知欲为廪，而未得所以为廪。夫虚无无见者，廪也。"

注释

①周：周密。廪（lǐn）：米仓。

译文

田子方请问唐易鞠说："射鸟的人要注意什么？"唐易鞠回答说："鸟用几百双眼

韩非子选集

睛盯着你，你只有两只眼睛来防御鸟，因此你要周密地守护你的米仓。"田子方说："好。你把这个道理用在射鸟上，我把这个道理用在管理国家上。"郑国的长者听说这件事后说："田子方知道要守护米仓，却不知道守护米仓的方法。虚静无为不显露出欲望的人，才能守护米仓。"

一曰：齐宣王问弋于唐易子曰："弋者奚贵？"唐易子曰："在于谨廪。"王曰："何谓谨廪？"对曰："鸟以数十目视人，人以二目视鸟，奈何不谨廪也？故曰：'在于谨廪也。'"王曰："然则为天下何以为此廪？今人主以二目视一国，一国以万目视人主，将何以自为廪乎？"对曰："郑长者有言曰：'夫虚静无为而无见也。'其可以为此廪乎！"

译文

另一种说法：齐宣王向唐易鞠先生请问射鸟的办法，说："射鸟要重视什么？"唐易鞠先生说："在于谨慎地守护米仓。"齐宣王说："什么叫谨慎地守护米仓？"唐易鞠先生回答说："鸟儿用几十双眼睛盯着人，人只有两只眼睛来看鸟，怎么能不谨慎地守护米仓呢？所以说：'在于谨慎地守护米仓。'"齐宣王说："那么如何用守护米仓那样的方法守护国家？如今君主只能用两只眼睛看一个国家，一个国家的人则用万双眼睛盯着君主，君主将用什么方法像守护米仓那样守护国家呢？"唐易鞠先生说："郑国的长者曾经说过：'虚静无为而不显露出欲望。'这才可以守护国家这一米仓了吧！"

国羊重于郑君，闻君之恶己也，侍饮，因先谓君曰："臣适不幸而有过，愿君幸而告之。臣请变更，则臣免死罪矣。"

译文

国羊被郑君重用，他听说国君厌恶自己，因而在陪伴郑君喝酒时，先告诉国君说："我如果不幸犯了过错，希望君主能爱护我，告诉我错的地方。请让我改正，那么我就会免除死罪了。"

客有说韩宣王，宣王说而太息①。左右引王之说之以先告客以为德。

韩
非
子
选
集

注释

①太息：呼气为主的深呼吸，出声长叹的表现。

译文

有说客游说韩宣王，韩宣王高兴又出声长叹。他身边的侍从把韩宣王喜欢说客的事争先告诉说客，以此作为自己的恩德。

靖郭君之相齐也，王后死，未知所置，乃献玉珥以知之。

译文

靖郭君田婴担任齐国的相，王后死了，还不知道谁将被立为王后，于是他就献上玉制耳饰，想来了解此事。

一曰：薛公相齐，齐威王夫人死，中有十孺子皆贵于王，薛公欲知王所欲立而请置一人以为夫人。王听之，则是说行于王，而重于置夫人也；

王不听，是说不行，而轻于置夫人也。欲先知王之所欲置以劝王置之，于是为十玉珥而美其一而献之。王以赋十孺子。明日坐，视美珥之所在而劝王以为夫人。

译文

　　另一种说法：薛公当了齐国的相，齐威王的夫人死了，宫中有十个姬妾都被齐威王所宠爱，薛公想知道齐威王所要立的人是谁，以便请求立此人为夫人。齐威王如果听从建议，那么这就是自己的建议被齐威王所采用，而且自己会被新立的夫人所器重；齐威王如果不听从自己的建议，这个建议不被采用，就会被新立的夫人所轻视。薛公想要预先知道齐威王所要立的人，然后再去劝说宣王立她为夫人，于是就制作了十个玉制耳饰而其中一个特别精美，献给齐威王。齐威王将这十个玉制耳饰送给十个姬妾。第二天薛公陪坐时，看那只精美的耳饰戴在谁的耳朵上，就劝齐威王将谁立为夫人。

　　甘茂相秦惠王，惠王爱公孙衍，与之间有所言，曰："寡人将相子。"甘茂之吏道穴闻之，以告甘茂。甘茂入见王，曰："王得贤相，臣敢再拜贺。"王曰："寡人托国于子，安更得贤相？"对曰："将相犀首。"王曰："子安闻之？"对曰："犀首告臣。"王怒犀首之泄，乃逐之。

译文

　　甘茂任秦惠王的相，秦惠王宠爱公孙衍，与公孙衍私下讲话，说："我将要让你任相。"甘茂手下的官吏从孔洞中偷听到此话，就将此话告诉了甘茂。甘茂进宫拜见秦惠王，说："大王得到贤能的相，我冒昧地拜两拜来表示祝贺。"秦惠王说："我把国家托付给先生，怎么会另得贤相了？"甘茂回答说："大王将让犀首公孙衍任相。"秦惠王说："先生从哪里听说此事？"甘茂回答说："犀首公孙衍告诉我的。"秦惠王不满犀首公孙衍泄密，于是赶走了他。

　　一曰：犀首，天下之善将也，梁王之臣也。秦王欲得之治天下，犀首曰："衍其人臣者也，不敢离主之国。"居期年，犀首抵罪于梁王，逃而入秦，秦王甚善之。樗里疾，秦之将也，恐犀首之代之将也，凿穴于王之所常隐语者。俄而王果与犀首计，曰："吾欲攻韩，奚如？"犀首曰："秋可矣。"王曰："吾欲以国累子，子必勿泄也。"犀首反走再拜曰："受命。"于是樗里疾也道穴听之矣。郎中皆曰："兵秋起攻韩，犀首为将。"于是日也，郎中尽知之；于是月也，境内尽知之。王召樗里疾曰："是何匈匈也，何道出？"樗里疾曰："似犀首也。"王曰："吾无与犀首言也，其犀首何哉？"樗里疾曰："犀首也羁旅，新抵罪，其心孤，是言自嫁于众。"王曰："然。"使人召犀首，已逃诸侯矣。

译文

另一种说法：犀首，是天下很好的将领，本是魏惠王的大臣。秦王想要得到他，和他共同治理天下，犀首说："我公孙衍是别人的臣子，不敢离开我君主的国家。"过了一年，犀首犯罪被魏惠王惩罚，便逃跑到秦国，秦惠王待他很好。樗里疾，是秦国的将军，他害怕犀首替代他当上将军，于是就在秦惠王经常说机密的地方挖了一个洞。不久秦惠王果然和犀首秘密合计事情，说："我想攻打韩国，你看怎么样？"犀首说："秋天就可以了。"秦惠王说："我想要先生操劳国家大事，先生一定不要泄露。"犀首退后几步拜了两拜说："接受命令。"这时樗里疾也从洞中偷听到了。于是郎中们都在说："军队秋天就要行动攻打韩国，犀首将要当将军。"就在这天，郎中们都知道了此事；在这一个月，国境内的人都知道了此事。秦惠王召樗里疾来说："为什么这样闹哄哄的，这些话是从哪里传出去的？"樗里疾说："好像是犀首传出去的。"秦惠王说："我没有与犀首说过这些话，为什么说是犀首讲的？"樗里疾说："犀首是寄居在秦国的外客，新近才得受惩罚，他心里孤独，说这话可能是想卖弄自己。"秦惠王说："对。"就派人召见犀首，而犀首早已逃到其他诸侯那里去了。

堂谿公谓昭侯曰："今有千金之玉卮，通而无当，可以盛水乎？"昭侯曰："不可。""有瓦器而不漏，可以盛酒乎？"昭侯曰："可。"对曰："夫瓦器，至贱也，不漏，可以盛酒。虽有乎千金之玉卮，至贵而无当，漏，不可盛水，则人孰注浆哉？今为人之主而漏其群臣之语，是犹无当之玉卮也。虽有圣智，莫尽其术，为其漏也。"昭侯曰："然。"昭侯闻堂谿公之言，自此之后，欲发天下之大事，未尝不独寝，恐梦言而使人知其谋也。

译文

堂谿公对韩昭侯说："如今有一个价值千金的玉杯，通透却没有底，能用它来装水吗？”韩昭侯说：“不能。”堂谿公说："有陶制的器皿不漏水，能用它装酒吗？"韩昭侯说："能。"堂谿公回复说："瓦器，极其低贱，只要不漏，就能用它装酒。虽然有价值千金的玉杯，极其昂贵却没有底，漏水，不能用它来装水，那么人们谁往里面斟酒呢？如今作为人们的君主而泄露群臣的言谈，这就好像是没有底的玉杯。臣下即使有圣明的智慧，也不会献出他们的全部谋略，害怕被泄露啊。"韩昭侯说："对。"韩昭侯听了堂谿公的话，自此以后，想发布天下的大事，没有不独自睡觉的时候，害怕自己说梦话而让别人知道他自己的计谋。

　　一曰：堂谿公见昭侯曰："今有白玉之卮而无当，有瓦卮而有当。君渴，将何以饮？"君曰："以瓦卮。"堂谿公曰："白玉之卮美而君不以饮者，以其无当耶？"君曰："然。"堂谿公曰："为人主而漏泄其群臣之语，譬犹玉卮之无当。"堂谿公每见而出，昭侯必独卧，惟恐梦言泄于妻妾。

译文

　　另一种说法：堂谿公拜见韩昭侯说："如今有一个白玉做的杯子却没有底，有一个瓦制的杯子而有底。君主您口渴时，将用哪一只杯子喝水呢？"韩昭侯说："用瓦制的杯子。"堂谿公说："白玉的杯子虽然很美，但是您不用它来喝水，是因为它没有底吗？"韩昭侯说：

"对。"堂谿公说："作为人们的君主而泄露群臣的言谈，就好像玉杯没有底。"堂谿公每次拜见韩昭侯离开，韩昭侯一定要独自睡觉，唯恐说梦话把他们商量的事情泄露给妻妾。

> 申子曰："独视者谓明，独听者谓聪。能独断者，故可以为天下主。"

译文

申不害说："能独自观察问题叫作明，能独自听取意见叫作聪。能够独自决断事情，就可以做天下的君主。"

> ### 经三
> 术之不行，有故。不杀其狗，则酒酸。夫国亦有狗，且左右皆社鼠也。人主无尧之再诛，与庄王之应太子，而皆有薄媪之决蔡姬也。知贵不能，以教歌之法先揆之①。吴起之出爱妻，文公之斩颠颉，皆违其情者也。故能使人弹疽者，必其忍痛者也②。

注释

①揆（kuí）：大致估量。②疽（jū）：中医指一种毒疮，在皮肉深处的叫疽。

译文

经三

统治的方法不能推行，是有缘故的。卖酒的人不杀掉他养的恶狗，顾客就不敢进门买酒，酒就卖不出去而变酸。国家也有恶狗，况且君主身边的侍从都像是躲在神庙里的老鼠。一般的君主不能像尧那样两次诛杀反对自己的人，也不能像楚庄王答复太子那样，而都像薄媪那样，自己有决策却要取决于蔡巫婆。弄明白贤能的人和无能的人，就用教歌的方法先对他们进行测试。吴起休掉爱妻，晋文公斩杀爱臣颠颉，都是违背他们感情的。所以能够让人给自己治疗毒疮的人，必定是能忍痛的人。

> ### 说三
> 宋人有酤酒者，升概甚平，遇客甚谨，为酒甚美，县帜甚高著，然不售，酒酸①。怪其故，问其所知。问长者杨倩，倩曰："汝狗猛耶？"曰：

"狗猛则酒何故而不售？"曰："人畏焉。或令孺子怀钱挈壶罋而往酤，而狗迓而龁之，此酒所以酸而不售也。"夫国亦有狗，有道之士怀其术而欲以明万乘之主，大臣为猛狗迎而龁人，此人主之所以蔽胁，而有道之士所以不用也。故桓公问管仲："治国最奚患？"对曰："最患社鼠矣。"公曰："何患社鼠哉？"对曰："君亦见夫为社者乎？树木而涂之，鼠穿其间，掘穴托其中。熏之，则恐焚木；灌之，则恐涂阤②：此社鼠之所以不得也。今人君之左右，出则为势重而收利于民，入则比周而蔽恶于君。内间主之情以告外，外内为重，诸臣百吏以为富。吏不诛则乱法，诛之则君不安，据而有之，此亦国之社鼠也。"故人臣执柄而擅禁御，明为己者必利，而不为己者必害，此亦猛狗也。夫大臣为猛狗而龁有道之士矣，左右又为社鼠而间主之情，人主不觉。如此，主焉得无壅，国焉得无亡乎？

注释

①升：容器名，量酒的单位，今俗称提子。概：古代量米粟时刮平斗斛（hú）用的木板，量米粟时，放在斗斛上刮平，不使过满，这里引申为刮平、不使过量。县：通"悬"。②阤（zhǐ）：毁坏，败坏。

译文

说三

宋国有一个卖酒的人，量酒很公平，对待顾客很恭敬，酿制的酒很甜美，悬挂的酒旗又高又显眼，然而酒就是卖不掉，都变酸了。他对此感到奇怪，不知原因何在，就去请问他熟知的人。他问长者杨倩，杨倩说："你的狗很凶猛吗？"他说："狗是凶猛，那么酒为何就卖不出去？"杨倩说："人们害怕狗呀。有人叫小孩子揣着钱提着壶去卖酒处，而狗却迎上去咬他，这就是酒之所以变酸而卖不出去的原因。"国家也有这样凶猛的狗，士人有治国策略想表明于大国的君主，而大臣却像凶猛的狗一样迎上去咬他们，这就是君主被蒙蔽被挟持而有治国策略的士人不被重用的缘故。所以齐桓公问管仲说："治理国家最担忧什么？"管仲回答说："最担忧钻到土地神神坛里的老鼠。"齐桓公说："为什么担忧钻到土地神神坛里的老鼠？"管仲回答说："君主看见过建造土地神神坛吗？把木头树起而涂上泥，老鼠穿行在其间，在其中挖洞。用火熏它们，则害怕烧坏木料；用水淹灌它们，则害怕毁坏涂在上面的泥土；这就是钻到土地神神坛里的老鼠之所以捉不到的原因。如今君主的身边的侍从，在朝廷外就凭借君主的权势而从百姓那里搜刮利益；在朝廷内就紧密勾结而在君主面前隐瞒罪恶。他们在宫内窥测君主的内情去告诉朝外的同党，内外勾结来加重权势，群臣百官靠他们获得富贵。官吏不惩罚他们就会扰乱法制，惩罚他们君主不得安宁，他们控制着君主，这些人也就是国家的社鼠啊。"所以臣下掌握了权势而操纵了法令，向人表明为他们出力的人一定会得利，而不为他们出力的人一定会有祸害，这种人也就是凶猛的狗。大臣像恶狗一样去咬有治国策略的士人，身边侍从又像钻进土地神神坛里的老鼠那样窥测君主的内情，而君主却没有察觉。像这样，君主哪能不受蒙蔽，国家哪能不灭亡呢？

一曰：宋之酤酒者有庄氏者，其酒常美。或使仆往酤庄氏之酒，其狗龁人，使者不敢往，乃酤佗家之酒①。问曰："何为不酤庄氏之酒？"对曰："今日庄氏之酒酸。"故曰：不杀其狗则酒酸。桓公问管仲曰："治国何患？"对曰："最苦社鼠。夫社，木而涂之，鼠因自托也。熏之则木焚，灌之则涂阤，此所以苦于社鼠也。今人君左右，出则为势重以收利于民，入则比周谩侮蔽恶以欺于君，不诛则乱法，诛之则人主危，据而有之，此亦社鼠也。"故人臣执柄擅禁，明为己者必利，不为己者必害，亦猛狗也。故左右为社鼠，用事者为猛狗，则术不行矣。

注释

①佗：通"他"，其他。

译文

另一种说法：宋国有个卖酒的人叫庄氏，他的酒一直很甜美。有人派仆人去买庄氏的酒，但庄氏的狗咬人，仆人不敢前往，就去买其他人家的酒。问他说："为什么不买庄氏家的酒？"仆人回答说："今天庄氏家的酒酸了。"所以说：不杀掉那咬人的狗，酒就会变酸。齐桓公问管仲说："治理国家最担忧什么？"管仲回答说："最头痛那钻进土地神神坛里的老鼠。那土地神神坛是木料制成，而用泥涂在上面，老鼠便藏身于其中。用火熏烤那么木料就会被焚烧，用水淹灌它那么涂泥就会毁坏，这就是最头痛社鼠的原因。如今君主身边侍从，在朝廷外就卖弄权势从百姓那里榨取利益，在朝廷内就紧密勾结来欺瞒蒙骗君主。不惩罚他们就会扰乱法制，惩罚了他们君主就会有危险，他们控制着君主，这些人就是钻进神坛里的老鼠啊。"所以臣子掌握了权势又操纵了法令，申明为他卖力的人必定有利，不为他卖力的人必定有祸害，这也就是凶猛的狗。所以君主身边侍从像钻进神坛里的老鼠，执政大臣像凶猛的狗，那么君主的治国策略就不能实行了。

尧欲传天下于舜。鲧谏曰："不祥哉！孰以天下而传之于匹夫乎？"尧不听，举兵而诛杀鲧于羽山之郊。共工又谏曰："孰以天下而传之于匹夫乎？"尧不听，又举兵而诛共工于幽州之都。于是天下莫敢言无传天下于舜。仲尼闻之曰："尧之知舜之贤，非其难者也。夫至乎诛谏者必传之舜，乃其难也。"一曰："不以其所疑败其所察则难也。"

译文

尧想把帝位传给舜。鲧规劝说："不吉利啊！哪能把帝位传给平民百姓呢？"尧不听从他的，发兵去攻打他，并在羽山的郊外杀死了鲧。共工又规劝说："哪能把帝位传给平民百姓呢？"尧不听从他的，又发兵去攻打他，并在幽州的都城里杀死了共工。于是天下没有人再敢说不要把帝位传给舜了。孔子听说此事后，说："尧了解到舜的贤能，并不困难。至于杀掉劝谏的人而一定要把帝位传给舜，才是困难的。"另一种说法："不因为别人怀疑而败坏自己所明察的事情才是困难的。"

荆庄王有茅门之法曰："群臣大夫诸公子入朝，马蹄践雷者，廷理斩其辀，戮其御。"①于是太子入朝，马蹄践雷，廷理斩其辀，戮其御。太子怒，入为王泣曰："为我诛戮廷理。"王曰："法者，所以敬宗庙，尊社稷。故能立法从令尊敬社稷者，社稷之臣也，焉可诛也？夫犯法废令不尊敬社稷者，是臣乘君而下尚校也②。臣乘君，则主失威；下尚校，则上位危，威失位危，社稷不守，吾将何以遗子孙？"于是太子乃还走，避舍露宿三日，北面再拜请死罪。

注释

①茅门：即雉门。古代诸侯宫室有三道大门，即库门、雉门、路门。茅门是第二道门，门前为外朝的地方。雷（liù）：屋檐下滴水的地方。廷理：春秋时期楚国的官名，执掌刑法。辀（zhōu）：车辕。②乘（chéng）：凌驾。尚：古同"上"。校：对抗、抗衡。

译文

楚庄王有茅门的法令是："群臣大夫及各位公子进入朝廷，马蹄践踏到茅门屋檐下滴水的地方，廷理官就斩断他的车辕，杀死他的车夫。"有一天太子入朝，马蹄践踏到茅门屋檐下滴水的地方，廷理官就斩断他的车辕，杀死他的车夫。太子很愤怒，进宫对楚庄王哭泣着说："请为我杀了那廷理官。"楚庄王说："法令，是使宗庙敬重，使国家政权尊贵的。所以能够树立法令服从法令尊敬国家的人，就是国家的忠臣，怎么可以诛杀呢？至于那冒犯法令废弃法令不尊敬国家的人，是臣子凌驾于君主而下与上相对抗。臣子凌驾于君主，那么君主就丧失威严；臣下与君主相对抗，那么君主的地位就会有危险，威严丧失地位危险，就会国家守不住，我拿什么来传给子孙呢？"于是太子转身就跑，离开居住的房屋在郊外露宿了三天，然后向北面拜了两拜请求楚庄王给自己判死罪。

一曰：楚王急召太子。楚国之法，车不得至于茅门①。天雨，廷中有潦，太子遂驱车至于茅门。廷理曰："车不得至茅门。至茅门，非法也。"太子曰："王召急，不得须无潦。"遂驱之。廷理举殳而击其马，败其驾。

太子入为王泣曰："廷中多潦，驱车至茆门①，廷理曰'非法也'，举殳击臣马，败臣驾。王必诛之。"王曰："前有老主而不逾，后有储主而不属，矜矣！是真吾守法之臣也。"乃益爵二级，而开后门出太子。"勿复过。"

注释

①茆门：即茅门。茆，同"茅"。

译文

　　另一种说法：楚王紧急召见太子。楚国的法律规定，车不能进入到茅门。天下了雨，庭院里有积水，太子就把车子赶到了茅门。廷理官说："车子不能进入到茅门。进了茅门，就违法。"太子说："大王召见很急，不能等待到没有积水的时候。"随后驱赶马车继续前进。廷理官举起殳击打太子的马，破坏了他的车驾。太子进宫对父王哭泣着说："庭院里有很多积水，我驱车赶到茅门，廷理官说'这是违法'，并举起殳击打我的马，破坏我套好的车驾。父王一定要替我杀了他。"楚庄王说："前面有我年老的君主在而不逾越法规，后面有你继位的太子在而不归附你，值得敬重啊！这真是我守法的臣子啊。"于是就给廷理官升官两级，而开了后门让太子出去。并告诫："不要再犯这样的错误了。"

卫嗣君谓薄疑曰："子小寡人之国以为不足仕，则寡人力能仕子，请进爵以子为上卿。"乃进田万顷。薄子曰："疑之母亲疑，以疑为能相万乘所不窕也①。然疑家巫有蔡妪者，疑母甚爱信之，属之家事焉。疑智足以信，言家事，疑母尽以听疑也，然已与疑言者，亦必复决之于蔡妪也。故论疑之智能，以疑为能相万乘而不窕也；论其亲，则子母之间也；然犹不免议之于蔡妪也。今疑之于人主也，非子母之亲也，而人主皆有蔡妪。人主之蔡妪，必其重人也。重人者，能行私者也。夫行私者，绳之外也；而疑之所言，法之内也。绳之外与法之内，仇也，不相受也。"

注释

①不窕（tiǎo）：充实，实力有余。窕，细小。

译文

卫嗣君对薄疑说："先生认为我国家小而不值得来做官，但是我的力量能够使你做你认为值得的官，请让我给先生晋升爵位让你担任上卿。"于是就赐给他耕地万顷。薄疑先生说："我的母亲爱我，认为我能担任大国的相而且实力有余。但是我家有个姓蔡的老巫婆，我母亲非常信任她，把家里的事都委托给她。我的智慧完全可以让我母亲信赖，管理家事，我母亲也完全听我的，然而已经和我谈过的事，也一定要和蔡巫婆再次商议做决定。所以要论我的智慧和才能，我母亲认为我能担任大国的相而且实力有余；要论我们的亲密关系，则是母子关系；但还是免不了要和蔡巫婆商量。如今我和君主，没有母子之间的亲密关系，而君主却有许多如同蔡巫婆的人。君主的蔡巫婆，一定是重要人物。重要人物，是能谋取私利的人。那谋取私的人，是在法律的准绳之外的；而我所主张的，是在法律规定之内的。法律的准绳之外与法律的规定之内，是不相容的。"

一曰：卫君之晋，谓薄疑曰："吾欲与子皆行。"薄疑曰："媪也在中，请归与媪计之。"卫君自请薄媪。薄媪曰："疑，君之臣也，君有意从之，甚善。"卫君曰："吾以请之媪，媪许我矣。"薄疑归，言之媪也。曰："卫君之爱疑奚与媪？"媪曰："不如吾爱子也。""卫君之贤疑奚与媪也？"曰："不如吾贤子也。""媪与疑计家事，已决矣，乃请决之于卜者蔡妪。今卫君从疑而行，虽与疑决计，必与他蔡妪败之。如是，则疑不得长为臣矣。"

译文

　　另一种说法：卫国君主到晋国，对薄疑说："我想要先生同我一起走。"薄疑说："我母亲在家中，请让我回家与母亲商量一下。"卫君亲自去请求薄母。薄母说："薄疑，是君主的臣子，君主您有意让他跟随您，很好。"卫君对薄疑说："我已经请示过你母亲了，你母亲答应我了。"薄疑回家，与母亲谈论这件事。薄疑说："卫君的爱我与母亲爱我相比怎么样？"薄母说："不如我爱儿子呀。"薄疑说："卫君的赏识我和母亲赏识我相比怎么样？"薄母说："不如我赏识儿子。"薄疑说："母亲您和我商量家事，已经和我决定了的事，还一定会请教占卜的蔡巫婆最终决定。如今卫君让我跟随他一起走，虽然和我决定计策，也一定会与蔡巫婆一样的人来败坏我的计策。像这样，我就不能长久地做他的臣子了。"

　　夫教歌者，使先呼而诎之，其声反清徵者乃教之[1]。

注释

　　[1]诎（qū）：屈曲，调节发音。反：通"返"。徵：古代五声音阶"宫、商、角、徵、羽"的第四音，相当于工尺谱上的"六"，现在简谱上的"5"。

译文

　　教歌的人，使人先放声呼唱然后调节发音，调节发音之后能返回到纯正徵音的人，才教他。

　　一曰：教歌者，先揆以法，疾呼中宫，徐呼中徵[1]。疾不中宫，徐不中徵，不可谓教。

注释

　　[1]揆（kuí）：大致估量。宫：中国古代五声音阶之一，相当于简谱中的"1"。所谓五音，即宫、商、角、徵、羽。古人通常以宫作为音阶的第一级音。乐曲旋律中主音不同，其乐曲效果也不同。

译文

　　另一种说法：教歌的人，先用方法估量，急速呼唱合于"宫"调，然后舒缓呼唱合于"徵"调。如果急速呼唱不合"宫"调，舒缓呼唱不合"徵"调，就不能叫教歌。

韩非子选集

　　吴起，卫左氏中人也，使其妻织组而幅狭于度^①。吴子使更之，其妻曰："诺。"及成，复度之，果不中度，吴子大怒。其妻对曰："吾始经之而不可更也。"吴子出之。其妻请其兄而索入。其兄曰："吴子，为法者也。其为法也，且欲以与万乘致功，必先践之妻妾然后行之，子毋几索入矣。"其妻之弟又重于卫君，乃因以卫君之重请吴子。吴子不听，遂去卫而入荆也。

注释

①组：丝织的带。

译文

　　吴起，是卫国左氏城中的人，他让妻子织丝织的带，而丝织的带的宽度比标准的要狭窄。吴起让妻子改一下，他妻子说："是。"等到织成，再去量它，结果还不符合要求的尺度，吴起非常生气。他妻子回答说："我开始织时它的经线就确定了，因此不可以更改。"吴起休了妻子。他妻子请她哥哥出面要求复婚。她哥哥说："吴起，是讲求法治的人，他实行法治，将要用它在大国建功立业的，所以必须先在妻妾身上实践然后再推行，你不要指望复婚回家了。"吴起妻子的弟弟很受卫君器重，于是就凭着被卫君器重的身份去请求吴起。吴起不听从，于是就离开卫国而到了楚国。

外储说右上第三十四

　　一曰：吴起示其妻以组曰："子为我织组，令之如是。"组已就而效之，其组异善。起曰："使子为组，令之如是，而今也异善，何也？"其妻曰："用财若一也，加务善之。"吴起曰："非语也。"使之衣归。其父往请之，吴起曰："起家无虚言。"

译文

　　另一种说法：吴起拿一条丝带给妻子看后说："你替我织丝带，使它像这条。"丝带织成后而比较原样，丝带织得很精美。吴起说："让你织丝带，使它和这条一样，如今你却织得这样精美，为什么呢？"他妻子说："用的材料都是一样的，只是特别花了工夫使它更精美。"吴起说："这不是我的嘱咐。"就让她穿戴好，把她休回了娘家。他妻子的父亲来请求吴起，吴起说："我吴起在家中从来不说空话。"

晋文公问于狐偃曰："寡人甘肥周于堂，卮酒豆肉集于宫，壶酒不清，生肉不布，杀一牛遍于国中，一岁之功尽以衣士卒，其足以战民乎[1]？"狐子曰："不足。"文公曰："吾弛关市之征而缓刑罚，其足以战民乎？"狐子曰："不足。"文公曰："吾民之有丧资者，寡人亲使郎中视事，有罪者赦之，贫穷不足者与之，其足以战民乎？"狐子对曰："不足。此皆所以慎产也；而战之者，杀之也[2]。民之从公也，为慎产也，公因而迎杀之，失所以为从公矣。"曰："然则何如足以战民乎？"狐子对曰："令无得不战。"公曰："无得不战奈何？"狐子对曰："信赏必罚，其足以战。"公曰："刑罚之极安至？"对曰："不辟亲贵，法行所爱[3]。"文公曰："善。"明日令由于圃陆，期以日中为期，后期者行军法焉。于是公有所爱者曰颠颉后期，吏请其罪，文公陨涕而忧。吏曰："请有事焉。"遂斩颠颉之脊，以徇百姓，以明法之信也。而后百姓皆惧曰："君于颠颉之贵重如彼甚也，而君犹行法焉，况于我则何有矣。"文公见民之可战也，于是遂兴兵伐原，克之。伐卫，东其亩，取五鹿。攻阳。胜虢。伐曹。南围郑，反之陴[4]。罢宋围。还与荆人战城濮，大败荆人，返为践土之盟，遂成衡雍之义。一举而八有功。所以然者，无他故异物，从狐偃之谋，假颠颉之脊也。

韩非子选集

注释

①卮酒豆肉：形容酒肉不多。卮，酒杯。豆，盛肉的器皿。宫：甲骨文字形，像房屋形。在穴居野处时代也就是洞窟。外围像洞门，里面的小框框像彼此连通的小窟，即人们居住的地方。本义：古代对房屋、居室的通称（秦、汉以后才特指帝王之宫）。②慎：通"顺"（shùn），顺从、顺应、遵循、依顺。③辟：通"避"，回避、躲避。④陴（pí）：城上女墙，上有孔穴，可以窥外。

译文

晋文公向狐偃请教说："我把甜美的食物遍赐给朝廷里的人，只把少量的酒肉存放在居室中，装在壶里的酒还未澄清就给大家饮，鲜肉还未挂起来就分给了大家，杀一头牛也都遍分国中人，一年织成的布全部用来给士兵做衣裳穿，这样做足以使民众愿意为我打仗了吗？"狐偃先生说："还不够。"晋文公说："我放松关口和集市的税收并放宽刑罚，这样做足够让民众愿意为我打仗了吗？"狐偃先生说："还不够。"晋文公说："我的民众有丧失财产的，我亲自派郎中官去查看处理，有罪的就赦免，贫穷而不富足的就给予救济，这样做足够用来使民众愿意为我打仗了吗？"狐偃先生说："还不够。这些都是用来顺应民众生存的行为；而使他们打仗，等于要他们以命相搏。民众追随服从你，是为了顺应生存，你却因此反而要他们以命相搏，这就失去了民众追随你的理由。"晋文公说："然而如何足够能使民众愿意为我打仗呢？"狐偃先生回答说："使民众不得不打仗。"晋文公说："怎么才能让他们不得不为我打仗？"狐偃先生回答说："有功劳的一定奖赏，有罪过的一定惩罚，这样就足够让民众心甘情愿为您打仗了。"晋文公说："施行刑罚的极致要达到什么地步？"狐偃先生回答说："不避开亲近和显贵的人，法治要实施到您所宠爱的人。"晋文公说："好。"第二天下命令到圃陆围猎，约定以中午为期限，迟到的按军法论处。在那时有一个文公所宠爱的叫颠颉的人迟到了，官吏请文公定罪，文公掉着眼泪很忧伤。官吏说："请对他用刑。"于是按腰斩的刑罚砍断颠颉的脊背，向百姓示众，用来表明法治的诚信。此后老百姓都害怕地说："国君对于颠颉如此尊贵器重，然而国君还给他施加刑罚，况且对于我们能有什么可留情的呢？"晋文公看到民众可以为自己打仗了，于是就起兵攻打原城，攻克了原城。讨伐卫国，将卫国的田埂改成东西方向，取得了卫国的五鹿。攻打阳樊。战胜了虢国。讨伐曹国。向南围攻郑国，推翻了郑国的女墙。解除了宋国的围兵。返回与楚国人在城濮交战，打败了楚国人，回国时订立了践土盟约，接着结成了衡雍盟约。一下就建成了八项功业。之所以能这样，并没有其他缘故，只是听从了狐偃的计谋，借助颠颉的脊梁使赏罚严明罢了。

外储说右上第三十四

夫痤疽之痛也，非刺骨髓，则烦心不可支也[1]；非如是，不能使人以半寸砥石弹之。今人主之于治亦然：非不知有苦则安；欲治其国，非如是不能听圣知而诛乱臣。乱臣者，必重人；重人者，必人主所甚亲爱也。人主所甚亲爱也者，是同坚白也。夫以布衣之资，欲以离人主之坚白、所爱，是以解左髀说右髀者，是身必死而说不行者也。

251

注释

①痤：皮肤上的肿疮。疽（jū）：中医指一种毒疮，在皮肉深处的叫疽。

译文

　　那脓疮的疼痛，没有针刺骨髓那样疼痛，但经常搅得人的心里烦乱不能支撑；如果不是因为烦乱使人难以忍受的话，不肯让人用半寸长的石针去刺破它来排除脓血。如今君主对于治理国家也是这样：并不是不知道经历艰苦的治理才能得到国家的安稳；想要治理国家，如果不像这样就不能听从圣人的教导而惩罚作乱的臣子。作乱的臣子，必定是掌握重权的人；掌握重权的人，必定是君主十分亲近宠爱的。君主对于十分亲近宠爱的人，就像石头的"坚"和"白"一样不可分割。那么，以老百姓的资格地位，想让君主和他所宠爱的人分开，这就是劝说右腿割去左腿的建议，一定会被杀死，而建议却不能实行。

评析

　　"经说"一论述君主统治外臣的方法。君主统治臣下，上级管理下级，在韩非看来，是不能用德行来感化的，而是要用权势来管制，用法律法规来约束。只有有了法律法规的约束，人们才能收敛起不好的念头和行为，才能忠心耿耿于上级。这就是韩非"以法治国"的中心思想。

　　"经说"二的重点在于当权者千万不要显露出自己的好恶爱憎，不要让下级知道自己喜欢什么讨厌什么，否则，下级就会依照上级的好恶爱憎而行动。这样的结果，就是当权者自己最后也要被迷惑的。这种说法也颇有道理，关于这个问题，韩非在前面很多篇章中都论述过。

　　"经说"三是论述统治者肃清内部的问题，卖酒的人如果养有恶狗，那么就很少有人敢去买酒了，因此再好的酒也会放酸。统治者如果也养有恶狗，那么就没有人敢去见他；统治者的恶狗并不是指真的狗，而是形容某些人只会像狗一样去扑人咬人诽谤诋毁别人。如果统治者手下真有这样一些像狗一样的人，那么人们就会对统治者敬而远之，统治者也就真成了孤家寡人。

韩非子选集

252

外储说右下
第三十五

题解

《外储说右下》包括五段经文和相符的说文。依次阐述君臣不能共同掌握赏罚大权、君主要依法赏罚臣下、君主不能轻易显露爱憎、君主治国治吏不治民、君主不能违背自然规则办事等问题。

经一

赏罚共则禁令不行。何以明之？明之以造父、于期。子罕为出彘，田恒为囿池，故宋君、简公弑。患在王良、造父之共车，田连、成窍之共琴也。

译文

经一

赏罚大权由君臣共同掌握那么禁令就不能实行。用什么来说明这个道理呢？用造父、于期的故事。子罕充当了窜出来的猪，田恒充当了园林水池，所以宋君、简公被杀害。其祸患表现在王良、造父共驾一辆车而无法指挥马，田连、成窍共弹一张琴而不能成曲调。

说一

造父御四马，驰骤周旋而恣欲于马。恣欲于马者，擅辔策之制也。然马惊于出彘而造父不能禁制者，非辔策之严不足也，威分于出彘也①。王子于期为驸驾，辔策不用而择欲于马，擅刍之水利也。然马过于囿池而驸驾败者，非刍水之利不足也，德分于囿池也。故王良、造父，天下之善御者也，然而使王良操左革而叱咤之，使造父操右革而鞭笞之，马不能行十里，共故也。田连、成窍，天下善鼓琴者也，然而田连鼓上、成窍擸下而不能成曲，亦共故也②。夫以王良、造父之巧，共辔而御，不能使马，人主安能与其臣共权以为治？以田连、成窍之巧，共琴而不能成曲，人主又安能与其臣共势以成功乎？

注释

①彘（zhì）：彘本指大猪，后泛指一般的猪。②鼓：敲击、弹奏。

译文

说一

造父驾驭四马拉的车辆，时而快速奔驰时而绕圈打转而能随心所欲地驾驭马。之所以能随心所欲地驾驭马，是因为擅长控制缰绳和鞭子。然而马被突然窜出来的猪所惊吓而造父不能再控制的原因，并非缰绳和马鞭的威力不够，是因为威力被窜出来的猪所分散了。王子于期驾驭副车的马，放着缰绳和马鞭不用而选择马的喜好，善用草料和水控制马。然而马经过园林水池时而驾驭副车的马就失败了，并非草料和水的好处不够，而是这种德惠被园林水池所分散了。所以王良、造父，虽然是天下善于驾驭马车的人，然而让王良拿着左边的马笼头大声呵斥，让造父拿着右边的马笼头用鞭抽打，马连十里路也走不了，因为两人共驾一辆车的缘故。田连、成窍，是天下善于弹琴的人，然而让田连在琴首弹拨、成窍在琴尾按弦那就不能弹成曲调，这也是因为共弹一张琴的缘故。凭王良、造父驾马的技巧，共掌缰绳而御马车，也不能驱使马，君主怎么能与臣下共掌权柄来治理国家呢？凭田连、成窍弹琴的技巧，共弹一张琴却不能弹成曲调，君主又怎么能与他的臣下共用权势来建成功业呢？

> 一曰：造父为齐王驸驾，渴马服成，效驾圃中。渴马见圃池，去车走池，驾败。王子于期为赵简主取道争千里之表，其始发也，彘伏沟中，王子于期齐辔策而进之，彘突出于沟中，马惊驾败。

译文

另一种说法：造父担任齐王副车的驾驭者，用干渴马的方法把马训练成功，在园林中试着驾驭。干渴的马看见园林中的水池，就离开车子向水池跑去，驾车就失败了。王子于期为赵简主争夺长途千里赛程的锦标，马车刚出发时，有头猪伏在路边沟中，王子于期并齐缰绳挥鞭前进，猪突然从沟中窜出，马受到惊吓于是驾车失败了。

> 司城子罕谓宋君曰："庆赏赐与，民之所喜也，君自行之；杀戮诛罚，民之所恶也，臣请当之。"①宋君曰："诺。"于是出威令，诛大臣，君曰"问子罕"也。于是大臣畏之，细民归之。处期年，子罕杀宋君而夺政。故子罕为出彘以夺其君国。

注释

①司城：宋国掌管土木建筑的官，即司空，因避宋武公讳而改。

译文

司城子罕对宋桓侯说："奖励赏赐，是民众所喜爱的，君主自己去执行它；杀戮惩罚，是民众所憎恶的，请让我来担当它。"宋君说："好。"于是发布威严的命令，诛罚大臣的事，宋君说"去问子罕"。于是大臣们都害怕子罕，小民都归附子罕了。过了一年，子罕杀死宋君而夺取了国家政权。所以子罕充当了窜出来的猪夺取了他的君主的国家。

> 简公在上位，罚重而诛严，厚赋敛而杀戮民。田成恒设慈爱，明宽厚。简公以齐民为渴马，不以恩加民，而田成恒以仁厚为囿池也。

译文

齐简公处在君主之位上，刑罚沉重而且诛杀严厉，赋税厚重而常常杀戮民众。田成恒施行仁爱，明示自己的宽厚。齐简公把齐国民众当作干渴的马，不把恩惠施加给民众，而田成恒就把仁爱宽厚当作园林中的水池来争取民众。

> 一曰：造父为齐王驸驾，以渴服马，百日而服成。服成，请效驾齐王，王曰："效驾于囿中。"造父驱车入囿，马见囿池而走，造父不能禁。造父以渴服马久矣，今马见池，骒而走，虽造父不能治①。今简公之以法禁其众久矣，而田成恒利之，是田成恒倾囿池而示渴民也。

注释

①骒（hàn）：凶悍。

译文

另一种说法：造父担任齐王副车的驾驭者，用干渴的办法来驯服马，经过一百天的训练而驯服了马。驯马成功了，他向齐王请求试驾，齐王说："在园林中试驾吧。"造父驱车进入园林，那马见到园中水池就奔跑过去，造父不能制止了。造父用干渴的办法驯服马已经很久了，如今马看见水池，就凶悍地跑去，虽然是造父也不能制止。如今齐简公用严刑峻法禁锢他的民众已经很久了，而田成子却给民众利益，这就好比田成子倾倒出园中水池的水来给干渴的民众。

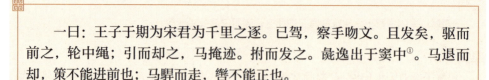

　　一曰：王子于期为宋君为千里之逐。已驾，察手吻文。且发矣，驱而前之，轮中绳；引而却之，马掩迹。拊而发之。豗逸出于窦中[1]。马退而却，策不能进前也；马骇而走，辔不能正也。

注释

①窦（dòu）：水沟、阴沟。

译文

　　另一种说法：王子于期为宋君进行千里赛车的角逐。已驾好马车，他摩拳擦掌。将出发了，王子于期就驱车前进，轮子正好对着车辙；他引马后退，马的前蹄正好掩盖了后蹄的足印。策马出发。突然从路旁水沟中窜出一只猪来，马受到惊吓后退而停了下来，再鞭打也不能使马向前行进；接着马凶悍地奔跑起来，再拉缰绳也不能矫正它跑回赛道上了。

　　一曰：司城子罕谓宋君曰："庆贺赐予者，民之所好也，君自行之；诛罚杀戮者，民之所恶也，臣请当之。"于是戮细民而诛大臣，君曰："与子罕议之。"居期年，民知杀生之命制于子罕也，故一国归焉。故子罕劫宋君而夺其政，法不能禁也。故曰："子罕为出豗，而田成常为甫池也。"令王良、造父共车，人操一边辔而出门闾，驾必败而道不至也。令田连、成窍共琴，人抚一弦而挥，则音必败、曲不遂矣。

译文

　　另一种说法：司城子罕告诉宋君说："奖励赏赐这种事，是民众所喜欢的，请君主自己执行；杀戮刑罚这种事，是民众所憎恶的，请让我来担当。"于是凡是杀戮小民和诛杀大臣的事，宋君都说："去与子罕商议。"过了一年，民众都知道决定生死的命令控制在子罕手中，所以全国的民众都归附于他了。所以子罕劫持宋君并夺取了他的政权，法令不能禁止。所以说："子罕充当了窜出的猪，而田成常充当了园林中的水池。"命令王良、造父共驾一车，一人掌握一边的缰绳而从里巷门出去，驾车必定失败而且走不到正道上。命令田连、成窍共弹一张琴，一人抚按一弦而弹奏，那么弹奏必然失败，而且弹不成曲调。

经二

治强生于法，弱乱生于阿，君明于此，则正赏罚而非仁下也①。爵禄生于功，诛罚生于罪，臣明于此，则尽死力而非忠君也。君通于不仁，臣通于不忠，则可以王矣。昭襄知主情而不发五苑，田鲔知臣情故教田章，而公仪辞鱼。

注释

①阿：依靠。

译文

经二

把国家治理得强大缘于法治，把国家治理得衰弱动乱缘于不依法办事，君主明白这个道理，那么就要公正地实行赏罚制度而不要对臣下仁爱。爵位俸禄来自自己的功业，杀戮惩罚来自自己所犯的罪过，臣下明白这个道理，那么就会拼命卖力而不是去对君主效私忠。君主彻底明白不讲仁爱的道理，臣下彻底明白不效私忠的道理，那么君主就可以称王天下了。秦昭襄王明白当君主的道理所以不发放五苑中的瓜果去救济灾民，田鲔明白做臣下的道理所以才教儿子田章不要效私忠，因而公仪休虽然爱吃鱼但是拒收别人送的鱼。

说二

秦昭王有病，百姓里买牛而家为王祷①。公孙述出见之，入贺王曰："百姓乃皆里买牛为王祷。"王使人问之，果有之。王曰："訾之人二甲②。夫非令而擅祷，是爱寡人也。夫爱寡人，寡人亦且改法而心与之相循者，是法不立；法不立，乱亡之道也。不如人罚二甲而复与为治。"

注释

①里：古代一种居民组织，先秦时期以二十五家为里。这里用为"一区域地方"之意。②訾（zī）：通"赀"，小罚，用财物赎罪。

译文

说二

秦昭王生病了，每个里的百姓都买牛祭神，家家为秦王祈祷。公孙述出巡见到这种情况，就进宫祝贺秦昭王说："每个里的百姓都买牛在家为大王祈祷。"秦昭王就派人去查问此事，果然有这事。秦昭王说："罚每人出两副铠甲。没有命令而擅自祈祷，这是爱我。如果爱我，我将改变法令而用同样的心去爱他们，这样法治就不能建立；法治不能建立，就是乱国亡身之道。不如每人罚两副铠甲而重新与他们搞好国家的治理。"

一曰：秦襄王病，百姓为之祷；病愈，杀牛塞祷①。郎中阎遏、公孙衍出见之，曰："非社腊之时也，奚自杀牛而祠社②？"怪而问之。百姓曰："人主病，为之祷；今病愈，杀牛塞祷。"阎遏、公孙衍说，见王，拜贺曰："过尧、舜矣。"王惊曰："何谓也？"对曰："尧、舜，其民未至为之祷也。今王病而民以牛祷，病愈，杀牛塞祷，故臣窃以王为过尧、舜也。"王因使人问之，何里为之，訾其里正与伍老屯二甲。阎遏、公孙衍愧不敢言。居数月，王饮酒酣乐，阎遏、公孙衍谓王曰："前时臣窃以王为过尧、舜，非直敢谀也。尧、舜病，且其民未至为之祷也；今王病，而民以牛祷，病愈，杀牛塞祷。今乃訾其里正与伍老屯二甲，臣窃怪之。"王曰："子何故不知于此？彼民之所以为我用者，非以吾爱之为我用者也，以吾势之为我用者也。吾适势与民相收，若是，吾适不爱而民因不为我用也，故遂绝爱道也。"

注释

①塞：通"赛"，酬神。就是实践过去祈祷时对神许下的愿望，今俗称"还愿"。②社：土地神，

这里指祭祀土地神。腊：指腊祭，古代周历十二月（夏历十月）举行，祭祀百神。

译文

　　另一种说法：秦襄王生了病，百姓都为他祈祷；秦襄王病痊愈后，百姓都杀牛向神还愿。郎中官阎遏、公孙衍出巡看到了，说："这并不是社祭腊祭的时候，为什么要杀牛而祭祀土地神呢？"他们感到奇怪就去查问此事。百姓们说："君主生病，我们就为他祈祷；如今君主病愈了，就杀牛向神还愿。"阎遏、公孙衍很喜悦，就去拜见秦襄王，祝贺说："大王超过尧、舜了。"秦昭襄王惊奇地问："为什么这样说？"阎遏、公孙衍回答说："尧、舜，他们统治下没有达到百姓为他们祈祷。如今大王生病而百姓用牛祈祷，病愈了，杀牛向神还愿，所以我们私自认为大王已经超过了尧、舜。"秦昭襄王派人去查问此事，哪个里做这事了，罚哪个里的乡官和伍长各出两副铠甲。阎遏、公孙衍羞愧得不敢说话了。过了几个月，秦襄王饮酒很痛快很欢乐，阎遏、公孙衍告诉秦昭襄王说："前些时候我们私自以为大王超过尧、舜了，并不是故意大胆奉承您。尧、舜，他们统治下没有达到百姓为他们祈祷；如今大王生病，而百姓用牛祈祷，病愈了，杀牛向神还愿。如今还要罚那个乡官和伍长各出两副铠甲，我们私自觉得奇怪。"秦昭襄王说："你们不知道是什么缘故吗？那些百姓之所以为我所用，并不是因为我爱他们才为我所用，是因为我有权势才肯为我所用。我如果放弃权势与他们相结交，像这样，我偶然不爱他们而他们立即就不肯为我所用了，所以最终我杜绝了仁爱的治国办法。"

　　秦大饥，应侯请曰："五苑之草著：蔬菜、橡果、枣栗，足以活民，请发之。"①昭襄王曰："吾秦法，使民有功而受赏，有罪而受诛。今发五苑之蔬草者，使民有功与无功俱赏也。夫使民有功与无功俱赏者，此乱之道也。夫发五苑而乱，不如弃枣蔬而治。"一曰："令发五苑之蓏、蔬、枣、栗，足以活民，是用民有功与无功争取也②。夫生而乱，不如死而治，大夫其释之③。"

注释

　　①应侯：范雎的封号。草：草本植物的总称。著：古同"贮"，贮藏、积蓄。②蓏（luǒ）：草本植物的果实。③大夫：指范雎，这里用官位名号作为尊称。

译文

　　秦国遭遇严重的饥荒，应侯范雎请求说："五苑中贮藏着植物果实：蔬菜、橡果、枣子、栗子，足够用来救活饥饿的民众，请发放给民众。"秦昭襄王说："我们秦国的法律规定，让民众有功劳受到奖赏，有罪过承受惩罚。如今发放五苑中的蔬菜植物果实，就是让民众有功劳与无功劳都受到奖赏。如果使民众有功劳无功劳都能得到奖赏，那是导致国家混乱的办法。如果发放五苑中的蔬菜植物果实而导致动乱，不如丢弃这些枣子蔬菜而使国家得以治理。"另一种说法：秦襄王回答说："如果下令发放五苑中的瓜果、蔬菜、枣子、栗子，足够用来救活饥饿的民众，这是让有功劳与无功劳的人都去争取。与其让他们活着使国家动乱，不如让他们饿死而使国家得以治理，应侯请放弃你的想法吧。"

田鲔教其子田章曰："欲利而身，先利而君；欲富而家，先富而国。"

译文

田鲔教育他的儿子说："想要让你自己得利，先要让你的君主得利；想要让你的家庭富裕，先要让你的国家富裕。"

一曰：田鲔教其子田章曰："主卖官爵，臣卖智力，故自恃无恃人[1]。"

注释

[1]恃：依赖、依靠。

译文

另一种说法：田鲔教育他的儿子田章说："君主出卖官位爵禄给臣下，臣下出卖智慧力量给君主，所以只能依靠自己不能依靠他人。"

公仪休相鲁而嗜鱼，一国尽争买鱼而献之，公仪子不受。其弟子谏曰："夫子嗜鱼而不受者，何也？"对曰："夫唯嗜鱼，故不受也。夫即受鱼，必有下人之色；有下人之色，将枉于法；枉于法，则免于相。虽嗜鱼，此不必致我鱼，我又不能自给鱼。即无受鱼而不免于相，虽嗜鱼，我能长自给鱼。"此明夫恃人不如自恃也，明于人之为己者不如己之自为也。

译文

公仪休任鲁国的相而且喜好吃鱼，全国人都争着买鱼来献给公仪休，公仪休未接受。他的弟子们劝谏说："你喜欢吃鱼却不接受他人送的鱼，为什么呢？"公仪休回答说："正因为我爱吃鱼，所以我才不接受他人送的鱼。如果我接受了他人送的鱼，一定会有迁就他人的神色；有了迁就他人的神色，就将违反法令；违反法令，就会被免去相位。虽然

喜好吃鱼，那时不一定有人送我鱼，我也没有能力自己给自己买鱼了。如果不接受他人送的鱼就不会被免去相位，虽然我喜好吃鱼，我也能长久自己给自己买鱼。"这就是明白依靠别人不如依靠自己的道理，明白了依靠别人帮助自己不如自己帮助自己的道理。

经三

明主者，鉴于外也，而外事不得不成，故苏代非齐王①。人主鉴于上也，而居者不适不显，故潘寿言禹情②。人主无所觉悟，方吾知之，故恐同衣同族，而况借于权乎！吴章知之，故说以伴，而况借于诚乎！赵王恶虎目而雍③。明主之道，如周行人之却卫侯也。

注释

①得：具备。②适：这里用为"一起归向"之意。③赵王：指赵孝成王，名丹，战国时赵国国君。

译文

经三

英明的君主，借鉴国外的经验，然而对国外的经验借鉴不当仍然不能成功，所以苏代批评齐王不信任大臣。君主借鉴上古的经验，然而听隐士的话借鉴不当还是不能显耀自己，所以潘寿谈夏禹让位的事情。君主对这些还无所觉悟，方吾却明白显耀这个道理，所以他害怕和同族人穿一样的衣裳，何况把君权随便转借给他人呢！吴章明白这个道理，所以劝说君主连假的爱憎也不要显露出来，何况把真情显露给他人呢！赵孝成王厌恶老虎的眼睛，身边的侍从说权臣的眼睛比老虎的眼睛还要可怕，赵孝成王无所觉悟而受到蒙蔽。英明君主的治国方法，应该像周王朝的外交官阻挡卫侯那样维护君主的尊严。

说三

子之相燕，贵而主断。苏代为齐使燕，王问之曰："齐王亦何如主也？"对曰："必不霸矣。"燕王曰："何也？"对曰："昔桓公之霸也，内事属鲍叔，外事属管仲，桓公被发而御妇人，日游于市。今齐王不信其大臣。"于是燕王因益大信子之。子之闻之，使人遗苏代金百镒，而听其所使之。

译文

说三

子之任燕国的相，地位高贵而且专权独断。苏代为齐国出使燕国，燕王问他说："齐王是一个什么样的君主？"苏代回答说："齐王必定不会称霸天下。"燕王说："为什么呢？"苏代回答说："从前齐桓公称霸天下时，内政的事务归属鲍叔牙，外交的事务归属管仲，齐桓公披头散发玩弄女人，每天在宫内集市上游玩。如今的齐王不信任大臣。"从此燕王更加信任子之了。子之听说后，派人给苏代送去黄金百镒，而且听凭苏代使唤自己。

一曰：苏代为齐使燕，见无益子之，则必不得事而还，贡赐又不出，于是见燕王，乃誉齐王。燕王曰："齐王何若是之贤也？则将必王乎？"苏代曰："救亡不暇，安得王哉？"燕王曰："何也？"曰："其任所爱不均。"燕王曰："其亡何也？"曰："昔者齐桓公爱管仲，置以为仲父，内事理焉，外事断焉，举国而归之，故一匡天下，九合诸侯。今齐任所爱不均，是以知其亡也。"燕王曰："今吾任子之，天下未之闻也。"于是明日张朝而听子之。

译文

另一种说法：苏代为齐国出使燕国，看到不能使子之谋取利益，那么必定不能办好事情就返回国，而燕国给齐国的贡品以及燕王给自己的赏赐又没有拿出来，于是就去拜见燕王，并称赞齐王。燕王说："齐王怎么会如此贤德呢？那不是一定要统治天下了吗？"苏代说："挽救危亡都来不及，怎么能称王呢？"燕王说："为什么？"苏代说："齐王对所宠爱的人任用不当。"燕王说："那怎么会危亡呢？"苏代说："从前齐桓公宠爱管仲，立他为仲父，内政的事务由他处理，外交的事务由他裁断，全国的事务都归他掌握，所以能一举匡正天下，多次使诸侯们会盟。如今齐王对所宠爱的人任用不当，因此我知道齐国要亡国。"燕王说："如今我任用子之，天下人还没有听说吗？"于是第二天大行朝会一切听从子之。

> 潘寿谓燕王曰："王不如以国让子之。人所以谓尧贤者，以其让天下于许由，许由必不受也，则是尧有让许由之名而实不失天下也。今王以国让子之，子之必不受也，则是王有让子之之名而与尧同行也。"于是燕王因举国而属之，子之大重。

译文

潘寿告诉燕王说："大王不如把国家让给子之。人们之所以说尧是贤能的人，是因为尧把天下让给许由，而许由必定不接受，那么这就使尧有了让天下给许由的名声而实际上没有失去天下。如今大王把国家让给子之，子之必定不接受，那么这就使大王有了让国家给子之的名声而与尧有同样的贤行。"于是燕王把整个国家交托给子之，子之的地位更加尊贵了。

> 一曰：潘寿，隐者。燕使人聘之。潘寿见燕王曰："臣恐子之之如益也。"王曰："何益哉？"对曰："古者禹死，将传天下于益，启之人因相与攻益而立启。今王信爱子之，将传国子之，太子之人尽怀印，为子之之人无一人在朝廷者。王不幸弃群臣，则子之亦益也。"王因收吏玺，自三百石以上皆效之子之，子之大重。

译文

另一种说法：潘寿，是一位隐士。燕王派人去聘请他。潘寿来拜见燕王说："我恐怕子之像伯益一样。"燕王说："怎么像伯益一样呢？"潘寿回答说："古时候禹死了，要把天下传给伯益，夏启的手下就相互勾结起来攻打伯益而拥立夏启为王。如今大王信赖并宠爱子之，准备把国家传给子之，太子的手下全都怀有官印，而帮子之的人没有一个在朝廷当官。大王如果不幸去世离开群臣，那么子之也就像伯益一样了。"燕王因此把官吏的印玺都收上来，凡是领取三百石以上俸禄的官印都交给子之处理，子之更加尊贵了。

> 夫人主之所以镜照者，诸侯之士徒也，今诸侯之士徒皆私门之党也[①]。

人主之所以自浅峭者，岩穴之士徒也，今岩穴之士徒皆私门之舍人也^②。是何也？夺褫之资在子之也^③。故吴章曰："人主不佯憎爱人。佯爱人，不得复憎也；佯憎人，不得复爱也。"

注释

①镜照：借鉴。②浅峭：防御侵犯，奋起自卫。③褫（chǐ）：取消，不给。

译文

君主之所以用来作为借鉴的，是诸侯手下的士人们，如今诸侯手下的士人们都是私人门下的党羽。君主用来作为自卫的人，是隐居山林的士人们，而现在隐居山林的士人们都是一些私人的门客。这是为什么呢？是因为剥夺的权利掌握在子之手中。所以吴章说："君主不要假装恨人也不要假装爱人。假装爱人，就不能再去恨他；假装恨人，就不能再去爱他。"

一曰：燕王欲传国于子之也，问之潘寿，对曰："禹爱益而任天下于益，已而以启人为吏。及老，而以启为不足任天下，故传天下于益，而势重尽在启也。已而启与友党攻益而夺之天下，是禹名传天下于益，而实令启自取之也。此禹之不及尧、舜明矣。今王欲传之子之，而吏无非太子之人者也，是名传之而实令太子自取之也。"燕王乃收玺，自三百石以上皆效之子之，子之遂重。

译文

另一种说法：燕王想把国家传给子之，就请问潘寿，潘寿回答说："大禹喜爱伯益而把治理天下的重任交给伯益，不久又让夏启的手下当官吏。等到大禹年老时，而认为夏启不能承担治理天下的重任，所以把天下传给伯益，但是权势都在夏启手里。不久之后夏启和他的朋友、党羽攻打伯益并夺了伯益的天下，这是大禹名义上传天下给伯益，而实际上让夏启自己夺取天下啊。这是大禹比不上尧、舜贤明啊。如今大王想要传国家给子之，而官吏没有不是太子的人，这是名义上传国给子之而实际上让太子自己夺取国家啊。"燕王于是收回官吏印玺，凡是领取三百石以上俸禄的官印都交给子之处理，子之的地位于是尊贵了。

> 方吾子曰："吾闻之古礼：行不与同服者同车，不与同族者共家，而况君人者乃借其权而外其势乎！"

译文

方吾子说："我听说古礼讲：合宜的行为是不和穿同样衣裳的人坐同一辆车，不与同一宗族的人共建一个家庭，更何况君主还出借自己的权力让别人有权势。"

> 吴章谓韩宣王曰："人主不可佯爱人，一日不可复憎；不可以佯憎人，一日不可复爱也。故佯憎佯爱之征见，则谀者因资而毁誉之。虽有明主，不能复收，而况于以诚借人也！"

译文

吴章告诉韩宣王说："君主不能假装爱人，否则，某天就不能再憎恨他了；不能假装憎恨人，否则，某天就不能再爱他了。如果假装憎恨和假装爱的迹象表现出来，那么阿谀奉承的人就会凭借它来诋毁或赞誉他人。即使是圣明的君主，也不能再把它收回来，更何况是把真诚表露给别人呢？"

> 赵王游于圃中，左右以兔与虎而辍，盼然环其眼。王曰："可恶哉，虎目也！"左右曰："平阳君之目可恶过此。见此未有害也，见平阳君之目如此者，则必死矣。"其明日，平阳君闻之，使人杀言者，而王不诛也。

译文

赵王到园林中游玩，身边侍从拿兔子给老虎吃，而后却又不给，老虎发怒地圆瞪着眼睛。赵王说："这老虎的眼睛太可怕了。"左右侍从说："平阳君的眼睛比这老虎的眼睛还可怕。看见老虎的眼睛这样并没有危害啊，见到平阳君的眼睛像这样，就要死人了。"第二天，平阳君听说这件事，就派人杀死了说此话的侍从，而赵王却不敢惩罚平阳君。

　　卫君入朝于周，周行人问其号，对曰："诸侯辟疆。"①周行人却之曰："诸侯不得与天子同号。"卫君乃自更曰："诸侯燬②。"而后内之③。仲尼闻之曰："远哉禁逼！虚名不以借人，况实事乎？"

注释

　　①行人：外交官。辟：开辟、开拓。辟疆：开辟疆土。②燬（huǐ）：火、烈火。③内（nà）：同"纳"，接纳。

译文

　　卫国君主朝见周天子，周天子的外交官就询问他的名号，卫君回答说："我是诸侯，叫辟疆。"周天子外交官对他说："诸侯不能与天子有一样的名号。"卫君于是自己更换了一个名号，说："我是诸侯，名号叫燬。"然后外交官才接纳并让他进去。孔子听说这事后，说："禁止冒犯君主，意义是多么深远啊！就是虚名也不能借给别人，何况是实在的权势呢？"

经四

　　人主者，守法责成以立功者也。闻有吏虽乱而有独善之民，不闻有乱民而有独治之吏，故明主治吏不治民。说在摇木之本与引网之纲。故失火之啬夫，不可不论也[①]。救火者，吏操壶走火，则一人之用也；操鞭使人，则役万夫。故所遇术者，如造父之遇惊马，牵马推车则不能进，代御执辔持策则马咸骛矣。是以说在椎锻平夷，榜檠矫直[②]。不然，败在淖齿用齐戮闵王，李兑用赵饿主父也。

注释

　　①啬夫：主管帛皮币圭等礼品的官。②椎（chuí）：捶击的工具，后亦为兵器。榜（bēng）：这里用为矫正弓弩用的器具。檠（qíng）：矫正弓弩的器具。

译文

经四

　　君主，就是依靠严守法令督责臣下，完成工作来建功立业的人。我听说过有官吏治理混乱而仍有独自守法的好民众，却没有听说过有民

众作乱时还有能依法治理的官吏，所以英明的君主致力于治理官吏而不去治理民众。这个说法在摇树要摇干、拉网要拉纲的故事中。所以失火时官员的作用，不能不讨论。救火时，官员自己提着水壶救火，就只是一个人的作用；如果挥着鞭子驱使众人，就能役使上万人救火。所以对待统治之术，就要像造父遇到惊马一样，别人牵马推车仍然不能前进，而他夺过缰绳和马鞭代为驾驭，就能使几匹马都奔跑前进。因此这个说法在椎锻用来整治不平使之平，榜檠用来矫正不直使之直的比拟中。如果不当使用统治之术，它的失败就在淖齿受齐闵王重用而杀死齐闵王，李兑在赵国掌权而饿死赵武灵王的故事中。

说四

摇木者一一摄其叶，则劳而不遍；左右拊其本，而叶遍摇矣①。临渊而摇木，鸟惊而高，鱼恐而下。善张网者引其纲，若一一摄万目而后得，则是劳而难；引其纲，而鱼已囊矣。故吏者，民之本、纲者也，故圣人治吏不治民。

注释

①摄：这里用为"执、持"之意。拊：拍打。

译文

说四

摇树的人一片一片拿着叶子摇，就劳累不堪而且不能摇遍树叶；用手左右拍打树干，而树叶就会全部摇晃了。靠近深水潭而摇晃树干，鸟就会受惊而高飞，鱼就会害怕而潜下水面。善于张网的人会拉网的纲绳，若是一个一个地拨弄网眼然后捕鱼，那么这样劳累不堪而且难捕到鱼；牵引渔网上的纲绳，那么鱼自然被网住了。所以所谓的官吏，是民众的根本、纲绳，所以圣明的君主只治理官吏而不治理民众。

救火者，令吏挈壶瓮而走火，则一人之用也；操鞭箠指麾而趣使人，则制万夫。是以圣人不亲细民，明主不躬小事。

译文

救火时，让啬夫提着水壶水罐奔跑救火，那么只发挥一个人的作用；让啬夫拿着鞭子指挥并督促驱使众人，就能役使万人救火。因此圣明的君不会亲自去治理老百姓，圣明的君主不会亲自办理小事情。

> 造父方耨，时有子父乘车过者，马惊而不行，其子下车牵马，父子推车，请造父助我推车①。造父因收器，辍而寄载之，援其子之乘，乃始检辔持策，未之用也，而马咸骛矣②。使造父而不能御，虽尽力劳身助之推车，马犹不肯行也。今身使佚，且寄载，有德于人者，有术而御之也③。故国者，君之车也；势者，君之马也。无术以御之，身虽劳，犹不免乱；有术以御之，身处佚乐之地，又致帝王之功也。

外储说右下第三十五

注释

①耨（nòu）：锄草，耕作。②咸：感受。骛（wù）：本意为纵横奔驰。这里泛指疾驰。③佚（yì）：通"逸"，安逸。

译文

造父正在田间耕作，这时有一对父子乘车经过，马受惊而不行走了，儿子就下车牵马，父亲就去推车，还请求造父："帮助我推车。"造父因此收拾农具，把它们捆好后寄放在车上，拉过那儿子牵的马，才刚刚检查缰绳拿着马鞭，还没使用缰绳和马鞭，而马就都疾驰了。假使造父不会驾驭马，虽然用尽力气身体劳累不堪帮助他们推车，那马还是不肯行走的。如今使自身安逸，且能把农具放在车上，又对他人有恩德，这是因为有技术驾驭马的缘故。所以国家，相当于君主的马车；权势，相当于君主的马匹。君主没有术来驾驭它，身体虽然劳累不堪，还是不免于动乱；有术来驾驭它，自身就会处在安逸的地位，又能取得帝王的功业。

> 椎锻者，所以平不夷也；榜檠者，所以矫不直也。圣人之为法也，所以平不夷、矫不直也。

译文

椎锻，是用来整治不平使之平的；榜檠，是用来矫正不直的。圣明的君主之所以制定法令，是用来平整不平、矫正不直的。

> 淖齿之用齐也，擢闵王之筋；李兑之用赵也，饿杀主父。此二君者，

皆不能用其椎锻榜檠，故身死为戮而为天下笑。

译文

淖齿在齐国受重用，抽了齐闵王的筋；李兑在赵国受重用，饿死了赵主父。这两个君主，都不能使用他们的椎锻榜檠，所以自己被杀死并被天下人讥笑。

一曰：入齐，则独闻淖齿而不闻齐王；入赵，则独闻李兑而不闻赵王。故曰：人主者不操术，则威势轻而臣擅名。

译文

另一种说法：只要进入齐国，就会听到淖齿而不会听到齐王；只要进入赵国，就会听到李兑而不会听到赵王。所以说：君主不掌握权术，那么威势就减轻而大臣会独自拥有名声。

一曰：武灵王使惠文王莅政，李兑为相，武灵王不以身躬亲杀生之柄，故劫于李兑。

译文

另一种说法：赵武灵王让儿子赵惠文王治理朝政，李兑任相，赵武灵王不亲自掌管生杀大权，所以被李兑劫杀了。

一曰：田婴相齐，人有说王者曰："终岁之计，王不一以数日之间自听之，则无以知吏之奸邪得失也。"王曰："善。"田婴闻之，即遽请于王而听其计。王将听之矣，田婴令官具押券斗石参升之计。王自听计，计不胜听，罢食后，复坐，不复暮食矣。田婴复谓曰："群臣所终岁日夜不敢偷怠之事也，王以一夕听之，则群臣有为劝勉矣。"王曰："诺。"俄而王已睡矣，吏尽揄刀削其押券升石之计。王自听之，乱乃始生。

韩非子选集

译文

　　另一种说法：田婴当了齐国的相，有个游说齐宣王的人说："年终的财政结算汇报，大王如果不亲自用几天的时间逐一听取汇报，那么就不会知晓官吏的奸邪与政事的功过。"齐宣王说："说得好。"田婴听说了，立即请齐宣王来听取自己年终财政结算的汇报。齐宣王将要听取汇报时，田婴就叫官吏准备好全年财政收入的账目和凭据。齐宣王亲自听取财政结算汇报，不厌其烦地听，吃完饭后，又坐下来听，不再吃晚饭了。田婴又告诉齐宣王说："群臣一年到头日日夜夜不敢马虎和懈怠的事，大王用一个晚上来听，那么群臣肯定会因此而得到勉励。"齐王说："好吧。"一会儿齐宣王便睡着了，官吏们都抽出刀刮掉凭证上的记录。君主亲自听取财政结算，国家的混乱就开始产生了。

经五

　　因事之理，则不劳而成。故兹郑之踞辕而歌以上高梁也[①]。其患在赵简主税吏请轻重；薄疑之言"国中饱"，简主喜而府库虚，百姓饿而奸吏富也。故桓公巡民而管仲省腐财怨女。不然，则在延陵乘马不得进，造父过之而为之泣也。

注释

　　①梁：水上桥梁。

译文

经五

　　按照事物的规律办事，不必劳累就能成功。所以兹郑坐在车辕上唱歌来吸引行人帮他把车推上高桥。祸患表现在赵简主的税官请求制定收税标准；在薄疑说"国中饱"，而赵简主误认为国家富强而高兴，实际上却是府库空虚，百姓挨饿而奸邪的官吏富裕。所以齐桓公巡视民间发现有人家贫无妻，因而同意管仲发放国库多余财物、嫁出宫中长守空房的宫女。不按照事物的规律，就在延陵卓子用自相矛盾的方法驾马不能前进，造父经过看见而为之哭泣的故事中。

说五

　　兹郑子引辇上高梁而不能支。兹郑踞辕而歌，前者止，后者趋，辇乃上。使兹郑无术以致人，则身虽绝力至死，辇犹不上也。今身不至劳苦而辇以上者，有术以致人之故也。

译文

说五

　　兹郑先生拉着车上高桥但是拉不上去。兹郑于是坐在车辕上唱起了歌，走在前面的行人停止了脚步拉车，走在后面的人赶上来推车，车子就在众人帮助下上了高桥。假如兹郑没有方法来吸引行人，那么自身虽然用尽全身力气甚至累死，车子还是上不了高桥。如今他身体不劳累而车子能够上到高桥，是因为他有方法吸引人的缘故。

　　赵简主出税者，吏请轻重。简主曰："勿轻勿重。重，则利入于上；若轻，则利归于民。吏无私利而正矣。"薄疑谓赵简主曰："君之国中饱。"简主欣然而喜曰："何如焉？"对曰："府库空虚于上，百姓贫饿于下，然而奸吏富矣。"

译文

　　赵简主派出收税的官吏，官吏请示收税的标准的高低。赵简主说："不要轻也不要重。收重了，那么利益就归于君主；若是收轻了，那么利益就归于民众。官吏从中没有私利可捞就适中了。"薄疑告诉赵简主说："您的国中饱。"赵简主欣然喜悦地说："怎么样呀？"薄疑回答说："在上面国家的府库不充实了，在下面老百姓贫穷挨饿，但是奸邪的官吏富裕了。"

齐桓公微服以巡民家，人有年老而自养者，桓公问其故。对曰："臣有子三人，家贫无以妻之，佣未反。"桓公归，以告管仲。管仲曰："畜积有腐弃之财，则人饥饿；宫中有怨女，则民无妻。"桓公曰："善。"乃论宫中有妇人而嫁之。下令于民曰："丈夫二十而室，妇人十五而嫁。"

译文

齐桓公穿着便服去巡视百姓家，见到一个年纪很老而自己供养自己的人，齐桓公就问他缘故。老人回答说："我有三个儿子，家里贫穷无法为他们娶妻，他们受人雇佣还没有回家。"齐桓公回宫后，把此事告诉了管仲，管仲说："国库积蓄中有陈腐废弃的财物，那么就会有百姓饥饿的情况；宫中有待嫁的未婚女子，那么就有百姓娶不起妻子的情况。"齐桓公说："说得好。"于是考察宫中的待嫁的未婚女子把她们出嫁了。又向民众下达命令说："成年男子二十岁结婚娶妻，女子十五岁出嫁。"

一曰：桓公微服而行于民间，有鹿门稷者，行年七十而无妻。桓公问管仲曰："有民老而无妻者乎？"管仲曰："有鹿门稷者，行年七十矣而无妻。"桓公曰："何以令之有妻？"管仲曰："臣闻之：上有积财，则民臣必匮乏于下；宫中有怨女，则有老而无妻者。"桓公曰："善。"令于宫中"女子未尝御，出嫁之"。乃令男子年二十而室，女年十五而嫁。则内无怨女，外无旷夫。

译文

另一种说法：齐桓公穿着便服到民间视察，有个名叫鹿门稷的人，年已七十岁还没有娶妻。齐桓公请问管仲说："你听过有年老还未娶妻的人吗？"管仲说："有一个叫鹿门稷的人，年已七十岁还未娶妻。"齐桓公说："怎么样才能让他娶妻？"管仲说："我听说，如果在上面国库有积蓄的财物，那么下面的臣民必定会贫困；如果宫中有待嫁的未婚女子，那么民间就有年老而娶不到妻子的人。"齐桓公说："说得好。"于是命令宫中"把不曾被君主亲幸过的女子出嫁了"。又下令：男子二十岁结婚娶妻，女子十五岁出嫁。宫中没有了待嫁的未婚女子，民间没有了娶不到妻子的成年男子。

延陵卓子乘苍龙挑文之乘，钩饰在前，错锩在后，马欲进则钩饰禁之，欲退则错錣贯之，马因旁出^①。造父过而为之泣涕，曰："古人治人亦然矣。夫赏所以劝之，而毁存焉；罚所以禁之，而誉加焉。民中立不知所由，此亦圣人之所为泣也。"

注释

①乘：前一乘（chéng）为动词，即坐、驾。后一乘（shèng）为单位名词，古时指四匹马驾的车。苍龙：青色的马。古代称高八尺的马为龙。挑（dí）：通"翟"，长尾的野鸡毛。錣（zhuì）：古代一种顶上带铁刺的马鞭。

译文

延陵卓子乘坐青色的马拉着插有鲜艳野鸡毛的车，在前面装饰钩形物，在后面有顶上带铁刺的马鞭，马想要前进那么钩形物限制了它，想要后退顶上带铁刺的马鞭就会抽打它，马因而朝斜里跑。造父经过时为青马哭泣，说："古时候治理民众也是这样啊。那奖赏是用来劝勉人的，但毁谤却存在其中；刑罚是用来禁止人们犯罪的，而赞誉却加其中。人们站在中间不知道进退，这也是圣人之所以为他们哭泣的原因啊。"

一曰：延陵卓子乘苍龙与翟文之乘，前则有错饰，后则有利錣，进则引之，退则策之^①。马前不得进，后不得退，遂避而逸，因下抽刀而刿其脚。造父见之，泣，终日不食，因仰天而叹曰："策，所以进之也，错饰在前；引，所以退之也，利錣在后。今人主以其清洁也进之，以其不适左右也退之；以其公正也誉之，以其不听从也废之。民惧，中立而不知所由，此圣人之所为泣也。"

注释

①翟（dí）文：有花纹的野鸡毛。

译文

另一种说法：延陵卓子乘坐青色的马拉着插有鲜艳野鸡毛的车，前面有交错的钩物，后面则有尖锐锋利的顶上带铁刺的马鞭，马想要前进那么钩物牵制它，想要后退锋利的顶上带铁刺的马鞭就会抽打它。马匹因此向前无法前进，向后则无法后退，就避开前后而往斜里跑，延陵卓子就下车拔出刀斩掉了马的脚。造父看见了，就哭泣，天天吃不下饭，于是仰面叹息说："鞭抽，是用来使马前进的方法，但有钩物在前；牵制，是用来

使马后退的方法，但有锋利的顶上带铁刺的马鞭在后。如今君主因为人的廉洁而任用人，却因为他不奉承身边侍从亲信而辞退他；因为人的公正而赞誉他，却又因为他不盲目听从自己的旨意而废黜他。人们因此感到恐惧，站在中间而不知道进退，这是圣人之所以为他们哭泣的原因啊。"

评析

"经说"一讲君主的统治管理之道，本节所说的"共"，是共同掌握管理的意思，也就是说，统治者可以进行赏罚，大臣同时也可以进行赏罚，这样，统治者的权势就会逐渐转移到大臣那里去，更下一层的官吏们就会只服从于大臣的管理而使统治者的权势落空。那么，统治者为全局全盘的需要而制定的其他法律禁令也就会无人执行了，因为大臣们所掌握管理的只是一个部门、一个方面，他们就只会考虑自己所掌管的部门的利益，而不会从全局全盘来考虑对下级的赏罚。

"经说"二是讲在治理管理工作中不能仁爱，不能只是忠于领导的道理。所有统治者、管理者及被管理者是为工作的开展而设置的，在工作中，各级管理者、被管理者只要"各尽所能、各司其职"，一切按工作进程、按法律规章进行工作就行了，不能过分仁爱。仁爱是用在生活中的，用在与人交往交际中的。忠诚同样是如此，忠诚只能用在工作上，忠于职守，而不是忠于领导。

"经说"三阐述一个君主，作为统治者、管理者，应该掌管一国上下、内外所有的事，但任何一个君主，都不可能懂得所有的事情，不可能学到所有的知识。所以，明白的统治者、管理者，就是一个善于借鉴的人，不仅要借鉴外面的事物，还要借鉴于历史经验。然而任何事情都是变化的，都是变幻无常的，所以在借鉴的过程中，不能生搬硬套，一定要学会分析研究，要根据自己的实际情况而有所变化。

"经说"四着重论述统治者治理的重点问题，这个重点也就是历来的统治者、管理者、领导人所忽视的。很多领导人只知道治理民众、治理普通老百姓，而任由自己的下级官吏胡作非为。殊不知，正是由于下级官吏的胡作非为才导致普通老百姓不安分守己。

"经说"五论述的重点在凭借事物发展的道理上，任何人做任何事，都必须要凭借、根据事物发展的道理才能干成功，否则便是枉费心机、白费力气。也就是说，知道事物会怎样发展，我们才会去做；如果明明知道做这件事会失败，谁还会去做呢？可是，大部分事情我们都不能预见到发展后果，所以我们很多人都是在盲目地做事。事物的发展必然都有一定的道理和规律，关键是我们要找到事物的根本，才能知道事物发展的道理和规律。

外储说右下第三十五

难一第三十六

题解

“难”（nàn）是辩难，是韩非对前人成说的反驳。为了深刻阐述势治学说，韩非旁征博引，搜集了不少传说、历史故事以及一些名人名言共二十八则，用对照辩驳形式分别加以分解辨析、评价论证，撰写成《难一》至《难四》四篇文章。

本文共九章，第一章从功利观点出发反对忠信崇尚诈伪；第二章反对君主"以身为苦"，以德化民，提倡以赏罚和处势治国；第三章反对儒家靠推己及人之爱治国，提倡通过"庆赏信而刑罚必"，防止臣重擅主；第四章反对孔子的礼，提倡不以礼判定是非，而以功罪定赏罚；第五章反对臣下极谏，明确君臣之间严格的等级关系；第六章贬黜隐士，明确君主与在野的处士的等级关系；第七章反对大臣之间诽谤，强调依法而行；第八章强调以势治国，尊主明法；第九章认为治国之忧不在于一用两用，而在于君主是否有术。

晋文公将与楚人战，召舅犯问之，曰："吾将与楚人战，彼众我寡，为之奈何？"舅犯曰："臣闻之，繁礼君子，不厌忠信；战阵之间，不厌诈伪。君其诈之而已矣。"文公辞舅犯，因召雍季而问之，曰："我将与楚人战，彼众我寡，为之奈何？"雍季对曰："焚林而田，偷取多兽，后必无兽；以诈遇民，偷取一时，后必无复①。"文公曰："善。"辞雍季，以舅犯之谋与楚人战以败之。归而行爵，先雍季而后舅犯。群臣曰："城濮之事，舅犯谋也。夫用其言而后其身，可乎？"文公曰："此非君所知也。夫舅犯言，一时之权也；雍季言，万世之利也。"仲尼闻之，曰："文公之霸也，宜哉！既知一时之权，又知万世之利。"

注释

①田：古同"畋"，打猎。偷：苟且、马虎。

译文

晋文公准备与楚国人交战，召见舅犯询问此事，说："我准备与楚国人交战，他们人多我们人少，对此该怎么办？"舅犯说："我听说，讲究多礼的君子，不讨厌多施忠诚和信用；两军交战期间不讨厌多用欺骗和诈伪。您就用欺诈敌军的方法好了。"文公

韩非子选集

让舅犯走了，而召见雍季来询问此事，说："我准备与楚国人交战，他们人多我们人少，对此该怎么办？"雍季回答说："烧毁树林来打猎，暂时可以获取较多的野兽，但以后一定就没有野兽了；用欺诈的方法来对待民众，可以骗取一时的民众，但以后一定不再有民众了。"晋文公说："说得好。"就让雍季走了，用舅犯的计谋和楚国人交战而打败了楚国。回来后按功行赏，首先奖赏雍季然后才奖赏舅犯。群臣说："城濮之战的胜利，是舅犯出的计谋。采用了他的计谋而最后才奖赏他，合适吗？"晋文公说："这不是你们所能明白的。舅犯的建议，是暂时的权宜之策；而雍季的建议，才对国家的发展有长远利益。"孔子听了，说："晋文公称霸天下，太应该了！既明白暂时的权宜之策，又明白长远利益。"

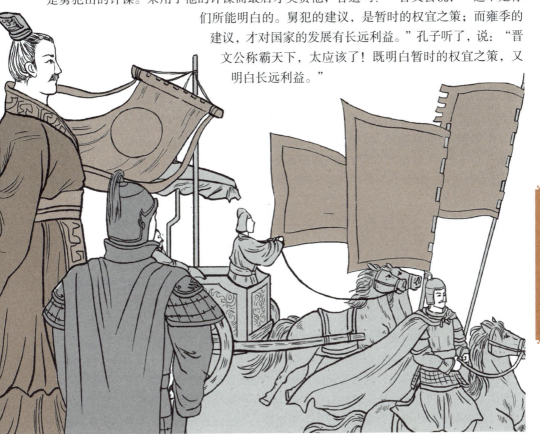

难一第三十六

或曰：雍季之对，不当文公之问。凡对问者，有因问小大缓急而对也。所问高大，而对以卑狭，则明主弗受也。今文公问"以少遇众"，而对曰"后必无复"，此非所以应也。且文公不知一时之权，又不知万世之利。战而胜，则国安而身定，兵强而威立，虽有后复，莫大于此，万世之利奚患不至？战而不胜，则国亡兵弱，身死名息，拔拂今日之死不及，安暇待万世之利？待万世之利，在今日之胜；今日之胜，在诈于敌；诈敌，万世之利而已。故曰：雍季之对，不当文公之问。且文公又不知舅犯之言。舅犯

所谓"不厌诈伪"者，不谓诈其民，谓诈其敌也。敌者，所伐之国也，后虽无复，何伤哉？文公之所以先雍季者，以其功耶？则所以胜楚破军者，舅犯之谋也；以其善言耶？则雍季乃道其"后之无复"也，此未有善言也。舅犯则以兼之矣。舅犯曰"繁礼君子，不厌忠信"者：忠，所以爱其下也；信，所以不欺其民也。夫既以爱而不欺矣，言孰善于此？然必曰"出于诈伪"者，军旅之计也。舅犯前有善言，后有战胜，故舅犯有二功而后论，雍季无一焉而先赏。"文公之霸，不亦宜乎？"仲尼不知善赏也。

译文

有人说：雍季的对答，对晋文公的询问不恰当。凡是对答问题，关键在于根据所问问题的大小缓急来对答。如果所问的问题高尚宏大，而对答以卑下狭隘，那么圣明的君主是不会接受的。如今晋文公问"以少数兵力如何对付多数"，而雍季却对答说"以后一定没有第二次了"，这并不是应该用来的对答。况且晋文公既不懂一时的权宜之策，也不懂得长远利益。打仗并取得胜利，那么国家安定而君主地位稳定，兵力强大而威势树立，虽然今后出现同样的情况，也不会比这次战争取胜获得利益更大了，长远的利益还担心不到来吗？如果发动战争而不能取胜，那么国家就会灭亡，兵力就会衰弱，君主就会身死名灭，想免除今日的死亡还来不及，哪有空闲去等待长远的利益？要想等待长远的利益，关键要取得今天的胜利；今天的胜利，在于欺骗敌人；欺骗敌人，就是为了长远的利益罢了。所以说：雍季的对答，对晋文公的询问不恰当。而且晋文公也没弄懂舅犯所说的话。舅犯所谓"交战不嫌多用诈骗"，并不是说要去诈骗自己的民众，而是说去诈骗敌人。敌人，是自己所要征伐的国家，以后虽然没有第二次，又有什么损害呢？晋文公之所以先奖赏雍季，是因为他的功德吗？之所以战胜楚军，采了舅犯的计谋；是因为他说了好话吗？那么雍季说的只是"以后不能再采用这种方法获利"，这不能叫好话呀。舅犯则既有功德又有很好的言论。舅犯说："讲究多礼的君子，不讨厌多施忠诚和信用。"忠诚，是用来爱护自己属下的；信用，是用来不欺骗自己子民的。如果既爱护又不欺骗，还有什么言论比这更好的呢？但他一定要说"战胜敌人的办法要用诈骗"，那是军队打仗的计谋。舅犯在战前讲了好话，在后面又使战争取得胜利，所以舅犯有两个功德但却被放在后面论赏，雍季没有一样功劳却先得到奖赏。"晋文公称霸天下，不也是应该的吗？"孔子不懂得正确的奖赏啊。

历山之农者侵畔，舜往耕焉，期年，甽亩正①。河滨之渔者争坻，舜往渔焉，期年而让长②。东夷之陶者器苦窳，舜往陶焉，期年而器牢③。仲

尼叹曰："耕、渔与陶，非舜官也，而舜往为之者，所以救败也。舜其信仁乎！乃躬藉处苦而民从之。故曰：圣人之德化乎！"

注释

①畎（quǎn）：同"畎"，田边水沟。②坻（chí）：水中的小洲或高地。③苦窳（yǔ）：粗劣，不坚固。

译文

历山一带的农民互相侵占田界，舜就到那里去耕种，过了一年，田界就恢复正常了。黄河边上的渔民争夺打鱼的高地，舜就到那里去打鱼，过了一年人们都把打鱼的高地让给年纪大的人。东方部落的制陶人苦于陶器不坚固，舜就到那里去制陶，过了一年陶器就坚固了。孔子叹息说："耕种、打鱼和制陶，都不是舜为官的职责，而舜去干这些事情，是为了拯救败坏的风气。舜的确仁爱呀！如此亲身来到艰苦之地而能让民众听从他。所以说：圣人的德行可以教化人。"

　　或问儒者曰："方此时也，尧安在？"其人曰："尧为天子。""然则仲尼之圣尧奈何？圣人明察在上位，将使天下无奸也。今耕渔不争，陶器不窳，舜又何德而化？舜之救败也，则是尧有失也。贤舜，则去尧之明察；圣尧，则去舜之德化：不可两得也。楚人有鬻盾与矛者，誉之曰：'吾盾之坚，物莫能陷也。'又誉其矛曰：'吾矛之利，于物无不陷也。'或曰：'以子之矛陷子之盾，何如？'其人弗能应也。夫不可陷之盾与无不陷之矛，不可同世而立。今尧、舜之不可两誉，矛盾之说也。且舜救败，期年已一过，三年已三过。舜有尽，寿有尽，天下过无已者，以有尽逐无已，所止者寡矣。赏罚使天下必行之，令曰：'中程者赏，弗中程者诛。'令朝至暮变，暮至朝变，十日而海内毕矣，奚待期年？舜犹不以此说尧令从己，乃躬亲，不亦无术乎？且夫以身为苦而后化民者，尧、舜之所难也；处势而骄下者，庸主之所易也。将治天下，释庸主之所易，道尧、舜之所难，未可与为政也。"

译文

　　有人问儒者："舜在做这些事情的时候，尧在什么地方呢？"儒者说："尧在当天子。"这人又问："然而为什么孔子认为尧很圣明？圣人处在君位上明察一切，就会使天下没有奸诈邪恶。如今耕地的打鱼的都不互相争夺，陶器不粗劣，舜又何必用德行去教化？舜去拯救败坏的风气，那就是尧有过失。认为舜很贤能，那么就是抹去尧的明察；认为尧很圣明，那么就是抹去舜的贤德的教化；不能两者都加以肯定。楚国有个卖盾与矛的人，称赞他的盾说：'我的盾这样坚固，没有什么东西能刺穿它。'又称赞他的矛说：'我的矛这样锋利，没有什么东西不能刺穿。'有人问：'用你的矛刺你的盾，怎么样呢？'那人就不能应答了。那不能被刺穿的盾和没有什么东西不能刺穿的矛，是不可能同时存在的。如今尧、舜不能同时赞誉，就像矛和盾不能同时被称赞一样。况且舜去拯救败坏的风气，一年纠正一个错，三年纠正三个错。舜这样的人数量有限，人的寿命也有限，而天下的过错却不会停止，用有限的去克服无限的，所能禁止的太少了。奖赏和惩罚能使天下人一定遵行，如果下令说：'符合法令的奖赏，不符合法令的诛杀。'命令早上传达，傍晚人们的过错就会改正，命令傍晚传达，到早上人们的过错就会改正，十天之内全国人民的过错就会改正，哪需要等过一年呢？舜还不懂得用这种道理去劝说尧下令让天下人服从自己，却亲自去操劳，不也是没有办法吗？况且那种使自己受苦然后去感化民众的方法，就是尧舜也难以做到的；掌握了权势去纠正下属过错的方法，是平庸的君主也容易做到的。想要治理天下，放弃平庸的君主都容易做到的方法，而去遵守尧舜都难以做到的方法，是不能治理好朝政的。"

管仲有病，桓公往问之，日："仲父病，不幸卒于大命，将奚以告寡人？"管仲曰："微君言，臣故将谒之。愿君去竖刁，除易牙，远卫公子开方。易牙为君主味，君惟人肉未尝，易牙烝其子首而进之。夫人情莫不爱其子，今弗爱其子，安能爱君？君妒而好内，竖刁自宫以治内。人情莫不爱其身，身且不爱，安能爱君？开方事君十五年，齐、卫之间不容数日行，弃其母，久宦不归。其母不爱，安能爱君？臣闻之：'矜伪不长，盖虚不久①。'愿君去此三子者也。"管仲卒死，桓公弗行。及桓公死，虫出户不葬。

注释

①矜：自夸、自恃。盖：遮蔽、掩盖。

译文

管仲生病了，齐桓公到管仲家慰问他，说："仲父病了，如果不幸不能救活，你打算向我说些什么呢？"管仲说："国君您就是不问我，我本来准备禀告您。希望您辞去竖刁，除去易牙，疏远卫国公子开方。易牙为您主管伙食，君主您只有人肉没有尝过，易牙就蒸了自己儿子的头进献给您。人之常情没有不爱自己儿子的，如今易牙连自己的儿子也不爱，又怎么会爱君主您呢？您生性忌妒而且爱好内宫女色，竖刁就割掉自己的生殖器来管理内宫。人之常情没有不爱自己身体的，连自己的身体都不爱，又怎么会爱君主您呢？开方公子侍奉君主您十五年，齐国、卫国之间的距离要不了几天的行程，他抛弃自己的母亲，长期在外做官而不回家探母。连自己的母亲都不爱，又怎么会爱君主您呢？我听说：'自恃虚伪不会长久，掩盖虚假不会久长。'希望您去除这三个人。"管仲最终死了，齐桓公并没按管仲的话去做。等到齐桓公因三人作乱被饿死时，三个月不能入葬，尸体上的蛆虫都爬出门外了。

　　或曰：管仲所以见告桓公者，非有度者之言也。所以去竖刁、易牙者，以不爱其身，适君之欲也。曰："不爱其身，安能爱君？"然则臣有尽死力以为其主者，管仲将弗用也。曰"不爱其死力，安能爱君？"是欲君去忠臣也。且以不爱其身度其不爱其君，是将以管仲之不能死公子纠度其不死桓公也，是管仲亦在所去之域矣。明主之道不然，设民所欲以求其功，故为爵禄以劝之；设民所恶以禁其奸，故为刑罚以威之。庆赏信而刑罚必，故君举功于臣而奸不用于上，虽有竖刁，其奈君何？且臣尽死力以与君市，君垂爵禄以与臣市。君臣之际，非父子之亲也，计数之所出也。君有道，则臣尽力而奸不生；无道，则臣上塞主明而下成私。管仲非明此度数于桓公也，使去竖刁，一竖刁又至，非绝奸之道也。且桓公所以身死虫流出户不葬者，是臣重也。臣重之实，擅主也。有擅主之臣，则君令不下究，臣情不上通。一人之力能隔君臣之间，使善败不闻，祸福不通，故有不葬之患也。明主之道：一人不兼官，一官不兼事；卑贱不待尊贵而进，大臣不因左右而见；百官修通，群臣辐辏；有赏者君见其功，有罚者君知其罪。见知不悖于前，赏罚不弊于后，安有不葬之患？管仲非明此言于桓公也，使去三子，故曰：管仲无度矣。

译文

有人说：管仲用来当面禀告齐桓公的话，并不是有法度的人所说的话。之所以要去除竖刁、易牙，是因为他们不爱自身，而去迎合君主的欲望。管仲说："连自身都不爱，又怎么会爱君主呢？"然而臣下有以死效力为君主的，管仲就不会任用了。管仲说："不爱自己效死力，又怎么会爱君主呢？"这是要君主去除忠臣啊。况且用不爱自身来推测其不爱君主，这就是用管仲不能为公子纠死来推测他不能为齐桓公而死，那么管仲也是在被除掉的范围里了。圣明君主的治国策略不是这样，是设置臣民的所想要的来让他们为自己立功，用爵位俸禄来勉励他们；是设置臣民所厌恶的来禁止他们为非作歹，所以建立了刑罚来威慑他们。奖赏有信而刑罚坚决，所以君主能举荐有功劳的臣子而奸邪的人不会被君主重用，虽然有像竖刁这样的人，又能把君主怎么样呢？况且臣子以死效力来与君主换取爵位俸禄，君主陈列爵位俸禄与臣下换取以死效力。君臣之间，不是父子那样的骨肉亲情，都是从计算利益而出发的。君主如果掌握治国策略，那么臣下就会尽心效力而不产生奸邪；君主如果没有掌握治国策略，那么臣下就会在上堵塞君主的圣明而在下谋取私利。管仲并不是向齐桓公阐明这种治国策略，而是让齐桓公去掉竖刁，去除一个竖刁另一个竖刁又会来到，这不是消灭奸邪的办法。况且齐桓公之所以死后尸体上的蛆虫爬出门外还得不到入葬，是因为臣子权势太重。臣下权势太重，就会控制君主。有了控制君主的臣子，那么君主的命令就不能向下传达，群臣的情况也不会向上通报君主。一个人的力量能够隔开君臣上下之间的联系，使君主听不到好坏，了解不到祸福，所以有像齐桓公一样死了得不到安葬的祸患。圣明君主的治国策略是：一个人不兼任其他官职，一个官员不兼任其他事务；地位低下的人不必等待地位高贵的人来推荐，大臣不必依靠君主身边亲信来引见；百官能够有秩序地沟通，群臣就像车轮上的辐条聚集在车毂上那样归附君主；受到奖赏的人，君主了解他的功劳，受到惩罚的人，君主知道他的罪过。君主事前对群臣的功罚了解得清清楚楚，然后施行赏罚，怎么可能出现像齐桓公那样死后不能安葬的祸患呢？管仲不是向齐桓公阐明这些道理，而是叫他去除这三人，所以说：管仲不懂得法度。

> 襄子围于晋阳中，出围，赏有功者五人，高赫为赏首。张孟谈曰："晋阳之事，赫无大功，今为赏首，何也？"襄子曰："晋阳之事，寡人国家危，社稷殆矣。吾群臣无有不骄侮之意者，惟赫子不失君臣之礼，是以先之。"仲尼闻之曰："善赏哉！襄子赏一人而天下为人臣者莫敢失礼矣。"

译文

赵襄子被围困在晋阳城中，突围后，奖赏有功的人五个，高赫成为受赏的第一人。张孟谈说："晋阳城的解围，高赫并没有大功，如今成为受赏的第一个人，为什么呢？"赵襄子说："晋阳城之事，我的国家危急，政权危险了。我的大臣们都有骄傲轻慢我的意思，只有高赫没有丧失君臣之间的礼节，因此最先奖赏他。"孔子听到这件事后说："善

韩非子选集

于奖赏啊！赵襄子奖赏一个人而天下做臣子的都不敢失礼了。"

> 或曰：仲尼不知善赏矣。夫善赏罚者，百官不敢侵职，群臣不敢失礼。上设其法，而下无奸诈之心。如此，则可谓善赏罚矣。使襄子于晋阳也，令不行，禁不止，是襄子无国，晋阳无君也，尚谁与守哉？今襄子于晋阳也，知氏灌之，臼灶生鼃，而民无反心，是君臣亲也。襄子有君臣亲之泽，操令行禁止之法，而犹有骄侮之臣，是襄子失罚也。为人臣者，乘事而有功则赏。今赫仅不骄侮，而襄子赏之，是失赏也。明主赏不加于无功，罚不加于无罪。今襄子不诛骄侮之臣，而赏无功之赫，安在襄子之善赏也？故曰：仲尼不知善赏。

译文

有人说：孔子不懂得什么是奖赏。那善于赏罚的人，百官都不敢侵犯职权，群臣都不会丧失君臣礼节。君主在上设置了他的法则，而臣下在下就没有奸诈的念头。像这样，才可以称为是善于赏罚。假使赵襄子在晋阳城时，命令不能得以执行，禁令不起制止作用，就等于是赵襄子没有国家，晋阳城没有君主，还有谁替他守城呢？如今赵襄子在晋阳城时，智伯瑶引晋水灌淹晋阳城，城中石臼和锅灶被水淹成了乌龟生存的地方了，而民众没有反叛的念头，这是君臣相亲的表现。赵襄子有君臣相亲的恩泽，掌握令行禁止的法则，仍然还有骄傲轻慢的臣子，这是赵襄子失去惩罚原则的缘故。做臣子的，参议政事有功劳的就奖赏。如今高赫仅仅是不骄傲轻慢，而赵襄子就奖赏他，是错误的奖赏。圣明的君主奖赏不授给无功的人，惩罚不加给无罪的人。如今赵襄子不惩罚骄傲轻慢的臣下，而奖赏没有功劳的高赫，赵襄子善于奖赏在哪里呢？所以说：孔子不懂得什么是善于奖赏啊。

> 晋平公与群臣饮，饮酣，乃喟然叹曰："莫乐为人君，惟其言而莫之违。"师旷侍坐于前，援琴撞之。公披衽而避，琴坏于壁。公曰："太师谁撞？"师旷曰："今者有小人言于侧者，故撞之。"公曰："寡人也。"师旷曰："哑！是非君人者之言也。"左右请除之，公曰："释之，以为寡人戒。"

译文

晋平公和群臣在一起喝酒，喝酒很畅快时，就感叹地说："没有什么比当君主更快乐的了，只有君主的话是没有人敢违抗的。"师旷在晋平公跟前陪坐，便拿起琴来撞他。

晋平公撩开衣襟躲避开了，于是琴撞坏在墙上。晋平公说："太师拿琴撞谁？"师旷说："如今有个小人在旁边说话，所以我拿琴撞他。"晋平公说："说话的人是我。"师旷说："哎呀，这不是当君主的人该说的话。"平公身边侍从请平公除掉师旷，晋平公说："放了他，把这件事作为我的鉴戒。"

> 或曰：平公失君道，师旷失臣礼。夫非其行而诛其身，君子于臣也；非其行则陈其言，善谏不听则远其身者，臣之于君也。今师旷非平公之行，不陈人臣之谏，而行人主之诛，举琴而亲其体，是逆上下之位，而失人臣之礼也。夫为人臣者，君有过则谏，谏不听则轻爵禄以待之，此人臣之礼也。今师旷非平分之过，举琴而亲其体，虽严父不加于子，而师旷行之于君，此大逆之术也。臣行大逆，平公喜而听之，是失君道也。故平公之迹不可明也，使人主过于听而不悟其失；师旷之行亦不可明也，使奸臣袭极谏而饰弑君之道。不可谓两明，此为两过。故曰：平公失君道，师旷亦失臣礼矣。

译文

有人说：晋平公丧失了做君主的准则，师旷丧失了做臣子的礼节。如果认为他的行为不对就惩罚他本人，是君主对臣下的准则；认为他的行为不对就陈述自己的意见，好好地加以劝谏，不听那么就远远地离开他，是臣下对君主的原则。如今师旷认为平公的行为不对，不陈述作为臣子的谏言，而用君主的惩罚方法，举起琴来撞平公的身体，这是颠倒了君臣上下的位置，丧失了作为臣子的礼节。做臣子的，君主有了过错那么就劝谏，劝谏不听那么就看轻爵位俸禄辞职以待君主的醒悟，这才是做臣子的礼节。如今师旷责备平公的过错，举起琴来撞平公的身体，即使是严厉的父亲也不会如此惩罚儿子，而师旷却对君主施行了这样的方法，这是大逆不道的做法呀。臣子干了大逆不道的事，晋平公却喜欢而听从他，这是晋平公失去了做君主的准则。所以晋平公的事是不可以宣扬的，因为它会使君主在听取意见方面犯错误而又觉察不到自己的失误；师旷的行为也不可以宣扬，因为它会使奸臣袭用过分劝谏而掩盖谋杀君主的行径。不能称颂这两件事，这是两种过错。所以说：晋平公丧失了作为君主的准则，师旷也丧失了作为臣子的礼节。

> 齐桓公时，有处士曰小臣稷，桓公三往而弗得见。桓公曰："吾闻布衣之士不轻爵禄，无以易万乘之主；万乘之主不好仁义，亦无以下布衣之士。"于是五往乃得见之。

译文

　　齐桓公执政的时候，有个没有做官的人叫小臣稷，齐桓公三次前去拜访都没有见到。齐桓公说："我听说身穿布衣的平民百姓不看轻爵位俸禄，就不能轻视大国君主；大国君主不喜好仁义，也就不能谦卑地尊重平民百姓。"于是第五次前往才见到小臣稷。

　　或曰：桓公不知仁义。夫仁义者，忧天下之害，趋一国之患，不避卑辱谓之仁义。故伊尹以中国为乱，道为宰于汤；百里奚以秦为乱，道为虏于穆公。皆忧天下之害，趋一国之患，不辞卑辱，故谓之仁义。今桓公以万乘之势，下匹夫之士，将欲忧齐国，而小臣不行，见小臣之忘民也。忘民不可谓仁义。仁义者，不失人臣之礼，不败君臣之位者也。是故四封之内，执会而朝名曰"臣"，臣吏分职受事名曰"萌"①。今小臣在民萌之众，而逆君上之欲，故不可谓仁义。仁义不在焉，桓公又从而礼之。使小臣有智能而遁桓公，是隐也，宜刑；若无智能而虚骄矜桓公，是诬也，宜戮。小臣之行，非刑则戮。桓公不能领臣主之理而礼刑戮之人，是桓公以轻上侮君之俗教于齐国也，非所以为治也。故曰：桓公不知仁义。

注释

　　①会：计算、算账。

译文

　　有人说：齐桓公不懂得仁义。仁义，就是担忧天下的祸害，避免全国的患难，不躲避卑贱屈辱才称为仁义。所以伊尹认为中原混乱，就通过做厨师的途径来求得商汤的任用；百里奚认为秦国混乱，就通过当奴隶的途径来求得秦穆公的任用。他们都担忧天下的祸害，避免全国的患难，不辞卑贱屈辱，所以称之为仁义。如今齐桓公以大国的权势，卑下地去见一个普通读书人，想要和他一起避免齐国忧患，但小臣稷却不愿意出来当官，这就是小臣稷忘记了民众。忘记了民众的人是不能称为仁义的。仁义，就是不丧失做人臣的礼节，不败坏君臣之间的地位。因此在一个国家里，拿着计算的账簿作为礼物朝见君主的名叫"臣"，臣的下属差役按不同职责掌管政务的叫作"萌"。如今小臣稷是处在民萌地位的民众，却违背君主的意愿，所以不能称之为仁义。仁义并不在他身上，齐桓公还对他以礼相待。假使小臣稷有智慧才能而回避齐桓公，那是隐居，应当处以刑罚；如果他没有智慧才能而弄虚作假在齐桓公面前骄傲自大，那就是欺骗君主，应当处死。小臣稷的行为，不是该用刑就是该杀戮。齐桓公不能整治君臣之间的伦理而以礼相待该受刑该杀戮的人，这是齐桓公用轻视君主侮慢君主的习俗来教化齐国，这不是用来治理国家的办法。所以说：齐桓公不懂得仁义。

　　　麋笄之役，韩献子将斩人①。郤献子闻之，驾往救之。比至，则已斩之矣。郤子因曰："胡不以徇②？"其仆曰："曩不将救之乎③？"郤子曰："吾敢不分谤乎？"

注释

　　①麋笄（jī）：山名，在今山东省济南市历城区南。②徇：巡行示众。③曩（nǎng）：以往、过去。

译文

　　在麋笄战役中，晋中军司马韩厥掌管军法，打算杀一个人。主帅郤克听说后，驾车前去救人。等赶到，那人已经被斩杀了。郤克于是说："为什么不拿他的尸体巡行示众呢？"郤克的仆从说："早前您不是打算救这个人吗？"郤克说："我怎敢不为韩献子分担别人的指责吗？"

　　　或曰：郤子言，不可不察也，非分谤也。韩子之所斩也，若罪人，则不可救，救罪人，法之所以败也，法败则国乱；若非罪人，则不可劝之以徇，劝之以徇，是重不辜也，重不辜，民所以起怨者也，民怨，则国危。

郤子之言，非危则乱，不可不察也。且韩子之所斩若罪人，郤子奚分焉？斩若非罪人，则已斩之矣，而郤子乃至，是韩子之谤已成而郤子且后至也。夫郤子曰"以徇"，不足以分斩人之谤，而又生徇之谤。是子言分谤也？昔者纣为炮烙，崇侯、恶来又曰斩涉者之胫也，奚分于纣之谤？且民之望于上也甚矣，韩子弗得，且望郤子之得之也；今郤子俱弗得，则民绝望于上矣。故曰：郤子之言非分谤也，益谤也。且郤子之往救罪也，以韩子为非也；不道其所以为非，而劝之"以徇"，是使韩子不知其过也。夫下使民望绝于上，又使韩子不知其失，吾未得郤子之所以分谤者也。

译文

有人说：郤克的话，不可不作分析，他不是分担非议。韩厥所斩杀的人，如果是有罪的人，不能救他，救有罪的人，就是法制之所以败坏的原因，法制败坏那么国家就会混乱；如果是无罪的人，那么不可劝说将尸体巡行示众，这是从重惩处无辜的人，从重惩处无辜的人，民众就会因此产生怨恨，民众产生怨恨那么国家就危险了。郤克的话，不是使国家危险就是使国家混乱，不能不加分辨啊。况且韩厥所斩杀的人如果是有罪的人，郤克要分担别人的什么指责呢？斩杀的如果是无罪的人，那么已经斩杀那人了，而郤克才赶到，那么韩厥被别人指责已成定局而郤克方才到来。郤克说"拿尸体巡行示众"，并不足以分担韩厥斩杀人的指责，反而增加人们对韩厥将尸体巡行示众的指责。这就是郤克所说的分担指责吗？从前商纣王设置炮烙的酷刑，崇侯、恶来二人又建议砍掉过河人的小腿，这哪里是分担人们对商纣王的指责？况且民众对上面君主的希望是很强烈的，韩厥不能满足民众的希望，民众希望郤克能做到；如今郤克都不能做到，那么民众对上面就绝望了。所以说：郤克的话不是在分担人们对韩厥的指责，而是增加了人们的指责。再说郤克去解救被判有罪的人，那就是认为韩厥错了；但郤克不说明韩厥错的原因，而且还劝说"将尸体巡行示众"，这是使韩厥不知道自己的过错。在下面使民众对上层统治者的希望断绝，又使得韩厥不知道自己的过错，我真不知道郤克所说可以分担人们指责的依据是什么。

桓公解管仲之束缚而相之。管仲曰："臣有宠矣，然而臣卑。"公曰："使子立高、国之上。"管仲曰："臣贵矣，然而臣贫。"公曰："使子有三归之家[①]。"管仲曰："臣富矣，然而臣疏。"于是立以为仲父。霄略曰："管仲以贱为不可以治贵，故请高、国之上；以贫为不可以治富，故请三归；以疏为不可以治亲，故处仲父。管仲非贪，以便治也。"

注释

①三归：齐国规定市租（商租）的十分之三归国君所有。

译文

　　齐桓公解开管仲身上捆绑的绳子并请他做相。管仲说："我虽然已经得宠了，然而我的地位还很卑下。"齐桓公说："将先生的爵位设立在高氏、国氏两大贵族之上。"管仲说："我的地位高贵了，然而我还很贫穷。"齐桓公说："让先生您拥有国家十分之三的市租。"管仲说："我富裕了，然而我与君主的关系还疏远。"于是齐桓公把管仲称为仲父。霄略说："管仲认为地位卑贱的人不可以治理地位高贵的人，所以请求地位立于高氏、国氏两大贵族之上；他认为贫穷的人不可以治理富贵，所以请求拥有国家十分之三的市租；他认为关系疏远的人不可以治理关系亲密，所以让齐桓公称他为仲父。管仲这不是贪婪，而是为了便于治理国家。"

　　或曰：今使臧获奉君令诏卿相，莫敢不听，非卿相卑而臧获尊也，主令所加，莫敢不从也①。今使管仲之治不缘桓公，是无君也，国无君不可以为治。若负桓公之威，下桓公之令，是臧获之所以信也，奚待高、国、仲父之尊而后行哉？当世之行事、都丞之下征令者，不辟尊贵，不就卑贱。故行之而法者，虽巷伯信乎卿相②；行之而非法者，虽大吏诎乎民萌。今管仲不务尊主明法，而事增宠益爵，是非管仲贪欲富贵，必暗而不知术也。故曰：管仲有失行，霄略有过誉。

注释

①臧获：奴婢。奴为臧，婢为获。②巷伯：宦官。

译文

　　有人说：如今让奴婢带着君主的命令去诏告卿相，没有谁敢不听从，这并不是卿相地位卑贱而奴婢地位尊贵，而是因为君主有命令加在奴婢身上，没有谁敢不服从。如今使管仲治国不遵循桓公的命令，就是国家没有君主，国家没有君主就不可以进行治理。如果依靠桓公的威势，下达桓公的命令，这是奴婢使卿相服从的原因，为什么要等有了高氏、国氏、仲父那样的尊贵地位以后才能办事呢？当代的行事、都丞这种下达征召命令的小官，不避让尊贵的人，不照顾地位卑贱的人。所以办事按照法令，即使是宦官也可以使卿相服从；办事不按照法令，即使是大官也会在平民百姓面前屈服。现在管仲不致力于尊敬君主彰明法令，而去干增加自己的宠信和爵禄之事，如果不是管仲贪图富贵，一定是他糊涂而不懂得治国的法术。所以说：管仲有不得体的行为，霄略有错误的夸奖。

韩非子选集

　　韩宣王问于樛留："吾欲两用公仲、公叔，其可乎？"樛留对曰："昔魏两用楼、翟而亡西河，楚两用昭、景而亡鄢、郢。今君两用公仲、公叔，此必将争事而外市，则国必忧矣。"

译文

　　韩宣王向樛留请教："我想同时重用公仲和公叔两个人，这样做可以吗？"樛留回答说："从前魏王同时重用楼鼻和翟强两个人就丧失了西河，楚王同时重用昭氏、景氏两个人就丧失了鄢地和郢地。现在您同时重用公仲和公叔两个人，这必定将使他们内争权外通敌，那么国家必定就有忧患了。"

　　或曰：昔者齐桓公两用管仲、鲍叔，成汤两用伊尹、仲虺。夫两用臣者国之忧，则是桓公不霸，成汤不王也。湣王一用淖齿，而身死乎东庙；主父一用李兑，减食而死。主有术，两用不为患；无术，两用则争事而外市，一则专制而劫弑。今留无术以规上，使其主去两用一，是不有西河、鄢、郢之忧，则必有身死减食之患，是樛留未有善以知言也。

译文

有人说：以前齐桓公同时重用管仲和鲍叔牙两人，成汤王同时重用伊尹和仲虺两人。如果同时重用两个大臣就是国家的忧患，那么齐桓公就不能称霸，成汤王也不能称王了。齐湣王就重用淖齿一人，结果自身被淖齿杀死在东庙；赵主父就重用李兑一人，结果自身被李兑围困饿死。君主有法术，同时重用两人不会成为祸患；君主没有法术，同时重用两人那么就会导致内争权外通敌，重用一人那么就会导致大臣专权而劫持杀害君主。现在穆留没有法术来规劝君主，却让他的君主去除同时重用两人的方法而采纳只重用一个人的方法，这不是导致丧失西河、鄢和郢地的忧患，就是一定导致有杀身和饿死的祸患，这是穆留没有好的见解向君主进言啊。

评析

"难"，读（nàn），在此用为论说、争辩之意。所谓的论说、争辩，就是韩非对某一件事或某人的言行提出与当时流行的看法不一致的意见，它不但充分体现了当时百家争鸣的学术气氛，而且能大大地增进读者的思辨能力。

《难一》主要提出了九个争辩的问题。

故事一中韩非举出舅犯、雍季两人的计策。实际上舅犯的计策是错误的，而雍季的计策是正确的，但是事实的结果却是晋文公用了舅犯错误的计策解决了问题，而最终奖赏的却是雍季。这样的做法到底对还是不对呢？这就引起争辩。最终提出了孔子的评语。舅犯的计策尽管解决了一时之需，但毕竟是错误的观点，而雍季的观点却是从国家的长远利益来谋划的。尽管出发点都是为了国家的生存，但还是有正确和错误的区别。

故事二针对"舜是圣人，教化民众"的事情进行讨论。实际上，这看起来并没有问题，但是韩非认为，尧既然是圣人，就能治理天下，也就用不着舜去教化民众。舜去教化民众，说明舜就是圣人，那么尧必然就是无能之辈。韩非这种想法过于天真、幼稚、简单了，天下任何事都要有人去总领提纲，有人去具体办事。如果只有统治者一个人圣明，他再怎么能干，法律再怎么完善，都是不可能治理好一个国家的。实际上是，尧提出好的政策，舜忠实地去执行，这样才是合情合理的。

故事三是针对"竖刁、易牙、开方"这三个人好不好的问题，管仲建议齐桓公除掉他们。那么，到底是他们不好，还是齐桓公不对，还是管仲不懂得统治术？按韩非的意见，是管仲不懂得法度，如果依法办事，那么竖刁等人也就不会靠近齐桓公了；奸邪的人不能靠近君主，那么君主就不会受影响，从而就能治理国家了。实际上，问题的本质不在于"法"，而在于提高人们的认识，这样人们才会懂得"仁义礼智信"的道理，才能使人们减少奸邪而正直公正地做人。

故事四针对"高赫无功却受到奖赏"的问题进行探讨，赵襄子奖赏得对吗？孔子赞扬赵襄子善于奖赏，对不对呢？是有功重要还是有礼重要？韩非的这些说法又过于天真和简单了，赵襄子在突围后首先表彰高赫，其目的就是树立一个很好的榜样来安抚人心，让人们借以效仿。这种做法才是明智的，归根结底，这仍然是教化问题，统治者的统治方法不能仅是简单地赏功罚过，而是要进行各方面的教化。

故事五在阐述"领导人能不能像普通人一样随便说话"的问题，晋平公说"没有什么比做君主更快乐的了，只有君主的话是没有人敢违背的。"这样说话对不对呢？韩非认为晋平公的确不该说这样的话，这是一个小人说的话。而师旷也不应该用琴来扔向平公，采用这种惩罚方式确实超越了君臣关系、上下级关系。

故事六齐桓公去拜访小臣稷，颇像周文王拜访姜太公，又似后来的刘备拜访诸葛亮。那么齐桓公去拜访小臣稷对不对呢？是不是可以和周文王拜访姜太公相提并论呢？爱好仁义就是屈尊拜访、尊重平民百姓吗？韩非的这段评议很精辟，爱好仁义的确不是去屈尊拜访某一个平民百姓，某个平民百姓如果有智慧才能，他就应该响应统治者的号召，站出来为国家服务，为人民服务。如果不愿意出来为国家，为人民服务，那么他就应该避得远远地隐居，根本不会让人找到，也不会宣扬自己的名声。如果他是一个没有智慧才能的人，而虚妄地宣扬自己有智慧有才能，那么他的确应该受刑罚。而统治者的责任是保护自己统辖下的全体人民的安居乐业，并不是去尊重某一个人、讨好某一个人，他应该尊重、讨好的是全体人民。只有他统辖下的全体人民生活得好了，才能说明他有仁义。

故事七韩厥斩杀人，郤克没有救下来，于是郤克干脆劝说韩厥将受刑人的尸体示众，以表明自己是支持韩厥杀此人的。那么，郤克的态度对不对呢？韩非认为郤克是个虚伪的人，他想救的人如果有罪，那么他就是在破坏法治；他想救的人如果无罪，那么他就应该指出韩厥乱杀无辜，并指出韩厥错误之处；而决不应该落井下石，将被斩杀的人的尸体示众。事情是谁做的就是谁做的，即使向民众隐瞒真相，那也是不长久的。所以，这教育我们对待每一件事情都要研究分析，才能得出公正的结论。

故事八说的是想要治理一个国家或治理一个企业，是否都应该像管仲一样要求高贵、富裕、关系亲密才能进行治理呢？如果没有这些，是否能进行治理呢？韩非认为，管仲可以像奴婢一样奉君主之命，不必去要求那些地位、富贵和关系亲密。实际上，韩非这就弄错了等级关系！君主执政，大臣执政不能像奴婢一样奉命行事，大臣执政要拿出权威，如果大臣没有权威，谁能服从大臣的命令呢？而大臣的权威，则由君主赋予，如果君主对待大臣就像对待奴婢一样，谁又能服从大臣的权威呢？管仲之所以要求这些，就是要让更多的人知道，他有君主赋予的权威，他有独立执政的权威。只有拥有了独立执政的权威，不像奴婢一样奉命行事，他才能进行治理。否则，他与其他小官吏一样，只是一个奉命行事的人。

故事九樛留认为同时重用两个大臣就会有忧患，因为他们之间会争名夺利，他的话正确吗？韩宣王可以听从他的话吗？韩非的这段评议很对，不论只重用一个人还是同时重用两人、三人，最关键的问题是统治者的统治手段，没有手段，重用一个人都是危险的，何况是重用两人、三人？

难二第三十七

题解

《难二》包括七个故事，第一个反对省刑，提出"刑当无多，不当无少"；第二个反对仁政，提出不能赏无功，必须诛有过；第三个否定孔子给予文王仁和智的评价；第四个提出成就功业需要"君臣俱有力"；第五个提出君主只要凭着手中的官职和爵禄就不会"劳于索人"，同时使用大臣时又要始终防范其劫夺和篡弑；第六个讨论利用天时和人事增加国家税入的问题；第七个反对君主身先士卒，认为取胜的诀窍在于利用好利恶害的人性，实行信赏必罚。

景公过晏子，曰："子宫小，近市，请徙子家豫章之圃①。"晏子再拜而辞曰："且婴家贫，待市食，而朝暮趋之，不可以远。"景公笑曰："子家习市，识贵贱乎②？"是时景公繁于刑。晏子对曰："踊贵而屦贱③。"景公曰："何故？"对曰："刑多也。"景公造然变色曰："寡人其暴乎！"于是损刑五。

注释

①宫：甲骨文字形，像房屋形。在穴居野处时代也就是洞窟。外围像洞门，里面的小框框像彼此连通的小窟，即人们居住的地方。本义：古代对房屋、居室的通称（秦、汉以后才特指帝王之宫）。徙：搬家、

迁移。囿：菜园、花园。②习：通晓、熟悉。③踊（yǒng）：春秋时期以前指受刖足刑者所用的一种特制鞋。屦（jù）：用草和麻绳编织而成的鞋子。

译文

齐景公去探望晏子，说："你的住房很小，又靠近集市，请你搬家到豫章的园林中吧。"晏子再次拜谢推辞说："我晏婴家里比较贫穷，依靠购买食物过日子，而早晚都要到集市，不能远离集市呀。"齐景公笑着说："先生家熟悉集市行情，知道物品的贵贱吗？"当时齐景公执政多使用酷刑。晏婴回答说："受刖刑者穿的鞋贵而平常人穿的鞋很便宜。"齐景公说："这是什么缘故？"晏婴回答说："是刑法使用过多了。"齐景公吃惊得变了脸色说："我大概过于残暴了！"于是减去五种刑罚。

> 或曰：晏子之贵踊，非其诚也，欲便辞以止多刑也。此不察治之患也。夫刑当无多，不当无少。无以不当闻，而以太多说，无术之患也。败军之诛以千百数，犹北不止，即治乱之刑如恐不胜，而奸尚不尽[1]。今晏子不察其当否，而以太多为说，不亦妄乎？夫惜草茅者耗禾穗，惠盗贼者伤良民。今缓刑罚，行宽惠，是利奸邪而害善人也，此非所以为治也。

注释

①北：败逃。

译文

有人说：晏婴说的刖鞋昂贵，这并不是真实的想法，他是想用巧妙的话来制止过多的刑罚。这是不懂得治理方法才造成的过错。用刑适当就不嫌多，用刑不适当就少也无益。晏子不以用刑不当告知君主，而以用刑过多而劝说，这是没有法术的祸患。打了败仗的军队被杀头的人数以千计，但还是败逃不止，可见治理混乱的刑罚只怕用得不够，而奸邪还是不能除尽。现在晏子不去考察用刑是否得当，而以用刑过多进行劝说，这不是很荒唐吗？爱惜茅草就会损害庄稼，宽容盗贼就会伤害良民。现在减轻刑罚，实行宽惠，这是有利于奸邪而害好人的，这不是用来治理国家的办法。

> 齐桓公饮酒醉，遗其冠，耻之，三日不朝。管仲曰："此有国之耻也，公胡其不雪之以政①？"公曰："胡其善！"因发仓囷赐贫穷，论图圄出薄罪②。外三日而民歌之曰："公胡不复遗冠乎？"

注释

①胡：怎样、何。②囷（qūn）：圆形的谷仓。

译文

　　齐桓公喝酒喝醉了，丢失了自己的帽子，感到很羞耻，三天没有上朝办事。管仲说："这是国君的耻辱，您为什么不搞好政事来洗刷此耻辱呢？"齐桓公说："您的建议何等好啊！"因而打开谷仓把粮食赐给贫穷的人，审查监狱中的囚徒把犯轻罪的人释放了。过了三天民众便为此歌唱道："桓公为何不再次丢失帽子呀！"

　　或曰：管仲雪桓公之耻于小人，而生桓公之耻于君子矣。使桓公发仓囷而赐贫穷，论囹圄而出薄罪，非义也，不可以雪耻；使之而义也，桓公宿义，须遗冠而后行之，则是桓公行义非为遗冠也？是虽雪遗冠之耻于小人，而亦生遗义之耻于君子矣。且夫发囷仓而赐贫穷者，是赏无功也；论囹圄而出薄罪者，是不诛过也。夫赏无功，则民偷幸而望于上；不诛过，则民不惩而易为非。此乱之本也，安可以雪耻哉？

译文

　　有人说：管仲在小人中洗刷了齐桓公的耻辱，却在君子中产生了齐桓公的耻辱。让齐桓公打开谷仓把粮食赐给贫穷的人，审查监狱中的囚徒把犯轻罪的人释放了，不符合义，就不可以洗刷耻辱；假如这样做符合义，桓公不及时行义，却等到遗失帽子后再施行，那么齐桓公行义不就是为了遗失帽子吗？这样虽然在小人中洗刷了耻辱，那么在君子中产生了丢失义的耻辱。况且打开谷仓把粮食赐给贫穷的人，是奖赏没有功劳的人；审查监狱中的囚徒把犯轻罪的人释放了，是不惩罚有罪过的人。奖赏没有功劳的人，那么民众就会侥幸地希望从君主那里得到意外的奖赏；不惩罚有罪过的人，那么民众犯罪不受惩罚就容易为非作歹。这就是国家动乱的根本，怎么能用来洗刷耻辱呢？

　　昔者文王侵盂、克莒、举酆，三举事而纣恶之①。文王乃惧，请入洛西之地、赤壤之国方千里，以请解炮烙之刑。天下皆说②。仲尼闻之，曰："仁哉，文王！轻千里之国而请解炮烙之刑。智哉，文王！出千里之地而得天下之心。"

注释

①盂（yú）：古地名，在今河南省沁阳市西北。莒（jǔ）：古地名，位于今山西祁县东南。酆（fēng）：古地名，又作丰，位于今陕西省鄠邑区东北。②说（yuè）：同"悦"，高兴。

译文

以前周文王侵占了盂、攻克了莒、夺取了丰地，做了这三件事而商纣王就憎恶他了。周文王感到恐惧了，便向商纣王请求献上洛水以西的土地、赤壤方圆千里的土地，用来请求废除炮烙这种酷刑。于是天下的人都很高兴。孔子听后，说："太仁爱了，周文王！轻视方圆千里的土地而用它来请求废除炮烙酷刑。太明智了，周文王！献出了方圆千里的土地而得到了天下的民心。"

> 或曰：仲尼以文王为智也，不亦过乎？夫智者，知祸难之地而辟之者也，是以身不及于患也①。使文王所以见恶于纣者，以其不得人心耶，则虽索人心以解恶可也。纣以其大得人心而恶之，己又轻地以收人心，是重见疑也，固其所以桎梏囚于羑里也。郑长者有言："体道，无为无见也。"此最宜于文王矣，不使人疑之也。仲尼以文王为智，未及此论也。

难二第三十七

注释

①辟：通"避"，躲避。

译文

有人说：孔子认为周文王很明智，不是错了吗？明智者，是知道祸害灾难所在的地方而能躲避开的人，因此自身不会遭到祸患。假使周文王被商纣王憎恨的原因，是文王不得民心，那么文王使用求取民心的办法来消除商纣王的憎恶是可以的。商纣王因为周文王很得民心而憎恶他，他自己又轻易放弃土地来收获民心，这是加重被商纣王怀疑，这正是周文王被戴上刑具囚禁在羑里的原因。郑国的长者有这样的话："能领会和施行道的人，是无所作为无所暴露的。"此话最适用于周文王了，因为这样做可以不让人怀疑他。孔子认为周文王明智，还不如郑国的长者的这种理论。

> 晋平公问叔向曰："昔者齐桓公九合诸侯，一匡天下，不识臣之力也？君之力也？"叔向对曰："管仲善制割，宾胥无善削缝，隰朋善纯缘，衣成，

君举而服之。亦臣之力也，君何力之有？"师旷伏琴而笑之。公曰："太师
奚笑也？"师旷对曰："臣笑叔向之对君也。凡为人臣者，犹炮宰和五味而
进之君。君弗食，孰敢强之也？臣请譬之：君者，壤地也；臣者，草木也。
必壤地美，然后草木硕大。亦君之力也，臣何力之有？"

译文

晋平公请问叔向说："以前齐桓公多次会合诸侯，一举匡正天下，不知道是依靠了
臣子的力量，还是依靠了君主的力量？"叔向回答说："管仲善于剪裁，宾胥无善于修
削缝纫，隰朋善于镶饰衣边，衣裳做成了，君主拿起来穿上。这是臣子的力量，君主有
什么力量呢？"师旷趴在琴上笑他。晋平公说："太师笑什么呢？"师旷回答说："我
笑叔向回答君主的话。凡是做臣子的，就像厨师调好五味食品进献给君主。君主不吃，
谁敢强迫他？请让我用一个比喻：君主，好比土壤；臣子，好比草木。必须土壤肥沃，
然后草木才高大茂盛。这是君主的力量，臣子有什么力量呢？"

或曰：叔向、师旷之对，皆偏辞也。夫一匡天下，九合诸侯，美之大
者也，非专君之力也，又非专臣之力也。昔者宫之奇在虞，僖负羁在曹，
二臣之智，言中事，发中功，虞、曹俱亡者，何也？此有其臣而无其君者

也。且蹇叔处干而干亡，处秦而秦霸，非蹇叔愚于干而智于秦也，此有君与无君也。向曰"臣之力也"，不然矣。昔者桓公宫中二市，妇闾二百，被发而御妇人。得管仲，为五伯长，失管仲、得竖刁而身死，虫流出户不葬。以为非臣之力也，且不以管仲为霸；以为君之力也，且不以竖刁为乱。昔者晋文公慕于齐女而亡归，咎犯极谏，故使反晋国。故桓公以管仲合，文公以舅犯霸，而师旷曰"君之力也"，又不然矣。凡五霸所以能成功名于天下者，必君臣俱有力焉。故曰：叔向、师旷之对，皆偏辞也。

译文

有人说：叔向、师旷的回答，都是片面的言论。一举匡正天下，多次会合诸侯，如此美好的大功业，既不是君主一个人的力量，也不单是臣子们的力量。以前宫之奇在虞国，僖负羁在曹国，这两个臣子的智慧，说话都能预料到事实真相，行动都能取得功效，但虞国、曹国都灭亡了，为什么呢？这是有臣子的力量而没有君主的力量啊。再说蹇叔住在虞国时虞国灭亡了，住在秦国而秦国就称霸了，这并不是蹇叔住在虞国时愚蠢而住在秦国时就有智慧了，这是取决于君主的情形。叔向说"靠臣子的力量"，就不对了。以前齐桓公在宫中有两处街坊，女子住的里巷之门就有二百个，齐桓公披头散发在此玩弄女人。但得到管仲的辅佐，就成了春秋五霸中的第一个称霸的；失去管仲、任用竖刁便自身死亡，蛆虫爬出室外还得不到埋葬。如果认为这不是臣子的力量，那么就不能说因为重用了管仲才称霸；如果认为这是君主的力量，那么就不能说因为重用了竖刁才造成混乱。从前晋文公爱慕齐国的女子而不回国，舅犯极力劝谏，因此才使他回到晋国。所以齐桓公靠管仲而会合诸侯，晋文公靠舅犯称霸，但是师旷说"全凭君主的力量"，就又不对了。所有的五霸之所以能在天下立功成名，必定是君臣都为此出力了。所以说：叔向、师旷的回答，都是片面的言论。

齐桓公之时，晋客至，有司请礼[①]。桓公曰"告仲父"者三。而优笑曰："易哉，为君一曰仲父，二曰仲父。"桓公曰："吾闻君人者劳于索人，佚于使人[②]。吾得仲父已难矣，得仲父之后，何为不易乎哉？"

注释

①有司：专职官吏。②佚：通"逸"，安逸。

译文

齐桓公执政的时候，晋国的客人来到，主管接待的官吏请问用什么礼仪。齐桓公说了三遍："告诉仲父"。身边的优伶就笑着说："当君主容易啊！说一两次仲父就行了。"齐桓公说："我听说做君主在寻找人才时很辛劳，使用人才就安逸了。我得到仲父已经相当艰难的了，得到仲父后，做起君主来为什么不容易呢？"

> 或曰：桓公之所应优，非君人者之言也。桓公以君人为劳于索人，何索人为劳哉？伊尹自以为宰干汤，百里奚自以为虏干穆公。虏，所辱也；宰，所羞也。蒙羞辱而接君上，贤者之忧世急也。然则君人者无逆贤而已矣，索贤不为人主难。且官职，所以任贤也；爵禄，所以赏功也。设官职，陈爵禄，而士自至，君人者奚其劳哉？使人又非所佚也。人主虽使人，必以度量准之，以刑名参之[①]；以事，遇于法则行，不遇于法则止；功当其言则赏，不当则诛。以刑名收臣，以度量准下，此不可释也，君人者焉佚哉？

注释

①刑名：即名实。刑，通"形"。下文凡言"刑名"之"刑"同此。

译文

　　有人说：齐桓公所应答优伶的，并不是做君主的人应该说的话。齐桓公认为当君主的人要辛劳地去寻找人才，寻找人才有什么辛劳的呢？伊尹让自己当了厨师去求取商汤的任用，百里奚让自己当了奴隶去求取秦穆公的任用。奴隶，是被人辱骂的；厨师，是被人耻笑的。蒙受耻笑和辱骂去接近君主，是因为贤德的人忧虑天下的心情很迫切啊。那么当君主的人只要不拒绝贤德的人就行了，所以寻找人才并不是君主的难事。况且官职，是用来任用贤德之人的；爵位俸禄，是用来奖赏功劳的。设置官职，安排爵位俸禄，那么有才能的人自己就会来到，当君主的人怎么会辛劳呢？而使用人也不是什么安逸的事。君主虽然使用人，但是一定要用法度来衡量他们，用名实来检验他们；使他们办事，符合法令的就让他们实行，不符合法令的就制止；功劳与所说的相称就加以奖赏，不相称就加以惩处。用名实是否相称来录用臣子，用法度为标准来规范臣下，这是不可以放松的，当君主的人哪里能得到安逸呢？

> 索人不劳，使人不佚，而桓公曰："劳于索人，佚于使人"者，不然。且桓公得管仲又不难。管仲不死其君而归桓公，鲍叔轻官让能而任之，桓公得管仲又不难，明矣。已得管仲之后，奚遽易哉？管仲非周公旦。周公旦假为天子七年，成王壮，授之以政，非为天下计也，为其职也。夫不夺

子而行天下者，必不背死君而事其仇；背死君而事其仇者，必不难夺子而行天下；不难夺子而行天下者，必不难夺其君国矣。管仲，公子纠之臣也，谋杀桓公而不能，其君死而臣桓公，管仲之取舍非周公旦，未可知也。若使管仲大贤也，且为汤、武。汤、武，桀、纣之臣也；桀、纣作乱，汤、武夺之。今桓公以易居其上，是以桀、纣之行居汤、武之上，桓公危矣。若使管仲不肖人也，且为田常。田常，简公之臣也，而弑其君。今桓公以易居其上，是以简公之易居田常之上也，桓公又危矣。管仲非周公旦以明矣，然为汤、武与田常，未可知也。为汤、武，有桀、纣之危；为田常，有简公之乱也。已得仲父之后，桓公奚遽易哉？若使桓公之任管仲，必知不欺己也，是知不欺主之臣也。然虽知不欺主之臣，今桓公以任管仲之专借竖刁、易牙，虫流出户而不葬，桓公不知臣欺主与不欺主已明矣，而任臣如彼其专也，故曰：桓公暗主。

译文

寻找人才不辛劳，使用人才不安逸，而桓公却说："寻找人才辛劳，使用人才安逸"的话，是不对的。而且齐桓公得到管仲又不艰难。管仲不为自己的主子公子纠殉身而归顺齐桓公，鲍叔牙能看轻高官厚禄谦让有才能的人任相，说明齐桓公得到管仲不难，这是很明显的。已经得到管仲之后，哪里就容易了呢？管仲不是周公旦。周公旦代理天子执政七年，等到周成王长大成人，就把政权交给了成王，他并不是为了自己得到天下，而是为了尽到自己的职责。不篡夺幼主的君位来治理天下的人，必定不会背叛已死的君主来侍奉自己君主的仇敌；背叛已死的君主而侍奉自己君主的仇敌，必定不难于篡夺幼主的君位而统治天下；不难于篡夺幼主的君位而统治天下的人，必定不难于夺取自己君主的国家。管仲，是公子纠的臣下，谋杀桓公没成功，他的君主死了就向桓公称臣了，管仲的取舍不像周公旦，是很明白的。假如管仲很贤能，那么他将会成为商汤王、周武王那样的人。商汤王、周武王，是夏桀王、商纣王的臣下；夏桀王、商纣王作乱，商汤王、周武王就夺取了他们的政权。如今齐桓公带着做君主容易的思想居管仲之上，就好比是有夏桀王、商纣王的品行处在商汤王、周武王之上，桓公很危险啊。假如管仲是个德行不好的人，那么将成为田常那样的人。田常，是齐简公的臣下，而杀死了他的君主。现在齐桓公带着做君主容易的思想处在管仲之上，这是和齐简公安逸地位居田常之上一样，桓公又危险了。管仲不像周公旦那样已经很明显了，然而他将成为商汤王、周武王还是成为田常，还不能知晓啊。如果他成为商汤王、周武王那样的人，桓公就有夏桀王、商纣王那样的危险；如果他成为田常那样的人，那么就有齐简公那样的祸乱。已经得到仲父之后，齐桓公哪里就容易了呢？假如齐桓公任用管仲的时候，必定知道管仲不会欺骗自己，这就是齐桓公能了解不欺骗君主的臣子啊。然而，虽然齐桓公了解不欺骗君主的臣子，但如今齐桓公用使管仲专权的办法转用到竖刁、易牙身上，导致死后尸体上的蛆虫爬出了门还得不到埋葬，说明桓公不能知晓臣子欺骗君主还是不欺骗君主已是很明显了，但他任用臣子像管仲那样的专一，所以说：桓公是个昏庸的君主。

李克治中山，苦陉令上计而入多。李克曰：“语言辨，听之说，不度于义，谓之窕言①。无山林泽谷之利而入多者，谓之窕货②。君子不听窕言，不受窕货。子姑免矣。”

注释

①说（yuè）：通“悦”，高兴。②窕（tiǎo）：虚浮不实。

译文

李克治理中山，苦陉令年终上报的钱粮收入多。李克说：“话说得动听，使人听到就高兴，但不符合常理，这种话叫作窕言。没有山岭森林湖泊峡谷等富饶的自然资源而收入多的，这种收入叫作窕货。君子不听信窕言，不接受窕货。暂且免除你的苦陉令吧。”

或曰：李子设辞曰：“夫言语辩，听之说，不度于义者，谓之窕言。”①辩在言者；说在听者；言非听者也。所谓不度于义，非谓听者，必谓所听也。听者，非小人，则君子也。小人无义，必不能度之义也；君子度之义，必不肯说也。夫曰：“言语辩，听之说，不度于义”者，必不诚之言也。入多之为窕货也，未可远行也。李子之奸弗蚤禁，使至于计，则遂过也。无术以知而入多，入多者，攘也，虽倍入，将奈何②？举事慎阴阳之和，种树节四时之适，无早晚之失、寒温之灾，则入多③。不以小功妨大务，不以私欲害人事，丈夫尽于耕农，妇人力于织纴，则入多。务于畜养之理，察于土地之宜，六畜遂，五谷殖，则入多。明于权计，审于地形、舟车、机械之利，用力少，致功大，则入多。利商市关梁之行，能以所有致所无，客商归之，外货留之，俭于财用，节于衣食，宫室器械周于资用，不事玩好，则入多。入多，皆人为也。若天事，风雨时，寒温适，土地不加大，而有丰年之功，则入多。人事、天功二物者皆入多，非山林泽谷之利也。夫无山林泽谷之利入多，因谓之窕货者，无术之害也。

注释

①李子：指李克。②穰（ráng）：丰收。③举事：办事，这里指农作。慎阴阳之和：顺应自然的变化。慎：通"顺"。

译文

有人说：李克的观点说："话说得动听，使人听到就高兴，但不符合常理，就称之为窕言。"语言是否动听在于说话的人；高兴不高兴在于听话的人；说话的人并不是听话的人。所谓不符合常理，不是指听话的人，就是指所听到的话。听话的人，不是小人，就是君子。小人不懂得常理，必然也就不能用常理来衡量；君子用常理来衡量，必定会不高兴了。如果说："话说得动听，使人听到就高兴，但不符合常理"的，必定就是不诚信的语言。如果收入多就是窕货，就不可以长远地实行。李克对这种奸邪的行为不及早禁止，而让它一直拖到年终上报，这是助长过错。李克没有方法了解情况而只知道收入过多，收入过多，是因为庄稼丰收，虽然有加倍的收入，又能怎么样呢？农作顺应自然的变化，种植遵照四季的节气进行合适的安排，没有种早种晚的失误和过冷过热的灾难，那么收入就多。不因小功利而妨碍大的农务，不因为个人的欲望而损害人们的劳动，成年男子尽力于农耕，妇女致力于纺织，那么收入就多。致力于畜牧养殖业的技术，考察土地的情况，六畜兴旺，五谷丰登，那么收入就多。明察于权衡计划，审查地形、舟车、机械的便利，用掉的力气少，得到的功效大，那么收入就多。方便商场集市关卡桥梁的通行，

能用自己富有的东西换到自己没有的东西，客商都来归聚，外来的货物都能存留下来，在财物消费上注意节俭，在衣着食物上注意节约，房屋器具合于实用，不追求珍贵的玩物，那么收入就多。收入增多，都是人为的。假如自然情况好，风雨适时，冷热适时，即使土地没有增加，也有丰年的功利，那么收入就多了。人的劳动、天气的作用这两方面都能使收入增多，并不是只能靠山岭森林湖泊峡谷的富饶资源而使收入增多。如果没有山岭森林湖泊峡谷的资源而收入增多，就称之为宽货，这是不懂法术的言论。

> 赵简子围卫之郛郭，犀盾、犀橹，立于矢石之所不及，鼓之而士不起①。简子投枹曰："乌乎！吾之士数弊也②。"行人烛过免胄而对曰③："臣闻之：亦有君之不能耳，士无弊者。昔者吾先君献公并国十七，服国三十八，战十有二胜，是民之用也④。献公没，惠公即位，淫衍暴乱，身好玉女，秦人恣侵，去绛十七里，亦是人之用也。惠公没，文公授之，围卫，取邺，城濮之战，五败荆人，取尊名于天下，亦此人之用也。亦有君不能耳，士无弊也。"简子乃去盾、橹，立矢石之所及，鼓之而士乘之，战大胜。简子曰："与吾得革车千乘，不如闻行人烛过之一言也。"

注释

①郛（fú）：春秋战国时期指城圈外围的大城。郭：在城的外围加筑的一道城墙，内城叫城，外城叫郛郭。犀：坚固之意。橹（lǔ）：大盾牌。②数：通"速"，很快。弊：疲困。③行人：官名，掌管外交事务。胄（zhòu）：头盔。④有：通"又"。

译文

赵简子围攻卫国国都的外城，用犀盾和犀橹防护，站立在箭石所达不到的地方，击鼓而将士们不冲上去。赵简子丢下鼓槌说："哎呀！我的战士这么快就疲困了。"掌管外交事务的烛过脱去头盔说："我听说过这样的话：只有君主不会使用士兵的，士兵没有会疲困的。从前我们的先君晋献公兼并国家十七个，征服国家有三十八个，打了十二次胜仗，就是用的这些百姓。晋献公死后，惠公即位，荒淫无度暴虐昏乱，贪恋美女，于是秦国人肆意入侵，距离晋国都城绛只有十七里路，也是用的这些百姓。晋惠公死后，晋文公接掌政权，围攻卫国，夺取了邺城，在城濮战役中，五次打败楚军，取得了天下公认的尊贵的霸主之名，也是用的这些百姓。因此只有君子不会使用士兵的，士兵没有会疲困的。"赵简子于是丢掉盾、橹，站在箭和滚石能到达的地方，击鼓而士兵们乘着鼓声进攻，于是战斗取得了大胜。赵简子说："与其让我得到兵车一千辆，还不如听到掌管外交事务的烛过的一番话啊。"

或曰：行人未有以说也，乃道惠公以此人是败，文公以此人是霸，未见所以用人也。简子未可以速去盾、橹也。严亲在围，轻犯矢石，孝子之所以爱亲也。孝子爱亲，百数之一也。今以为身处危而人尚可战，是以百族之子于上皆若孝子之爱亲也，是行人之诬也。好利恶害，夫人之所有也。赏厚而信，人轻敌矣；刑重而必，夫人不北矣。长行徇上，数百不一失；喜利畏罪，人莫不然。将众者不出乎莫不然之数，而道乎百无一人之行，行人未知用众之道也。

译文

有人说：掌管外交事务的烛过并没有用什么道理来进言，他只说出晋惠公用了这些人就失败了，晋文公用了这些人就称霸了，却没有指明用人的方法。赵简子不能因为这些话就马上丢掉坚固的大盾牌。父母亲在包围之中，儿子冒着箭和滚石去援救，是因为孝子爱父母的缘故。孝子敬爱父母，一百人中才有一个。现在认为君主处在危险之中才可以使士兵们为自己打仗，这是认为来自各个家族的士兵对于君主都能像孝子爱父母一样，这是掌管外交事务的烛过的谎话。喜好利益嫌恶祸患，这是人们的本性。奖赏丰厚而诚信，人们就会轻视敌人；刑罚严厉而且必定实行，人们就不会败逃了。凭着高尚的品行为君主殉身的，几百人中没有一个；喜好利益害怕受到惩处，人们没有一个不是这样的。统率士兵们的人不采用使人不得不这样的手段，却依靠高尚之中也没有一个人能做到的高尚品行，掌管外交事务的烛过不懂统率众人的方法。

评析

《难二》主要对七个故事进行了辩论。

故事一论述的还是法治问题。晏婴旁敲侧击地指出齐景公在治理中的刑法过多，晏婴的指责是对的吗？韩非的评议中有一点是对的，那就是"用刑不当"，刑法可用，但不可滥用，滥用就是用刑不当。实际上使用刑法的目的就是为了震慑人们，使之不违法乱纪，晏婴并没有劝说齐景公放松刑法，这"多""少"就是两码事了。

故事二中齐桓公遗失了帽子，管仲出主意让齐桓公施仁政，齐桓公照办了，这样对不对呢？齐桓公为小事而烦恼，管仲劝谏他想一些大事；齐桓公不懂得正确的行为方式，经管仲劝谏后懂了，于是开粮仓审监狱施行仁政，这些做法都是正确的。对于"怜穷念孤"的奖赏做法，是不会造成混乱的，只是为了百姓更好地生活。

故事三中周文王侵占别的诸侯邦国，之后又将侵占的土地献给商纣王，请求废除炮烙酷刑，以这样的方式来换取民心，不也太愚蠢了吗？孔子怎么会称赞周文王有智慧呢？周文王到底对不对？郑长者的话对周文王更不适用。如果周文王身处太平盛世，当然可以无为而治，但周文王身处残暴统治之世，就不得不奋起反抗，他既为自己，同时也是为了全体周国人民，为了天下民众。

故事四论述了一件事的成功大都是汇集了很多人的力量。那么叔向的说法对吗？都是下级的力量？师旷的说法对吗？主要是领导的力量？韩非的这个评议是对的，任何一件事的成功，都有上下级共同努力的因素，也是上下级共同努力的结果。

故事五中齐桓公所说的对吗？是不是找到一个好臣子好部下，就可以安逸地容易地当君主了？领导的责任就是寻找到好下属吗？不论寻求人才、使用人才，都是不易的，都要自己尽心尽力地努力。

故事六中苦陉县县令年终汇报收入多了，结果就被罢免了，他的被罢免符合情理吗？李克认为他花言巧语而捞取了不义之财，合情合理吗？对于苦陉县县令的花言巧语进行辩解，李克对苦陉县县令的罢免是正确的。如果苦陉县县令的辩解不是花言巧语而是正确的辩解，那么李克的做法才是错误的。

故事七中赵简子一开始躲在后面而想要士兵们冲锋陷阵，听了烛过的一番话后，就身先士卒，不避箭石，使得士兵们再也不害怕了，于是战斗取得胜利。赵简子这样做对吗？外交官烛过的话有道理吗？是不是君主都要冲锋在前，才能激励士兵们不顾危险？韩非的这段评议很对，仅靠身先士卒并不能激励人们奋不顾身，领导人身先士卒，下属们凭什么就非要奋不顾身呢？所以，真正领导、统治人民的方法就是设立诚信的奖惩机制，促使人们为了奖赏而奋不顾身，警告人们害怕惩处而勇往直前。

韩非子选集

难三第三十八

题解

　　《难三》包括八个故事，第一个反对子思道人善、隐人恶，以防臣下比周欺上，告奸之法于是呼出；第二个提出君主要警惕有二心的臣子，防止他们巧言惑主；第三个针对管仲的"三难"，提出巩固君主集权的新三难；第四个反对孔子仁政、选贤、节财等主张，提出"知下"的政治学说；第五个反对子产察奸之法，提出恃势恃法不恃一己之耳目，可以看成是对第四个的补充；第六个进一步申述君主要自恃、恃势；第七个否定管子"观饰行以定赏罚"的主张；第八个否定管子光明磊落的政治信仰，提出"法莫如显，而术不欲见"。

　　鲁穆公问于子思曰："吾闻庞䲠氏之子不孝，其行奚如？"子思对曰："君子尊贤以崇德，举善以观民。若夫过行，是细人之所识也，臣不知也。"子思出。子服厉伯入见，问庞䲠氏子，子服厉伯对曰："其过三。"皆君之所未尝闻。自是之后，君贵子思而贱子服厉伯也。

译文

　　鲁穆公问子思，说："我听说庞䌷氏的儿子不孝，他的行为怎么样？"子思回答说："君子尊重贤人来推崇弘扬道德，推举好人好事来给民众做示范。至于那种有过失的行为，是小人们所知道的，我不知道。"子思出去了。子服厉伯进来拜见，鲁穆公问他有关庞䌷氏的儿子的情况，子服厉伯回答说："他的过错有三条。"子服厉伯所说的庞䌷氏的儿子的过错都是鲁穆公从来没有听说过的。从此以后，鲁穆公重视子思而鄙视子服厉伯。

　　或曰：鲁之公室，三世劫于季氏，不亦宜乎？明君求善而赏之，求奸而诛之，其得之一也。故以善闻之者，以说善同于上者也；以奸闻之者，以恶奸同于上者也：此宜赏誉之所及也。不以奸闻，是异于上而下比周于奸者也，此宜毁罚之所及也。今子思不以过闻而穆公贵之，厉伯以奸闻而穆公贱之。人情皆喜贵而恶贱，故季氏之乱成而不上闻，此鲁君之所以劫也。且此亡王之俗，取、鲁之民所以自美，而穆公独贵之，不亦倒乎①？

注释

　　①取：古同"郰"（zōu），郰也作陬，古地名。春秋鲁地。在今山东曲阜东南。

译文

　　有人说：鲁国的政权，三代都被季氏家族所把持，不也是应该的吗？英明的君主寻觅善行而给予奖赏，寻觅奸行而给予惩罚，奖赏与惩罚的效果都是一样的。所以把好人好事报告给君主的，是因为他喜爱好人好事的心情与君主是同样的；把坏人坏事报告给君主的，是因为他憎恨坏人坏事的心情与君主是同样的；这两种人都是应该奖赏和表扬的。不把坏人坏事说给君主听的，是与君主不同心而在下面勾结坏人的人，这种人是应该受到谴责和处罚的。如今子思不把庞䌷氏的儿子的错误说给鲁穆公听而鲁穆公却尊重他，厉伯把庞䌷氏的儿子的错误说给鲁穆公听而鲁穆公却鄙视他。人的本性都是喜爱受尊重而厌恶被鄙视，所以季氏作乱的事情已经发生也没有人说给君主听，这就是鲁国君主之所以被季氏挟持的原因。况且这种使君主丧失权势的风俗，是郰和鲁一带的人自我赞美的东西，而鲁穆公偏偏要尊崇它，不也是是非颠倒了吗？

　　文公出亡，献公使寺人披攻之蒲城，披斩其袪，文公奔翟①。惠公即位，又使攻之惠窦，不得也。及文公反国，披求见。公曰："蒲城之役，君令一宿，而汝即至；惠窦之难，君令三宿，而汝一宿，何其速也？"披对

曰：“君令不二。除君之恶，惟恐不堪。蒲人、翟人，余何有焉？今公即位，其无蒲、翟乎？且桓公置射钩而相管仲。”君乃见之。

注释

①寺（sì）：春秋战国时代宫内供使的小臣。袪（qū）：衣袖。

译文

晋文公外逃，晋献公派宫内小臣披到蒲城去攻打他，披斩断了他的衣袖，文公奔逃到翟邑。晋惠公登上君位，又派披到惠窦去攻打他，没有捉到。等到晋文公返回晋国做国君，披来求见。晋文公说：“在蒲城的战役中，献公命令你一夜赶到，而你却马上赶到了；在惠窦患难中，惠公命令你三夜赶到，而你却一夜赶到了，为何这样快速啊！”披回答说：“君主的命令不能三心二意。除掉君主所厌恶的人，我唯恐不能胜任。我心里哪有什么蒲城人、翟邑人？如今您登上君位，难道没有您所憎恶的蒲城人、翟邑人吗？况且齐桓公把管仲射中自己带钩的深仇放在一边而任命管仲为相。”晋文公于是接见了他。

或曰：齐、晋绝祀，不亦宜乎？桓公能用管仲之功而忘射钩之怨，文公能听寺人之言而弃斩袪之罪，桓公、文公能容二子者也。后世之君，明不及二公；后世之臣，贤不如二子。不忠之臣以事不明之君，君不知，则有燕操、子罕、田常之贼；知之，则以管仲、寺人自解。君必不诛而自以为有桓、文之德，是臣仇而明不可烛，多假之资，自以为贤而不戒，则虽无后嗣，不亦可乎？且寺人之言也，直饰君令而不贰者，则是贞于君也。死君复生，臣不愧，而后为贞。今惠公朝卒而暮事文公，寺人之不贰何如？

译文

有人说：齐国、晋国绝灭，不也是应该的吗？齐桓公能够利用管仲的功劳而忘掉他射中自己带钩的仇怨，晋文公能听从小臣披的话而抛弃他斩断自己衣袖的罪行，这是齐桓公、晋文公能够宽容这两个人。后世的君主，不如齐桓公和晋文公英明；后世的臣子，不如管仲和披贤能。让不忠诚的臣子来侍奉不英明的君主，君主如果不察觉，那么就会有公孙操杀害燕惠王、子罕杀害宋桓侯、田常杀害齐简公的祸患；君主如果察觉了，那么奸臣就会用管仲、小臣披的例子来为自己解脱。君主一定不诛杀他们，还自以为有齐桓公、晋文公那样的德行，这是用仇人为臣而自己对他们的阴谋不能明察，还较多地提供给他们的条件，自以为贤能而不加戒备，那么即使丧失国家，不也是应该的吗？况且小臣披的话，只是要遵守君主的命令而没有二心的，就是忠于君主的。君主死后而复生，臣子不会感到羞愧，这才叫作忠贞。如今晋惠公早上才死而晚上披就侍奉文公了，小臣披不是二心又是什么呢？

> 人有设桓公隐者曰："一难，二难，三难，何也？"桓公不能对，以告管仲。管仲对曰："一难也，近优而远士。二难也，去其国而数之海。三难也，君老而晚置太子。"桓公曰："善。"不择日而庙礼太子。

译文

　　有个给齐桓公出隐语的人说："一难，二难，三难，是什么？"齐桓公不能对答，把它告诉了管仲。管仲回答说："治国的第一个困难，就是亲近优伶而疏远文士。第二个困难，是君主离开自己的国都而屡次去海上游玩。第三个困难，就是君主年老而很晚才立太子。"齐桓公说："说得好。"于是不选择吉日就在宗庙里举行了立太子的仪式。

> 或曰：管仲之射隐，不得也。士之用不在近远，而俳优侏儒固人主之所与燕也，则近优而远士而以为治，非其难者也。夫处势而不能用其有，而悖不去国，是以一人之力禁一国。以一人之力禁一国者，少能胜之。明能照远奸而见隐微，必行之令，虽远于海，内必无变。然则去国之海而不劫杀，非其难者也。楚成王置商臣以为太子，又欲置公子职，商臣作难，遂弑成王。公子宰，周太子也，公子根有宠，遂以东州反，分而为两国。此皆非晚置太子之患也。夫分势不二，庶孽卑，宠无藉，虽处大臣，晚置太子可也。然则晚置太子，庶孽不乱，又非其难也。物之所谓难者，必借人成势而勿使侵害己，可谓一难也；贵妾不使二后，二难也。爱孽不使危正适，专听一臣而不敢隔君，此则可谓三难也。

译文

　　有人说：管仲猜隐语，没有说出来正确答案。有才能的人被任用不在乎离君主远近，而优伶侏儒本来就是和君主一起娱乐的人，那么接近优伶侏儒而远离有才能的人来治国，并不是君主的困难。君主处在有权势的地位上不能运用自己掌握的权力，而糊涂地认为只要不离开国都，这是想凭一个人的力量来控制整个国家。用一个人的力量来控制整个国家，很少能取胜的。明智的君主既能够洞察远处的奸邪并发现隐秘的危机，又坚定地

308

实行法令，虽然到很远的海上游玩，国内必定也不会有变乱。既然这样远离国都到海上游玩也不会被劫持杀害，所以这也不是君主的困难。楚成王把商臣立为太子，又想立公子职为太子，结果商臣作乱，就杀了楚成王。公子宰，是周国的太子，他弟弟公子根受到君主宠爱，就凭借东周的封地背叛公子宰，将周国分成了两个国家。这些都不是晚立太子的祸患。如果在权势分配上不三心二意，庶出的儿子始终卑贱，宠爱也就没有凭借了，这样庶子即使当大臣，晚立太子也是可以的。因此晚立太子，庶出的儿子也不会作乱，这也不是君主的困难。事情之所以称得上困难，必定是借助权力给他人并形成威势而又不让他人侵害自己，这可以说是第一种困难；宠爱妃妾而不使她们和王后地位相等，这是第二种困难；宠爱庶出的儿子又不使他危及嫡亲长子，专门听从一个大臣但又使他不敢与君主抗衡，这就可以说是第三种困难了。

叶公子高问政于仲尼，仲尼曰："政在悦近而来远。"哀公问政于仲尼，仲尼曰："政在选贤。"齐景公问政于仲尼，仲尼曰："政在节财。"三公出，子贡问曰："三公问夫子政一也。夫子对之不同，何也？"仲尼曰："叶都大而国小，民有背心，故曰'政在悦近而来远'。鲁哀公有大臣三人，外障距诸侯四邻之士，内比周而以愚其君，使宗庙不扫除，社稷不血食者，必是三臣也，故曰'政在选贤'。齐景公筑雍门，为路寝，一朝而以三百乘之家赐者三，故曰'政在节财'[①]。"

注释

①路寝：高台名。

译文

　　叶公子高向孔子询问治理朝政的方法，孔子说："治理朝政的方法在于使近处的人喜悦而使远方的人来归附。"鲁哀公向孔子询问治理朝政的方法，孔子说："治理朝政的方法在于选拔贤能的人才。"齐景公向孔子询问治理朝政的方法，孔子说："治理朝政的方法在于节约财物。"这三个君主出去后，子贡问孔子说："三位君主询问先生治理朝政是同一事，而先生的回答却不一样，为什么呢？"孔子说："叶公封地内城市大而国都却很小，民众有背叛之心，所以我说'治理朝政的方法在于使近处的人喜悦自己而使远方的人来归附'。鲁哀公有三个大臣，他们对外阻挡拒绝四方邻近的诸侯国的贤人到鲁国来，对内互相勾结结党营私来愚弄自己的君主，使得鲁国的宗庙得不到打扫清洁，社稷得不到杀牲祭祀的，必定是这三个大臣，所以我说'治理朝政的方法在于选拔贤人'。齐景公修造雍门，建高大的路寝台，一个早上就把三百套马车的户口数赏赐给三个人，所以我说'治理朝政的方法在于节约财物'。"

　　或曰：仲尼之对，亡国之言也。恐民有倍心，而说之"悦近而来远"，则是教民怀惠。惠之为政，无功者受赏，而有罪者免，此法之所以败也。法败而政乱，以乱政治败民，未见其可也。且民有倍心者，君上之明有所不及也。不绍叶公之明，而使之悦近而来远，是舍吾势之所能禁而使与下行惠以争民，非能持势者也。夫尧之贤，六王之冠也。舜一徒而成邑，而尧无天下矣。有人无术以禁下，恃为舜而不失其民，不亦无术乎？明君见小奸于微，故民无大谋；行小诛于细，故民无大乱。此谓"图难于其所易也，为大者于其所细也"。今有功者必赏，赏者不得君，力之所致也；有罪者必诛，诛者不怨上，罪之所生也。民知诛赏之皆起于身也，故疾功利于业，而不受赐于君。"太上，下智有之。"此言太上之下民无说也，安取怀惠之民？上君之民无利害，说以"悦近来远"，亦可舍已。

译文

　　有人说：孔子的回答，是亡国的言论。害怕民众有背叛之心，却说"让近处的人喜悦而让远处的人来归附"，这是教育民众期望恩赐。用恩赐作为治国的方法，没有功劳的人受到赏赐，而有罪的人得以赦免，这是法制之所以败坏的原因。法制败坏而国家就会混乱，用混乱的政治来治理败坏的民众，还没有看见能行得通的。况且民众有背叛之心的，是因为君主的明察还有未达到的地方。不去增进叶公的明察，而想让近处的人喜悦而远方的人来归附，是舍弃自己的权势所具有的制止作用而和臣下一样用施行恩惠方

法去争取民众，这样并不能掌握权势。那尧的贤能，在六王（尧、舜、禹、汤、周文王、周武王）中居首位。舜搬迁一次就形成一个城邑，结果尧就没有天下了。有人没有法术来控制臣下，只依赖效法舜而不失去民心，不也是没有法术吗？英明的君主能发现萌芽状态的小奸邪，所以民众就不会有大的阴谋；对萌芽状态的小奸邪能施行轻罚，民众不会有大的祸乱。这就是所说的"解决困难的事要在容易处着手，治理大事要从小处做起"。如今有功劳的人必定奖赏，受赏的人不感激君主的恩惠，因为这是出力得来的；有罪的人必定惩罚，受罚的人不怨恨君主，因为这是犯罪所造成的。民众知道受到惩罚得到奖赏都是产生于自身，所以迫切在自己事业上取得功利，而不期望从君主那里得到赏赐。"最英明的君主，臣下只知道有那么一个人。"这句话是说最英明的君主统治下的民众没有什么喜悦不喜悦的，哪里还有期望恩赐的民众呢？最英明的君主统治下的民众不计较什么利害，劝说君主"让近处的人喜悦而远处的人归附"，也可以舍弃了吧。

> 哀公有臣外障距内比周以愚其君，而说之以"选贤"，此非功伐之论也，选其心之所谓贤者也。使哀公知三子外障距内比周也，则三子不一日立矣。哀公不知选贤，选其心之所谓贤，故三子得任事。燕子哙贤子之而非孙卿，故身死为僇；夫差智太宰嚭而愚子胥，故灭于越。鲁君不必知贤，而说以选贤，是使哀公有夫差、燕哙之患也。明君不自举臣，臣相进也；不自贤，功自徇也。论之于任，试之于事，课之于功，故群臣公政而无私，不隐贤，不进不肖。然则人主奚劳于选贤？

难 三 第 三 十 八

译文

　　鲁哀公有臣子对外阻挡、拒绝四方邻近的诸侯国的贤人，对内互相勾结、结党营私来愚弄自己的君主，而劝说君主"选拔贤人"，这并不是根据功劳选拔贤人的言论，而是选拔君主心目中所谓的贤人。如果让鲁哀公知道孟孙、叔孙、季孙这三个人对外阻挡贤人，对内结党营私，那么这三个人连一天也不能立身于朝了。鲁哀公不知道选拔真正的贤人，只选拔自己心目中所谓的贤人，所以这三个人就得以担任政事。燕王子哙认为子之贤能而认为荀况不贤能，所以自己被杀死遭受羞辱；夫差认为太宰嚭聪慧而认为子胥愚蠢，所以被越国消灭。鲁哀公不一定知道贤能是什么，而孔子劝说他来选拔贤能，是使鲁哀公有夫差、燕王子哙那样的祸患。英明的君主不亲自提拔臣子，臣子自会互相举荐；不自以为谁贤能，立功的人自会求上门来。在任职中鉴别他们，在办事中检验他们，在功效上考核他们，所以群臣办事公正而没有私心，不埋没贤人，不推荐不贤德的人。这样，君主选拔贤人还操劳什么呢？

> 景公以百乘之家赐，而说以"节财"，是使景公无术以知富之侈，而独俭

于上，未免于贫也。有君以千里养其口腹，则虽桀、纣不侈焉。齐国方三千里而桓公以其半自养，是侈于桀、纣也；然而能为五霸冠者，知侈俭之地也。为君不能禁下而自禁者谓之劫，不能饰下而自饰者谓之乱，不节下而自节者谓之贫。明君使人无私，以诈而食者禁；力尽于事，归利于上者必闻，闻者必赏；污秽为私者必知，知者必诛。然，故忠臣尽忠于公，民士竭力于家，百官精克于上，侈倍景公，非国之患也。然则说之以节财，非其急者也。

译文

齐景公拿百套马车的户口赏赐臣下，而孔子劝说要"节约财物"，这是使景公没有办法了解富豪的奢侈，而独自一人在上面节俭，还是不能避免贫穷。如果有君主用方圆千里的赋税收入供养自己的口腹，那么虽然是夏桀王、商纣王也不会比他更奢侈了。齐国的土地方圆三千里而齐桓公用一半的收入来供养自己，这是比夏桀王、商纣王都奢侈了；然而他能成为五霸之首，是因为他懂得什么地方可奢侈什么地方得节俭。作为君主不能禁止臣下而只是禁止自己就称为"劫"，不能整治臣下而只是整治自己就称为"乱"，不节制臣下而只是节制自己就称为"贫"。英明的君主使人们没有私心，来禁止诈骗混饭吃的人；尽力干事，把利益归于君主的人君主一定要知道，知道了一定要奖赏；贪污谋取私利的人一定要了解，了解了一定要惩罚。这样，所以忠臣会效忠为公，民众士人会竭尽全力为家庭，群臣百官精心克己奉公对待君主，奢侈加倍超过齐景公，也不会成为国家的祸患。那么用节约财物来劝说，并不是迫切要办的事。

夫对三公一言而三公可以无患，知下之谓也。知下明，则禁于微；禁于微，则奸无积；奸无积，则无比周；无比周，则公私分；公私分，则朋党散；朋党散，则无外障距内比周之患。知下明，则见精沐；见精沐，则诛赏明，诛赏明，则国不贫。故曰：一对而三公无患，知下之谓也。

译文

如果对叶公、哀公、景公说一句话就可以使他们没有祸患，应该说要了解下情。了解下情很明白，那么萌芽状态的坏事就能禁止；萌芽状态的坏事能禁止，那么坏事就得不到积聚；坏事得不到积聚，那么坏臣子就不能结党营私；没有结党营私，那么公私就会分明；公私能够分明，那么狼狈为奸的私党就会分散；狼狈为奸的私党能够分散，那么就不会有对外阻挡贤人对内结党营私愚弄君主的祸患。对下情了解明白，那么观察问题就会心明眼亮；观察问题心明眼亮，那么惩罚和奖赏就能严明，惩罚和奖赏能严明，那么国家就不会

韩非子选集

贫穷。所以说：用一句话来回答三公而没有祸患，就应该说让他们了解下情。

郑子产晨出，过东匠之闾，闻妇人之哭，抚其御之手而听之。有间，遣吏执而问之，则手绞其夫者也。异日，其御问日："夫子何以知之？"子产日："其声惧。凡人于其亲爱也，始病而忧，临死而惧，已死而哀。今哭已死，不哀而惧，是以知其有奸也。"

译文

郑国的子产早晨出巡，经过东匠巷的大门时，听见有个女人在哭，就按住他车夫的手让车停下仔细听那哭声。过了一会儿，就派差役把这女人抓来审问，原来是个亲手勒死丈夫的毒妇人。后来有一天，他的车夫问他说："先生是怎样知道那个女人杀夫的？"子产说："她的哭声里有恐惧。一般人对于自己亲爱的人，刚生病时是担忧，快死的时候是恐惧，已经死了就哀伤。如今她哭已经死了的丈夫，不哀伤而恐惧，因此知道她做了坏事。"

或日：子产之治，不亦多事乎？奸必待耳目之所及而后知之，则郑国之得奸者寡矣。不任典成之吏，不察参伍之政，不明度量，恃尽聪明劳智虑而以知奸，不亦无术乎？且夫物众而智寡，寡不胜众，智不足以遍知物，故因物以治物。下众而上寡，寡不胜众者，言君不足以遍知臣也，故因人以知人。是以形体不劳而事治，智虑不用而奸得。故宋人语曰："一雀过羿，羿必得之，则羿诬矣。以天下为之罗，则雀不失矣。"夫知奸亦有大罗，不失其一而已矣。不修其理，而以己之胸察为之弓矢，则子产诬矣。老子曰："以智治国，国之贼也。"其子产之谓矣。

译文

有人说：子产治理国家，不也太多事了吗？坏事一定等到自己耳闻目睹以后才能知晓，那么郑国能发现干坏事的人就太少了，不使用主管解决案子的官吏，不采用从各个方面考察验证的政治措施，不明确法度，靠竭尽自己的听力视力劳累自己的脑力心神去了解坏事，不也是没有法术吗？况且天下的事物众多而个人的智力少，少的不能胜过多的，个人的智力是不能够普遍地了解事物的，所以要借助事物来治理事物。下面的民众多而上面的君主少，少的不能胜过多的，是说君主不可能普遍地了解臣民，所以要依靠人来了解人。因此身体不劳累而事物就得到治理，不用脑思虑而奸邪就能被发现。所以宋国人说："每一只麻雀飞过羿身边，他必定能射到，羿就在欺骗了。把天下作为捕雀的罗网，那么麻雀才一只都逃不掉。"了解坏事坏人也有一个大网，任何坏事坏人也不能逃脱。不整顿法制，却把自己的主观臆断作为猎获的弓箭，子产就是在欺骗了。老子说："以智慧来治理国家，是国家的祸害。"这是在说子产这样的人。

秦昭王问于左右曰："今时韩、魏孰与始强？"右左对曰："弱于始也。""今之如耳、魏齐孰与曩之孟常、芒卯？"对曰："不及也。"王曰："孟常、芒卯率强韩、魏，犹无奈寡人何也。"左右对曰："甚然。"中期推琴而对曰："王之料天下过矣。夫六晋之时，知氏最强，灭范、中行而从韩、魏之兵以伐赵，灌以晋水，城之未沈者三板。知伯出，魏宣子御，韩康子为骖乘。知伯曰：'始吾不知水可以灭人之国，吾乃今知之。汾水可以灌安邑，绛水可以灌平阳。'魏宣子肘韩康子，康子践宣子之足，肘足接乎车上，而知氏分于晋阳之下。今足下虽强，未若知氏；韩、魏虽弱，未至如其在晋阳之下也。此天下方用肘足之时，愿王勿易之也。"

译文

秦昭王问身边侍从说："现在的韩国、魏国和它们建国时相比谁更强大？"身边侍从回答说："都比刚建国时衰弱了。"秦昭王说："现在的如耳、魏齐和过去的孟尝君、芒卯相比怎么样？"左右侍从回答说："赶不上啊。"秦昭王说："孟尝君、芒卯率领强大的韩、魏联军，尚且不能把我怎么样啊。"身边侍从回答说："确实是这样。"乐师中期推开琴回答说："大王对天下形势的估计错了。晋国六卿执政的时候，智伯氏最强大，他灭掉范氏、中行氏以后又率领韩氏、魏氏的军队去攻打赵襄子，用晋国江水来灌淹赵城，城墙没有淹没的地方只有三板六尺高了。智伯外出，魏宣子驾车，韩康子在车上当陪乘卫士。智伯说：'开始时我不知道河水还可以灭掉别人的国家，我现在知道了。汾水可以灌淹安邑城，绛水可以灌淹平阳城。'听完智伯的话，魏宣子用肘子碰了一下韩康子，韩康子踩了一下魏宣子的脚，肘和手在车上互相接触，而智伯的封地就在晋阳城下被瓜分了。如今您虽然强大，还不如当年智伯的力量强大；韩国、魏国虽然很弱，还不至于弱小到如当时在晋阳城下的地步。现在是天下各国正在用肘足相互勾结的时候，希望大王不要把局面看得太容易了。"

或曰：昭王之问也有失，左右中期之对也有过。凡明主之治国也，任其势。势不可害，则虽强天下无奈何也，而况孟常、芒卯、韩、魏能奈我何？其势可害也，则不肖如耳、魏齐及韩、魏犹能害之。然则害与不侵，在自恃而已矣，奚问乎？自恃其不可侵，则强与弱奚其择焉？失在不自恃，而问其奈何也，其不侵也幸矣。申子曰："失之数而求之信，则疑矣。"其昭王之谓也。知伯无度，从韩康、魏宣而图以水灌灭其国，此知伯之所以国亡而身死，头为饮杯之故也。今昭王乃问孰与始强，其畏有水人之患乎？虽有左右，非韩、魏之二子也，安有肘足之事？而中期曰"勿易"，此虚言也。且中期之所官，琴瑟也。弦不调，弄不明，中期之任也，此中期所以事昭王者也。中期善承其任，未慊昭王也，而为所不知，岂不妄哉？左右对之曰"弱于始"与"不及"则可矣，其曰"甚然"则谀也。申子曰："治不逾官，虽知不言。"今中期不知而尚言之。故曰：昭王之问有失，左右中期之对皆有过也。

译文

有人说："秦昭王的问话有错误，身边侍从和琴师中期的回答也有错误。凡是英明的君主治理国家，掌握自己的权势。自己的权势不受到侵害，那么即使天下强大的国家对我也不能怎样，何况是孟尝君、芒卯、韩国、魏国，他们能把我怎么样呢？君主的权势可以被侵害，那么即使无能得像如耳、魏齐以及现在的韩国、魏国也能侵害我。因此受不受到侵害，在于自己是否掌握权势，哪里需要问他人呢？依靠自己掌握权势不被侵害，哪里需要挑选强大与弱小呢？失误在于不自己掌握权势，而去询问敌人能把我怎么样，那样不被侵害实在是很侥幸的了。申子说："失去法术而想求别人诚信，就迷糊了。"这说的就是昭王之类的人吧。智伯没有法度，率领韩康子、魏宣子跟着自己还在谋划用河水去灌灭他们的封邑，这就是智伯国灭身死、死后头骨被做成酒杯的缘故啊。如今秦昭王却问起目前的韩国、魏国和当初的韩国、魏国哪个强大，难道是害怕有智伯用水淹灌韩、魏引来国灭身死的祸患吗？虽然有身边侍从，但却不是韩康子和魏宣子，怎么会有肘与足相碰暗中勾结的事呢？而中期说"不要看得太容易"，这是不切实际的话。况且中期所掌管的，是琴瑟。琴弦没有调好，曲调没有弹清楚，是中期的责任，这才是中期用来侍奉秦昭王的。中期好好做自己的工作，没有满足昭王，却谈论起他不懂的事情，难道不荒谬吗？身边侍从回答的"比建国时衰"与"比不上"倒是可以的，但说"确实是这样"那就是在阿谀奉承了。申子说："做事不超越自己的职责，职责外的事即使知道的也不能说。"如今中期不知道而且还发表意见。所以说：秦昭王的询问有错误，身边侍从和中期的回答都有错误。

管子曰："见其可，说之有证；见其不可，恶之有形。赏罚信于所见，虽所不见，其敢为之乎？见其可，说之无证；见其不可，恶之无形。赏罚不信于所见，而求所不见之外，不可得也。"

译文

管子说："看见合法可行之事，喜欢它就要给予赏赐；看见非法不可行之事，厌恶它就要进行惩罚。对所见到的要赏罚诚信，虽然有看不见的，谁又敢去违背呢？看见合法可行之事，喜欢它却不给予赏赐；看见非法不可行之事，厌恶它却不惩罚。对所看见的赏罚不诚信，而去寻求所看不见的，是不能得到真相的。"

或曰：广廷严居，众人之所肃也；宴室独处，曾、史之所僈也。观人之所肃，非行情也。且君上者，臣下之所为饰也。好恶在所见，臣下之饰奸物以愚其君，必也。明不能烛远奸，见隐微，而待之以观饰行，定赏罚，不亦弊乎？

译文

有人说：在宽广的庄严场所，人人都有严肃恭敬的表现；独自待在休息的厢房里，就是曾参、史鱼这样正直之士也会随意。观察人们在严肃的场所，并不是他们行为的全部真实情况。况且面对君主这种人，臣下是要掩饰自己的。只根据自己所见的判断喜好与厌恶，那么臣下掩饰住奸邪的言行来愚弄君主，就是必然的了。再英明的君主也不能洞悉远处的奸邪、发现隐蔽的苗头，而却依靠观察经过掩饰的行为来对待臣下、决定赏罚，不也存在弊病吗？

管子曰："言于室，满于室；言于堂，满于堂：是谓天下王。"

译文

管子说："在屋子里说话，话音能充满整个屋子；在殿堂上说话，话音能充满整个殿堂。这样的人就称作天下的君王。"

或曰：管仲之所谓"言室满室、言堂满堂"者，非特谓游戏饮食之言也，必谓大物也。人主之大物，非法则术也。法者，编著之图籍，设之于官府，而布之于百姓者也。术者，藏之于胸中，以偶众端而潜御群臣者也。

故法莫如显，而术不欲见。是以明主言法，则境内卑贱莫不闻知也，不独满于堂；用术，则亲爱近习莫之得闻也，不得满室。而管子犹曰"言于室，满室；言于堂，满堂"，非法术之言也。

译文

有人说：管仲所谓的"在屋子里说话，话音能充满整个屋子；在殿堂上说话，话音能充满整个殿堂"的话，并不是只说那些关于游戏饮食方面的话，必定说君主的大事情。君主的大事情，不是法制就是法术。所谓的法制，是编写进图书典籍中的，是设置在官府里的，而且还公布到百姓中去的。所谓的法术，是隐藏君主胸中，用来适应各种各样的情况而从暗地里来驾驭群臣的。所以法制没有比公开更好的了，而法术却不能暴露出来。因此英明的君主讲法制，那么国内就是卑贱的人也没有听不到的，不只是充满整个殿堂；使用法术，就连宠爱的近侍也不能让听到，所以不能充满整个屋子。而管仲却说什么"在屋子里说话，话音能充满整个屋子；在殿堂上说话，话音能充满整个殿堂"，这不是符合法术的言论啊。

评析

《难三》主要对八个问题进行了争辩。

故事一论述的还是法治问题。第一节所说的就是"遏恶扬善"。子思不愿意在背后说别人的坏话，所以借口说不知道。子服厉伯乐在背后说别人的坏话，所以津津有味地说了。那么，是应该说还是不应该说？鲁穆公之重视子思而鄙视子服厉伯对吗？这的确是一个有思考空间的问题。

故事二中齐桓公曾把管仲射中自己带钩的深仇丢在一边而任命管仲当了相国，从而使齐国得以称霸天下，那么宫内侍卫披的话可信吗？晋文公饶恕了披的做法可取吗？是不是仁爱就是"宽恕"？韩非认为晋文公不应该宽恕寺人披。是仇人就应该惩处，这是依法治国的必然道理，对仇人宽恕，就是"人治"，而"人治"，是治理国家的最大弊病。

故事三，当一个统治者真的有这三种灾难吗？这三种灾难真的能导致统治者失去政权吗？管仲的回答是正确的吗？韩非的这段评议又有点牵强了，所谓的远近是指思想上的远近。统治者的发展情况与周边的人的发展情况是有很大关系的。至于设立接班人、继承人，早立有早立的好处，早立可以使接班人早一点学习、熟悉政事，而晚立，则会让若干人争着想成为接班人、继承人，于是他们之间就会明争暗斗、争斗不休。当然，事情不可一概而论，但管仲劝说齐桓公的话，却是针对当时齐国的形势及齐桓公的处境而论，所以应该是正确的。至于韩非在后面所列出的三种困难，也是存在的，也是统治者必须掌握的统治方法，而且关键要看某个统治者当时的情景以及国家形势。

故事四中三个统治者都向孔子询问治国的方法，孔子分别做了回答，那么孔子的

回答对不对呢？针对叶公子高的回答是否能解决问题？针对鲁哀公的回答是否能使鲁哀公寻求到贤人？针对齐景公的回答是否能解决齐国的财政危机？韩非偏颇地认为仁爱就是赏赐，这就有失公正了。仁爱是教育人民不要犯罪。自己统治下的人民之所以有背叛的，那是因为政策对人民不利，人民难以生存，而不是君主不能明察。如果统治者少一点个人私欲，多一点为人民谋利益的思想和行为，谁又会背叛呢？所以韩非的批判不能成立。至于鲁哀公能不能选拔到贤人，按韩非的说法，让下级互相推荐而等贤人自己上门，是靠不住的。韩非对齐景公的奢侈的评议多少还有一点道理，齐景公的治国政策最急需的并不是对自己节约，而是要在全国推行节俭的生活方式；但韩非鼓吹君主的奢侈，这是助长统治者追求奢侈的风气。韩非把这三公的治国办法归结为一句"了解下情"也有失偏颇，制定让人民百姓安居乐业的政策，就是对人民百姓的仁爱。因此，儒家的"仁义礼智信"则是治理国家的最好的座右铭：仁爱人民，遵守一定的社会行为规范，选择最佳行为方式，用诚信，用智慧，那么国家也就能长治久安。

故事五中我们看到，子产还是很聪明的，听哭声就可以知道人的内心情感。那么子产这么做对不对呢？韩非认为，子产应该去干大事，不应该像个小法官一样去管民间俗事。如果把智力、精力都用在这些民间俗事上，那么国家大事谁来做呢？韩非的这个意见倒也正确，每一层次的官员，都有各自负责的事，如果把智力、精力都用在插手下级官员的职责上，那么自己的工作干不好，而且下级官员也就无所事事了。

故事六中秦昭王可以说是得意忘形、目中无人了，但乐师中期的劝告也是不切实际的，那么他所举的智伯的例子是否能用在秦昭王身上呢？韩非的这段评议很对，很客观，秦昭王去问左右侍从只能表现出他的踌躇满志、得意忘形了。而中期确实也不应该插嘴答话，不在其位，不谋其政。中期即使看不惯秦昭王的得意忘形，也不能用智伯的故事来比喻，因为秦昭王身边并没有韩康子、魏宣子之类的人。不错，智伯也是因为得意忘形而导致国灭身死，但智伯与韩、魏是联军，联合作战，而秦昭王却是独领秦军，这是很不一样的。

故事七，管子的这段话对吗？看见合法可行的事，喜欢它要有可效验的凭证？看见非法不可行的事，厌恶它也要有具体的表现？那么对看不见的难道就不应该去寻求吗？赏罚的进行，必然是要在看得见的范围内。下属确实也会有一些掩饰行为，但只要领导人能明察，那么这些掩饰行为也是瞒不了多久的。并不能因为人们有掩饰行为，就不相信所看到的一切。毕竟人们的行为大都是在公开场合，都是可见的，所以还是要相信可以看见的行为。

故事八，说话大声就能称王称霸吗？当然很多人不会同意这种说法，所以韩非提出异议，认为没有依法治国的统治方法就不能治理国家。管子所言，是指一个人的开诚布公、光明磊落，一个统治者如果真是这样开诚布公、光明磊落的话，那么在处理各种事务中也用不着要心眼、要手段了。也就是他与部下的相互信任。当然，事情不可一概而论，再怎么开诚布公、光明磊落的统治者，也会有要心眼、要手段的时候。但我们所说的是普遍现象，而不是特异个别现象。

定法第四十三

题解

本文名为"定法"，实际上"术"亦在其中，文章通过对于前辈法术家申子、商鞅各执一隅的危害性的分析，表明了法术二者不可或缺的思想。从中可以看出韩非思想的渊源以及法家思想在韩非手上出现的创造性发展。

问者曰："申不害、公孙鞅，此二家之言孰急于国？"应之曰："是不可程也①。人不食，十日则死；大寒之隆，不衣亦死。谓之衣食孰急于人，则是不可一无也，皆养生之具也。今申不害言术而公孙鞅为法。术者，因任而授官，循名而责实，操杀生之柄，课群臣之能者也。此人主之所执也。法者，宪令著于官府，刑罚必于民心，赏存乎慎法，而罚加乎奸令者也。此臣之所师也②。君无术则弊于上，臣无法则乱于下，此不可一无，皆帝王之具也。"

注释

①程：衡量。②师：效法、学习。

译文

发问的人说："申不害、公孙鞅，这两家的学说哪个是国家急需的？"应答说："这是不可以衡量的。人不吃东西，十天就会饿死；寒冷至极，不穿衣也会死亡。要说穿衣吃饭哪样对人更急需，应当是缺一不可的，它们都是维持生命必须具备的。如今申不害主张术而公孙鞅主张法。术，就是根据各人的能力来授予官职，根据名位来责求实际功效，掌握生杀大权，考核各级官吏的才能。这是君主所需要掌握的。法，就是法令由官府明确颁布，奖罚制度一定要贯彻到民众心里，奖赏严格遵守法令的，惩罚触犯禁令的。这是臣子所要效法的。君主不掌握术就会在上面遭受蒙蔽，臣子没有法就会在下面出乱子，法和术是缺一不可的，都是帝王治国所必须具备的。"

问者曰："徒术而无法，徒法而无术，其不可何哉？"对曰："申不害，韩昭侯之佐也。韩者，晋之别国也①。晋之故法未息，而韩之新法又生；先君之令未收，而后君之令又下。申不害不擅其法，不一其宪令，则奸多。故利在故法前令则道之，利在新法后令则道之，利在故新相反，前后相勃，则申不害虽十使昭侯用术，而奸臣犹有所谲其辞矣②。故托万乘之劲韩，十七年而不至于霸王者，虽用术于上，法不勤饰于官之患也③。公孙鞅之治秦也，设告相坐而责其实，连什伍而同其罪，赏厚而信，刑重而必④。是以其民用力劳而不休，逐敌危而不却，故其国富而兵强；然而无术以知奸，则以其富强也资人臣而已矣。及孝公、商君死，惠王即位，秦法未败也，而张仪以秦殉韩、魏。惠王死，武王即位，甘茂以秦殉周。武王死，昭襄王即位，穰侯越韩、魏而东攻齐，五年而秦不益尺土之地，乃城其陶邑之封。应侯攻韩八年，成其汝南之封。自是以来，诸用秦者，皆应、穰之类也。故战胜，则大臣尊；益地，则私封立：主无术以知奸也。商君虽十饰其法，人臣反用其资。故乘强秦之资数十年而不至于帝王者，法虽勤饰于官，主无术于上之患也。"

注释

①晋之别国：晋国后来分裂成韩、赵、魏三国，所以说韩国是晋国之别国。②勃：通"悖"，违背，背离。③万乘：万辆兵车，指军力强大。饰：通"饬"，整顿，整治。④告：告发，检举。坐：坐罪，定罪。什伍：秦国户籍制度规定，十家为什，五家为伍，告奸以什伍连坐。就是说，一家有奸，九家同告，如不同告，九家连坐。

译文

发问的人说："只有术而没有法，只有法而没有术，为什么不可以治国呢？"回答说："申不害，是韩昭侯的辅佐大臣。韩国，是晋国分出来的一个国家。晋国原有的法没有完全废止，而韩国的新法又产生了；前代君主的政令还没有收回，而后代君主的政令又下达了。申不害不专一地推行新法，不去统一新政令，那么奸邪之事就多了。所以奸邪人看到利益存在于原有的法制和从前的政令中就按原有的法制和从前的政令办事，看到利益存在于新法制和新政令中就按新法制和新政令办事，他们在旧法与新法的相互对立中，前令后令相违背中渔利，那么申不害虽然以十倍的努力让韩昭侯运用术治，而奸臣们仍然有办法用言辞来进行诡辩。所以韩国的君主依靠了的强大韩国，经过十七年还没有成就霸王的功业，就是因为君主虽然是在上面运用了术，但是没有用法对官吏进行整顿所造成的祸患。公孙鞅治理秦国，设立了告发奸邪坐罪的制度而责求犯法的真实情况，使什伍之家同受责罚，奖赏丰厚而且守信，刑罚很重而且必罚。因此他治理下的民众努力劳作而不休息，追击敌人很危险也不退却，所以他治理的国家富裕而且兵力强盛；然而他没有术来识别奸邪，只是用国家的富强资助奸邪罢了。等到秦孝公、商鞅死后，秦惠王即位，秦国的法还没有败坏，而张仪已经把秦国的力量牺牲在对付韩国、魏国上了。秦惠王死后，秦武王即位，甘茂就把秦国的力量牺牲在进军周国的战争上了。秦武王死后，秦昭襄王即位，穰侯魏冉越过韩国、魏国向东去攻打齐国，经过五年的奋力作战而秦国没有增加一尺土地，但穰侯魏冉却在自己陶邑的封地上筑起了城墙。应侯范雎攻打韩国八年，也成就了他那汝南的封地。自从这以来，凡是在秦国受重用的人，都是穰侯、应侯之类的人了。所以打胜仗了，那么大臣就尊贵；得到土地，那么臣子的封地也就建立起来了：这是因为君主没有术了解奸邪啊。商鞅虽然以十倍的努力整顿法制，臣子们却反过来利用了他变法的资本。所以秦国的君主依靠强大的秦国几十年还没有达到称帝称王的地步，这是因为法虽然可以整顿官吏，但是君主在上面没有运用术导致的祸患。"

问者曰："主用申子之术，而官行商君之法，可乎？"对曰："申子未尽于术，商君未尽于法也。申子言：'治不逾官，虽知弗言。'治不逾官，谓之守职也可；知而弗言，是不谓过也。人主以一国目视，故视莫明焉；以一国耳听，故听莫聪焉。今知而弗言，则人主尚安假借矣？商君之法曰：'斩一首者爵一级，欲为官者为五十石之官；斩二首者爵二级，欲为官者为百石之官。'官爵之迁与斩首之功相称也。今有法曰：'斩首者令为医、匠。'则屋不成而病不已。夫匠者手巧也，而医者齐药也，而以斩首之功为之，则不当其能[①]。今治官者，智能也；今斩首者，勇力之所加也。以勇力之所加而治智能之官，是以斩首之功为医、匠也。故曰：二子之于法术，皆未尽善也。"

注释

①齐：通"剂"，调制。

译文

发问的人说："君主运用申不害的术治，而官吏实行商鞅的法治，这样可以吗？"回答说："申不害关于法还不完善。申不害说：'办事不要超越职权，职权之外的事即使知道也不要说出来。'办事不超越职权，就称之为谨守职责，是可以的；知道了而不要说出来，也不能称之为过错。君主用全国人的眼睛看，所以没有比他明察的；君主用全国人的耳朵听，所以没有比他聪明的。如今知道了也不说出来，那么君主还能凭借什么去了解情况呢？商鞅的法说：'砍掉一个敌人的头爵位就升一级，想当官的就封收入有五十石的官职；砍掉两个敌人的头，爵位就升两级，想当官的就封收入有一百石的官职。'官职爵位的升迁和砍掉敌人头的数量是相称的。如今如果有法令说：'砍掉敌人的头就让他当医生、工匠。'那么房屋盖不成而疾病也治不好。那工匠靠的是手巧，而医生靠的是调制药剂，而以砍掉敌人的头来任命，那么就与才能不适应了。充当官吏的，凭借智慧才能；砍掉敌人头的，凭借勇敢加力气。让凭借勇敢加力气而立功的人来担任需要智慧才能的官员，那就相当于让砍掉敌人头而立功的人来做医生、工匠。所以说：这两位先生关于法和术的运用，都还不完善。"

评析

"定法"，就是确定法度。这是韩非修正申不害、公孙鞅的术治、法治学说从而确定自己法治原则的专论，是我们了解韩非法治思想渊源的重要篇章。文章开始讨论了申不害、公孙鞅二人的术治和法治思想，阐明了术治和法治的基本内容。单独运用术治，或单独运用法治是不可能治理好国家的。术治和法治必须要结合起来，才能更好地治理国家。申不害的术治中有一条"治不逾官，虽知弗言"，韩非认为这是错误的，如果人人都不说出自己知道的、懂得的，那么靠统治者一个人行吗？统治者的术治应该是让官吏们知道什么都说出来，那么统治者才能集思广益，作出正确判断。而商鞅的法治中有一条："斩一首者爵一级，欲为官者为五十石之官；斩二首者爵二级，欲为官者为百石之官。"这也是非常错误的，那打仗，凭的是勇敢和力气，而当官，则靠的是智慧与才能，凭着勇敢和力气能当官吗？打仗与当官，是风马牛不相及的两回事，可商鞅把它作为法治的主要内容，可见商鞅的法治还是很欠缺的。所以韩非认为他们两人都不完善。

定法第四十三

诡使第四十五

题解

在本文中，韩非从重农战之本、抑工商之末的观点出发，认为人君在役使民众时存在着严重的悖反，这就是"诡使"之意。他认为世人所乐道而又受人主礼遇的高、贤、重、忠、烈士、勇夫、正、廉、齐、勇、愿、仁、长者等等实是"不便"治国的二心私学者；相反，被认为是窭、愚、怯、不肖、陋的人却是守法之民，是国家农战政策的依靠对象。因此，作者为后者鸣不平，要求立法令、废私学，禁其行、破其群、散其党，使莫得为私，然后上能胜下。

圣人之所以为治道者三：一曰"利"，二曰"威"，三曰"名"。夫利者，所以得民也；威者，所以行令也；名者，上下之所同道也。非此三者，虽有不急矣。今利非无有也，而民不化上；威非不存也，而下不听从；官非无法也，而治不当名。三者非不存也，而世一治一乱者，何也？夫上之所贵与其所以为治相反也。

译文

　　圣人用来治国的策略有三种：第一叫"利禄"，第二叫"威势"，第三叫"名誉"。所谓的利禄，是用来取得民心的；所谓的威势，是用来推行法令的；所谓的名誉，是上下级所共同遵守的原则。除去这三种，虽有其他策略却不是迫切需要的了。如今利禄不是没有，但民众却不被君主所感化；威势不是不存在，而臣下却不听从；官府不是没有法令，但是办事时没有严格遵照法令规定。这三样不是不存在，而社会一时治理安定了一时又混乱了，这是为什么呢？就是因为君主所推崇的东西与他应该用来治理的原则相反了。

　　夫立名号，所以为尊也；今有贱名轻实者，世谓之"高"。设爵位，所以为贱贵基也；而简上不求见者，世谓之"贤"。威利，所以行令也；而无利轻威者，世谓之"重"。法令，所以为治也；而不从法令为私善者，世谓之"忠"。官爵，所以劝民也；而好名义不进仕者，世谓之"烈士"。刑罚，所以擅威也；而轻法不避刑戮死亡之罪者，世谓之"勇夫"。民之急名也，甚其求利也；如此，则士之饥饿乏绝者，焉得无岩居苦身以争名于天下哉？故世之所以不治者，非下之罪，上失其道也。常贵其所以乱，而贱其所以治，是故下之所欲，常与上之所以为治相诡也。

译文

　　设立名位称号，是用来显示尊贵的；如今有鄙视名位轻视实利的人，社会上却称之为"高尚"。设置爵位，是用来区别高贵低贱的基础；而简慢君主不愿求见的人，社会上却称之为"贤能"。威势与利禄，是用来推行法令的；而不在乎利禄又轻视威势的人，社会上却称之为"稳重"。法令，是用来治理社会的；而不服从法令私下里做善人善事的人，社会上却称之为"忠诚"。官禄爵位，是用来勉励民众的；而喜好名誉又不愿做官的人，社会上却称之为"贞节之士"。刑罚，是用来加重威势的；而轻视法律去以身试法触犯死罪的人，社会上却称之为"勇士"。民众急于追求名声，超过了追求实在利益；像这样的话，那么有才能的人中那些沦落到饥饿贫困的境地而走投无路的人，怎么能不隐居深山折磨自己以便在天下争得名声呢？因此社会之所以不能得到治理，并不是下面民众的过错，而是君主失去了正确的治理策略。君主经常尊重那些酿成国家混乱的行为，而鄙视那些使国家得到治理的策略，因此民众所追求的，常常和君主应该用来治国的原则是相反的。

　　今下而听其上，上之所急也。而惇悫纯信，用心怯言，则谓之"窭"，守法固，听令审，则谓之"愚"①。敬上畏罪，则谓之"怯"。言时节，行中适，则谓之"不肖"②。无二心私学，听吏从教者，则谓之"陋"③。

注释

①惇（dūn）：敦厚。愨（què）：恭谨。窭（jù）：贫穷，贫寒，引申为小气。②言时节：言论合乎时宜，有分寸。行中适：行为合乎法令又适当。③私学：指违背君主教令而私自设学的各家学说。

译文

如今下级听从上级，这是上级迫切追求的。而敦厚恭谨纯朴守信，做事认真说话谨慎，则被称作"小气"。严格遵守法令，认真听从命令，则被称作"愚蠢"。敬重君主害怕犯罪，则被称作"胆小"。言论适宜有分寸，行为适中而得当，则被称作"没有出息"。不与君主离心鼓吹私人的学问，听从官吏教训而接受法制教育的，则被称作"知识浅薄"。

难致，谓之"正"。难予，谓之"廉"。难禁，谓之"齐"。有令不听从，谓之"勇"。无利于上，谓之"愿"①。少欲、宽惠、行德，谓之"仁"。厚重自尊，谓之"长者"。私学成群，谓之"师徒"。闲静安居，谓之"有思"。损仁逐利，谓之"疾"。险躁佻反覆，谓之"智"。先为人而后自为，类名号，言泛爱天下，谓之"圣"。言大本，称而不可用，行而乖于世者，谓之"大人"②。贱爵禄，不挠上者，谓之"杰"③。下渐行如此，入则乱民，出则不便也。上宜禁其欲，灭其迹，而不止也，又从而尊之，是教下乱上以为治也。

注释

①愿：谨慎，老实，质朴。②大本：指治理天下的根本道理。③挠（náo）：屈服。

译文

君主难以招致的，称作"正直"。君主难以赐予的，称作"廉洁"。君主难以制约的，称作"平等"。君主下令不听从的，称作"勇敢"。对君主无利益的，称作"老实"。寡欲、宽厚仁惠、行恩德，称作"仁爱"。持重自尊，称作"长者"。成群结队搞私学，称作"师徒"。清闲平静安定生活，称作"有思想"。损害仁爱追逐利益，称作"有追求"。爱冒险浮躁轻佻多反覆的，称作"有智慧"。先为别人着想后为自己着想，对官爵高低同等看待，主张泛爱天下的人，称作"圣人"。鼓吹治理天下的根本道理，说得

动听却不能使用，做事违背常理的，称作"伟人"。鄙视爵位俸禄，不屈从君主的，称作"俊杰"。臣下的行为逐渐发展到如此地步，在国内会扰乱民众，出国会对国家不利。君主应该禁止他们的欲望，灭绝他们的行为踪迹，然而还制止不住，又随顺而且尊重他们，这是教臣下犯上作乱还认为是治理国家的措施。

凡上之所以治者，刑罚也；今有私行义者尊。社稷之所以立者，安静也；而躁险谗谀者任。四封之内所以听从者，信与德也；而陂知倾覆者使①。令之所以行，威之所以立者，恭俭听上也；而岩居非世者显。仓廪之所以实者，耕农之本务也，而綦组、锦绣、刻画为末作者富②。名之所以成，城池之所以广者，战士也；今死士之孤饥饿乞于道，而优笑酒徒之属乘车衣丝。赏禄，所以尽民力易下死也；今战胜攻取之士劳而赏不沾，而卜筮、视手理、狐蛊为顺辞于前者日赐③。上握度量，所以擅生杀之柄也；今守度奉量之士欲以忠婴上而不得见，巧言利辞行奸轨以幸偷世者数御④。据法直言，名刑相当，循绳墨诛奸人，所以为上治也，而愈疏远，谄施顺意从欲以危世者近习⑤。悉租税，专民力，所以备难充仓府也；而士卒之逃事伏匿、附托有威之门以避徭赋而上不得者万数。夫陈善田利宅，所以战士卒也；而断头裂腹、播骨乎平原野者，无宅容身，身死田夺；而女妹有色、大臣左右无功者，择宅而受，择田而食。赏利一从上出，所以善制下也；而战介之士不得职，而闲居之士尊显。上以此为教，名安得无卑？位安得无危？夫卑名危位者，必下之不从法令、有二心务私学、反逆世者也；而不禁其行、不破其群以散其党，又从而尊之，用事者过矣。上之所以立廉耻者，所以厉下也，今士大夫不羞污泥丑辱而宦，女妹私义之门不待次而宦⑥。赏赐，所以为重也；而战斗有功之士贫贱，而便辟优徒超级⑦。名号诚信，所以通威也；而主掩障，近习女谒并行，百官、主爵迁人，用事者过矣⑧。大臣官人，与下先谋比周，虽不法行，威利在下，则主卑而大臣重矣。

注释

①陂知：狡猾狡诈。知，通"智"，智巧。②仓廪：粮仓。③狐蛊：迷惑。④婴：通"撄"，触犯。奸轨：通"奸宄"，内奸为"奸"，外奸为"宄"。数御：经常进用。数，屡次、经常。⑤名刑：名实。刑，通"形"，真实表现。谄施：逢迎取媚。施：通"迤"，邪。⑥厉：通"励"，激励、劝勉。⑦便辟：善于谄媚逢迎的人。超级：越级任用。⑧女谒：为人请托私事的宫女。

译文

大凡君主用来治理国家的，是靠刑罚；而如今有人私自施行仁义却受到尊重。国家政权之所以能够树立，是靠社会的安定平静；而那些浮躁凶险谗言媚上的人却得到任用。国内的人之所以能听从君主，是靠君主的诚信与奖赏；而那些狡猾奸诈反复无常的人却得到使用。命令之所以推行，威势之所以树立，是靠民众恭敬谦卑地听从君主的命令；而那些隐居深山违背常理的人却显达。粮仓之所以能够充实，是靠把耕作当作农民的本业，而那些从事编织、刺绣、雕刻等手工艺的人却富裕。君主的名望之所以成就，疆域之所以扩大，是靠战士；如今阵亡将士的孤儿饥饿地在路上乞讨，而那些供君主吃喝娱乐的人却乘豪车穿着绸缎。君主赏赐俸禄，是用来换取民众为君主尽力卖命的；如今打了胜仗攻城略地的战士虽然劳苦却与奖赏不沾边，而那些占卜、看手相、迷惑君主的人却经常能获得赏赐。君主掌握国家法度，是用来控制生杀权柄的；如今奉公守法的人不惜用忠言触犯君主却得不到接见，而那些花言巧语内外行奸在社会上侥幸欺世盗名的人却屡次得到觐见。根据法规直言不讳，名实相符，遵循法律，惩罚坏人，是为了君主治理国家，却被君主疏远，而那些阿谀奉承顺从君主心意说话做事以至于危害社会的人却被亲近宠爱。把租税都收进来，把民众的人力物力都集中起来，是用来防备灾难充实粮仓的，但是士卒逃避战争躲藏起来、依附于权贵之门来逃避徭役赋税从而使君主不能使用的人数以万计。君主设置良田豪宅，是用来鼓励士兵作战的；而那些断头破肚、把尸骨抛撒在野外的战士，活着时没有房子住，死了田地就被夺走了；而那些有点姿色的少女、大臣身边侍从没有功劳的人，却能挑选好的房子住，挑选好的田地生活。奖赏一律从君主手中发放，是为了便于控制臣下；但是披甲作战的士兵得不到官职，而闲散隐居的人却尊贵显达。君主把这作为榜样，名望怎能不卑下？君位怎能不危险？使君主名望卑下名位危险的，必定是下面那些不服从法令、与君主不一条心搞私学、反对现实社会的人；可是现在不但不禁止他们的行为、不破坏他们的群体来解散他们的私党，反而尊重他们，这就是执政者的过错啊。君主之所以要树立廉洁和耻辱的观念，是用来激励臣下的，而

如今那些士大夫利用肮脏下流的勾当去当官，倚仗女色走后门就能不按官级次序来升官。赏赐，是用来使人贵重的；但拼命作战而有功劳的士兵却贫穷卑贱，而善于谄媚逢迎供君主娱乐的人却得到越级提拔。赐予臣下的名号确实与实权相符，用来使威势上通下达的；但君主被蒙蔽，而君主的亲信和宫女都却能任用群臣百官、掌管爵位和人事晋升，这表明执政者的措施严重过错了。大臣任用官职，首先和属下谋划结党营私，虽然不符合法度而仍能执行，威势利禄都在臣下手中，那么君主就卑下而大臣就贵重了。

夫立法令者，以废私也。法令行而私道废矣。私者，所以乱法也。而士有二心私学、岩居窞路、托伏深虑，大者非世，细者惑下[1]；上不禁，又从而尊之以名，化之以实，是无功而显、无劳而富也。如此，则士之有二心私学者，焉得无深虑、勉知诈与诽谤法令以求索与世相反者也[2]？凡乱上反世者，常士有二心私学者也。故《本言》曰[3]："所以治者，法也；所以乱者，私也。法立，则莫得为私矣。"故曰：道私者乱，道法者治[4]。上无其道，则智者有私词，贤者有私意。上有私惠，下有私欲，圣智成群，造言作辞，以非法措于上。上不禁塞，又从而尊之，是教下不听上、不从法也。是以贤者显名而居，奸人赖赏而富。贤者显名而居，奸人赖赏而富，是以上不胜下也。

注释

①窞（dàn）：坑穴。路：通"露"，指野外。②勉知诈：尽力玩弄智巧欺诈。③《本言》：古代著作，已失传。④道：遵循，由。"道法者治"之"道"同此。

译文

设置法令，是用来废除私利的。法令贯彻执行私道就会被废止。私是扰乱法治的祸根。那些怀有二心搞私学、隐居于岩洞坑穴、老谋深算之上，重则诽谤现实社会，轻则祸乱民众；君主不禁止，反而用美好的名誉尊重他们，用实际的利益提拔他们，这是没有立功而显贵、不劳动而富裕。像这样，那些怀有二心搞私学之士，怎么能不挖空心思、努力施展智巧进行招摇撞骗和诽谤法令来追求与社会现实相背离的东西呢？凡是犯上作乱反对社会现实的人，常常是那些怀有二心搞私学之士。所以《本言》说："用来治理国家的，是法；用来扰乱国家的，是私。法立，就不能谋私了。"所以说：遵循私就会扰乱国家，遵循法就能治理好国家。君主没有掌握这个方法，那么有智慧的人就会有维护私利的言论，贤能的人就会有谋私利的欲望。君主有法外的仁惠，臣下就会有非法的欲望，那些有智慧贤能的人就会成群结党，编造谣言和诡辩，用非法的方法来对付君主。君主不加以禁止杜绝，反而尊重他们，这就是教臣下别听从君主、别服从法。因此那些所谓的贤者以显赫的名声而处高位，奸邪的人靠赏赐而致富。那些所谓的贤者以显赫的名声而处高位，奸邪的人依靠赏赐而致富，因此君主不能制服臣下了。

评析

　　"诡"，奇异也；"诡使"，就是奇异的驱使。文章开篇表述君主去追求的东西与国家治理的道路截然相反，那么他所追求的必然也就会导致国家的混乱。韩非在文章中详细描述了统治者的需要，统治者需要设立名位称号、设置爵位、树立威势、建立法令、设置刑罚等等，这都是为了使社会安定，使自己地位稳固，使人们有个正确的追求目标。而普通人的需要，韩非认为普通人需要遵纪守法、忠厚守信，说话严谨，礼貌而互相尊重。但是这些行为往往被人们所耻笑为"愚昧胆小"，致使民众都抛开正常的需要而选择与真理相反的需求，那么，人们的行为受这不正常的驱使而被迫改变，社会的混乱也就由此而起了！

　　人人都是凭着私利而生存的，但如果人人都为了自己的私利，这个人类社会也就不会存在下去了。也正是为了自己的私利，为了保护自己的私利，人类才组成社团、集体、国家。既然组成了国家，人们首先就要维护国家的利益，才能维护好自己的利益。

　　本篇讲的是人由需要而驱使的各种行为，人们由于需要的驱使而做出许许多多奇异的、怪异的行为，不符合人类社会之所以组成的行为，这些行为实际上是在破坏人类社会的组成。既然人类之所以组成人类社会，有其必然性、合理性，如果能清醒地认识到这些，我们就能自觉地维护国家的利益，那么许多人——包括统治者、领导人、管理者——就不会做出违背社会法制的各种怪异行为。这就是韩非的意见。

六反第四十六

题解

本文指出社会上分别存在着六种"奸伪无益"之民和"耕战有益"之民，前者应受到诛罚却得到了称誉和礼敬，后者应得到奖赏却受到了轻视和贬抑，这就是"六反"。据此，文章又进一步反对仁爱、轻刑、足民，提倡君主以威严治国、以信赏必罚劝禁。

畏死远难，降北之民也，而世尊之曰"贵生之士"①。学道立方，离法之民也，而世尊之曰"文学之士"②。游居厚养，牟食之民也，而世尊之曰"有能之士"③。语曲牟知，伪诈之民也，而世尊之曰"辩智之士"④。行剑攻杀，暴憿之民也，而世尊之曰"磏勇之士"⑤。活贼匿奸，当死之民也，而世尊之曰"任誉之士"。此六民者，世之所誉也。赴险殉诚，死节之民，而世少之曰"失计之民"也。寡闻从令，全法之民也，而世少之曰"朴陋之民"也。力作而食，生利之民也，而世少之曰"寡能之民"也。嘉厚纯粹，整谷之民也，而世少之曰"愚戆之民"也。重命畏事，尊上之民也，而世少之曰"怯慑之民"也。挫贼遏奸，明上之民也，而世少之曰"谄谗之民"也。此六民者，世之所毁也。奸伪无益之民六，而世誉之如彼；耕战有益之民六，而世毁之如此；此之谓"六反"。布衣循私利而誉之，世主听虚声而礼之，礼之所在，利必加焉。百姓循私害而訾之，世主壅于俗而贱之，贱之所在，害必加焉⑥。故名赏在乎私恶当罪之民，而毁害在乎公善宜赏之士，索国之富强，不可得也。

注释

①难：危难。降北：投降败逃。②方：方术，学说。③牟食之民：指依靠游说混饭吃的人。牟，贪取，侵夺。④语曲：诡辩。牟知：从事于玩弄智巧。牟：通"务"。知：通"智"。⑤暴憿之民：凶暴而冒险的人。憿，通"侥"，侥幸。磏（lián）：磨刀石，引申为有锋芒、有棱角。⑥訾：诋毁。

译文

贪生怕死逃避危难，是投降败逃的人，而社会上却尊称他们为"重视生命的人"。学道术立方术，是背离法制的人，而社会上却尊称他们为"有学问的人"。到处游说得到丰厚供养，是依靠游说混饭吃的人，而社会上却尊称他们为"有才能的人"。空谈诡辩玩弄智巧，是虚伪诡诈的人，而社会上却尊称他们为"雄辩智慧的人"。用剑行刺攻击杀人，是凶暴而冒险的人，而社会上却尊称他们为"有锋芒勇敢的斗士"。救活贼子藏匿坏人，是应当判处死刑的罪犯，而社会上却尊称他们为"讲名声有信誉的人"。这六种人，是社会上所称赞的。为国赴险忠诚献身，是为节操而牺牲的人，而社会上却贬低他们为"不会算计的傻瓜"。见闻少顺从命令，是守法的良民，而社会上却贬低他们为"朴实丑陋的人"。努力劳作自食其力，是创造财富的人，而社会上却贬低他们为"缺少才能的人"。善良厚道单纯质朴，是正派善良的人，而社会上却贬低他们为"愚昧刚愎的人"。重视命令谨慎办事，是尊重君主的人，而社会上却贬低他们为"胆小怕事的人"。挫败乱贼遏制奸邪，是使君主明白的人，而社会上却贬低他们为"奉承说别人坏话的人"。这六种人，是社会上所诋毁的人。奸邪诡诈无益于国家的人有六种，而社会上竟像那样来称赞他们；耕地作战有益于国家的人有六种，而社会上却如此诋毁他们；这就叫作"六种反常"。布衣百姓考虑到自己的私利而称赞那些无益于国家的人，当代君主听到这些虚名就礼遇他们，礼遇他们，必定给予他们好处。布衣百姓考虑到对自己有害而诋毁那些有益于国家的人，当代君主被世俗偏见所蒙蔽而鄙视他们，被鄙视，必定会受害。所以名誉奖赏给了那些谋私作恶应当惩罚的人，而诋毁刑罚却加罪于那些为国家做好事应该奖赏的人，要想求得国家的富强，是不可能的。

韩非子选集

古者有谚曰："为政犹沐也，虽有弃发，必为之。"爱弃发之费而忘长发之利，不知权者也。夫弹痤者痛，饮药者苦，为苦惫之故不弹痤饮药，则身不活，病不已矣①。今上下之接，无子父之泽，而欲以行义禁下，则交必有郄矣②。且父母之于子也，产男则相贺，产女则杀之。此俱出父母之怀衽，然男子受贺，女子杀之者，虑其后便，计之长利也③。故父母之于子也，犹用计算之心以相待也，而况无父子之泽乎？今学者之说人主也，皆去求利之心，出相爱之道，是求人主之过父母之亲也，此不熟于论恩，诈而诬也，故明主不受。圣人之治也，审于法禁，法禁明著，则官法；必于赏罚，赏罚不阿，则民用。民用官治则国富，国富则兵强，而霸王之业成矣。霸王者，人主之大利也。人主挟大利以听治，故其任官者当能，其赏罚无私。使士民明焉，尽力致死，则功伐可立而爵禄可致，爵禄致而富贵之业成矣。富贵者，人臣之大利也。人臣挟大利以从事，故其行危至死，其力尽而不望。此谓君不仁，臣不忠，则不可以霸王矣。

注释

①弹（tán）：用石针刺，指针灸。痤：痛。②郄（xì）：同"郤"，也作"隙"，空隙、裂缝。③怀衽：怀抱。衽，衣襟。

译文

古代谚语说："处理政事就好比洗头，虽然会掉一些头发，但一定要洗头。"舍不得掉头发的耗费而忘记洗头能促使头发生长的好处，就是不懂得权衡利弊得失的人。针灸会疼痛，喝药会口苦，因为痛苦的缘故而不针灸、喝药，那么自己就不能活命了，病就治不好了。如今君臣之间的关系，没有父子之间的恩惠，而想用施行仁义的措施来禁控臣下，那么君臣的关系必定会有裂缝。况且父母亲对于子女，生了儿子就去祝贺，生了女儿就杀死。子女都是父母所生，但生了儿子就祝贺，生了女儿就杀死，这是因为父母亲考虑到他们对自己今后的利益，计算长远的利益。所以父母亲对于子女，尚且用计算对自己是否有利的心思去对待他们，更何况是没有父子之恩惠的人呢？如今学者游说君主，都叫君主去掉求利的思想，从相爱的原则出发，这是要求君主对臣民的爱超过父母对子女的爱，这是谈论恩惠的无知之谈，是一种欺骗和杜撰，所以英明的君主是不接受的。圣明的人治理国家，首先审查法律禁令，法律禁令明白了，那么官府就能依法治理政务；其次坚决地实行赏罚，赏罚不偏私，那么民众就能被使用。民众能被使用，官府治理有方，那么国家就能富裕，国家富裕那么兵力就会强盛，而称霸称王的事业就能成就。称王称霸，是君主最大的利益。君主为了获取大利益来治理国家，所以任用官吏的时候要求才能相当，赏罚时没有偏私。使士人民众都明白此道理，尽力拼命，那么就能建立功绩获得爵位俸禄，爵位俸禄只要得到了，那富贵的事业也就成就了。富贵，是臣子的最大利益。臣子为了获取大利益来做事，所以拼死应对危难，即使尽全力死了也无怨恨。这就是说，君主不施仁爱，臣下不效忠国君，那么就不可能称王称霸了。

夫奸，必知则备，必诛则止；不知则肆，不诛则行。夫陈轻货于幽隐，虽曾、史可疑也；悬百金于市，虽大盗不取也。不知，则曾、史可疑于幽隐；必知，则大盗不取悬金于市。故明主之治国也，众其守而重其罪，使民以法禁而不以廉止。母之爱子也倍父，父令之行于子者十母；吏之于民无爱，令之行于民也万父。母积爱而令穷，吏用威严而民听从，严爱之策亦可决矣。且父母之所以求于子也，动作则欲其安利也，行身则欲其远罪也。君上之于民也，有难则用其死，安平则尽其力。亲以厚爱关子于安利而不听，君以无爱利求民之死力而令行。明主知之，故不养恩爱之心而增威严之势。故母厚爱处，子多败，推爱也；父薄爱教笞，子多善，用严也。

译文

奸邪的人，必定被别人知道才会有戒备，必定被别人惩罚才会停止；不被别人知道就会放肆，不受到惩罚就会横行。如果把轻便的可以随身携带的货物陈放在幽暗隐蔽的地方，即使是曾参、史鱼那样的廉洁之士也可以被怀疑；把百金悬挂在市场上，虽然是大盗也不敢去取。不被知道，那么曾参、史鱼那样的廉洁之士也可以被怀疑；必定被知道，那么大盗也不敢偷取悬挂在市场上的百金。所以英明的君主治理国家，防范措施多而惩罚重，使民众因法令受到约束而不是凭品行的廉洁停止作恶。母亲对子女的爱胜过父亲的数倍，但父亲的命令在子女那里得到执行却是母亲的十倍；差役对民众没有什么仁爱，其命令在民众那里得到执行却是父亲的万倍。母亲积聚仁爱而命令却行不通，差役运用威严而民众就听从，以此到底采用威严还是仁爱的策略，也就能决断了。况且父母所要求子女的，希望他们在行动方面安全有利，希望他们在立身处世方面远离罪过。君主对于民众，国家有灾难就用他们拼死卖命，安定太平时就使他们尽力生产。父母亲怀着深厚的爱关切子女安全利益而子女却不听从，君主不用仁爱和利益的要求民众卖命而命令却能执行。英明的君主明白这个道理，所以不培养恩爱之心而增强威严之势。所以母亲以没有节制的爱对待子女，子女多半品行变坏，这是因为过分刻意推行了仁爱；父亲淡泊仁爱管教子女，子女多半品行善良，这是因为使用了威严。

今家人之治产也，相忍以饥寒，相强以劳苦，虽犯军旅之难，饥馑之患，温衣美食者，必是家也；相怜以衣食，相惠以佚乐，天饥岁荒，嫁妻

卖子者，必是家也。故法之为道，前苦而长利；仁之为道，偷乐而后穷。圣人权其轻重，出其大利，故用法之相忍，而弃仁人之相怜也。学者之言皆曰"轻刑"，此乱亡之术也。凡赏罚之必者，劝禁也。赏厚，则所欲之得也疾；罚重，则所恶之禁也急。夫欲利者必恶害，害者，利之反也。反于所欲，焉得无恶？欲治者必恶乱，乱者，治之反也。是故欲治甚者，其赏必厚矣；其恶乱甚者，其罚必重矣。今取于轻刑者，其恶乱不甚也，其欲治又不甚也。此非特无术也，又乃无行。是故决贤、不肖、愚、知之美，在赏罚之轻重。且夫重刑者，非为罪人也。明主之法，揆也①。治贼，非治所揆也；治所揆也者，是治死人也。刑盗，非治所刑也；治所刑也者，是治胥靡也②。故曰：重一奸之罪而止境内之邪，此所以为治也。重罚者，盗贼也；而悼惧者，良民也。欲治者奚疑于重刑！若夫厚赏者，非独赏功也，又劝一国。受赏者甘利，未赏者慕业，是报一人之功而劝境内之众也，欲治者何疑于厚赏！今不知治者皆曰："重刑伤民，轻刑可以止奸，何必于重哉？"此不察于治者也。夫以重止者，未必以轻止也；以轻止者，必以重止矣。是以上设重刑者而奸尽止，奸尽止，则此奚伤于民也？所谓重刑者，奸之所利者细，而上之所加焉者大也。民不以小利加大罪，故奸必止者也。所谓轻刑者，奸之所利者大，上之所加焉者小也。民慕其利而傲其罪，故奸不止。故先圣有谚曰："不踬于山，而踬于垤③。"山者大，故人顺之；垤微小，故人易之也。今轻刑罚，民必易之。犯而不诛，是驱国而弃之也；犯而诛之，是为民设陷也。是故轻罪者，民之垤也。是以轻罪之为民道也，非乱国也，则设民陷也，此则可谓伤民矣！

注释

①揆（kuí）：大致估量现实状况。②胥靡：犯轻罪被罚苦役的人。③踬（zhì）：绊倒。垤（dié）：小土堆。

译文

如今一般人家治理产业时，用忍受饥寒来相互鼓励，用吃苦耐劳来相互监督，虽然遭到战争的祸乱、荒年的灾患，还能够穿暖吃饱，必定就是这种家庭了；用丰衣足食来相互怜爱，用安逸享乐来相互照顾，如果碰上天灾荒年，卖妻卖子的，必定是这种家庭了。所以用法治作为治国策略，开始吃点苦而有长远利益；用仁爱作为治国策略，暂时得到欢乐但终究要遭受穷苦。圣人权衡这其中的轻重，从长远利益出发，所以用法治使民众能忍受管束，而废除仁爱对民众的怜爱。学者们的意见都说"减轻刑罚"，这是使国家混乱灭亡的措施。赏罚决断，就是为了勉励立功和消除犯罪。奖赏丰厚，那么想要的就

迅速得到；惩罚严重，那么所厌恶的就会很快得到禁止。想要得到利益的人必定厌恶受害，受害，就是利益的反面。违反自己的欲望，怎么能不厌恶呢？想要治理的人必定厌恶混乱，混乱，是治理的反面。因此想把国家治理好的人，他的奖赏必定丰厚；那非常厌恶混乱的人，他的惩罚必定很重。如今采取减轻刑罚的人，他不是很厌恶混乱，所以他也不是很想治理好国家。这不仅是没有治国的法术，而且没有治国的理论。因此判断人们的贤能、不肖、愚蠢、智慧的标准，在于赏罚的轻重。况且实施重刑，并不是要惩罚某一个人。英明君主的法制，是估量所有人德行的准则。治罪贼子，并不是治罪贼子一个人；如果治罪贼子一个人，那仅仅是治罪了一个死囚。刑罚大盗，并不只惩罚大盗一个人；如果只是惩罚大盗一个人，那仅仅惩罚了一个囚犯。所以说：对一个坏人的惩罚而可以禁止全国的坏人，这才是惩罚的目的。受重罚的，是盗贼；而感到恐惧的，是善良的民众。想要把国家治理好的人对重刑的作用还有什么可怀疑呢！至于厚赏，并不只是为了奖赏有功绩的人，而也是为了劝勉全国的人。受到奖赏的人乐于得利，没有受到奖赏的人羡慕受赏者的功业，这是酬劳了一个人的功绩而劝勉了全国的民众，想要治理国家的人对厚赏还有什么可怀疑的呢！如今不知道治国方法的人都说："严厉的刑罚伤害民众，轻刑就可以禁止奸邪了，何必一定要加重刑罚呢？"这是没有仔细考察治国方法。用重刑能制止的，用轻刑不一定能制止；用轻刑能制止的，用重刑就一定能制止。因此君主设置重刑，奸邪全部能被禁止，奸邪全部禁止了，那么这重刑对于民众又有什么伤害呢？所谓的重刑，是指坏人得到的好处很小，而君主加在他们头上的惩罚很重。民众决不会为了很小的好处而甘愿被重罚，所以坏人就一定会被禁止。所谓的轻刑，就是指坏人得到的好处很多，君主加到他们头上的惩罚很轻。民众羡慕做坏事的大利益而轻视那很轻的惩罚，所以坏人就禁止不了。所以古圣先贤有句谚语说："人不会被高山绊倒，而会

韩非子选集

被小土堆绊倒。"山高大，所以人们就谨慎对待它；小土堆很小，所以人们就忽视它。如今刑罚很轻，民众必定忽视它。违反了法律而不惩处，就等于驱使国人犯罪而抛弃他们；违反了法律而惩处，就等于给民众设置陷阱。因此轻微的处罚，相当于民众的小土堆。因此把轻刑作为治理国家的策略，不是扰乱国家，就是给民众设置陷阱了，这才称作伤害民众啊！

今学者皆道书策之颂语，不察当世之实事，曰："上不爱民，赋敛常重，则用不足而下恐上，故天下大乱。"①此以为足其财用以加爱焉，虽轻刑罚，可以治也。此言不然矣。凡人之取重罚，固已足之之后也；虽财用足而后厚爱之，然而轻刑，犹之乱也。夫当家之爱子，财货足用，货财足用则轻用，轻用则侈泰。亲爱之则不忍，不忍则骄恣。侈泰则家贫，骄恣则行暴。此虽财用足而爱厚，轻刑之患也。凡人之生也，财用足则隳于用力，上懦则肆于为非。财用足而力作者，神农也；上治懦而行修者，曾、史也，夫民之不及神农、曾、史亦明矣②。老聃有言曰："知足不辱，知止不殆。"夫以殆辱之故而不求于足之外者，老聃也。今以为足民而可以治，是以民为皆如老聃也。故桀贵在天子而不足于尊，富有四海之内而不足于宝。君人者虽足民，不能足使为天子，而桀未必以为天子为足也，则虽足民，何可以为治也？故明主之治国也，适其时事以致财物，论其税赋以均贫富，厚其爵禄以尽贤能，重其刑罚以禁奸邪，使民以力得富，以事致贵，以过受罪，以功致赏，而不念慈惠之赐，此帝王之政也。

注释

①道：称说。书策：典籍。策：通"册"。赋敛：征收的赋税。②神农：传说中发明原始农耕的人。曾、史：曾参、史鱼。

译文

如今学者们都称说典籍中歌功颂德的空话，不明了当代的实际情况，都说："君主不爱民，征收的赋税一直沉重，导致财物不够用而民众怨恨君主，所以天下大乱。"这是认为使民众财物足用就是对民众的仁爱，虽然减轻刑罚，也可以治理好的。这种说法并不对。凡是受到重罚的人，原本就是在他富足之后犯罪的；虽然使民众财物富足之后再去深爱他们，然而减轻刑罚，还是会混乱的。比如当家长的溺爱子女，子女的财物足够使用，财物足够使用那么就会轻易乱用，轻易乱用就会浪费奢侈。家长溺爱他们就不忍心约束他们，不忍心约束他们那么就会使他们骄横放纵。浪费奢侈就会使家庭贫困，骄横放纵就会使他们行为暴虐。这就是财物使用富足，爱得深厚，采用轻刑的祸患。大凡人的本性，财物富足之后就会懒惰于劳动，君主管治软弱就会放肆地为非作歹。财物富足之后仍然尽力劳作的，是神农那样的人；君主管治软弱而仍然尽力修行的，是曾参、史鱼那样的人，而民众比不上神农、曾参、史鱼那是很明显的。老聃有句话说："知道满足就不会受到耻辱，知道适可而止就不会遇到危险。"因为危险和耻辱的缘故而在满足之后不再谋求私利的人，只有老聃。如今以为使民众富足就可以治理好国家，这是把民众都当作老聃了。所以夏桀高贵地处在天子之位上还不满足自己的尊贵，拥有天下还不满足。统治人民的君主虽然能满足民众的财物，也不能使他们当上天子，而夏桀未必认为当天子是满足的事，那么虽然使人民富足，又怎么能把这作为治国的策略呢？所以英明的君主治理国家，适应天时来获得财物，评定赋税使贫富平均分担，加重爵位俸禄来使人们尽心尽力，加重刑罚来禁止奸邪，使民众通过卖力而得到财富，通过给国家办事而得到尊贵，因过错而受到惩罚，因立功而得到奖赏，而不惦记君主仁慈恩惠的赏赐，这才是帝王治理国家的方法。

人皆寐，则盲者不知；皆嘿，则喑者不知①。觉而使之视，问而使之对，则喑盲者穷矣。不听其言也，则无术者不知；不任其身也，则不肖者不知。听其言而求其当，任其身而责其功，则无术不肖者穷矣。夫欲得力士而听其自言，虽庸人与乌获不可别也；授之以鼎俎，则罢健效矣②。故官职者，能士之鼎俎也，任之以事而愚智分矣。故无术者得于不用，不肖者得于不任。言不用而自文以为辩，身不任而自饰以为高。世主眩其辩、滥其高而尊贵之，是不须视而定明也，不待对而定辩也，喑盲者不得矣。明主听其言必责其用，观其行必求其功，然则虚旧之学不谈，矜诬之行不饰矣。

注释

①嘿：通"默"。喑：哑。②乌获：人名，战国秦武王时的大力士。罢：通"疲"，疲弱。

译文

人都睡着了，就不能知道谁是瞎子；都沉默了，就不能知道谁是哑巴。醒过来让他们看东西，提问题让他们回答，那么谁是哑巴、瞎子就都知道了。不听取他们的言论，就不会知道谁没有法术；不任用他们做事，就不会知道谁不贤德。听他们的言论是否与他们的行为相当，任用他们要求他们处理事情有功效，那么谁无法术、不贤能就知道了。想要得到大力士却听从他们自夸，即使是庸人与乌获也不能被识别出来；如果拿鼎俎让他们举一下，那么谁疲弱谁强健就表现出来了。所以官职，就相当于有才能之人的鼎俎，把职事交给他们干一下而愚蠢和聪明就能分辨出来了。所以没有法术的人就得不到重用，无才德的人就得不到任用。他们的言论没有被采用就自我粉饰，认为自己有口才，他们本人没有被任用就自夸，认为自己高明。世俗的君主迷惑于他们的口才、轻信他们的高

明从而尊重他们，这就是不等待他们看东西就确定他们的视力好，不等待他们回答就确定他们的口才好，谁是哑巴谁是瞎子就不能分辨了。英明的君主听取他的言论必定要求它的功用，观察他们的行为必定责求它的功效，那么陈腐空洞的学说就无人再谈了，自夸欺骗的行为就得不到掩饰了。

评析

　　文章指出了当时社会上的不良现象。应该受到惩罚的奸邪之人，却受到世俗的称赞；应该受到称赞的人，却受到世俗的诋毁。难怪有许多人心理不平衡。统治者如果受到世俗舆论的蒙蔽和影响，必然就会使赏罚失当，从而不能使国家富强。

　　韩非认为上下级之间应该是互相爱护的关系。只有上级爱护下级，下级也爱护上级，上下级之间的关系才能维持下去。如果谁都不爱护对方，只为了自己的私利去为人处世，那么统治政权也就维持不下去了。法制严密，奸邪的行为就会被知道、被觉察；法制不严密，那么谁都值得怀疑。所以法制是重中之重。

　　"六反"，讲的是六种反常现象，当然在实际生活中、实际工作中不只有这六种反常现象，有很多反常现象都需要我们去清醒地认识、区分。不能认为这种现象出现在这个时代就是正常现象，人与人之间的关系不论时代怎样发展，总是要团结互助、相互仁爱的。否则，人类也就走投无路、永远困穷了。

五蠹第四十九

题解

《五蠹》是韩非法治思想的经典之作。"五蠹"是五种毁坏法制的人，其中的学者主要指儒者，言谈者指纵横家，带剑的指游侠，患御者指逃避兵役的人，商工之民指广大经营工商业的人。韩非认为这五类人群是国家的蛀虫，国君应当严厉禁绝他们的行为，甚至应当清除。韩非认为："无书简之文，以法为教；无先王之语，以吏为师；无私剑之捍，以斩首为勇。"这样才能实现"无事则国富，有事则兵强"的富强之国。

上古之世，人民少而禽兽众，人民不胜禽兽虫蛇。有圣人作，构木为巢以避群害，而民悦之，使王天下，号曰有巢氏。民食果蓏蚌蛤，腥臊恶臭而伤害腹胃，民多疾病①。有圣人作，钻燧取火以化腥臊，而民说之，使王天下，号之曰燧人氏②。中古之世，天下大水，而鲧、禹决渎③。近古之世，桀、纣暴乱，而汤、武征伐。今有构木钻燧于夏后氏之世者，必为鲧、禹笑矣；有决渎于殷、周之世者，必为汤、武笑矣。然则今有美尧、舜、汤、武、禹之道于当今之世者，必为新圣笑矣。是以圣人不期修古，不法常可，论世之事，因为之备。宋人有耕田者，田中有株，兔走触株，折颈而死，因释其耒而守株，冀复得兔。兔不可复得，而身为宋国笑。今欲以先王之政，治当世之民，皆守株之类也。

注释

①蓏（luǒ）：草本植物的果实。②燧：古代取火器。③渎：水沟，小渠，亦泛指河川。

译文

上古时代，人少禽兽多，人们敌不过禽兽蛇虫。这时有圣人出现，他教人们架木搭建像鸟巢一样的住处，来躲避各种禽兽的伤害，于是人民就爱戴他，让他统治天下，称他有巢氏。人民食用瓜果河蚌蛤蜊，腥臭难闻而且伤害腹胃，经常生病。这时有圣人出现，钻木取火，烧熟食物来消除食物的腥臭臊气，于是人民就爱戴他，让他统治天下，称他燧人氏。中古时代，天下遭洪水之灾，而鲧、禹疏通河川。近古时代，夏桀、商纣暴乱，而商汤、周武王率兵讨伐。假如在夏朝之后的时代还有架木搭巢钻木取火的，那么必定

被鲧、禹嘲笑了；假如在商、周之后的时代里还有人整天疏通河川，那么必定被商汤、周武王嘲笑了。然而，假如当今时代里还有人赞美尧、舜、商汤、周武王、夏禹的那些措施，就一定被新时代的圣人嘲笑了。因此圣人不期望照搬古人的那一套，不效法常规，而是根据时代的实际情况，制定相应措施。宋国有个耕田的人，田里有一棵树，兔子在奔跑时撞到树上，颈子折断而死，于是他放下农具而守在树旁，希望再捡到撞树而死的兔子，但是没有再捡到兔子，自己却被宋国人取笑。如今想要用古代帝王的政治措施，治理当代的民众，都像守株待兔之类的人了。

> 古者丈夫不耕，草木之实足食也；妇人不织，禽兽之皮足衣也。不事力而养足，人民少而财有余，故民不争。是以厚赏不行，重罚不用，而民自治。今人有五子不为多，子又有五子，大父未死而有二十五孙。是以人民众而货财寡，事力劳而供养薄，故民争，虽倍赏累罚而不免于乱。

译文

　　古代成年男子不耕地，野草树木的果实足够食用；妇女不纺织，禽兽的皮足够穿衣。不费力劳动而给养充足，因为人口少而财物富余，所以民众不用争夺。因此厚赏不需要实行，重罚不需要使用。如今的人有五个儿子不算多，每个儿子又有五个儿子，祖父还没有死就有了二十五个孙子。因此人口多而财物少，费力劳动而给养却很微薄，所以民众互相争夺，虽然加倍奖赏屡次处罚却不能避免动乱。

五蠹第四十九

341

尧之王天下也，茅茨不翦，采椽不斫；粝粢之食，藜藿之羹；冬日麑裘，夏日葛衣；虽监门之服养，不亏于此矣①。禹之王天下也，身执耒臿以为民先，股无胈，胫不生毛，虽臣虏之劳，不苦于此矣②。以是言之，夫古之让天子者，是去监门之养，而离臣虏之劳也，古传天下而不足多也。今之县令，一日身死，子孙累世絜驾，故人重之。是以人之于让也，轻辞古之天子，难去今之县令者，薄厚之实异也。夫山居而谷汲者，膢腊而相遗以水；泽居苦水者，买庸而决窦③。故饥岁之春，幼弟不饷；穰岁之秋，疏客必食。非疏骨肉爱过客也，多少之实异也。是以古之易财，非仁也，财多也；今之争夺，非鄙也，财寡也。轻辞天子，非高也，势薄也；争士橐，非下也，权重也④。故圣人议多少、论薄厚为之政。故罚薄不为慈，诛严不为戾，称俗而行也。故事因于世，而备适于事。

注释

①茅茨：茅草盖的屋顶。翦：同"剪"，修剪。采椽（chuán）：栎木做的椽子。粢（zī）粝（lì）：指粗劣的饭食。藿（huò）：豆叶。②耒（lěi）：古代的一种农具，形状像木杈。臿（chā）：锹。臣：男性奴隶。虏：奴仆。③腊：祭名。年终祭祀。古代阴历十二月的一种祭祀。冬至后第三个戌日祭祀众神。窦（dòu）：水沟、阴沟。④橐：通"托"，依托，指依附贵族。

译文

尧统治天下时，茅草盖的屋顶也不加修剪，栎木做的椽子也不砍削；吃的是粗劣的饭食，喝的是野菜豆叶的汁；冬天穿小鹿皮衣，夏天穿葛布的衣，就连现在看门人的吃穿，也不会比这差。大禹统治天下时，亲自拿着农具带领民众干活，累得大腿上没有肥肉，小腿不长汗毛，如今奴隶的劳动，也不会苦到如此地步。根据这种情况来说，古代谦让天子之位的事，是去掉看门人的给养，而脱离了奴隶般的苦劳，所以把天子之位传给别人并不值得称赞。如今的县令，一旦自己死了，他的子孙接连几代都享受出门乘车的特殊待遇，所以人们才看重这个官职。因此人们对于谦让职位这件事，可以轻易辞去古代的天子，却难以舍弃如今的县令，这是因为待遇上的微薄与优厚确实不同啊。在山上居住而从山谷中取水吃的人，每逢腊祭就把水作为礼物相赠；在洼地居住而苦于水灾的人，却要雇人来疏通水沟排水。所以在荒年的春季，就是幼小的弟弟也没饭吃；在丰年的秋天，即使是疏远的过客也一定请他吃饭。这并不是要疏远骨肉亲人而偏爱过客，而是因为粮食的多少实在不同啊。因此古代人看轻钱财，并不是讲仁爱，而是财物很多；如今的人争夺财物，并不是品德卑鄙了，而是因为财物太少。古人轻易地辞去天子，并不是品德高尚，而是因为天子的权势太小了；如今人们争着当官或依附贵族，并不是品德卑贱，而是权势太大了。所以圣人衡量社会财富的多少、考察权势的厚薄来制定政治措施。所以处罚轻微并不是因为讲仁爱，惩办严厉也不是因为暴恶，而是适应社会习俗来行事而已。所以政事要随着时代

的变化而变化，而政治措施也一定要适应变化了的政事。

古者文王处丰、镐之间，地方百里，行仁义而怀西戎，遂王天下①。徐偃王处汉东，地方五百里，行仁义，割地而朝者三十有六国。荆文王恐其害己也，举兵伐徐，遂灭之。故文王行仁义而王天下，偃王行仁义而丧其国，是仁义用于古不用于今也。故曰：世异则事异。当舜之时，有苗不服，禹将伐之。舜曰："不可。上德不厚而行武，非道也。"乃修教三年，执干戚舞，有苗乃服②。共工之战，铁铦短者及乎敌，铠甲不坚者伤乎体③。是干戚用于古不用于今也。故曰：事异则备变。上古竞于道德，中世逐于智谋，当今争于气力。齐将攻鲁，鲁使子贡说之。齐人曰："子言非不辩也，吾所欲者土地也，非斯言所谓也。"遂举兵伐鲁，去门十里以为界。故偃王仁义而徐亡，子贡辩智而鲁削。以是言之，夫仁义辩智，非所以持国也。去偃王之仁，息子贡之智，循徐、鲁之力使敌万乘，则齐、荆之欲不得行于二国矣。

注释

①丰：古地名，今陕西省鄠邑区东北。镐（hào）：镐京，古都名，西周国都，在今陕西西安西南。怀：安抚。戎（róng）：古代称西部民族。②干：盾牌。戚：古兵器名，斧的一种。③共工：古史传说人物。铦（xiān）：铁叉一类的武器。

译文

　　古时候周文王处于丰、镐之间，领土才方圆百里，他实行仁义而感化了西部少数民族，于是就统治了天下。徐偃王处于汉水以东，土地方圆五百里，实行仁义，割地给他向他朝拜的国家就有三十六国。楚文王怕他会危害到自己，便率兵攻打徐国，于是消灭了徐国。所以周文王行仁义而统治天下，徐偃王行仁义而丧失了国家，这说明行仁义适合古代而不适合现代。所以说：时代不同了事情也就不同了。在舜统治天下时，有苗族不肯服从，禹就准备征伐他们。舜说："不可以。君主德行不深厚而使用武力，不是正确的治国策略。"于是修整教化三年，拿着盾牌大斧跳舞，于是有苗族服从了。共工之战时，武器短的被敌人击中，铠甲不坚固的身体受伤。这说明拿着盾牌大斧跳舞感化的方法适用于古代而不适用于现代。所以说：事情变了策略必须跟着改变。上古时代的人们在道德上竞争，中古时代的人们在智谋上角逐，如今的人们在力气上争斗。齐国准备攻打鲁国时，鲁国派子贡去游说齐国。齐国人说："你讲的话不是没有道理，但我们想要的是土地，而不是你所说的这些话。"于是率兵攻打鲁国，把距离鲁国都门十里的地方作为国界。所以徐偃王推行仁义而徐国灭亡，子贡聪明善辩而鲁国领土削减。由此说来，仁义辩智，都不是用来掌控国家的方法。去掉徐偃王的仁爱，不用子贡的善辩机智，依靠徐国、鲁国自身的力量来抵抗军队强大的国家，那么齐国、楚国的欲望也就不能在徐、鲁两国得逞了。

> 　　夫古今异俗，新故异备。如欲以宽缓之政，治急世之民，犹无辔策而御骅马，此不知之患也。今儒、墨皆称先王兼爱天下，则视民如父母。何以明其然也？曰："司寇行刑，君为之不举乐；闻死刑之报，君为流涕。"此所举先王也。夫以君臣为如父子则必治，推是言之，是无乱父子也。人之情性莫先于父母，皆见爱而未必治也，虽厚爱矣，奚遽不乱？今先王之爱民，不过父母之爱子，子未必不乱也，则民奚遽治哉？且夫以法行刑，而君为之流涕，此以效仁，非以为治也。夫垂泣不欲刑者，仁也；然而不可不刑者，法也。先王胜其法，不听其泣，则仁之不可以为治亦明矣。

译文

　　古代和现代的社会习俗不同，所以新旧时代的政治措施也不同。如果想用宽松和缓的政治措施，来治理急剧变动时代的人民，就如同没有缰绳和马鞭去驾驭凶悍的马，这是不明智造成的祸患。如今儒家、墨家都声称先前的君王爱普天之下的民众，对待民众如同父母疼爱子女一样。用什么来说明是这样呢？人们说："司寇执行刑罚时，君主为此不演奏音乐；听说死刑判决后，君主为此流泪。"这就是他们所举的先王例子。他们认为君臣关系像父子关系那样，国家就必定能得到治理，由此推论，那就没有不和睦的父子了。人的感情没有超过父母对待子女的，但是父母都付出了爱而家庭未必就和睦了，虽然爱得深厚，难道就不会混乱吗？如今先王的爱民，不会超过父母对子女的爱，做子女的未必就不混乱，那么民众怎

么样治理呢？再说按照法令执行刑罚时，而君主为此流泪，用来表现仁爱，不能用来治国。那流泪不想执行刑罚，是仁爱的表现；然而不能不执行刑罚，是法制的需要。先王统治国家优先实行法制，不考虑仁爱，那么仁爱不能用来作为治国的方法也就很明白了。

> 　　且民者固服于势，寡能怀于义。仲尼，天下圣人也，修行明道以游海内，海内说其仁、美其义而为服役者七十人。盖贵仁者寡，能义者难也。故以天下之大，而为服役者七十人，而仁义者一人。鲁哀公，下主也，南面君国，境内之民莫敢不臣。民者固服于势，势诚易以服人，故仲尼反为臣而哀公顾为君。仲尼非怀其义，服其势也。故以义则仲尼不服于哀公，乘势则哀公臣仲尼。今学者之说人主也，不乘必胜之势，而务行仁义则可以王，是求人主之必及仲尼，而以世之凡民皆如列徒，此必不得之数也。

译文

　　况且民众本来就屈服于权势，很少能感化于仁义。孔子，是天下的圣人，他修养德行宣扬儒家学说周游列国，可是天下喜欢他的仁、赞美他的义而给他效劳的人才七十人。因为崇尚仁爱的人少，能行义的人困难。所以凭天下的广大，而为孔子效劳的才七十人，而奉行仁义的只有孔子一人。鲁哀公，是个不高明的君主，他面向南而坐统治整个国家，全国的民众没有敢不臣服的。民众本来就屈服于权势，而权势的确容易使人臣服，所以孔子虽然是圣人反而做臣子而鲁哀公却做君主。孔子并不是感化于鲁哀公的仁义，而是服从他的权势。因此按仁义来讲那么孔子不会屈服于鲁哀公，但凭借权势那么鲁哀公就可以使孔子臣服。如今的学者去游说君主，不劝君主去凭借一定可以取胜的权势，而主张推行仁义就可以称王天下，这是责求君主一定要赶得上孔子，而把世上的普通老百姓都当成孔子的门徒一样，这必定是不能统治天下的方法。

> 　　今有不才之子，父母怒之弗为改，乡人谯之弗为动，师长教之弗为变。夫以父母之爱、乡人之行、师长之智，三美加焉，而终不动，其胫毛不改。州部之吏，操官兵，推公法，而求索奸人，然后恐惧，变其节，易其行矣。故父母之爱不足以教子，必待州部之严刑者，民固骄于爱、听于威矣。故十仞之城，楼季弗能逾者，峭也；千仞之山，跛牂易牧者，夷也。故明王峭其法而严其刑也。布帛寻常，庸人不释；铄金百溢，盗跖不掇。不必害，则不释寻常；必害手，则不掇百溢①。故明主必其诛也。是以赏莫如厚而信，使民利之；罚莫如重而必，使民畏之；法莫如一而固，使民知之。故

> 主施赏不迁，行诛无赦，誉辅其赏，毁随其罚，则贤、不肖俱尽其力矣。

注释

①寻：古代的长度单位，八尺为一寻。

译文

　　如今有一个不成器的小子，父母怒斥他，他也不悔改，老乡责备他，他也不为所动，老师教育他，他也不改变。用父母的疼爱、老乡的德行、老师的智慧，这三样美好的东西加到他身上，而始终无动于衷，连他小腿上的一根汗毛也没有改变。然而当地方衙门的官吏，带着官兵，执行国家法令，而追查坏人时，他就恐惧了，改变了节操，改变了过去的行为。所以父母的爱不足以用来教育子女，必须等待地方衙门的严厉惩罚，这是因为人们本性受到宠爱便骄横、见到威势就听从。所以十丈高的城墙，就是善于攀缘的楼季也不能越过，因为太高太陡；千丈高的山峰，就是跛足的母羊也可以被赶上去放牧，因为它坡度平缓。所以英明的君王严肃地制定法律而严格地执行惩罚。只有一丈左右的布帛，庸俗的人见了舍不得放手；百斤正在熔化的金子，即使是盗跖也不敢去取。不是一定会被伤害，那么一丈左右的布帛也不放手；一定会被伤害，那么百金也不敢取。所以英明的君主一定要执行惩罚。因此奖赏一定要丰厚守信，使人们能得到利益；惩罚一定要重而且严格，使人们畏惧；法律一定要统一而固定，使人们了解。所以君主施行奖赏不随意变动，执行惩罚不能随便赦免，并用赞誉辅佐奖赏，惩罚同时加以谴责，那么贤德与不贤德的人都会尽全力了。

> 今则不然。以其有功也爵之，而卑其士官也；以其耕作也赏之，而少其家业也；以其不收也外之，而高其轻世也；以其犯禁罪之，而多其有勇也。毁誉、赏罚之所加者相与悖缪也，故法禁坏而民愈乱①。今兄弟被侵，必攻者，廉也；知友被辱，随仇者，贞也。廉贞之行成，而君上之法犯矣。人主尊贞廉之行，而忘犯禁之罪，故民程于勇，而吏不能胜也②。不事力而衣食，则谓之能；不战功而尊，则谓之贤。贤能之行成，而兵弱而地荒矣。人主说贤能之行，而忘兵弱地荒之祸，则私行立而公利灭矣。

注释

①缪：通"谬"。②程：通"逞"，炫耀。

译文

　　如今却不是这样。因为他有功劳而授给官爵，但鄙视他做官；因为他努力耕作而奖

赏他，但轻视他经营家业；因为他不接受爵位俸禄而疏远他，但要推崇他轻视世俗名利；因为他触犯禁令而惩罚他，但赞美他有勇气。诋毁赞誉、奖赏惩罚所施加的对象是这样互相矛盾，所以法律禁令被破坏而民众越来越混乱。如今兄弟遭到侵犯，必定帮助兄弟反击的，被认为是正直；知道朋友受侮辱，跟随朋友去报仇的，被认为是忠贞。这种正直和忠贞的德行养成了，也就侵犯了君主的法令。君主尊崇所谓的正直和忠贞的行为，而忘记了侵犯禁令的罪过，所以民众逞勇力，而官府就不能制服他们了。不从事耕作劳动就有吃有穿，就称之为有才能；不作战立功就尊贵，就称之为贤德。这种"贤""能"养成了，而国家兵力就会衰弱、耕地就会荒芜。君主喜爱这种"贤""能"的行为，而忘记兵力衰弱、耕地荒芜的祸患，那么谋取私利的行为就树立了，而国家的利益就丧失了。

> 儒以文乱法，侠以武犯禁，而人主兼礼之，此所以乱也。夫离法者罪，而诸先生以文学取；犯禁者诛，而群侠以私剑养。故法之所非，君之所取；吏之所诛，上之所养也。法、趣、上、下，四相反也，而无所定，虽有十黄帝不能治也①。故行仁义者非所誉，誉之则害功；文学者非所用，用之则乱法。楚之有直躬，其父窃羊，而谒之吏。令尹曰："杀之！"以为直于君而曲于父，报而罪之②。以是观之，夫君之直臣，父之暴子也。鲁人从君战，三战三北③。仲尼问其故，对曰："吾有老父，身死莫之养也。"仲尼以为孝，举而上之。以是观之，夫父之孝子，君之背臣也。故令尹诛而楚奸不上闻，仲尼赏而鲁民易降北。上下之利，若是其异也，而人主兼举匹夫之行，而求致社稷之福，必不几矣④。

注释

①趣：通"取"。②曲：弯曲、不直。这里引申为不孝。③北：败逃。④几：通"冀"，希望。

译文

儒家用不切实际的理论来扰乱法治，侠客用武力来违犯禁令，而君主对这两种人以礼相待，这就是导致国家混乱的原因。违背法令应该定罪，而儒生却靠研究理论取得任用；冒犯禁令应该被惩处，而侠客却因为私利去行刺得到供养。所以法律所禁止的、却是君主所赞许的；官吏所要惩罚的，却是君主所供养的。法律所禁止的、君主所赞许的、官吏所惩罚的、君主所供养的这四种情况互相矛盾，没有固定的标准，即使有十个黄帝也不能把国家治理好。所以行仁义的人不应该受到赞赏，赞赏他们那么就有害于为国立功；研究不切实际的理论的人不应当任用，任用他们就会扰乱法治。楚国有个人叫直躬，他的父亲偷了羊，他便把这事报告给官吏。令尹说："杀掉他！"人们都认为他对君主正直忠诚而对父亲不孝，因为报告官府却被治罪。由此看来，那君主的正直忠诚之臣，就是父亲的逆子。鲁国有个人跟随君主去打仗，三次交战他三次败逃。孔子询问他原因，他回答说："我家里有老父亲，我死了就没有人赡养他了。"孔子认为这个人孝顺，就推举他当上了官。由此看来，那父亲的孝子，就是君主的败逃之臣。所以令尹杀了告发父亲的直躬，楚国的坏人坏事就不再有人向上报告了，孔子奖赏了逃兵而鲁国民众就容易投降败逃了。君主和臣民的利益，是如此不同啊，而君主既赞许平民百姓的个人私利行为，又想求得国家的富强，必定达不到目标。

　　古者苍颉之作书也，自环者谓之私，背私谓之公，公私之相背也，乃苍颉固以知之矣①。今以为同利者，不察之患也，然则为匹夫计者，莫如修行义而习文学②。行义修则见信，见信则受事；文学习则为明师，为明师则显荣：此匹夫之美也。然则无功而受事，无爵而显荣，为有政如此，则国必乱，主必危矣。故不相容之事，不两立也。斩敌者受赏，而高慈惠之行；拔城者受爵禄，而信廉爱之说；坚甲厉兵以备难，而美荐绅之饰；富国以农，距敌恃卒，而贵文学之士；废敬上畏法之民，而养游侠私剑之属③。举行如此，治强不可得也。国平养儒侠，难至用介士，所利非所用，所用非所利。是故服事者简其业，而游学者日众，是世之所以乱也。

注释

①以：通"已"，已经。②行义：通"行谊"，品德。③厉兵：把武器磨锋利。厉，通"砺"。荐绅：古时官吏上朝时把手插在衣带间。这里指穿着宽袍大袖。荐：通"摺"，插。绅：宽的衣带。

译文

古时候苍颉创造文字，把围绕着自己转叫作私，把与私相背的字叫作公，公与私是互相背离的，这是苍颉本来就知道的。如今认为公与私的利益相同，是没有仔细考察导致的祸患，然而为个人考虑，不如修养品德行为及学习文学。品德行为修养了那么就能表现出诚信，表现出诚信就能被任用；文学学好了就能成为圣明的老师，成为圣明的老师就能显赫荣耀：这是个人的美事。然而没有为国立功就受到任用，没有获得爵位就表现出荣耀，这样治理国家，那么国家必定混乱，君主必定危险。所以互不相容的事情，是不能并存的。勇猛杀敌的人接受奖赏，却又推崇慈爱仁惠的行为；攻克城池的人接受爵位俸禄，而又要相信正直仁爱的学说；加固铠甲把武器磨锋利来防备战争，而又赞美穿着宽袍大袖的服饰；国家富裕要靠农民，抗拒敌人要靠战士，而又要重视学习文学的士人；不任用尊敬君主敬畏法律的民众，却供养游侠剑客之流。如此做，把国家治理成强国是不可能实现的。国家太平时供养儒生侠士，战争来了就要用战士，得到国家利益的人不是国家所要任用的人，国家所要任用的人却得不到国家给予的利益。因此农民、战士就会荒废了事业，而游侠儒生日益增多，这就是社会之所以混乱的原因。

> 　　且世之所谓贤者，贞信之行也；所谓智者，微妙之言也。微妙之言，上智之所难知也。今为众人法，而以上智之所难知，则民无从识之矣。故糟糠不饱者不务粱肉，短褐不完者不待文绣。夫治世之事，急者不得，则缓者非所务也。今所治之政，民间之事，夫妇所明知者不用，而慕上知之论，则其于治反矣①。故微妙之言，非民务也。若夫贤贞信之行者，必将贵不欺之士；不欺之士者，亦无不欺之术也。布衣相与交，无富厚以相利，无威势以相惧也，故求不欺之士。今人主处制人之势，有一国之厚，重赏严诛，得操其柄，以修明术之所烛，虽有田常、子罕之臣，不敢欺也，奚待于不欺之士？今贞信之士不盈于十，而境内之官以百数，必任贞信之士，则人不足官。人不足官，则治者寡而乱者众矣。故明主之道，一法而不求智，固术而不慕信，故法不败，而群官无奸诈矣。

注释

①知：通"智"，智慧。

译文

况且社会上所谓的贤德的人，是指他们有忠贞诚信的行为；所谓的智者，喜欢说一些深奥玄妙的话，深奥玄妙的话，是君主的智慧所难以理解的。如今制定民众所遵守的法令，而这些法令连君主的智慧都难以理解，那么民众就无法懂得了。所以连酒糟稻糠都吃不饱的人是不会追求精美饭菜的，连粗布短衣都穿不完整的人是不会去期望绣花的华丽衣裳的。治理社会，紧急的事还没有得到解决，那么缓慢的事情就不要急于去做。如今关于国家治理的政事，以及民间的平常事，一般夫妇都能明白的道理不采用，却去仰慕智慧极高的人都难以理解的言论，那么就违反了治理国家的原则了。所以深奥玄妙的言论，不是民众所追求的。至于贤良忠贞诚信的行为，必将重视不欺诈的人；不欺诈的人，也没有不欺诈的办法。平民百姓的互相交往，没有丰厚的财富来使双方得利，没有威势来使双方相互恐惧，所以要寻求不欺诈的人。如今君主有制服民众的权势，有全国的丰厚的财富，重视奖赏，严格惩罚，能够掌握赏罚大权，运用法术处理所洞察到的问题，即使有田常、子罕之类的臣子，也不敢进行欺诈了，哪里还需要等待不欺诈的人呢？如今忠贞诚信的人还不满十个，而国内需要的官吏却数以百计，一定要任用忠贞诚信的人，那么能做官的人不够官职需要的人数。能做官的人不够官职需要的人数，那么能治理好社会的官吏就少而能扰乱社会的人就多了。所以英明的君主的治国策略，就是掌握法术而不追求所谓的智慧，巩固法术而不去仰慕所谓的诚信，所以法治不会败坏，而官吏们就不敢奸诈了。

今人主之于言也，说其辩而不求其当焉；其用于行也，美其声而不责其功。是以天下之众，其谈言者务为辨而不周于用，故举先王言仁义者盈廷，而政不免于乱；行身者竞于为高而不合于功，故智士退处岩穴，归禄不受，而兵不免于弱。兵不免于弱，政不免于乱，此其故何也？民之所誉，上之所礼，乱国之术也。今境内之民皆言治，藏商、管之法者家有之，而国愈贫，言耕者众，执耒者寡也；境内皆言兵，藏孙、吴之书者家有之，而兵愈弱，言战者多，被甲者少也。故明主用其力，不听其言；赏其功，伐禁无用。故民尽死力以从其上。夫耕之用力也劳，而民为之者，曰：可得以富也。战之为事也危，而民为之者，曰：可得以贵也。今修文学，习言谈，则无耕之劳而有富之实，无战之危而有贵之尊，则人孰不为也？是以百人事智而一人用力。事智者众，则法败；用力者寡，则国贫：此世之所以乱也。

译文

如今君主对于言谈，喜欢它的动听善辩而不去责求它与事实是否相符；对于人们的行为，只欣赏它的名声而不去责求是否有功效。因此天下的民众，那些擅长辞令的人致力于言论动听善辩而不考虑实用，所以赞扬先王讲仁义的人挤满了朝廷，而国家政事仍不能免于混乱；修身的人竞相标榜清高而不考虑效用，所以有智慧的人隐居到深山里，归还君主赠送的财禄不接受，而国家的兵力不能免于衰弱，政事不能免于混乱，这究竟

是什么原因呢？民众所赞誉的，君主所尊重的，都是导致国家混乱的方法。如今全国的民众都在谈论治理国家的事情，家家藏有商鞅、管子的论法著作，国家却越来越贫穷，这是因为谈论农耕之事的人多，拿着农具去种地的人少了；国内的人都在谈论用兵的事，家家藏有孙子、吴起的兵书，而国家的兵力却越来越弱；这是因为空谈打仗的人多，而披着铠甲上阵打仗的人少了。所以英明的君主使用臣民的力气，不听从臣民的言谈；奖赏臣民的功绩，坚决禁止没有效用的行为。所以民众都拼死尽力来跟从他的君主。耕种要使用力气又劳苦，民众却耕种，说：能使自己因此变富裕。打仗的事很危险，民众却参加，说：能使自己因此得到富贵。如今只要研究文学，学习言谈辩论，则没有耕种的劳苦而有了富裕的实惠，没有战争的危险而有了富贵的尊崇，那么谁还不愿干呢？因此百人从事智力活动而只有一人从事耕战。从事智力活动的人多，那么法制就会败坏；从事耕战的人少，那么国家就会贫穷：这就是社会之所以混乱的原因。

> 　　故明主之国，无书简之文，以法为教；无先王之语，以吏为师；无私剑之捍，以斩首为勇[1]。是境内之民，其言谈者必轨于法，动作者归之于功，为勇者尽之于军。是故无事则国富，有事则兵强，此之谓王资。既畜王资而承敌国之衅，超五帝侔三王者，必此法也[2]。

注释

①捍：通"悍"，强悍。②衅（xìn）：通"衅"，缝隙，引申为弱点。

译文

　　所以英明的君主统治的国家，不用文学书籍，而用法律为教材；不用先王的语录，而用执法的官吏为老师；制止私自供养剑客的凶悍，而以上阵杀敌为勇敢。这样国内的民众，那些擅长辞令的人必定遵循法制，从事劳动耕作的人都回归农耕功业，表现勇敢的人都从军上阵。因此没有战事国家就能富裕，有了战事兵力就强大，这就叫作称王的资本。既积蓄了称王的资本，又利用敌国的弱点；创立超过五帝、等于三王的功业的人，必定采用这种方法。

> 　　今则不然，士民纵恣于内，言谈者为势于外，外内称恶，以待强敌，不亦殆乎[1]！故群臣之言外事者，非有分于从衡之党，则有仇雠之忠，而借力于国也[2]。从者，合众弱以攻一强也；而衡者，事一强以攻众弱也：皆非所以持国也。今人臣之言衡者，皆曰："不事大，则遇敌受祸矣。"事大未必有实，则举图而委，效玺而请兵矣[3]。献图则地削，

效玺则名卑，地削则国削，名卑则政乱矣。事大为衡，未见其利也，而亡地乱政矣。人臣之言从者，皆曰："不救小而伐大，则失天下，失天下则国危，国危而主卑。"救小未必有实，则起兵而敌大矣。救小未必能存，而伐大未必不有疏，有疏则为强国制矣，出兵则军败，退守则城拔。救小为从，未见其利，而亡地败军矣。是故事强，则以外权士官于内；救小，则以内重求利于外。国利未立，封土厚禄至矣；主上虽卑，人臣尊矣；国地虽削，私家富矣。事成，则以权长重；事败，则以富退处。人主之听说于其臣，事未成则爵禄已尊矣；事败而弗诛，则游说之士孰不为用矰缴之说而徼幸其后④？故破国亡主以听言谈者之浮说。此其故何也？是人君不明乎公私之利，不察当否之言，而诛罚不必其后也。皆曰："外事，大可以王，小可以安。"夫王者，能攻人者也；而安，则不可攻也。强，则能攻人者也；治，则不可攻也。治强不可责于外，内政之有也。今不行法术于内，而事智于外，则不至于治强矣。

注释

①士民：这里主要指儒生、游侠。言谈者：指在各诸侯国之间游说的纵横家。②从（zòng）：通"纵"，合纵。衡：通"横"，连横。雠：通"仇"。忠：通"衷"，心思。③效：献出。④矰缴（zēng zhuó）：用来射鸟的带绳的箭，射出后，箭能收回。矰缴之说比喻用来猎取功名富贵的花言巧语。

译文

　　如今就不是这样，儒生、游侠在国内放纵行事，游说的纵横家在国外建立自己的势力，他们内外作恶，这样来待强大的敌国，不也太危险了吗？！所以群臣中谈论外交事务的，不是属于合纵或连横的朋党，就是对某国有报仇的心思，而想借用国家的力量。合纵，就是联合许多弱小的国家去攻打一个强大的国家；而连横，就是侍奉一个强国去进攻众多弱小的国家；这些都不是用来保卫国家的办法。如今臣子中那些主张连横的人，都说："不侍奉大国，那么一碰上敌人就会遭受灾祸了。"侍奉大国不一定有实惠，而且还要拿国家地图去交给大国，献出君主玉玺才能请求援兵。献上国家地图，国土就会削减，献出玉玺，国家名誉就会低下，国土被削减就等于国家被削弱，国家名誉低下就等于政事混乱了。侍奉大国搞连横，还没有见到利益，国家就丧失土地、政事混乱了。臣子中那些主张合纵的人，都说："不去救援小国而去讨伐大国，就会失去天下，失去天下那么国家就危险了，国家危险了君主就会卑微。"救援小国不一定有实惠，却起兵与大国敌对。救援小国不一定就能保存它，而攻打大国不一定就没有疏忽，有疏忽那么就会被强国制服，如果出兵进攻军队就会战败，如果退兵守卫城池就会被攻克。救援小国搞合纵，还没有看到利益，而土地丧失军队溃败了。因此侍奉强国，就让那些主张连横的人依靠外国权势在国内做官；救援小国，就让那些主张合纵的人依靠国内权势到国外谋取私利。国家利益还没有成就，搞纵连横的人就已经得到了封地和厚禄；君主地位降低了，臣子的地位却尊贵了；国家土地削减了，臣子家庭却富裕了。事情如果办成，那么这些纵横家就会凭借权势长期被重用；事情如果失败，那么这些纵横家就会凭借财富隐居退让。君主听信这些搞纵连横的臣子，事情没有办成但他们的爵禄已经尊贵了；事情失败了而不会受到惩罚，那么这些游说的纵横家谁不愿意用猎取名利的言辞不断去进行这种有得无失的事呢？因此破国亡家的君主就是听信了这些纵横家的空谈。这是什么缘故呢？这是因为君主不清楚公与私的利益所在，不能审察言论是否恰当，而事败后也不能坚决执行刑罚。都说："外交事务，收效大的可以称王天下，收效小的可以安邦。"那称王天下的，侵犯别人；而安邦的，那么国家就不能被别人攻破。强大，那么就能侵犯别人；治理，那么就不能被别人攻破。国家的安定强大不可以求助于外交，这只有治理好国内政治才能拥有。如今不在国内实行法术，而要在外交上发挥智慧，是不能达到国治兵强的目的的。

　　鄙谚曰："长袖善舞，多钱善贾。"此言多资之易为工也。故治强易为谋，弱乱难为计。故用于秦者，十变而谋希失；用于燕者，一变而计希得。非用于秦者必智，用于燕者必愚也，盖治乱之资异也。故周去秦为从，期年而举；卫离魏为衡，半岁而亡。是周灭于从，卫亡于衡也。使周、卫缓其从衡之计，而严其境内之治，明其法禁，必其赏罚，尽其地力以多其积，致其民死以坚其城守，天下得其地则其利少，攻其国则其伤大，万乘之国莫敢自顿于坚城之下，而使强敌裁其弊也，此必不亡之术也。舍必不亡之术而道必灭之事，治国者之过也。智困于外而政乱于内，则亡不可振也。

译文

    民间谚语说："袖子长便于跳舞，本钱多好做生意。"这是说凭借优越条件做事就容易成功。所以治理强大的国家容易谋划，弱小混乱的国家很难谋划。所以被秦国任用的人，即使情况发生多次变化而谋划也很少失败；被燕国任用的人，情况发生一次变化，他们的谋划就很少能成功。这并不是被秦国任用的人就一定有智慧，被燕国任用的人一定很愚蠢，这是因为秦国治理强大燕国治理混乱，两国的条件不同。所以周国背离秦国搞合纵，一年就被攻克了；卫国背离魏国搞连横，半年就灭亡了。这就是周国灭亡于搞合纵，卫国灭亡于搞连横。假使周国、卫国放缓他们的合纵连横谋划，而严格治理他们的国家，彰明他们的法律禁令，坚决执行赏罚，充分利用土地的生产能力来增加他们的财物积蓄，引导他们的民众拼死来坚守城池，那么其他诸侯国想要夺取他们的土地而利益将会很少，攻占他们的国家伤亡将会很重，即使是拥有强大兵力的大国也不敢在这种坚固的城防下拖垮自己，从而使别的强国抓住他们疲乏的弊端来制裁他们，这就是国家一定不灭亡的办法。舍弃这种一定不灭亡的办法而去走一定灭亡的道路，就是治国者的过错。外交上困于无计可施、内政上混乱，那么就会灭亡而不可挽救了。

    民之政计，皆就安利如辟危穷①。今为之攻战，进则死于敌，退则死于诛，则危矣。弃私家之事而必汗马之劳，家困而上弗论，则穷矣②。穷危之所在也，民安得勿避？故事私门而完解舍，解舍完则远战，远战则安。行货赂而袭当涂者则求得，求得则私安，私安则利之所在，安得勿就？是以公民少而私人众矣。

注释

    ①政：通"正"。辟：通"避"。②汗马之劳：指战争的劳苦。

译文

    民众正常的生活计划，都是追求安全和利益而逃避危险和穷困。如今让他们去打仗，前进就会死在敌人手中，后退就会死于惩罚，那他们可就太危险了。抛弃自己的家业而坚定地去承受战争的劳苦，家里贫困而君主又不加过问，那他们就很穷困了。穷困危险的地方，民众怎么能不逃避呢？所以侍奉私家贵族而能得到修缮房屋，房屋修缮完了那么就能远离战争，远离战争也就安全了。用财物进行贿赂追随当权者就能得到所想要的，

韩非子选集

得到所想要的那么个人就安逸了，个人安逸了那么利益就显示在那里，人们怎么能不追求呢？因此为国家出力的民众少而为私家贵族卖力的民众就多了。

夫明王治国之政，使其商工游食之民少而名卑，以寡趣本务而趋末作。今世近习之请行，则官爵可买；官爵可买，则商工不卑也矣。奸财货贾得用于市，则商人不少矣。聚敛倍农而致尊过耕战之士，则耿介之士寡而商贾之民多矣。

译文

英明的君王治理国家的正常做法，是使国内的商人工匠和无业游民减少而且使他们的名声卑微，从而使人们很少放弃农耕而趋向工商业。如今社会上向君主的亲信请求的风气盛行，那么官位爵位就可以花钱买到；官位爵位可以花钱买到，那么从事工商业的人就不卑微了。不义之财的投机买卖能在市场上通行，那么经商的人就不会少了。奸商聚敛钱财比农民多而且地位尊贵，超过种地打仗的人，那么光明正大的人就少了而经营工商业的人就多了。

是故乱国之俗：其学者，则称先王之道以籍仁义，盛容服而饰辩说，以疑当世之法，而贰人主之心。其言谈者，为设诈称，借于外力，以成其私，而遗社稷之利。其带剑者，聚徒属，立节操，以显其名，而犯五官之禁①。其患御者，积于私门，尽货赂，而用重人之谒，退汗马之劳。其商工之民，修治苦之器，聚弗靡之财，蓄积待时，而侔农夫之利②。此五者，邦之蠹也③。人主不除此五蠹之民，不养耿介之士，则海内虽有破亡之国，削灭之朝，亦勿怪矣。

注释

①五官之禁：泛指国家的法令。五官，司徒、司马、司空、司士、司寇，当时分掌国家各种权力的官。②弗：通"费"。③蠹（dù）：蛀虫。这里引申为侵蚀或消耗国家。

译文

所以扰乱国家的风俗习惯是：那些儒生，称颂先王之道来凭借仁义游说，讲究仪表服饰并修饰言辞巧辩言辞，来质疑当今的法制，而使君主的思想动摇。那些纵横家，捏造事实编造谎言，借助于外部势力，来成就私利，而丢掉了国家利益。那些游侠刺客，聚集徒众，标榜气节，以此显扬自己的名声，而肆意触犯国家的法令。那些担心去打仗的人，聚集在权贵门下，用尽财货进行贿赂，利用大臣的说情请托，来逃避作战的劳苦。那些从事工商业的人，制造粗劣的器具，聚集奢侈的财物，囤积居奇等待时机，而牟取农民的利益。这五种人，是国家的蛀虫。君主不除掉这五种蛀虫似的民众，不培养光明正大的人，那么天下即使有残破沦亡的国家，有削弱覆灭的朝廷，也就不奇怪了。

评析

　　文章开始，韩非提出治理的方式方法必须随着时代的变化而变化，如果亘古不变，那无异就是守株待兔了。

　　文中的"五蠹"，是指学者（儒家）、言谈者（纵横家）、带剑者（游侠刺客）、患御者（逃避兵役的人）、商工之民（商人和手工业者），韩非认为这五种人是侵蚀国家的蛀虫。然而，如果没有儒者对历史经验的汇集及总结，人类还要走许多弯路。如果没有纵横家的言谈，人们更不懂得团结的必要。如果没有游侠刺客的行侠仗义，贪官污吏将会更多。如果没有逃避兵役的人，工商行业将不会得到发展。如果没有商人和手工业者，那么就会没有日用商品以及商品的流通。韩非的"五蠹"观念显然是偏激的。

显学第五十

题解

"显学"，是指当时的儒家和墨家两大学派。韩非批判了儒家的"仁、义、礼、智、信"，批判了墨家的"兼相爱，交相利""非攻""尚贤""尚同""节用""节葬""非乐"等主张。他认为儒家的"仁、义、礼、智、信"等只能放在人际关系上用一用，千万不能在治国中使用，否则就是祸乱的根源。当然，韩非的思想是有一定局限性的。

世之显学，儒、墨也。儒之所至，孔丘也^①。墨之所至，墨翟也^②。自孔子之死也，有子张之儒，有子思之儒，有颜氏之儒，有孟氏之儒，有漆雕氏之儒，有仲良氏之儒，有孙氏之儒，有乐正氏之儒^③。自墨子之死也，有相里氏之墨，有相夫氏之墨，有邓陵氏之墨^④。故孔、墨之后，儒分为八，墨离为三，取舍相反不同，而皆自谓真孔、墨，孔、墨不可复生，将谁使定世之学乎？孔子、墨子俱道尧、舜，而取舍不同，皆自谓真尧、舜，尧、舜不复生，将谁使定儒、墨之诚乎^⑤？殷、周七百余岁，虞、夏二千余岁，而不能定儒、墨之真；今乃欲审尧、舜之道于三千岁之前，意者其不可必乎^⑥！无参验而必之者，愚也；弗能必而据之者，诬也。故明据先王，必定尧、舜者，非愚则诬也。愚诬之学，杂反之行，明主弗受也。

注释

①孔丘：孔子的名。孔子，字仲尼，春秋末期鲁国人，儒家学派的创始人。②墨翟：就是墨子，名翟，战国初期鲁国人，墨家学派的创始人。③子张：姓颛孙，名师，孔子的学生。子思：孔子的孙子，名伋。颜氏：指颜回，字子渊，孔子的学生。孟氏：指孟轲，子思的再传弟子，孔子以后儒家的主要代表人物。漆雕氏：姓漆雕，名启，孔子的学生。仲良氏：可能是仲梁子，战国时鲁国人，儒家人物。孙氏：指孙卿，即荀况。乐正氏：乐正子春，曾参的学生。④相里氏：相里勤，墨家的代表人物之一。相夫氏：一作伯夫氏，墨家的代表人物之一。邓陵氏：即邓陵子，墨家的代表人物之一。⑤尧、舜：我国原始社会末期的部落首领，传说中的贤君。⑥殷、周七百余岁：从商末周初算起到韩非时，已经七百余年。

译文

　　社会上名声显赫的学派，是儒家、墨家。儒家造诣最高的，是孔子。墨家造诣最高的，是墨翟。自从孔子去世后，有子张一派的儒家，有子思一派的儒家，有颜回一派的儒家，有孟子一派的儒家，有漆雕启一派的儒家，有仲良子一派的儒家，有公孙尼子一派的儒家，有乐正子春一派的儒家。自从墨子去世后，有相里勤一派的墨家，有相夫氏一派的墨家，有邓陵子一派的墨家。所以在孔子、墨子去世后，儒家分成八派，墨家分为三派，他们所取舍的学问各不相同，但都自称为是真正的孔家、墨家，孔子、墨子不可以复生，将让谁来断定社会上这些学派究竟是不是孔子、墨子的真传呢？孔子、墨子都称道尧、舜，而取舍也不同，却也都说自己的主张是真正的尧、舜的思想，尧、舜不可以复生，将让谁来断定究竟哪一派的儒家、墨家是真的呢？商末周初到现在有七百余年的历史，虞、夏到现在有两千多年了，尚且不能断定儒家、墨家的真假；如今想要审察三千年以前的尧、舜，想来是不能确定的吧！不用事实验证就对事物作出决断，是愚蠢的；不能确定事物的真假就作为依据，是一种欺骗。所以公开宣称根据先王之道，武断确定尧、舜的事迹，不是愚蠢就是欺骗。愚蠢欺骗的学说，杂乱矛盾的行为，英明的君主是不会采纳的。

> 　　墨者之葬也，冬日冬服，夏日夏服，桐棺三寸，服丧三月，世主以为俭而礼之①。儒者破家而葬，服丧三年，大毁扶杖，世主以为孝而礼之。夫是墨子之俭，将非孔子之侈也；是孔子之孝，将非墨子之戾也。今孝、戾、侈、俭俱在儒、墨，而上兼礼之。漆雕之议，不色挠，不目逃，行曲则违于臧获，行直则怒于诸侯，世主以为廉而礼之。宋荣子之议，设不斗争，取不随仇，不羞囹圄，见侮不辱，世主以为宽而礼之②。夫是漆雕之廉，将非宋荣之恕也；是宋荣之宽，将非漆雕之暴也③。今宽、廉、恕、暴俱在二子，人主兼而礼之。自愚诬之学、杂反之辞争，而人主俱听之，故海内之士，言无定术，行无常议。夫冰炭不同器而久，寒暑不兼时而至，杂反之学不两立而治。今兼听杂学缪行同异之辞，安得无乱乎④？听行如此，其于治人又必然矣。

注释

　　①礼：礼遇。②宋荣子：即宋钘，战国时宋国人，属黄老学派。囹圄：监狱。③廉：正直、刚直、品行方正。④缪：通"谬"，荒谬，颠倒。

译文

　　墨家的葬礼思想是，冬天去世就穿冬季的服装下葬，夏天去世就穿夏天的服装下葬，桐木做的棺材只能要三寸厚，服丧三个月，当朝的君主认为这很节俭因而礼遇他们。儒家的葬礼思想是尽心尽力来举办葬礼，要服丧三年，要痛哭到不能自已的地步，当朝的君主认为这很合孝道因而礼遇他们。如果肯定墨子的节俭，必定要反对孔子的奢侈浪费；

如果肯定孔子的孝道，必定要反对墨子的违逆。如今孝道、违逆、奢侈、节俭都包含在儒家、墨家的思想之中，而君主却对他们都加以礼遇。漆雕氏的思想是，与人争斗时不能在脸色上表现出屈服，不能在眼睛中表现出逃避，行为不正那么对奴婢也要避开，行为正直那么对诸侯都敢怒斥，当朝君主认为很正直因而礼遇他。宋荣子的思想是，设法不与人斗争，绝不报仇，坐牢不觉羞耻，被欺侮不感耻辱，当朝的君主认为很宽宏大度因而礼遇他。如果肯定漆雕氏的刚正，必定要反对宋荣子的宽恕；如果肯定宋荣子的宽恕，必定要反对漆雕氏的凶暴。如今大度、刚正、宽恕、凶暴都包含在他们二人的思想中，君主却对他们都加以礼遇。自从愚蠢骗人的学说、杂乱矛盾的说法互相争辩以来，君主同时都听从，所以天下的有才的人，说话没一定的标准，行为没有固定的原则。冰块和火炭不可能在同一个容器里久存，严寒和酷暑不可能在一个季节同时到来，杂乱矛盾的学说不可能同时并立而用来治国。如今对那种杂乱、荒谬和互相矛盾的言行全都听从，国家哪能不混乱呢？君主听言、行事如此，他在治理民众方面也必定是这样了。

今世之学士语治者，多曰："与贫穷地以实无资。"今夫与人相若也，无丰年旁入之利而独以完给者，非力则俭也。与人相若也，无饥馑、疾疚、祸罪之殃独以贫穷者，非侈则堕也[1]。侈而堕者贫，而力而俭者富。今上征敛于富人以布施于贫家，是夺力俭而与侈堕也，而欲索民之疾作而节用，不可得也。

注释

①堕：通"惰"，懒惰。下文"堕者""侈堕"之"堕"同。

译文

　　如今社会上的学者谈论治理国家的，很多都说："把土地分给贫穷的人来充实他们匮乏的物资。"如今有人与别人条件相类似，没有丰收的年成和额外收入却能自给自足，不是勤劳就是节俭。还有人与别人条件差不多，没有饥荒、疾病、灾祸、刑罚的祸害却独受贫穷，不是奢侈就是懒惰。奢侈懒惰的人就贫穷，勤劳节俭的人就富有。如今君主向富人征收财物来施舍给贫穷的人家，这是掠夺勤劳节俭的人财物给奢侈懒惰的人，而这样做想求得民众勤快耕作和节省俭用，是不能实现的。

> 　　今有人于此，义不入危城，不处军旅，不以天下大利易其胫一毛，世主必从而礼之，贵其智而高其行，以为轻物重生之士也。夫上所以陈良田大宅，设爵禄，所以易民死命也。今上尊贵轻物重生之士，而索民之出死而重殉上事，不可得也。藏书策，习谈论，聚徒役，服文学而议说，世主必从而礼之，曰："敬贤士，先王之道也。"①夫吏之所税，耕者也；而上之所养，学士也。耕者则重税，学士则多赏，而索民之疾作而少言谈，不可得也。立节参明，执操不侵，怨言过于耳，必随之以剑，世主必从而礼之，以为自好之士。夫斩首之劳不赏，而家斗之勇尊显，而索民之疾战距敌而无私斗，不可得也②。国平则养儒侠，难至则用介士。所养者非所用，所用者非所养，此所以乱也。且夫人主于听学也，若是其言，宜布之官而用其身；若非其言，宜去其身而息其端。今以为是也，而弗布于官；以为非也，而不息其端。是而不用，非而不息，乱亡之道也。

注释

①策：通"册"，古代用竹简编成的书籍。文学：指诗、书、礼、乐等。②距：通"拒"，抵抗。下文凡"距敌"之"距"都同此。

译文

　　假设如今有人在这里，他主张不走进危险的城池，不参军，不因天下的大利益来换取自己小腿上的一根汗毛，当朝的君主必定听从并礼遇他，重视他的智慧而推崇他的行为，认为他是轻视物质利益重视生命的人。君主之所以拿出良田豪宅，设置爵位俸禄，是为了用它来换取民众为自己拼死卖命的。如今君主尊敬重视那些看轻物质利益重视生命的人，而要求民众出生入死为国家牺牲，是不能实现的。有人收藏书籍，学习言谈辩论，聚集徒弟门生，研究诗、书、礼、乐等来高谈阔论，当朝的君主必定听从并礼遇他，

韩非子选集

还说："敬重有才能的人，是先王的治国原则。"官吏所征税的，是种地的农民，而君主上级所供养的，是不耕种的学士。对耕地的人加重赋税，对不耕种的学士则多有赏赐，而要求民众勤快耕作而少去论事辩说，是不能实现的。标榜气节、标榜高明、坚持操守、不容侵犯，怨言一旦经过他的耳时，他一定随即拔剑而起，当朝的君主必定听从并礼遇他，认为这是爱惜自己声誉的人才。为国杀敌的功劳不奖赏，而为私家争斗的勇士却尊贵显赫，而要求民众积极作战抵抗敌人而不为私斗，是不能实现的。国家太平时供养儒生游侠，国家有难时就使用士兵。所供养的人不是所使用的人，所使用的人不是所供养的人，这就是混乱的原因。再说君主在听取各种学说时，如果认为那言论是对的，就应该在官府中公布这些言论并任用他；如果认为那言论是不对的，就应该开除他并制止他的想法。如今认为对的，也不在官府中公布；认为不对的，也不制止他的想法。认为对的不采用，认为错的不制止，这是国家发生混乱走向灭亡的道路。

澹台子羽，君子之容也，仲尼几而取之，与处久而行不称其貌[1]。宰予之辞，雅而文也，仲尼几而取之，与处久而智不充其辩[2]。故孔子曰："以容取人乎，失之子羽；以言取人乎，失之宰予。"故以仲尼之智而有失实之声。今之新辩滥乎宰予，而世主之听眩乎仲尼，为悦其言，因任其身，则焉得无失乎[3]？是以魏任孟卯之辩，而有华下之患；赵任马服之辩，而有长平之祸[4]。此二者，任辩之失也。夫视锻锡而察青黄，区冶不能以必剑；水击鹄雁，陆断驹马，则臧获不疑钝利[5]。发齿吻形容，伯乐不能以必马；授车就驾，而观其末涂，则臧获不疑驽良[6]。观容服，听辞言，仲尼不能以必士；试之官职，课其功伐，则庸人不疑于愚智。故明主之吏，宰相必起于州部，猛将必发于卒伍。夫有功者必赏，则爵禄厚而愈劝；迁官袭级，则官职大而愈治。夫爵禄大而官职治，王之道也。

注释

①澹台子羽：姓澹台，字子羽，春秋末期鲁国人，孔子的弟子。②宰予：姓宰我，名予，字子我，孔子的学生。春秋末鲁国人，以善辩著称。③滥：过度。眩：迷惑，迷乱。④孟卯：即芒卯，一作昭卯，战国时魏国的相，能言善辩。马服：山名，战国时期赵地，在今河北邯郸市西北。赵国名将赵奢以功封为马服君，这里指他的儿子赵括。⑤区冶：人名，即欧冶子，春秋末期越国人，善于铸剑。⑥涂：通"途"，路途。

译文

澹台子羽，有君子的仪容，孔子以为他是君子并收他当学生，和他相处久了发现他的行为与仪容不相称。宰予的言谈，高雅而有文采，孔子看中并收他当学生，和他相处久了发现他的智慧不及他的口才。所以孔子说："凭仪容来取人，我在子羽身上犯错了；

凭言谈来取人，我在宰予身上犯错了。"所以凭孔子的智慧也有看人不能符合实际的感叹。如今新出现的士人辩说言辞远远超过宰予的辩说言辞，而当朝的君主听这些辩辞比孔子还要迷惑，因为喜欢他们的言谈，就去任用他们，怎么会没有过失呢？因此魏国因为孟卯的口才就任用他，结果造成了华阳城下兵败的祸患；赵国因为马服君赵括的口才而任用他，结果造成长平城下兵败的灾祸。这两件事，都是任用只有口才之人的过失。只察看冶炼时掺的锡和火色是青是黄，区冶也不能凭此来判断剑的好坏；在水面上击杀天鹅和大雁，在陆地上击杀大小马匹，那么奴仆也能分辨剑的利钝。只掰开马嘴看牙齿、端详形体容貌，就是善于相马的伯乐也不能凭此肯定马的优劣；给马套上车子跑，然后看它到达路途的终点，那么奴仆也分得清马的好坏。观察容貌服装，听取言谈辞说，孔子不能凭此断定一个人的能力；用官职来试用他，考核他的工作成绩，那么就是平常的人也能判断他愚蠢还是聪明。所以英明的君主任用官吏，宰相一定是从州部等基层中选拔上来的，勇猛的将军一定是从士卒中挑选上来的。有功劳的必赏，那么爵禄丰厚就越能劝勉人们；逐渐升官晋级，那么官职越大就越尽心治理政务。爵禄丰厚而各种官吏都能尽心尽责治理政务，就是统治天下的王道。

磐石千里，不可谓富；象人百万，不可谓强[1]。石非不大，数非不众也，而不可谓富强者，磐不生粟，象人不可使距敌也。今商官技艺之士亦不垦而食，是地不垦，与磐石一贯也[2]。儒侠毋军劳，显而荣者，则民不使，与象人同事也。夫知祸磐石象人，而不知祸商官儒侠为不垦之地、不使之民，不知事类者也。

注释

①磐石：大石，这里指石头地。象人：俑，古代殉葬时用木头、陶泥做的假人。②商官：用金钱买得官爵的商人。技艺之士：从事精巧的手工业的人。

译文

拥有千里的石头地，不能称为富裕；拥有上百万的俑人，不能称为强大。石头并非不大，俑人数量并非不多，却不能称为富强，是因为石头地上不能生产粮食，俑人不能派去抵抗敌人。如今用金钱买得官爵的商人以及从事精巧的手工业的人都是不开垦土地而有粮食吃，这样土地得不到开垦，与石头地一样。儒生游侠没有战功，却显达而荣耀，那么民众就不听役使，与俑人一样了。只知道石头地与俑人是灾祸，而不知道用金钱买得官爵的商人、儒生、游侠与不开垦土地、不听役使的民众同样也是灾祸，这就是不懂得据事类推的人。

故敌国之君王，虽说吾义，吾弗入贡而臣；关内之侯虽非吾行，吾必使执禽而朝。是故力多则人朝，力寡则朝于人，故明君务力。夫严家无悍虏，而慈母有败子。吾以此知威势之可以禁暴，而德厚之不足以止乱也。

译文

　　所以和自己势均力敌的诸侯君主，即使喜欢我的行为方式，我也不能使他们进献贡品并称臣；边关内的封侯虽然反对我的德行，我必定能使他们拿着禽类的礼物来朝拜我。因此力量强大就有人朝拜，力量衰弱就只能向别人朝拜，所以英明的君主致力于增加国力。在管教严厉的家庭里没有强横的奴仆，而慈母下面反而有败家子。我因此知道威严的权势可以禁止残暴，而德行的深厚却不能够用来制止混乱。

　　夫圣人之治国，不恃人之为吾善也，而用其不得为非也。恃人之为吾善也，境内不什数；用人不得为非，一国可使齐。为治者用众而舍寡，故不务德而务法。夫必恃自直之箭，百世无矢；恃自圜之木，千世无轮矣。自直之箭，自圜之木，百世无有一，然而世皆乘车射禽者何也？隐栝之道用也。虽有不恃隐栝而有自直之箭、自圜之术，良工弗贵也。何则？乘者非一人，射者非一发也。不恃赏罚而恃自善之民，明主弗贵也。何则？国法不可失，而所治非一人也。故有术之君，不随适然之善，而行必然之道。

译文

　　那圣人治理国家，不依靠人们自觉地为国家做好事，而用的是使他们不敢做坏事。依靠人们自觉地为国家做好事，一个国家数不到十个人；使人们不敢做坏事，就能使一个国家的人整齐一致。治理国家的人使用对众多人有效的措施而舍弃对少数人有效的办法，所以不致力于德化而致力于法治。如果要依靠自然长直的竹竿做箭，那么百代也不会有箭；如果要依靠自然长圆的树木做车轮，那么千代内也不会有车轮了。自然长直的箭杆，自然长圆的树木，百代也不会有一根，然而世人都有车坐有箭射禽类，什么原因呢？因为利用工具矫正物体的方法被使用了。虽然也有不需要利用器具来矫正而有自然长直的箭杆、自然长圆的树木，但是手艺高超的工匠不会重视它。这是什么呢？因为坐车的不只是一个人，射箭的不只是发一支箭。虽然有不依靠赏罚就能自觉做好事的人民，但是英明的君主是不会重视它的。这为什么呢？国家法律不能丧失，而所要治理的不只是一个人。所以有法术的君主，不随从偶然的自然行善，而施行必然实行的治国办法。

今或谓人曰："使子必智而寿"，则世必以为狂^①。夫智，性也；寿，命也。性命者，非所学于人也，而以人之所不能为说人，此世之所以谓之为狂也。谓之不能然，则是谕也，夫谕性也^②。以仁义教人，是以智与寿说也，有度之主弗受也。故善毛嫱、西施之美，无益吾面；用脂泽粉黛，则倍其初^③。言先王之仁义，无益于治；明吾法度，必吾赏罚者，亦国之脂泽粉黛也。故明主急其助而缓其颂，故不道仁义。

注释

①狂：同"诳"，欺骗。下同。②谕：告诉，使人知道。③毛嫱、西施：两人都是春秋末期的著名美女。

译文

如今有人对别人说："我一定使您又聪明又长寿"，那么人们必定会认为这是欺骗人的话。聪明，是先天注定的；寿命，是命运注定。先天和命运，不是向他人所学得来的，而拿人力不可能做到的事情去取悦人，这就是人们之所以说他欺骗的原因。说了而不能做到，那么就只是空谈，那空谈只是本性。用仁义来教化人，就像用使人聪明和长寿来取悦人一

样，掌握了法度的君主是不接受的。所以赞美毛嫱、西施的美丽，对自己的容貌毫无益处；用胭脂花粉青黛来化妆一下，就能使自己的容颜比当初加倍美丽。谈论先王的仁义，对治理国家毫无益处；阐明自己的法度，坚决执行自己的赏罚，也就相当于国家的胭脂花粉青黛了。所以英明的君主迫切求助对国家有帮助的东西而怠慢对先王的歌颂，所以不空谈仁义。

> 今巫祝之祝人曰①："使若千秋万岁。"千秋万岁之声聒耳，而一日之寿无征于人，此人所以简巫祝也②。今世儒者之说人主，不善今之所以为治，而语已治之功；不审官法之事，不察奸邪之情，而皆道上古之传誉、先王之成功。儒者饰辞曰："听吾言，则可以霸王。"此说者之巫祝，有度之主不受也。故明主举实事，去无用，不道仁义者故，不听学者之言③。

注释

①巫：在君王身边担任祭祀仪式之管理的官员。祝：向神灵祷告的人。②简：怠慢、倨傲。③者：通"诸"，之。

译文

如今巫祝官员祝福人们说："使您长生千秋万年。"这种千秋万年的祝福声在耳边喋喋不休，可是对于人们延长一天寿命的效果也没有，这就是人们怠慢巫祝官员的原因。如今的儒生去游说君主，不谈对现在治理国家有用的办法，而是大谈过去的治国之功；不审察官府法制的事情，不明察奸邪的情况，而都讲上古时代流传的美名、先王的成功。儒生吹嘘说："听我们的言论，就能称王称霸。"这种说法就像巫祝的说法，掌握法度的君主是不接受的。所以英明的君主推崇实在的事，抛弃无用的事，不空谈仁义的事情，不听从学者的空谈。

> 今不知治者必曰："得民之心。"欲得民之心而可以为治，则是伊尹、管仲无所用也，将听民而已矣。民智之不可用，犹婴儿之心也。夫婴儿不剔首则腹痛，不揊痤则寝益①。剔首、揊痤，必一人抱之，慈母治之，然犹啼呼不止，婴儿子不知犯其所小苦致其所大利也。今上急耕田垦草以厚民产也，而以上为酷；修刑重罚以为禁邪也，而以上为严；征赋钱粟以实仓库，且以救饥馑、备军旅也，而以上为贪；境内必知介而无私解，并力疾斗，所以禽虏也，而以上为暴。此四者，所以治安也，而民不知悦也。夫求圣通之士者，为民知之不足师用②。昔禹决江浚河，而民聚瓦石；子产

开亩树桑，郑人谤訾③。禹利天下，子产存郑人，皆以受谤，夫民智之不足用亦明矣。故举士而求贤智，为政而期适民，皆乱之端，未可与为治也。

注释

①夫婴儿不剔首则腹痛：婴儿不剃头发就会肚子疼。可能是古代的一种迷信说法。揊（pī）：剖开，割开。痤（cuó）：疖子。②知：通"智"。③谤訾：恶意咒骂。

译文

如今不懂治国的人必定说："要得民心。"假如得到民心就能治国，那么像伊尹、管仲这样的人才就没有用了，只要听取民意就行了。民众的智慧不能采用，就像婴儿的想法不可采用一样。婴儿不剃头发就会肚子疼，不挑破疮疾病就会加重。剃头发、挑破疮，必须要有一个人抱住婴儿，慈母做这些事，然而婴儿仍然哭啼不止，这是因为婴儿不懂得使他受点小苦就会得以解除痛苦的大好处。如今君主迫切地让农民耕田开荒来增加民众的财产，而民众却认为君主残酷；君主加重惩罚用来禁止邪恶，而民众却认为君主严厉；君主征收赋税钱粮来充实国库，将用它来救济灾荒、供养军队，而民众却认为君主贪婪；君主要求国内民众懂得披甲上阵而不得私下逃避兵役，必须同心协力奋勇作战，去擒获俘虏，而民众却认为君主残暴。这四种情况，是用来使国家得到治理、民众得到安定的，而民众却不懂得高兴。君主之所以要寻求圣明通达的人才，是因为民众的智慧不足以效法和采用。从前大禹开江挖河，而民众却堆积了瓦片石块来阻挡；子产开垦田地种桑养蚕，而郑国人却恶意咒骂他。大禹为天下人谋利，子产使郑国人得以保全，但都因此遭到诽谤，民众的智慧不足以采用是很明显的了。所以选拔人才时希图得到贤人智士，处理政事时期望能满足民众要求，这些都是混乱的祸根，是不可以用来治国的。

评析

"显学"指当时鼎鼎有名的儒家、墨家两大学派。韩非在这篇文章里对两大学派，特别是儒家学派进行了猛烈地抨击，这正体现了战国时代"百家争鸣"的兴盛局面。这种局面是历史发展的必然，是对封建领主贵族统治的突破，是学术下移的过渡。当时的争鸣并非纯学术之争，而核心是以什么思想进行统一，结束分裂，再就是统一之后用什么思想治理天下。韩非在这篇文章里批判儒家的"言先王之仁义"是"愚诬之学"且"无益于治"，而表明"举实事，去无用"，彰明法度，厉行赏罚，倡导耕战，增强国力，才是正确的治国之道。

韩非作为法家学派的代表人物，提出以法治国、富国强兵的路线，这当然是统一战争的最佳选择。秦采用这条路线，完成了统一中国的历史大业。但法家也有其局限性，如韩非认为"民智不可用"，这显然是偏见。历史已经证明"百家争鸣"产生了诸子百家学说，这是中国传统文化的精华，不论儒家、墨家，也不论法家，各有其长，治国者应该合百家之精髓，取长补短，形成完善的治国方略，以符合历史发展的需要。

韩非子选集